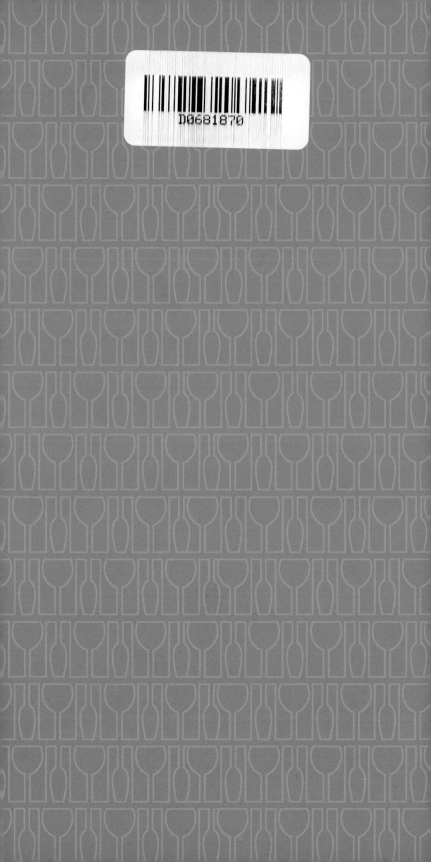

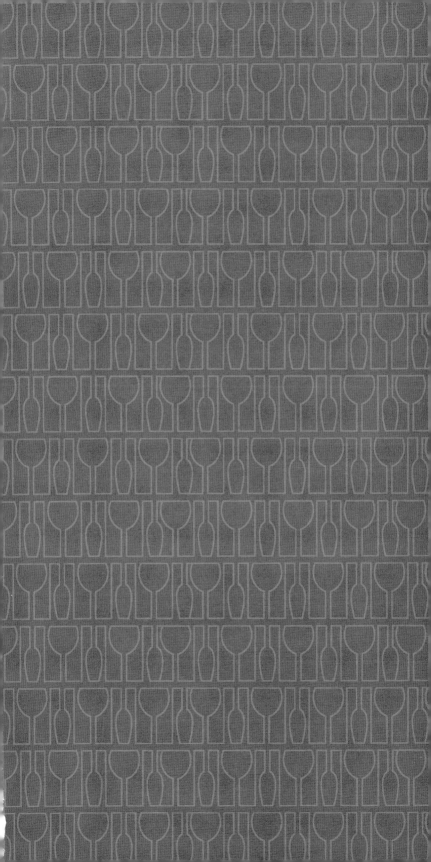

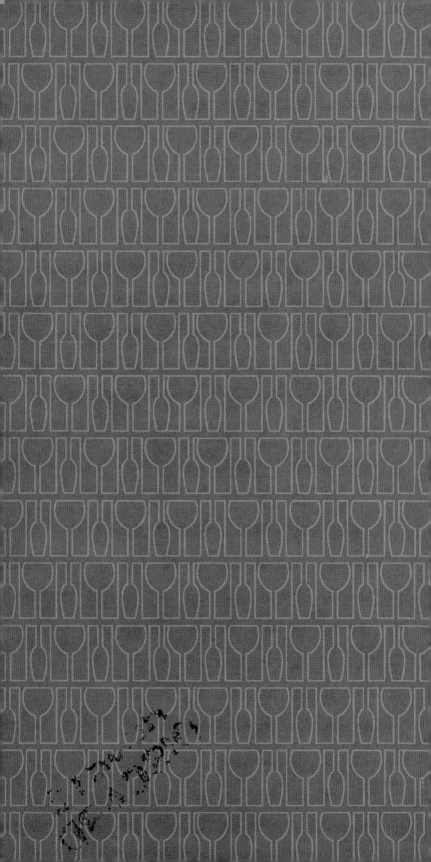

LE GUIDE DU VIN PHANEUF

VIN

LES GRAPPES D'OR

Design graphique : Josée Amyotte
Mise en page et infographie : Josée Amyotte et Johanne Lemay
Soutien technique : Mario Paquin

DISTRIBUTEUR EXCLUSIF :

• Pour le Canada
  et les États-Unis :
  MESSAGERIES ADP*
  2315, rue de la Province
  Longueuil, Québec J4G 1G4
  Téléphone : 450-640-1237
  Télécopieur : 450-674-6237
  Internet : www.messageries-adp.com
* filiale du Groupe Sogides inc.,
  filiale de Québecor Média inc.

Suivez-nous sur le Web
Consultez nos sites Internet et inscrivez-vous
à l'infolettre pour rester informé en tout temps
de nos publications et de nos concours en ligne.
Et croisez aussi vos auteurs préférés et notre
équipe sur nos blogues !

EDITIONS-HOMME.COM
EDITIONS-JOUR.COM
EDITIONS-PETITHOMME.COM
EDITIONS-LAGRIFFE.COM

Gouvernement du Québec – Programme de crédit
d'impôt pour l'édition de livres – Gestion SODEC –
www.sodec.gouv.qc.ca

L'Éditeur bénéficie du soutien de la Société de développement des entreprises culturelles du Québec
pour son programme d'édition.

Conseil des Arts   **Canada Council**
du Canada   **for the Arts**

Nous remercions le Conseil des Arts du Canada de
l'aide accordée à notre programme de publication.

Nous reconnaissons l'aide financière du gouvernement du Canada par l'entremise du Fonds du livre
du Canada pour nos activités d'édition.

Imprimé au Canada

11-15

Dépôt légal : 2015
Bibliothèque et Archives nationales du Québec

ISBN 978-2-7619-4265-2

NADIA FOURNIER

35 ans

LE GUIDE DU VIN PHANEUF

VIN

LES GRAPPES D'OR

2016

LES ÉDITIONS DE
L'HOMME

Une société de Québecor Média

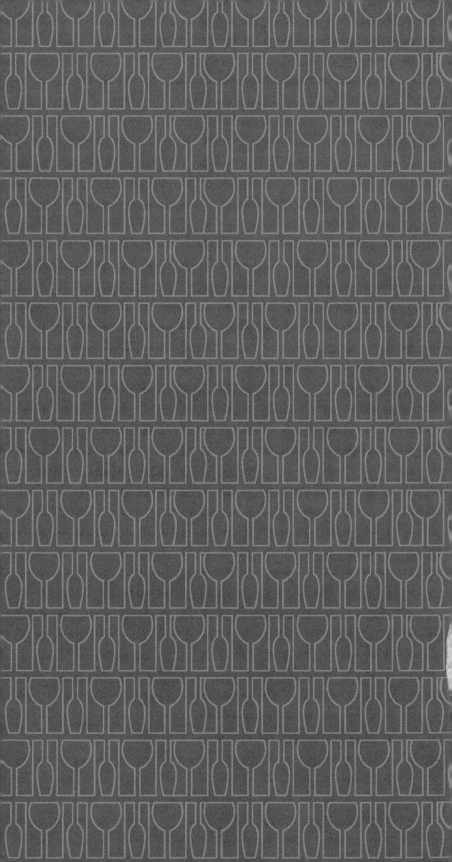

LE VIN,
UN GUIDE

Publié pour la première fois en 1981, ce livre est né d'une révélation. Quelques années auparavant, j'avais découvert un univers fascinant, vaste et complexe, offrant une palette infinie de saveurs. La seule présence sur la table de ces intrigantes bouteilles venues de pays lointains était déjà tout un voyage... que je ne voulais pas faire seul. Dans la fougue de ma jeunesse, j'aimais le vin follement et je voulais que le public d'ici en fasse autant.

C'est ainsi que germa l'idée du *Guide du vin*. Deux choses m'animaient alors: l'intuition d'être en présence d'une génération de néophytes qui auraient bientôt soif de bons vins et de connaissances; et l'ambition d'en faire un ouvrage de référence annuel apte à mener ces nouveaux amateurs sur les sentiers de la découverte. Je m'y suis employé avec enthousiasme. C'était facile car j'avais la certitude de défendre la plus fabuleuse boisson jamais inventée par l'Homme.

Depuis 1981, le monde du vin a connu la plus fulgurante progression qualitative de sa longue histoire. D'avoir été témoin de cette formidable «Renaissance» et d'en rendre compte à une cohorte d'œnophiles curieux qui m'ont fait l'honneur de me lire pendant toutes ces années fut un immense privilège.

Cette année, *Le guide du vin* célèbre ses 35 ans. Avec le temps qui passe, le flambeau a changé de main. Il y a maintenant un autre capitaine à bord. Et c'est tant mieux. Rajeuni et encore plus beau, le navire continue de voguer à la découverte d'un univers de goût, de beauté plus riche et diversifié que jamais.

Bon vent! Bon vin!

MICHEL PHANEUF

 Nadia Fournier rencontre
Michel Phaneuf

UN GUIDE,
DES CLASSIQUES

Chaque année, avant d'entrer dans le vif de la production de ce livre, je voyage un peu et je lis beaucoup. Je dévore tout ce qui s'écrit sur l'actualité du vin. Je découvre les nouvelles publications de mes auteurs favoris et revisite les ouvrages intemporels avec lesquels j'ai fait mes premiers pas dans ce monde fascinant. Appelons cela la phase « recherche et développement » du *Guide du vin*.

Il y a quelques mois, alors que j'écrivais les premiers chapitres de cette 35e édition, j'ai été interpellée par la couverture d'un numéro spécial du magazine américain *Wine & Spirits*, qui titrait « Classic Wines – Past, Present and Future ».

Vaste programme! me suis-je dit, mais combien intéressant. Une réflexion de 80 pages visant à répondre à une seule question : qu'est-ce qu'un classique?

Parmi les réponses les plus éclairantes apportées par une poignée d'importants acteurs du monde du vin, je retiens celles de Tod Mostero, directeur technique chez Dominus, en Californie, et d'Alice Feiring, auteure et ardent défenseur du vin naturel.

« Le classicisme n'a rien à voir avec la perfection », selon Tod Mostero. Les vins parfaits se distinguent du lot à un point tel qu'ils subliment leur catégorie, tandis que les classiques proposent une « expression franche et juste d'une variété, d'un millésime et d'une appellation ».

Pour Alice Feiring, les classiques ne sont pas des vins faciles qui se livrent à la première gorgée. Tout le contraire du vin de soif qui mise sur l'expression primaire du fruit. Ce sont, au contraire, « des vins structurés qui ont une longue vie devant eux ».

Véronique Rivest – non citée dans l'article, mais dont l'opinion m'importe tout autant – voit plutôt dans le classicisme une imperméabilité aux modes, « des vins qui *surfent* à travers le temps en faisant fi des courants ».

Je crois que les classiques sont en constante évolution. Les effets de la mode ne les affectent pas à court terme, mais ils ne sont pas immuables pour autant. À titre d'exemple, prenons la zone du Chianti Classico, où les Romains, et bien avant eux les Étrusques et les Grecs, maîtrisaient déjà l'art de la viticulture. On peut présumer que, dès l'Antiquité, certains vins se sont imposés comme des classiques. Et que les vins qui abreuvaient les Médicis, s'ils avaient des traits communs avec ceux d'aujourd'hui, ne répondaient pas aux mêmes critères de qualité, aux mêmes attentes. Des classiques sont disparus, d'autres sont nés. Le vin progresse, se transforme, au même rythme que se peaufine le savoir-faire des vignerons et que change le climat. Chaque époque a ses classiques, comme autant d'archétypes de leurs appellations.

À mes yeux, Léoville Barton est l'exemple même d'un classique médocain. Tout comme Château Ferrière, dont le second vin est commenté dans ces pages. À Chablis, les vins de Billaud-Simon, entre autres, comptent parmi les classiques. Dans le Rhône, les cuvées de Jean-Louis Chave (même de négoce), sont des modèles de leurs appellations. En Espagne, les délicieux vins de Marqués de Murrieta définissent le style classique de la Rioja. De ce côté-ci de l'Atlantique, les Geyserville et Montebello de Ridge et tous les cabernets de Heitz Cellars, sont autant des classiques californiens.

À leur manière, tous ces vins sont des phares qui guident le dégustateur, professionnel ou amateur, et lui servent de repère dans le vaste océan qu'est devenu le monde du vin au cours des 35 dernières années, depuis les premières pages écrites par Michel Phaneuf, en 1981.

Les classiques de jadis demeurent, ceux de demain se dessinent : assyrtikos de Santorin, chardonnays de Prince Edward County, carignans de Maule et Itata, mencias de Bierzo et je ne sais combien d'autres vins de régions émergentes ou en voie d'être ressuscitées.

Le monde du vin est en pleine effervescence. Les nouveaux joueurs abondent, les styles s'éclatent et s'étalent dans toutes les directions, parfois pour le pire, souvent pour le meilleur. Entre l'attrait de la nouveauté et le respect d'un certain classicisme, il faut garder le cap. Rester fidèle à ses convictions et à ce qu'on considère être le vin juste et authentique, tout comme Michel Phaneuf l'a fait avant moi.

Dans l'espoir de naviguer avec vous vers ces horizons, connus et inconnus, pendant de nombreuses années encore.

NADIA FOURNIER

Dans la cave à vin
de Nadia Fournier.

Un monde à voir, un monde à boire

« Le photographe ne peut qu'être ébloui par la splendeur des lieux qui donnent naissance au plus raffiné des produits de la terre. Autant le vin nous comble par son goût raffiné, autant il impressionne le voyageur par la beauté de son univers. »

MICHEL PHANEUF
Voyageur du vin (2005)

Photos : Nadia Fournier

---

1. Le vignoble de Saint-Joseph, dans le brouillard matinal. (France)

2. Philippe Guigal et les coteaux abrupts du nord de la vallée du Rhône. (France)

3. Vignes baignées par la lumière du printemps, à Châteauneuf-du-Pape. (France)

1

2

3

1. Chai à barriques à aire ouverte, chez Emiliana.
   Valle de Colchagua (Chili)

2. Agiorgitiko à perte de vue. Néméa (Grèce)

3. Mer de nuages autour d'El Teide.
   Îles Canaries (Espagne)

4. Les flancs colorés du volcan El Teide.
   Îles Canaries (Espagne)

1. Vignes de listan negro sur l'île de Tenerife, au large du continent africain. Îles Canaries (Espagne)

2. Les Dentelles de Montmirail veillent sur les vignobles de Gigondas, dans le sud de la vallée du Rhône. (France)

3. À Lanzarote, la vigne est entourée d'un muret en forme de demi-lune qui la protège des bourrasques de vent, chargé de poussière volcanique. Îles Canaries (Espagne)

3

1. La Romanée-Conti. Vosne-Romanée, Côte-d'Or (France)

2. Benjamin Leroux. Volnay, Côte-d'Or (France)

3. Les vignobles du Mâconnais Saône-et-Loire. (France)

4. De part et d'autre du fleuve Douro, les villes de Porto et Vila Nova. (Portugal)

1. Vigne de chardonnay, juste avant la floraison, sous la Roche de Vergisson, en Saône-et-Loire (France)

2. Mario Sergio Alves Nuno (Quinta das Bageiras) devant ses vieilles vignes de bâga, dans la région de Bairrada. (Portugal)

3. Le petit village de Marcillac, dans les hauteurs de l'Aveyron. (France)

4. Dans la Nahe, la famille Dönnhoff produit un vin sensationnel sur cette parcelle appelée Felsentürmchen, les vignes sous la tour. (Allemagne)

1. À Paarl, les sols ont une coloration ocre en raison d'une forte teneur en oxyde de fer. (Afrique du Sud)

2. Au pied des Andes, le vignoble de Mendoza. (Argentine)

3. Les coteaux vertigineux de la région de l'Ahr donnent des pinots noirs d'une finesse exquise. (Allemagne)

4. Les vignes de riesling en période de dormance, dans la Moselle. (Allemagne)

1. À Naoussa, en Macédoine, le xinomavro est roi et donne des vins rouges dotés d'un grand potentiel de garde. (Grèce)

2. Dans le Priorat, la vigne côtoie les oliviers et plonge ses racines dans les célèbres sols de llicorella. (Espagne)

3. Les vignobles en terrasses dans le Priorat, en Catalogne. (Espagne)

4. Oui, oui, c'est bien de la pieuvre qui sèche sur un fil de fer, attendant d'être dégustée avec un verre de savatiano. (Grèce)

5. Entre Patras et Corinthe, les vignes du domaine Tetramythos. (Grèce)

COMMENT UTILISER CE GUIDE

  **Les secrets de dégustation de Nadia Fournier.**

LA GRAPPE D'OR

Le guide du vin s'articule autour de ces Grappes d'or. Ainsi, aux côtés de chaque vin décoré de cette mention, vous trouverez une sélection de vins qui proviennent de la même région ou qui présentent des ressemblances stylistiques avec la Grappe d'or.

Ce changement a pour but de faciliter le repérage et de ne présenter que les vins les plus méritoires. Les listes de fin de chapitre où étaient énumérés les vins de qualité moyenne et passable ont aussi été abolies, pour laisser davantage d'espace aux vins qui se distinguent par leur qualité et par leur singularité.

Qu'ils soient chers ou bon marché, grands ou modestes, qu'il s'agisse de classiques ou de créations récentes, certains vins ont le don de vous accrocher un sourire. Une Grappe d'or est accordée à ces vins particulièrement remarquables. C'est donc la liste de mes «bonheurs» de l'année qui feront sûrement le vôtre. Pour éviter des frustrations aux lecteurs, seuls les vins présents en quantités suffisantes en octobre 2015 ont été retenus.

On trouvera la liste complète des Grappes d'or 2016 à la page 29.

LES CODE-BARRES

8 029001 000019

Le guide du vin entre davantage dans l'ère 2.0 en 2016! Pour faciliter le repérage des produits dans vos succursales favorites, la plupart des vins présentés sont accompagnés d'un code-barres. Téléchargez gratuitement l'application SAQ pour téléphones intelligents, que vous pourrez utiliser pour «lire» les code-barres. Vous aurez ainsi accès aux inventaires de la succursale la plus près de vous.

LES CODES QR

Le guide du vin vous offre en prime, des vidéos qui présentent les coulisses du *Guide du vin* et des rencontres avec des artisans de la restauration québécoise. Vous pourrez les repérer grâce à ce symbole.

LES NOMS DES VINS

Les vins sont répertoriés par ordre alphabétique des marques ou des noms des producteurs. Les noms de château ou de domaine sont considérés comme des marques. Ainsi, le Château Mont-Redon 2009, Châteauneuf-du-Pape apparaît dans les «C» de la section des vins de la vallée du Rhône, et le Côte Rôtie 2012 de Pierre Gaillard est inscrit sous la rubrique Gaillard, Pierre.

LES SYMBOLES ET LA NOTATION DANS LA CATÉGORIE

Dès la première édition du *Guide du vin*, Michel Phaneuf a adopté une simple séquence de zéro à cinq **étoiles** pour noter les vins. En réalité, ces étoiles ne constituent pas un score, mais un moyen abrégé d'indiquer au lecteur si un vin est moyen, excellent ou remarquable dans sa catégorie. Rappelez-vous que ce ne sont pas les étoiles qui décrivent le vin, mais plutôt les mots.

Il est aussi important de retenir que chaque vin est noté **dans sa catégorie** et non pas dans l'absolu. Ce faisant, un simple vin courant aura autant de chances qu'un grand cru du Médoc de récolter une note de quatre étoiles. L'idée derrière cette façon de faire est de permettre au consommateur de pouvoir se repérer facilement et de faire un choix avisé dans chacune des catégories.

Par exemple, vous pourrez trouver dans la section traitant des vins de la Bourgogne un bourgogne générique ayant obtenu la même note (★★★★) qu'un gevrey-chambertin. Cela ne signifie pas que le vin générique soit aussi complexe que le gevrey. Seulement que chacun s'avère un excellent vin dans sa catégorie.

La combinaison ★★★→★ indique que le vin, actuellement très bon, sera encore meilleur dans quelques années. Dans la plupart des cas, la maturité du vin est indiquée par un chiffre allant de ① à ④. Si un vin laisse planer des doutes sur ses possibilités d'évolution en bouteille, j'ai alors recours à la séquence suivante: ★★→?

LA QUALITÉ

☆	Vin blanc
★	Vin rouge
5 étoiles	Exceptionnel
4 étoiles	Excellent
3 étoiles	Très bon
2 étoiles	Correct
1 étoile	Passable
★★→★	Se bonifiera avec les années
★★→?	Évolution incertaine

L'ÉVOLUTION

① À boire maintenant, il n'y a guère d'intérêt à le conserver.
② Prêt à boire, mais pouvant se conserver.
③ On peut commencer à le boire, mais il continuera de se bonifier.
④ Encore jeune, le laisser mûrir encore quelques années.
⚗ Il est indiqué de passer le vin en carafe environ une heure avant de le servir.

L'AUBAINE

♥ Rapport qualité-prix avantageux

OÙ TROUVER LES VINS?

La SAQ change son modèle de distribution depuis une dizaine d'années. L'éventail de produits s'est élargi et les quantités pour chaque vin sont plus limitées. Pour éviter les frustations et les déplacements inutiles, il est toujours conseillé de vérifier qu'un produit est bien disponible à votre succursale avant de vous y rendre. Pour faciliter la consultation du site SAQ.com, vous pouvez utiliser les codes-produits qui accompagnent chaque description de vin.

🟢 Vendu exclusivement dans les magasins SAQ Signature.
▼ Stocks en voie d'épuisement, le produit apparaît dans le répertoire de la SAQ. Il peut être encore disponible dans certaines succursales.

 Ces vins sont disponibles exclusivement chez les producteurs de vins du Québec.

 Ces vins ont été dégustés avant leur arrivée sur le marché québécois.

> ## DES QUESTIONS À PROPOS DU *GUIDE DU VIN*
>
> **Les vins sont-ils tous dégustés par l'auteur?**
> Oui. Chaque année, je déguste tous les vins répertoriés dans *Le guide du vin*.
>
> **L'auteur est-il payé par la Société des alcools ou par des agences de vins?**
> Non. Indépendance et impartialité constituent la règle d'or. De plus, l'auteur n'a aucun intérêt financier dans un vignoble ni dans une agence de vins.
>
> **Les vins vendus à la Société des alcools sont-ils tous répertoriés dans *Le guide du vin*?**
> Non. La tâche serait impossible, voire inutile, car plusieurs vins sont offerts à raison de quelques bouteilles seulement. Sans compter les produits qui arrivent sur les étagères dès la parution du livre ou après. À ceux qui veulent mettre à jour leur *Guide du vin* tout au long de l'année, je leur suggère de s'abonner au site *Chacun son vin*. En plus d'une foule de renseignements, les abonnés peuvent y lire régulièrement mes commentaires sur les nouveaux vins offerts sur le marché.

LES GRAPPES D'OR

FRANCE

BORDEAUX

CHÂTEAU DE REIGNAC **Grand Vin 2010, Bordeaux Supérieur** (42,50 $ – p. 42)
CHÂTEAU LE PUY **Francs- Côtes de Bordeaux 2010** (27,85 $ – p. 44)
LES REMPARTS DE FERRIÈRE **Margaux 2010** (39 $ – p. 46)
LES SONGES DE MAGDELAINE **Saint-Émilion Grand cru 2010** (68 $ – p. 48)
CHÂTEAU DE BEAUREGARD **Pomerol 2009** (72,50 $ – p. 50)

BOURGOGNE

BILLAUD-SIMON **Chablis Premier cru Mont de Milieu 2012** (43,75 $ – p. 60)
MOREAU, LOUIS **Petit Chablis 2014** (21,35 $ – p. 62)
CHÂTEAU DE MARSANNAY **Marsannay 2013, Les Longeroies** (43,75 $ – p. 64)
BOISSET, JEAN-CLAUDE **Beaune Premier cru Les Vignes Franches 2012**
  (53,25 $ – p. 66)
RIJCKAERT **Pouilly-Fuissé 2010, La Roche, Vieilles Vignes** (39 $ – p. 68)
CHANSON **Bourgogne Pinot noir 2012** (24,45 $ – p. 70)

BEAUJOLAIS

FOILLARD, JEAN **Beaujolais 2013** (23,70 $ – p. 72)
FOILLARD, JEAN **Morgon 2013, Cuvée Corcelette** (37,50 $ – p. 74)
BRUN, JEAN-PAUL (TERRES DORÉES) **Fleurie 2013, Grille Midi** (33,75 $ – p. 76)

ALSACE

OSTERTAG **Riesling 2013, Heissenberg, Alsace** (39,75 $ – p. 80)
BEYER, LÉON **Riesling 2013, Réserve, Alsace** (19 $ – p. 82)
JOSMEYER **Pinot blanc 2014, Mise du Printemps** (21 $ – p. 84)
BARMÈS BUECHER **Trilogie 2011, Alsace** (19,95 $ – p. 86)

VAL DE LOIRE

DOMAINE DES HUARDS **Cour-Cheverny 2009, François Ier Vieilles Vignes**
  (24,45 $ – p. 91)
MELLOT, ALPHONSE **La Moussière 2014, Sancerre** (27,40 $ – p. 92)

DOMAINE DE LA RAGOTIÈRE Sauvignon blanc 2013, Val de Loire (14,85$ – p. 94)

BRETON, CATHERINE ET PIERRE Chinon 2014, Cuvée Beaumont, Épaulé Jeté (22,70$ – p. 96)

DOMAINE DES HUARDS Cheverny 2013, Le Pressoir (22,15$ – p. 98)

CARÊME, VINCENT Vouvray sec 2014 (27$ – p. 100)

DOMAINE LANDRON Muscadet-Sèvre et Maine sur Lie 2014, Amphibolite (21,50$ – p. 102)

VALLÉE DU RHÔNE

VINS DE VIENNE Sotanum 2011, Vin de France (51,75$ – p. 108)

FARGE, GUY Saint-Joseph 2012, Terroir de Granit (26,80$ – p. 110)

EQUIS Crozes-Hermitage 2013, Equinoxe (23,90$ – p. 112)

GAILLARD, PIERRE Condrieu 2014 (59,50$ – p. 114)

CHÂTEAU LA NERTHE Châteauneuf-du-Pape 2010 (52,50$ – p. 116)

DOMAINE LES HAUTES CANCES Cairanne 2011, Cuvée Col du Débat (30,25$ – p. 118)

LE CLOS DU CAILLOU Côtes du Rhône 2012, Bouquet Des Garrigues (26$ – p. 120)

DAUMEN, JEAN-PAUL Côtes-du-Rhône 2013 (21$ – p. 122)

ROUGE GARANCE Côtes du Rhône 2013, Feuille de Garance (18,90$ – p. 124)

GUIGAL Côtes du Rhône blanc 2014 (19,95$ – p. 126)

SUD DE LA FRANCE

DOMAINE D'AUPILHAC Les Cocalières blanc 2013, Montpeyroux (25,20$ – p. 130)

SENAT, JEAN-BAPTISTE La Nine, Minervois 2013 (24,65$ – p. 132)

CHÂTEAU ROUQUETTE SUR MER Cuvée Amarante 2012, Languedoc – La Clape (19$ – p. 134)

PITHON, OLIVIER Cuvée Laïs 2013, Côtes du Roussillon (26,20$ – p. 136)

DOMAINE LA MADURA Saint-Chinian 2012, Classic (17,65$ – p. 138)

DOMAINE D'AUPILHAC Montpeyroux 2012, Languedoc (21,55$ – p. 140)

DUPÉRÉ BARRERA Terres de Méditerranée 2013, Vin de Pays d'Oc (15,75$ – p. 142)

DUPÉRÉ BARRERA Côtes de Provence 2012, Clos de la Procure (23,45$ – p. 144)

SUD-OUEST

DOMAINE CAUHAPÉ Jurançon 2011, Symphonie de Novembre (17,70$ – p. 149)

DA ROS, ÉLIAN Chante Coucou 2012, Côtes du Marmandais (31$ – p. 150)

DOMAINE DU CROS Marcillac 2014, Lo Sang del Païs (16,05$ – p. 152)

DOMAINE LABRANCHE-LAFFONT Madiran 2012 (16,85$ – p. 154)

COSSE MAISONNEUVE Cahors 2011, La Fage (26,75$ – p. 156)

CLOS LA COUTALE Cahors 2013 (16,65$ – p. 158)

CAMIN LARREDYA Jurançon sec 2013, La Part D'avant (27,70$ – p. 160)

PLAIMONT Les Vignes Retrouvées 2014, Saint-Mont (12,85$ – p. 162)

JURA

DOMAINE DE LA PINTE Poulsard 2012, l'Ami Karl (24,25$ – p. 164)

ITALIE

CONTERNO, ALDO Barolo 2011, Bussia (87,25$ – p. 172)
GRASSO, SILVIO Barolo 2009 (46,25$ – p. 174)
PRODUTTORI DEL BARBARESCO Barbaresco 2010 (42,25$ – p. 176)
MARCHESI INCISA DELLA ROCCHETTA Barbera d'Asti 2012, Sant'Emiliano (25,95$ – p. 178)
FRATELLI ALESSANDRIA Verduno Pelaverga 2014, Speziale (23,75$ – p. 180)
TERLAN Vorberg 2012, Riserva, Alto Adige Terlaner (39,50$ – p. 182)
SCHIOPETTO Rivarossa 2011, Venezia Giulia (27,65$ – p. 184)
VIGNALTA Rosso Riserva 2010, Colli Euganei (23,45$ – p. 186)
ZYMĒ Valpolicella 2014, Rêverie (19,90$ – p. 188)
MARION Amarone della Valpolicella 2011 (84,75$ – p. 190)
PRÀ Soave Classico 2014, Otto (20,90$ – p. 192)
SAN VALENTINO Sangiovese di Romagna 2013, Scabi (18,80$ – p. 194)
CAPEZZANNA Villa di Capezzana 2011, Carmignano (32$ – p. 196)
SAN FABIANO CALCINAIA Chianti Classico Gran Selezione 2011, Cellole (35,50$ – p. 198)
BARBI Brunello di Montalcino 2008, Vigna del Fiore (64,75$ – p. 200)
FONTODI Flaccianello 2012, Colli Toscana Centrale (100$ – p. 202)
DUEMANI Cabernet franc 2010, Costa Toscana (104$ – p. 204)
SAPAIO Volpolo 2013, Toscana (28$ – p. 206)
CASTELLO DI AMA Haiku 2010, Toscana (54,25$ – p. 208)
LUNGAROTTI Vigna Monticchio 2008, Rubesco, Torgiano Riserva (48,75$ – p. 210)
UMANI RONCHI Verdicchio dei Castelli di Jesi Classico Superiore 2012, Casal di Serra (29,85$ – p. 212)
CASTORANI Amorino rouge 2010, Casauria, Montepulciano d'Abruzzo (25,75$ – p. 214)
FEUDI DI SAN GREGORIO Aglianico 2011, Rubrato, Irpina (22,45$ – p. 216)
ARGIOLAS Perdera 2013, Monica di Sardegna (15,10$ – p. 218)
COS Cerasuolo di Vittoria 2011 (32,75$ – p. 220)
DONNAFUGATA Tancredi 2011, Sicilia (30,50$ – p. 222)

ESPAGNE

PAZO DE SEÑORANS Albariño 2014, Rias Baixas (24,90$ – p. 227)
BODEGA DEL ABAB Godello 2012, Gotin del Risc, Bierzo (17,95$ – p. 228)
LÓPEZ DE HEREDIA Viña Tondonia, Rioja Reserva 2003 (44$ – p. 230)
IJALBA Rioja Reserva 2010 (22$ – p. 232)
PÉREZ, RAÚL Ultreia Saint Jacques 2012, Bierzo (24,95$ – p. 234)
ABADIA RETUERTA Seleccion Especial 2010, Sardon de Duero (30$ – p. 236)
GRATAVINUM Priorat 2010, 2 π R (30,25$ – p. 238)
D'ANGUERA, JOAN Altaroses 2013, Montsant (23,50$ – p. 240)
TORRES Mas La Plana 2010, Penedès (57,75$ – p. 242)
LUZON Jumilla 2010, Altos de Luzon (25,65$ – p. 244)
ARTAZU Garnacha 2014, Artazuri, Navarra (15,45$ – p. 246)
MAS IGNEUS FA104 2013, Priorat (34$ – p. 248)
COMENGE Rueda Verdejo 2014 (16,25$ – p. 250)

PORTUGAL

ALVES DE SOUSA Caldas 2013, Douro (14,90$ – p. 254)
NIEPOORT Dialogo 2013, Douro (16,20$ – p. 256)
QUINTA DO PÔPA VV 2008, Douro (48,75$ – p. 258)
QUINTA DOS ROQUES Dão 2012 (16,45$ – p. 260)
ESPORÃO Reserva 2012, Alentejo (26,90$ – p. 262)
QUINTA DA PELLADA Dão branco 2014, Reserva (22,75$ – p. 264)

AUTRES PAYS

GRÈCE

TETRAMYTHOS Roditis 2014, Patras (16,45$ – p. 268)
GEROVASSILIOU Malagousia 2014, Vieilles vignes, Epanomi (24,95$ – p. 270)
THYMIOPOULOS Jeunes vignes de Xinomavro 2014, Naoussa (18,30$ – p. 272)

ALLEMAGNE

SELBACH-OSTER Riesling Auslese 2012, Zeltinger Sonnenuhr, Mosel (41$ – p. 276)
GEYERHOF Grüner Veltliner 2012, Rosensteig, Kremstal (23,95$ – p. 278)
PITTNAUER Zweigelt 2013, Heideboden, Burgenland (20,30$ – p. 280)

CANADA

TAWSE Cabernet franc 2010, Van Bers Vineyard, Creek Shores (50$ – p. 285)
HIDDEN BENCH Chardonnay 2011, Tête de Cuvée (49$ – p. 286)
OSOYOOS LAROSE Le Grand Vin 2011, Okanagan Valley (45$ – p. 288)
BAKER, CHARLES Riesling 2012, Picone Vineyard, Vinemount Ridge
   (35,50$ – p. 290)
NÉGONDOS Saint-Vincent 2013 (17$ – p. 292)
COURVILLE, LÉON Saint-Pépin 2012, Réserve (29,95$ – p. 294)
DOMAINE ST-JACQUES Sélection rouge 2014 (18$ – p. 296)
VIGNOBLE DU MARATHONIEN Vidal 2011, Vin de glace (54,25$ – p. 298)

ÉTATS-UNIS

DOMINUS Dominus 2011, Napa Valley (155$ – p. 304)
HEITZ CELLAR Cabernet sauvignon 2010, Napa Valley (69,25$ – p. 306)
EASTON Zinfandel 2010, Rinaldi Vineyard Fiddletown (36,75$ – p. 308)
DOMAINE DE LA CÔTE Pinot noir 2012, Sta. Rita Hills (59$ – p. 310)
TERRE ROUGE Mourvèdre 2011, California (32$ – p. 312)
JCB Chardonnay 2011, N° 81, Sonoma Coast (36,75$ – p. 314)
BONNY DOON Le Cigare Blanc 2013, California (34,75$ – p. 316)

CHILI

ERRAZURIZ Don Maximiano 2012, Founder's Reserve, Valle de Aconcagua
   (83,25$ – p. 320)
CLOS DES FOUS Pinot noir 2013, Subsollum, Valle de Aconcagua (24,95$ – p. 322)

CLOS DES FOUS Cauquenina 2012, Maule (24,85$ – p. 324)
CARMEN Fumé blanc 2014, Gran Reserva, Valle de Leyda (14,95$ – p. 326)

ARGENTINE

CATENA Malbec 2013, Mendoza (21,95$ – p. 328)
COLONIA LAS LIEBRES Bonarda 2013, Clasica, Mendoza (16,20$ – p. 330)

AUSTRALIE

CLONAKILLA Shiraz – Viognier 2011, Canberra District (99,50$ – p. 334)
TYRRELL'S Shiraz 2011, Brokenback, Hunter Valley (25,40$ – p. 336)
WYNNS Cabernet sauvignon 2012, Coonawarra (35,25$ – p. 338)
WOLF BLASS Chardonnay 2012, Gold Label, Adelaide Hills (25,25$ – p. 340)

NOUVELLE-ZÉLANDE

AND CO Sauvignon blanc 2014, The Supernatural, Hawke's Bay (26,95$ – p. 344)
SAINT CLAIR Pinot noir 2012, Pioneer Block 16, Awatere Valley (30,25$ – p. 346)

AFRIQUE DU SUD

KLEIN CONSTANTIA Vin de Constance 2009 (65,50$ – p. 52)
BOEKENHOUTSKLOOF The Chocolate Block 2012, Western Cape (40$ – p. 350)
NEWTON JOHNSON Pinot noir 2013, Félicité, Western Cape (19,30$ – p. 352)
BADENHORST, ADI Chenin blanc 2014, Secateurs, Swartland (18,05$ – p. 354)

CHAMPAGNE

BARNAUT Grand cru, Blanc de noirs (47,75$ – p. 358)
HENRIOT Brut Blanc de blancs (71,75$ – p. 360)
FLEURY Rosé de Saignée, Brut (62,25$ – p. 362)
ROEDERER Brut Nature 2006 (104$ – p. 364)
GIMONNET Spécial Club 2009, Premier cru Chardonnay, Brut (90$ – p. 366)

VINS MOUSSEUX

BENJAMIN BRIDGE Brut Réserve 2008 (78$ – p. 369)
BAUD Brut Blanc de blancs (19,50$ – p. 370)
RAVENTÓS I BLANC De la Finca 2011, Conca del Riu Anoia (31,25$ – p. 372)
DOMAINE BERGEVILLE Blanc 2013, Brut (30$ – p. 374)
MEDICI ERMETE E FIGLI Lambrusco 2014, Concerto, Reggiano, Italie
  (18,50$ – p. 376)

VINS FORTIFIÉS

BARBADILLO Solear en Rama 2014, Manzanilla, Saca de Invierno (21$ – p. 380)
TAYLOR FLADGATE Late Bottled Vintage 2010 (13,15$ – p. 382)
MAS AMIEL Maury, 30 ans d'Âge (67,50$ – p. 384)
BARBEITO Boal, Madeira (17,25$ – p. 386)

FRANCE

Le monde du vin poursuit son expansion, mais la France demeure championne incontestée des nations productrices. Dans cet immense jardin, la vigne s'exprime de mille et une façons. Difficile de manquer de choix entre la délicatesse d'un vin de Bourgogne, la franchise tannique des crus bordelais, la vigueur d'un chinon ou d'un vouvray de la Loire, l'originalité des vins du Sud-Ouest, le caractère cristallin des blancs d'Alsace, sans oublier l'exubérance des vins du Midi et l'effervescence sublime du champagne. Peu de pays sont en mesure d'offrir un registre aussi diversifié de saveurs et de styles.

Ce jardin est aussi de plus en plus sain, de plus en plus vert, puisque la superficie du vignoble français cultivée en agriculture biologique a été multipliée par 12 au cours des 16 dernières années.

Seule ombre au tableau : la France ne boit plus. La consommation per capita continue de baisser et le pays doit désormais jouer du coude avec le reste du monde sur les marchés d'exportation. Ces enjeux économiques ont enfin poussé quelques retardataires à se remettre en question et à évoluer. Hormis quelques exemples de pastiches de malbec argentin à Cahors et d'autres cas isolés de déroutes œnologiques, les changements ont été heureux. La plupart des vignerons français semblent avoir compris que la solution à ce marasme se résume à un mot : qualité.

Et qualité il y a. Souvent à bon prix, même. Les pages suivantes foisonnent de vins originaux, authentiques et parfaitement adaptés aux plaisirs de la table.

ROYAUME-UNI

PAYS-BAS

BELGIQUE

ALLEMAGNE

CHAMPAGNE

ALSACE

Paris

VAL DE LOIRE

BOURGOGNE

SUISSE

JURA

BEAUJOLAIS

ITALIE

SUD-OUEST

BORDEAUX

VALLÉE DU RHÔNE

LANGUEDOC-
ROUSSILLON

PROVENCE

ESPAGNE

CORSE

BORDEAUX

OCÉAN
ATLANTIQUE

Gironde

Médoc

Lesparre-Médoc

Saint-Estèphe

Côtes de Blaye

Pauillac

Saint-Julien

Moulis

Côtes de Bourg

Listrac

MÉDOC

Margaux

Bordeaux

Haut-Médoc

Fronsac

Libourne

RIVE GAUCHE

Bordeaux

Côtes de
Bordeaux-Cadilla

Pessac-
Léognan

Garonne

Arcachon

GRAVES Cérons

Barsac

Langon

SAUTERNES

RIVE GAUCHE

Le vignoble de Bordeaux est traditionnellement séparé en deux : le Médoc, les Graves et le Sauternais sont situés sur la rive gauche de la Garonne. Le cabernet sauvignon est le cépage généralement dominant dans les assemblages. Cette variété à maturation tardive s'est plutôt bien adaptée aux sols graveleux des Graves et du Médoc, où il donne des vins charpentés qui ont souvent besoin de plusieurs années en cave pour s'assouplir et se révéler pleinement.

Depuis une dizaine d'années, plusieurs consommateurs, particulièrement ceux des plus jeunes générations, ont tourné le dos à Bordeaux. Moi-même, peut-être en réaction à la flambée des prix des années 2000 ou par désir d'explorer d'autres régions du monde, j'avoue avoir un peu boudé les vins de la Gironde – en tant que consommatrice, s'entend.

Mais depuis un an ou deux, sans trop savoir pourquoi, je me surprends à regarnir ma cave en crus bordelais ou à en commander au verre, dans les rares établissements montréalais qui osent encore en proposer. J'ai toujours un intérêt très modéré pour les bordeaux modernes, produits dans le but à peine dissimulé de plaire aux critiques américains, mais je ne me lasserai jamais de savourer un bon vin élaboré sans trop d'artifices et fidèle à ses origines.

Avec leur caractère un peu austère et empreint de fraîcheur, les clarets et autres vins rouges des Graves, de Fronsac, de Pomerol et même d'appellations secondaires semblent conçus pour la table. Les prochaines pages font état d'une foule de bonnes bouteilles, la plupart à des prix on ne peut plus accessibles.

RIVE DROITE

Le Libournais (Saint-Émilion, Pomerol, Fronsac), les Côtes de Blaye, de Bourg et de Castillon sont situés sur la rive droite de la Dordogne. Sauf exceptions, ces vins sont essentiellement constitués de merlot. Qu'il puise sa sève dans les sols calcaires du plateau de Saint-Émilion, dans les molasses de Fronsac ou dans les argiles et les graves de Pomerol, il donne des vins généralement plus suaves et dodus, aptes au vieillissement, mais pouvant être appréciés plus jeunes que ceux du Médoc.

RIVE DROITE

Côtes de Francs

ol

t-Émilion

Dordogne
Sainte-Foy-
la-Grande

Côtes
de Castillon

ENTRE-DEUX-MERS

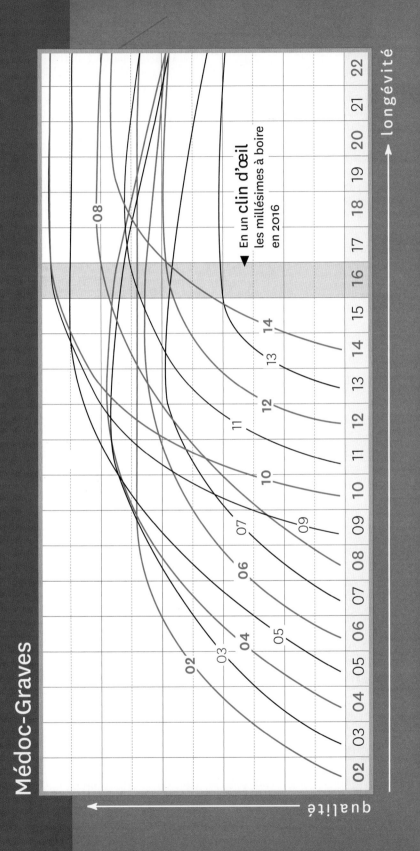

Médoc-Graves

longévité

qualité

En un **clin d'œil**
les millésimes à boire
en 2016

LES DERNIERS MILLÉSIMES

2014

Une autre récolte
«miraculeusement» sauvée par
l'été indien. Dans le Médoc, on
peut espérer de bons cabernets
de facture classique. La rive
droite a été davantage touchée
par la pluie. Les résultats
s'annoncent plus satisfaisants
et homogènes pour le cabernet
franc que pour le merlot.

2013

Jamais deux sans trois, dit-
on. Le médoc a connu sa pire
récolte depuis 1992! Même les
crus classés sont à acheter avec
prudence. Résultats un peu
moins désastreux sur la rive
droite; rendements très faibles
et qualité moyenne.

2012

Deuxième année difficile dans
la Gironde. Le climat a fait
des siennes et le cabernet a
peiné à mûrir. Le merlot étant
un cépage plus précoce, les
vignobles de la rive droite ont
eu un peu plus de chance,
mais il ne faudra pas fonder de
grandes espérances quant à
leur potentiel de garde. L'Yquem
n'a pas été produit, signe
éloquent d'une qualité médiocre
à Sauternes.

2011

Retour à la réalité après deux
millésimes de rêve. Dans le
Médoc comme sur la rive
droite, un mois de juillet
relativement chaud et humide
a causé des problèmes de
pourriture; épisode de grêle
à Saint-Estèphe. Pomerol est
l'appellation qui a le mieux tiré
son épingle du jeu. De manière
générale, les taux d'alcool sont
plus faibles, heureusement!
Comme dans tout millésime
hétérogène, la réputation du
producteur est la meilleure
garantie.

2010

Après la sensationnelle récolte
2009, dame Nature s'est de
nouveau montrée généreuse
envers les Bordelais. Un été
exceptionnellement sec et une
récolte moins abondante que
la moyenne – avec des raisins
petits et très nourris – ont
donné naissance à des vins
rouges tanniques, solides et
charpentés. Succès généralisé,
autant dans le Libournais que
sur la rive gauche. Millésime tout
aussi prometteur à Sauternes,
où les vendanges se sont étalées
jusqu'à la fin d'octobre.

2009

De l'avis de plusieurs,
probablement le meilleur
millésime de la décennie. Après
un été idéal, chaud, sec et
ensoleillé, les vignes ont profité
d'un mois de septembre de rêve
pendant lequel les journées
chaudes et les nuits fraîches ont
alterné. Des conditions idéales
pour produire le Bordeaux parfait.
Bon millésime en perspective à
Sauternes.

Saint-Émilion-Pomerol

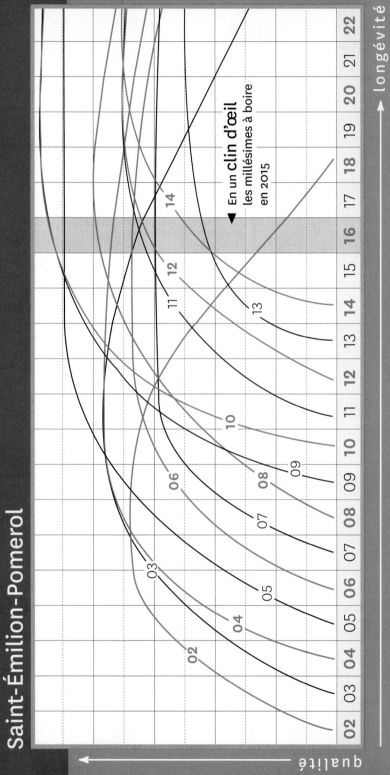

qualité

longévité

En un **clin d'œil**
les millésimes à boire
en 2015

2008

La longue saison végétative qui s'est achevée par temps sec et sans excès de chaleur explique le style fin et classique des meilleurs vins du millésime. Mais tous les 2008 ne sont pas nés égaux, et la qualité reste variable. Seuls les meilleurs terroirs exploités avec rigueur et discernement ont donné des vins fins de style très classique.

2007

Après un été de misère, le beau temps de septembre a permis d'éviter le pire. La qualité est hétérogène. Les producteurs les plus habiles ont obtenu des vins rouges de bonne facture, fins et équilibrés, mais sans la profondeur des grandes années. De bons vins blancs secs et des Sauternes très réussis.

2006

De la pluie aux vendanges et de fréquents problèmes de pourriture ont causé bien des maux de tête aux viticulteurs, surtout dans le Médoc où le cabernet sauvignon a eu peine à mûrir. Sur la rive droite, le merlot a donné des résultats plus satisfaisants, en particulier à Pomerol. Bon millésime pour les vins blancs secs. Bon nombre de Sauternes riches et plantureux.

2005

Excellent millésime. Sur les deux rives, les vins rouges combinent à la fois une structure solide, la richesse tannique et la fraîcheur. Une belle année pour les vins blancs secs. Grand millésime à Sauternes, où des conditions idéales ont été favorables au développement du botrytis.

2004

Retour à une production plus classique après l'excentrique millésime 2003. Dans l'ensemble, la qualité est hétérogène, avec un léger avantage pour Pomerol et Saint-Émilion où, plus précoces, le merlot et le cabernet franc ont été ramassés avant la période pluvieuse qui a commencé le 10 octobre. Beau millésime de vins blancs secs. Année irrégulière à Sauternes, mais quelques vins sont néanmoins très satisfaisants.

2003

Une canicule exceptionnelle a provoqué la récolte la plus précoce depuis 1893. Dans ces conditions météorologiques extrêmes, la qualité du terroir a fait toute la différence. Dans les meilleurs cas, les vins du Médoc sont riches et généreux, quoique atypiques. Succès plus mitigé à Saint-Émilion et à Pomerol. De bons vins blancs secs exubérants. Grande année pour les liquoreux.

CHÂTEAU DE REIGNAC
Grand Vin 2010, Bordeaux Supérieur

Cette vaste propriété de l'Entre-deux-Mers a bénéficié de la fortune de son nouveau propriétaire, Yves Vatelot, qui en a fait l'acquisition en 1989. Reignac est notamment devenu célèbre après avoir devancé des grands crus classés lors d'une dégustation à l'aveugle organisée par le Grand Jury Européen, en 2009.

À première vue donc, un prix élevé pour un vin d'appellation secondaire, sauf que ce bordeaux supérieur se hisse nettement au-dessus de la mêlée. Constitué essentiellement de merlot, le 2010 présente une matière dense et une étoffe considérable; des saveurs compactes, des tanins mûrs et un équilibre réussi avec le bois, qui est finement dosé. Certains y verront une construction œnologique plus qu'un vin de grand terroir. Qu'importe, la qualité est au rendez-vous.

12484823   42,50$ ★★★→★ ③

CHÂTEAU DE SÉGUIN
Bordeaux Supérieur 2012, Cuvée Prestige

À peine âgé de 3 ans, le vin s'avère étonnamment ouvert et procure déjà du plaisir avec sa trame fondue et ses saveurs de fruits secs. Bon vin de consommation courante et d'envergure moyenne dont le prix me paraît justifié.

10258486   22,20$ ★★★ ②

CHÂTEAU TAYET
Bordeaux Supérieur 2010, Cuvée Prestige

Cette propriété secondaire appartient à la famille du Château Haut Breton Larigaudière, à Margaux. Le caractère boisé domine pour l'instant, mais la bouche est nette et charnue. De la tenue, du relief et une consistance très satisfaisante. À revoir dans un an ou deux.

11106062   19,65$ ★★★ ½ ③

CHÂTEAU PEY LA TOUR

Bordeaux Supérieur 2010, Réserve du Château

Les vignobles Dourthe produisent ce bon bordeaux de facture commerciale, conçu pour plaire à un large public qui appréciera sa rondeur, ses tanins souples et sa texture ample et flatteuse. À boire maintenant.

442392   22,95$ ★★★ ②

CHÂTEAU DE CAMARSAC

Bordeaux Supérieur 2010, Thierry Lurton

Ce domaine de l'Entre-deux-Mers est dirigée par Thierry Lurton, fils de Lucien Lurton. Ce bon vin rouge de confection moderne ne manque pas de faire son effet en bouche. Assez corsé pour un vin de cette gamme de prix, boisé pour plaire, avec des accents de vanille et de noix de coco et tout le fruit voulu. À boire dès maintenant et jusqu'en 2018.

10521301   17,45$ ★★★ ②

CHÂTEAU LA MOTHE DU BARRY

Bordeaux Supérieur 2013

Un vin assez solide pour cette gamme de prix, qui présente un nez aux accents d'épices, une bonne tenue, un goût franc, du fruit et de belles aspérités tanniques. Un bon merlot d'envergure moyenne.

10865307   14,05$ ★★★ ② ♥

CHÂTEAU SAINT-ANTOINE

Bordeaux Supérieur 2012, Réserve du Château

Cette propriété de la famille Aubert (Château La Couspaude, à Saint-Émilion) propose un bon bordeaux de facture conventionnelle, qui porte la rondeur du merlot et les jolis parfums du cabernet franc, dont il est composé à 35%. Assez charnu et facile à boire.

10915263   17,45$ ★★★ ②

CHÂTEAU LE PUY
Francs-Côtes de Bordeaux
2010

La famille Amoreau gère avec rigueur ce domaine de 25 hectares, l'un des rares vignobles de Gironde cultivé en biodynamie. Le vin courant de la propriété est issu de merlot, de cabernet sauvignon et de carmenère, vinifiés avec les seules levures naturelles, sans chaptalisation ni filtration et avec un minimum de soufre.

Chaque année, ce vin est l'exemple même du bon bordeaux de la rive droite. Un nez très distingué, mariant les tonalités animales et le fruit noir ajouté à une couleur grenat relativement claire annoncent un vin d'un classicisme certain. Rien à voir avec les vins modernes qui abondent dans la région. Modérément alcoolisé, une attaque en bouche franche, vibrante, portée par des tanins juste assez fermes, mais pourtant fins. Que de plaisir! À moins de 30 $, on achète les yeux fermés.

709469   27,85$ ★★★★ ② ♥

3 760088 890777

CHÂTEAU BERTINERIE
Blaye - Côtes de Bordeaux 2010

Ce bordeaux courant d'envergure moyenne met davantage l'accent sur le fruit et la rondeur que sur la structure et la profondeur. Abordable et facile à boire.

962118   17,30$ ★★★ ①

3 486730 040115

CHÂTEAU BUJAN
Côtes de Bourg 2012

Bon an, mal an, Pascal Méli signe un des très bons côtes de bourgs. Impeccable cette année encore; plus séveux que la moyenne des vins des côtes vendus à ce prix. Un nez classique et affriolant de cassis et de framboise, de cèdre et de tabac, avec un boisé à peine perceptible. Mûr et gouleyant, avec de belles aspérités, sans aucune verdeur ni dureté. Un vrai bon bordeaux, sans artifices.

862086   20,65$ ★★★★ ② ♥

3 358251 220003

CHÂTEAU LA GASPARDE
Castillon-Côtes de Bordeaux 2009

Dans le style « à l'ancienne » privilégié par la famille Janoueix, ce 2009 est maintenant à point, avec des goûts concentrés de prune, de cacao et de réglisse qui persistent en bouche. Une matière généreuse, du fruit et une chair mûre ; très bon bordeaux – rive droite – à savourer au cours des quatre prochaines années.

527572   20,90$ ★★★ ②

3 700025 026111

CHÂTEAU LA CHAPELLE MONREPOS
Castillon - Côtes de Bordeaux 2011

Un nez aux parfums de cèdre et de cassis. La bouche est marquée à la fois par l'élevage et par la rondeur d'un merlot bien mûr, sur des tanins sphériques, compacts et serrés. Laisser reposer un an ou deux, le temps qu'il digère son bois.

10515884   21,15$ ★★→★ ③

3 700091 801742

CHÂTEAU PELAN BELLEVUE
Francs - Côtes de Bordeaux 2009

Encore étonnamment jeune pour un vin courant âgé de plus de 5 ans. Les tanins sont un peu plus fondus, mais encore vigoureux ; bon équilibre entre la maturité du fruit et l'acidité. Par ailleurs, une petite proportion de cabernet franc (15%) apporte des notes poivrées caractéristiques. Bon achat à ce prix. Issu de l'agriculture biologique.

10771407   16,70$ ★★★ ② ♥

3 760086 380034

CHÂTEAU PUY LANDRY
Castillon- Côtes de Bordeaux 2014

Encore très jeune et fringant, tannique et explicite par ses senteurs de cannelle et de cerise noire. Une aération en carafe aidera à chasser un léger reste de gaz, qui lui confère un caractère rustique. Bonne tenue pour le prix.

852129   15,60$ ★★★ ② ♥ ⛰

3 760086 380027

VIEUX CHÂTEAU CHAMPS DE MARS
Castillon - Côtes de Bordeaux 2010

Régis Moro est un chef de file des Côtes de Castillon et le Vieux Château Champs de Mars est le porte-étendard de son entreprise. Issu de l'agriculture biologique, le 2010 remplit la bouche de saveurs riches et concentrées. Bon bordeaux secondaire de facture conventionnelle, boisé, s'articulant autour de tanins mûrs qui se resserrent en finale. Bel équilibre d'ensemble ; à boire d'ici 2017.

10264860   20,35$ ★★★ ½ ② ♥

3 760086 380089

LES REMPARTS DE FERRIÈRE
Margaux 2010

Château Ferrière, troisième cru classé de Margaux, est géré avec rigueur par Claire Villars, qui a récemment entrepris une conversion à l'agriculture biologique. Imperméable aux modes, souvent dictées par la critique, Ferrière reste fidèle à un style médocain classique; les vins ont souvent besoin de temps avant de se fondre.

Deuxième vin de la propriété et par conséquent prêt à boire plus jeune, Les Remparts 2010 s'inscrit dans la continuité des derniers millésimes. Pas très concentré, mais frais en bouche et misant avant tout sur l'élégance et l'équilibre. L'exemple même du *luncheon claret* que les Britanniques affectionnaient tant. Un très bon Bordeaux finement boisé, qu'on boit avec grand plaisir dès maintenant et d'ici 2020.

12194463   39$ ★★★★ ②

CHÂTEAU HANTEILLAN
Haut-Médoc 2009

Situé à un jet de pierre de Lafon-Rochet et de l'appellation Saint-Estèphe, Hanteillan est une vaste propriété habilement dirigée par Catherine Blasco. Le 2009 est plus enrobé que le 2010; les tanins sont fermes, mais bien mûrs, témoins de la nature généreuse du millésime à Bordeaux. Finale fraîche et franche aux parfums délicats de poivron vert.
Bon rapport qualité-prix.

11396101   24$ ★★★ ½ ②

CHÂTEAU DUPLESSIS
Moulis en Médoc 2009

Bon cru bourgeois, composé majoritairement de merlot, ce qui est de moins en moins rare dans le Médoc. Plus charnu que dans les derniers millésimes, mais nettement moins concentré que bien des 2009.
Un bon vin d'agrément à boire d'ici 2016.

11335711   24,10$ ★★★ ½ ②

CHÂTEAU D'ESCURAC

Médoc 2010

Ce vin présente la vitalité et la structure caractéristiques du millésime 2010. Sans être grand, il est cependant très harmonieux, avec un bon équilibre entre la charpente du cabernet et la suavité agrémentée des saveurs de prune du merlot. Prix pleinement mérité. À boire entre 2016 et 2019.

11609559 26$ ★★★ ½ ②

CHÂTEAU LACOMBE NOAILLAC

Médoc 2010

La couleur déjà tuilée annonce un vin ouvert et prêt à boire. Le nez porte encore la marque de l'élevage et le fruit a déjà commencé à s'estomper au profit de notes tertiaires (fumée, champignon, feuille morte). Rien de complexe, mais à moins de 20 $, il y a là un bon bordeaux courant.

10752732 19,80$ ★★★ ②

CHÂTEAU MAISON BLANCHE

Médoc 2011

Très médocain par sa droiture, son cadre tannique et ses bons goûts de cerise, sur un fond minéral qui évoque la mine de crayon. Bon usage du bois, agréable fermeté et amertume de bon aloi qui met le fruit en relief. Beaucoup de vin dans le verre pour le prix. Finale persistante aux accents de cèdre et d'épices. À boire sans se presser jusqu'en 2020.

11792293 24,70$ ★★★ ½ ③

CHÂTEAU MALESCASSE

Haut-Médoc 2009

Un très joli nez, ouvert et parfumé. La bouche est nette, franche, s'appuyant sur un cadre tannique serré, mais déjà poli par quelques années d'élevage. Très bon haut-médoc sur un mode tendre et suave. Rapport qualité-prix attrayant.

12258957 30,75$ ★★★→? ③ ▼

MOULINS DE CITRAN

Haut-Médoc 2005

Propriété du groupe Taillan (Châteaux Ferrière, Gruaud-Larose, Chasse-Spleen et Haut-Bages-Libéral), ce cru bourgeois situé près de Margaux est lui aussi administré par Céline Villars. En 2005, on y a produit un excellent second vin sous l'étiquette Moulins de Citran. Très bon 2005 dont la teinte vermillon montre des signes d'évolution. Le nez est compact, la bouche est plus explicite, encore assez structurée, s'appuyant sur des tanins fins et élégants. Une excellente note pour un vin parfaitement à point, à boire au cours de la prochaine année.

737882 29,80$ ★★★ ½ ② ▼

France

LES SONGES DE MAGDELAINE
Saint-Émilion Grand cru
2010

Propriété des Établissements Jean-Pierre Moueix (Trotanoy, Lafleur-Pétrus, Hosanna, etc.), le vignoble de Château Magdelaine a été annexé à celui de Bélair-Monange en 2012. Par conséquent, ce vin est l'une des dernières occasions de pouvoir goûter le caractère singulier de ce beau terroir du plateau de Saint-Émilion.

Ce 2010 résume à lui seul l'esprit Moueix. Quelle sensualité dans ce tissu tannique qui coule en bouche comme du velours liquide! Registre aromatique tout en nuance, en complexité, en profondeur. Persistant, délicieux. Si vous aimez le classicisme proverbial des vins de la famille Moueix, vous pouvez acheter les yeux fermés. Attention, les quantités sont limitées.

12509648   68$ ★★★★ ③ ⑤

CHÂTEAU COUTET
Saint-Émilion Grand cru 2010

Encore jeune et brossé à gros traits, mais non moins savoureux, ce bon 2010 se fait valoir par son ampleur en bouche et par ses goûts généreux de fruits noirs. Droit au but et mis en valeur par une saine acidité qui accentue sa vigueur tannique.

12592816   35,25$ ★★★→? ③

CHÂTEAU CROIX DE RAMBEAU
Lussac Saint-Émilion 2011

Le vin de cette propriété située au nord de Saint-Émilion offre une fois de plus un rapport qualité-prix attrayant. La bouche, correctement charnue, s'articule autour de tanins veloutés, et le vin fait preuve d'une bonne longueur. Finale de cuir et d'épices. Belle réussite dans le contexte du millésime.

975649   24,25$ ★★★ ½ ②

CHÂTEAU DES LAURETS
Puisseguin Saint-Émilion 2012

Une autre propriété de la Compagnie Vinicole du baron Edmond de Rothschild. Fruit d'un millésime difficile, le 2012 se fait valoir par sa netteté, son tissu tannique passablement dense et son équilibre d'ensemble. Très bon vin de merlot (80 %) et de cabernet franc, à boire d'ici 2019.

371401   20,40$ ★★★ ½ ② ♥

3 309470 000983

CHÂTEAU LAROQUE
Saint-Émilion Grand cru classé 2009

La famille Beaumartin continue de produire un bon vin authentique dans cette vaste propriété de Saint-Christophe-des-Bardes, à l'est de Saint-Émilion. Toute la suavité du merlot et l'intensité du millésime 2009, doublés d'une appréciable finesse. Des couches de saveurs fruitées (mûre, cassis, bleuet), sur un fond de cèdre, d'iode et de graphite. L'ensemble est porté par des tanins charnus et bien mûrs (mais pas surmûris), qui tapissent la bouche comme du velours. Déjà excellent, il a l'équilibre et la matière nécessaires pour gagner en profondeur et en nuances au cours des cinq à sept prochaines années.

875781   66,50$ ★★★★ ②

3 500610 046391

CHÂTEAU MONTAIGUILLON
Montagne Saint-Émilion 2012

Une fois de plus en 2012, le vin de la famille Amart comble les attentes. Rien de bien profond, mais un bon saint-émilion secondaire de facture classique, à la fois coulant et assez charnu pour laisser en bouche une sensation rassasiante. À boire d'ici 2019.

864249   24,40$ ★★★ ②

3 760070 900040

LES SONGES DE MAGDELAINE
Saint-Émilion Grand cru 2009

Fidèle à son millésime, sans le moindre excès de concentration ni lourdeur, ce 2009 plaira aux amateurs de vins plus enrobés. Bel usage du bois, qui élève le vin plutôt que de le dénaturer, et finale persistante aux notes de fruits bien mûrs ; la générosité sur un mode harmonieux.

12509613   68$ ★★★★ ③ ⑤

3 328150 023739

CHÂTEAU DE BEAUREGARD
Pomerol 2009

En 2014, cette propriété située à proximité de La Conseillante – ainsi que le Château Bastor Lamontagne – a été acquise par les familles Moulin et Cathiard (Smith-Haut-Lafitte). Le vignoble est en conversion à l'agriculture biologique depuis 2009.

Difficile de résister au charme de ce 2009, un vin délicieusement fruité, précis et très bien structuré; long en bouche et plein de caractère, avec une certaine puissance contenue. Particulièrement étoffé – la nature généreuse du millésime y est sans doute pour beaucoup –, riche et velouté, long et parfaitement proportionné. Qualité exemplaire. À boire entre 2019 et 2023.

11854749 72,50$ ★★★→★ ③

CHÂTEAU DE LA RIVIÈRE
Fronsac 2006

En décembre 2013, un accident d'hélicoptère a coûté la vie au nouveau et à l'ancien propriétaire du plus vaste vignoble de Fronsac, qui compte aussi un château imposant du XVIIe siècle. Ce vin bien mûr est souple et dodu, sans aucun angle tannique, sphérique, coulant et savoureux. À boire dès maintenant, il a atteint son apogée.

11588348 29,95$ ★★★ ②

CHÂTEAU GARRAUD
Lalande de Pomerol 2010

Un bon vin, intéressant surtout par son nez engageant de fruits noirs et ses accents rôtis. La bouche est plus substantielle et charnue que d'habitude. L'effet du millésime? Il n'empêche que pour le prix, l'amateur de merlot en aura pour son argent. De la mâche et des tanins juste assez affirmés; velouté, riche en fruit et si charmeur qu'on peut le boire dès maintenant avec plaisir.

978072 28,95$ ★★★ ②

CHÂTEAU LA CROIX DES MOINES

Lalande de Pomerol 2012

Étonnamment distingué en 2012 et plus étoffé que la moyenne de l'appellation. Une couleur brillante, un nez de fruit mûr et une finale saline qui ajoute à sa sapidité. Bon lalande velouté et coulant; pas spécialement long ni charnu, mais fort agréable à table.

973057 27,70$ ★★★ ②

CHÂTEAU L'ENCLOS

Pomerol 2011

Un bon 2011 mettant à contribution la barrique neuve, qui lui confère des notes fumées empyreumatiques, de même qu'une amertume un peu rudimentaire en fin de bouche. Tendre et doté d'une certaine suavité tannique, mais sans envergure ni profondeur particulières. Séduisant certes, mais pas donné. À boire entre 2017 et 2020.

11894370 65,75$ ★★★→? ③

CHÂTEAU TREYTINS

Lalande de Pomerol 2011

De manière générale, j'aime bien les vins du millésime 2011 de la rive droite de Bordeaux. Certes, ils n'ont pas l'envergure des 2009 et 2010, mais ce sont de bons vins tendres et fruités, à boire jeunes. Celui-ci, tout comme le Château Garraud, en est un bon exemple. Harmonieux, relativement léger en alcool, coulant et digeste.

892406 25,30$ ★★★ ②

MOUEIX, JEAN-PIERRE

Pomerol 2011

Bien que modeste, ce Pomerol est plein de vertus. Certains déploreront peut-être sa carrure tannique et ses notes amères en finale, mais le vin ne manque pas de fruit ni de tonus. Bon pomerol de facture classique à boire entre 2015 et 2019.

739623 33,25$ ★★★ ②

KLEIN CONSTANTIA
Vin de Constance 2009

En reprenant ce domaine historique en 1980, la famille Jooste a fait revivre le légendaire vin de Constance, un vin affriolant issu de muscat à petits grains dont raffolaient les riches et les puissants d'Europe aux XVIIIᵉ et XIXᵉ siècles, jusqu'à ce que le phylloxéra mette fin à sa production. Un vin hors du commun, doté d'une richesse exceptionnelle.

Le 2009 s'illustre de manière spectaculaire par son intensité et sa complexité aromatique. Riche et multidimensionnel, très ouvert et persistant, il égraine les saveurs d'écorce d'agrumes, de fleur d'oranger, de thé Darjeeling et de fruits tropicaux, le tout soutenu par une vive acidité qui crée un équilibre presque parfait.
Unique!

10999655 65,50$ (500 ml) ☆☆☆☆ ½ ③

CHÂTEAU BASTOR-LAMONTAGNE
Sauternes 2009

Très bon sauternes provenant d'un excellent cru, voisin de Suduiraut. Même s'il n'est pas officiellement classé, ce domaine produit parmi les bons vins de Sauternes. Le 2009 témoigne de la richesse du millésime, par sa robe qui rappelle le changement de couleur des feuilles à l'automne, par son caractère voluptueux et ses saveurs de figue confite. Opulent, profond, persistant et harmonieux. D'autant plus recommandable qu'il est vendu à prix doux.

11131444 46,75$ ☆☆☆ ½ ②

CHÂTEAU COULAC
Sainte-Croix-du-Mont 2010

Les amateurs de bordeaux liquoreux devraient retenir le nom de Sainte-Croix-du-Mont, une appellation bordelaise qui met à contribution le sémillon, tout comme à Sauternes. Certes, les vins n'ont pas la même complexité que les grands sauternes, mais à un prix aussi abordable, qui s'en plaindrait ? Très bon 2010, onctueux, ample et assez long en bouche, avec ces inimitables goûts de fruits tropicaux et de champignon.
Très belle qualité !
180166   23,25$ ☆☆☆ ½ ② ♥

CHÂTEAU LARIBOTTE
Sauternes 2009

Ample et très onctueux, avec la richesse et le volume caractéristiques du millésime. Cela dit, on serait en droit d'espérer un peu plus de profondeur et de relief aromatique venant d'un sauternes. À ce prix, je reste sur ma soif.
10269521   40,75$ ☆☆ ½ ②

DONNAFUGATA
Ben Ryé 2013, Passito di Pantelleria

Un vin liquoreux produit dans l'île de Pantelleria, au large de la Tunisie. Des raisins «passito», c'est-à-dire passerillés ou desséchés donnent un vin très riche, sirupeux et assez spectaculaire qui se déploie en bouche comme un feu d'artifices. Du relief et de l'intensité ; des couches de saveurs florales, fruitées, épicées, herbacées, caramélisées qui vont crescendo et qui persistent en bouche. À découvrir, si ce n'est déjà fait.
11301482   32$ (375 ml)   ☆☆☆☆ ½ ②

BOURGOGNE

 Nadia Fournier rencontre
Stelio Perombelon.

Longtemps très hétérogène, la qualité des vins de la Bourgogne a beaucoup progressé depuis une dizaine d'années. La région peut même être la source de bons vins authentiques, encore vendus à des prix terrestres.

Grâce à l'arrivée de nombreux jeunes producteurs, soucieux de tirer le meilleur de terroirs secondaires, il est désormais possible de boire de très bons vins bourguignons, sans faire les frais des grands crus. Plusieurs grandes maisons de négoce empruntent aussi la voie de la qualité. Les pages suivantes foisonnent de recommandations de bonnes bouteilles pour explorer le charme et la profondeur quasi énigmatique des vins de cette grande région viticole.

Même si elle se résume encore au beaujolais nouveau dans l'esprit de bien des consommateurs, la région du Beaujolais peut produire des vins sérieux. Très sérieux même. Les vins affichent la légèreté et le caractère friand propres au cépage gamay, mais cela n'exclut en rien la profondeur. À redécouvrir, si ce n'est déjà fait.

CHABLIS

De l'avis de plusieurs, le chablis est la quintessence du cépage chardonnay. Grâce à leur acidité naturelle et à leur équilibre, les meilleurs peuvent être conservés plusieurs années.

Bourgogne

Bourgogne

CHABLIS

Auxerre

St-Bris

Irancy

Avallon

Bourgogne

Yonne

CÔTE DE NUITS

Le morcellement du vignoble bourguignon a commencé dès la Révolution française et s'est poursuivi au fil des siècles et des successions familiales. Deux siècles plus tard, il n'y a toujours qu'un seul Clos de Vougeot, mais il est partagé entre 70 vignerons qui produisent autant de vins différents selon leur savoir-faire et leur rigueur.

Seine

Armançon

Saône

CÔTE DE NUITS

Marsannay
Fixin
Gevrey-Chambertin
Morey-Saint-Denis
Chambolle-Musigny
Vougeot
Vosne-Romanée
Nuits-Saint-Georges
Prémeaux-Prissey
Hautes Côtes de Nuits

Bourgogne

Dijon

CÔTE DE BEAUNE

Pernand-Vergelesses
Savigny-lès-Beaune
Aloxe-Corton
Beaune
Saint-Romain
Volnay
Auxey-Duresses
Pommard
Monthélie
Meursault
Blagny
Saint-Aubin
Puligny-Montrachet
Chassagne-Montrachet
Santenay
Hautes Côtes de Beaune

Beaune

Autun

Bourgogne

Bourgogne
Aligoté Bouzeron

Rully

Mercurey

CÔTE
CHALONNAISE

Givry

Chalon-sur-Saône

Montagny

MÂCONNAIS

Mâcon Villages

Saint-Véran

Pouilly-Vinzelles
et Pouilly-Loché

Mâcon

Pouilly-Fuissé

Mâcon Villages

Bourg-en-Bresse

BEAUJOLAIS

Au sud de Mâcon, la partie nord du Beaujolais regroupe dix crus et une foule d'artisans talentueux dont les vins n'ont souvent rien à envier à leurs cousins bourguignons vendus plus cher.

Beaujolais-Villages

Loire

Saône

BEAUJOLAIS

Villefranche-sur-Saône

Beaujolais

Rhône

CÔTE CHALONNAISE

Choisis avec discernement, les vins blancs et rouges de la Côte Chalonnaise sont souvent des achats avisés.

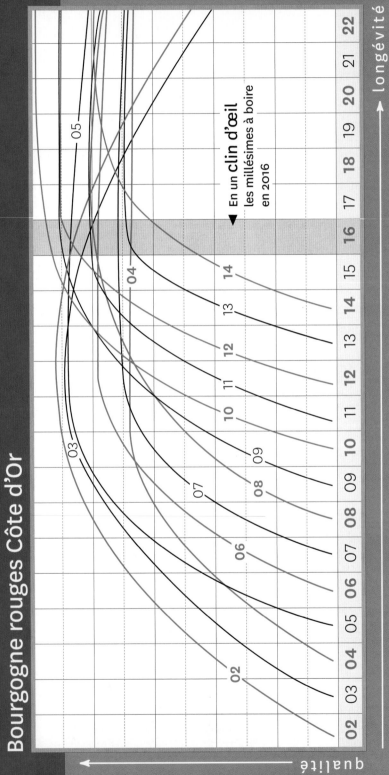

Bourgogne rouges Côte d'Or

longévité

qualité

En un **clin d'œil**
les millésimes à boire
en 2016

LES DERNIERS MILLÉSIMES

2014

Grande joie pour les vignerons qui ont connu une récolte un peu plus abondante, après trois années déficitaires. On peut espérer des vins rouges de densité moyenne, mais sans verdeur; des vins blancs d'envergure, à la fois élégants et concentrés. Récolte hâtive et excellent potentiel à Chablis; idem pour le Beaujolais qui a connu sa meilleure récolte depuis 2011.

2013

Autre année marquée par la grêle sur la Côte de Beaune; qualité inférieure à celle de 2012. Pluie abondante au moment des vendanges. La date de la récolte et le tri de la vendange ont été des facteurs qualitatifs déterminants. Malgré tout, ce millésime a donné des vins rouges très fins et élégants qui plairont à l'amateur de bourgognes classiques.

2012

Des mauvaises conditions météorologiques au printemps ont nui à la floraison et donné une très petite récolte partout sur la Côte d'Or, mais aussi à Chablis et dans le Beaujolais, où certains vignerons ont été forcés de déposer le bilan. Épisodes répétés de grêle sur la Côte de Beaune. Le peu de vin produit devrait cependant être d'excellente qualité.

2011

Autre année de faibles rendements et de vendange hâtive. La peau des raisins de pinot noir était relativement épaisse, ce qui pourrait donner des vins un peu plus structurés. Récolte plus abondante en blanc. Troisième millésime d'excellente qualité dans le Beaujolais.

2010

Qualité irrégulière, en particulier en Côte de Beaune. Dans les meilleurs domaines, les vins rouges s'annoncent charnus, colorés et riches en tanins. Souvent dotés d'une acidité notable, les vins blancs semblent de qualité variable. Conditions plus favorables à Chablis ainsi que dans le Beaujolais.

Bourgogne blancs Côte d'Or

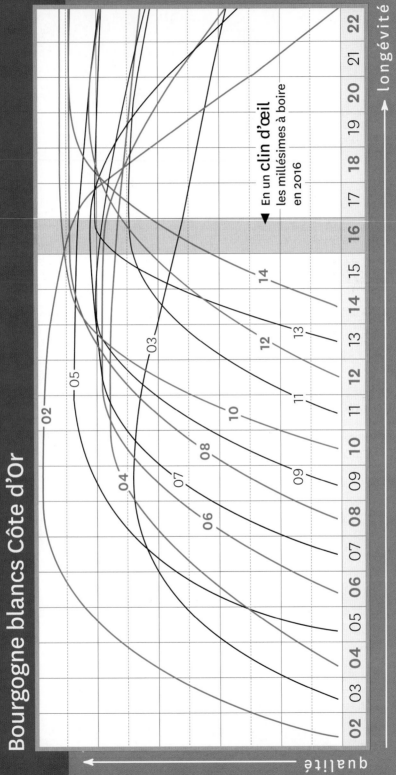

En un **clin d'œil**
les millésimes à boire
en 2016

longévité

qualité

02 · 03 · 04 · 05 · 06 · 07 · 08 · 09 · 10 · 11 · 12 · 13 · 14 · 15 · 16 · 17 · 18 · 19 · 20 · 21 · 22

02 · 04 · 05 · 03 · 07 · 08 · 06 · 09 · 10 · 11 · 12 · 13 · 14

2009

Très bon millésime favorisé par un mois d'août chaud, ensoleillé et sec. Des vins rouges de nature assez souple, et destinés à s'ouvrir plus rapidement que les 2005. Nourris et charmeurs, mais parfois faibles en acidité, les vins blancs devraient évoluer rapidement. Excellent millésime dans le Beaujolais; des vins colorés, riches et savoureux.

2008

Quantité réduite de vins blancs apparemment de qualité plus homogène, autant en Côte d'Or qu'à Chablis. Millésime difficile et irrégulier dans le Beaujolais.

2007

Une faible récolte de vins rouges, souples et à boire jeunes.

2006

Un bon millésime, en particulier en Côte de Nuits où les pluies ont été moins pénalisantes. Qualité hétérogène des vins rouges. Des vins blancs généralement plus satisfaisants. Bons vins charmeurs, mais parfois atypiques à Chablis.

2005

Sur toute la Côte d'Or et en Côte Chalonnaise, des vins classiques, à la fois riches et bien équilibrés. Excellent millésime à Chablis, des vins droits et classiques.

BILLAUD-SIMON
Chablis Premier cru Mont de Milieu 2012

Ce domaine fait partie de l'élite chablisienne. En plus du Tête d'Or, un chablis « tout court » impeccable vendu à la SAQ, Billaud-Simon commercialise au Québec cet excellent vin issu de l'un des plus vastes premiers crus, dont les sols, surtout composés d'argile rouge, donnent des vins généralement plus enrobés.

Élaboré dans un style très classique, ce 2012 mise avant tout sur la fraîcheur, la minéralité et cette tension proverbiale des meilleurs chablis. Il déploie des saveurs précises de fruits jaunes et beaucoup de relief en bouche ; la finale est longue et parfumée. Le terroir transcende complètement le cépage. Déjà savoureux, le vin pourrait encore gagner en complexité d'ici 2019.

11482501　43,75$　☆☆☆☆ ③

CHÂTEAU DE MALIGNY
Chablis Premier cru Fourchaume 2013

Jean-Paul Durup exploite le plus important domaine privé de l'appellation Chablis, avec un vignoble de près de 200 hectares. D'ampleur moyenne, le Fourchaume 2013 révèle des odeurs de menthe ; la bouche est fraîche et fruitée, à défaut de complexité. Bon chablis conventionnel, à boire d'ici 2019.

480145　36,25$　☆☆☆ ②

LA CHABLISIENNE
Chablis Grand cru Château Grenouilles 2010

Issu d'une parcelle de vieilles vignes située au cœur du cru Grenouilles, ce terroir de la zone des grands crus peut donner des vins complexes. Issu d'un millésime de grande qualité à Chablis, le 2010 m'a semblé nettement plus ouvert et accessible que l'an dernier. Un joli nez de pêche mûre, des saveurs persistantes, une acidité bien dosée, beaucoup de présence en bouche et d'harmonie. Le bois joue en sourdine et le vin ne révélera pas son plein potentiel avant 2020.

12449930　98,50$　☆☆☆→☆ ③

LA CHABLISIENNE
Chablis Premier cru Côte de Léchet 2012

Élevé pendant un an en petits fûts, ce vin offre un nez passablement complexe, habilement boisé et tout en nuances. Des saveurs intenses, du nerf et une agréable vinosité, attribuable tant à l'élevage qu'aux fermentations malolactiques. Structuré, franc de goût et d'une bonne longueur.

869198 31$ ☆☆☆ ½ ②

3 332418 003241

LA CHABLISIENNE,
Chablis Premier cru Fourchaume 2012

Voilà un chablis nourri par un élevage sous bois qui apporte des parfums d'érable et de sucre brun, ainsi qu'un supplément de corps et de tenue, sous-tendu par une franche acidité. Laissons-lui quelques années de repos.

11094671 34$ ☆☆☆ ½ ③

3 332418 003234

LAROCHE
Chablis Premier cru Les Montmains 2010

L'élevage est ici encore perceptible; on note des notions de croûte de fromage et de popcorn au beurre. La tenue en bouche est appréciable, l'ensemble est vineux, manifestement issu de raisins mûrs. Un excellent chablis en devenir.

12372611 38,00$ ☆☆☆→☆ ③

3 292060 010984

MOREAU, LOUIS
Chablis Premier cru Vaulignot 2013

Louis Moreau produit d'excellents vins authentiquement chablisiens, vinifiés sans apport boisé. Fruit d'une récolte plus tardive que d'habitude, le 2013 déploie en bouche une texture passablement vineuse et des parfums presque tropicaux, ponctués d'accents d'épices et de thé qui me font soupçonner une peu de botrytis. Pour le reste, une finale persistante, et une impression générale fort rassasiante. Belle réussite dans un millésime difficile.

480285 27,35$ ☆☆☆☆ ② ♥

3 452460 002242

SIMONNET-FEBVRE
Chablis Premier cru Mont de Milieu 2011

Un vin déjà ouvert et épanoui, comme le laissent deviner ses parfums de cire d'abeille. Bon chablis de facture classique, qui fait preuve d'un bel équilibre entre l'acidité et le gras; ses saveurs sont délicates et il laisse une impression générale élégante.

11094751 41,25$ ☆☆☆ ½ ②

3 422511 110417

MOREAU, LOUIS
Petit Chablis 2014

Lorsqu'elle a vendu la maison de négoce J. Moreau à Jean-Claude Boisset en 1985, une partie de la famille Moreau a conservé ses parcelles de vignes. Louis Moreau dirige l'entreprise depuis 1994; la plupart de ses cuvées sont vinifiées en cuve d'acier inoxydable, pour laisser s'exprimer pleinement le terroir.

Si ce petit chablis est révélateur de la qualité générale du millésime 2014, je suis impatiente de découvrir le fruit de cette récolte qui me semble très prometteuse. Le vin présente un équilibre impeccable entre la maturité du fruit et l'acidité, entre le gras et le nerf. Une très belle bouteille à boire en attendant que les premiers crus n'arrivent à maturité.

11035479   21,35$ ☆☆☆☆ ② ♥

BOISSET, JEAN-CLAUDE
Bourgogne Aligoté 2013

Quoiqu'un peu atypique, ce vin issu de l'agriculture biologique démontre tout le potentiel du cépage aligoté. Bien plus qu'un petit blanc vif qu'on édulcore avec du sirop de cassis, celui-ci déploie des bons goûts de fruits blancs, soulignés par une acidité du tonnerre qu'un travail avec les lies permet d'enrober. Encore jeune et ponctué de délicates notes de réduction, le vin se révélait pleinement après une journée d'ouverture. Il est donc conseillé de l'aérer une demi-heure en carafe avant de le servir.

12479080   21,60$ ☆☆☆☆ ② ♥ △

LA CHABLISIENNE
Les Vénérables 2012, Vieilles vignes, Chablis

Cette cuvée issue de vignes âgées d'au moins 35 ans (certaines ont presque un siècle) offre de nouveau un excellent rapport qualité-prix en 2012. Vigoureux et relevé des accents de pierre à fusil typiques de l'appellation, un très bon vin à boire d'ici 2018.

11094639   26,80$ ☆☆☆ ½ ②

LA CHABLISIENNE
La Sereine 2013, Chablis

Un vin au nez attrayant de poire et de menthe, sobre et modeste, mais faisant tout de même preuve d'une assez bonne longueur pour un chablis générique; les saveurs délicates de miel et de safran persistent en bouche.

565598 21,10$ ☆☆☆ ②

LAROCHE
Chablis 2013, Saint Martin

Cette année encore, la cuvée emblématique de Laroche est l'un des bons chablis inscrit au répertoire général de la SAQ. Une couleur typique, jaune-vert, des saveurs nettes et franches, une texture suffisamment grasse.

114223 25,90$ ☆☆☆ ②

NAUDIN-FERRAND
Bourgogne Aligoté 2014

Dans la commune de Magny-lès-Villers, à mi-chemin entre Beaune et Nuits-Saint-Georges, la vigneronne Claire Naudin produit, entre autres, un excellent vin blanc issu du cépage aligoté. Très sec, des saveurs de fruits blancs sur fond de miel, 12% d'alcool et une acidité vive qui amplifie la tenue en bouche. Impeccable à ce prix.

11589703 19,50$ ☆☆☆☆ ② ♥

POMMIER, ISABELLE ET DENIS
Chablis 2014

Passablement complet en 2014, ce chablis « tout court » déploie au nez des accents fumés assez invitants. La bouche est ample, nourrie par un élevage de six mois sur lies fines, mais aussi nerveuse, vibrante et tendue. Du fruit blanc, des notes citronnées et minérales, presque salines et une impression générale fort élégante. Rien à redire à ce prix, sinon bravo!

11890900 26,80$ ☆☆☆☆ ②

CHÂTEAU DE MARSANNAY

Marsannay 2013, Les Longeroies

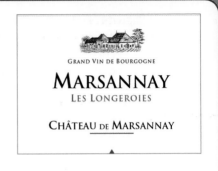

GRAND VIN DE BOURGOGNE

MARSANNAY
LES LONGEROIES

CHÂTEAU DE MARSANNAY

En 2012, Olivier Halley – qui est notamment actionnaire de la chaîne de supermarchés Carrefour – a fait l'acquisition du célèbre Château de Meursault, ainsi que de ce domaine de Marsannay – l'appellation la plus septentrionale de la Côte d'Or, située tout près de la ville de Dijon.

En 2013, on y a produit un vin d'une élégance remarquable. Archétype du marsannay par sa texture soyeuse et sa délicatesse doublée de fraîcheur tannique, le vin déploie une expression fruitée très pure, sur un fond très minéral. Le boisé est finement joué, sans excès, et se marie déjà très bien à l'ensemble. Très séduisant, il a le potentiel pour gagner encore en nuances d'ici 2020.

12653607 43,75$ ★★★➔★ ③

FOUGERAY DE BEAUCLAIR

Marsannay Les Favières 2011

Un nez parfumé s'ouvre sur des fruits rouges bien mûrs, des notes épicées et de délicates odeurs de sous-bois. Savoureux en bouche, séveux aussi, avec une texture suave et juste ce qu'il faut d'aspérités pour créer de la fraîcheur. Longue finale relevée d'épices, mais aussi de notes de terre humide et de griotte. Beaucoup de plaisir pour le prix.

736314 31,50$ ★★★ ½ ②

FOUGERAY DE BEAUCLAIR

Fixin 2012, Clos Marion

Arrivée prévue à la mi-décembre 2015 pour ce très bon vin de Fixin, une appellation voisine de Marsannay. Plus charnu en 2012, le vin n'a peut-être pas la définition aromatique des meilleures années, mais son tissu tannique velouté exerce un certain charme. L'amateur de pinot mûr, dodu, tout en chair et en rondeur sera comblé. On peut commencer à le boire, mais il pourrait s'affiner d'ici 2020.

872952 46,25$ ★★★➔? ③

FOUGERAY DE BEAUCLAIR
Côte de Nuits-Villages 2013

Des senteurs très explicites de cassis annoncent un vin volubile et riche en goûts de fruits noirs. La bouche est leste, délicate, sans minceur, et le vin s'avère assez satisfaisant dans un style mûr, coulant, joufflu. Beaucoup de fruit, à défaut de profondeur.

10865294   35,50$ ★★★ ②

LATOUR, LOUIS
Côte de Nuits-Villages 2012

Entreprise importante de Bourgogne, la société Louis Latour commercialise à elle seule 100 000 caisses de vins sous une centaine d'étiquettes différentes. Moins dur et austère que le sont souvent les vins de la Côte de Nuits. Le fruit est mûr et l'équilibre entre la rondeur fruitée, l'acidité et les tanins est fort bien réussi.

12574870   35$ ★★★ ②

MAGNIEN, FRÉDÉRIC
Fixin 2012

En plus de veiller sur le domaine familial Michel Magnien, Frédéric Magnien gère aussi une activité de négoce. Toujours correct, ce fixin profite de la richesse du millésime 2012. Pleinement fruité, rond, savoureux et animé d'un léger reste de gaz, pour la fraîcheur. Pas complexe ni spécialement profond, mais vraiment charmeur par sa texture veloutée et par ses généreux goûts de fruits mûrs. On en profitera entre 2016 et 2020.

11457284   34,50$ ★★★ ½ ②

BOISSET, JEAN-CLAUDE
Beaune Premier cru Les Vignes Franches 2012

Sous l'étiquette Jean-Claude Boisset, le géant bourguignon propose désormais une gamme complète de vins de la Côte d'Or, élaborés par Grégory Patriat, qui s'approvisionne chez des producteurs et élabore des vins qui mettent en relief les multiples facettes du terroir bourguignon.

Le nez de poires mûres, presque pochées annonce un vin riche et exubérant. Or, la bouche s'avère d'une grande élégance, faisant preuve de cette intensité contenue qui distingue les bons vins blancs de la Côte de Beaune. Le bois et le travail des lies sont joués finement, apportant de délicates notes de caramel, de pain grillé et d'épices qui font corps avec le fruit. Beaucoup de vitalité et de nerf dans ce vin blanc d'envergure qui continuera de se bonifier jusqu'en 2018.

12603626   53,25$ ☆☆☆☆ ③

ANDRÉ, FRANÇOISE
Chorey-lès-Beaune 2011, Tue-Bœuf

Au premier nez, des senteurs de réduction peu engageantes qui s'estompent avec une aération d'une heure. Pour le reste, il s'agit d'un chorey plutôt robuste et riche en matière – typique de 2012 – auquel des tanins mûrs apportent beaucoup de consistance. Déjà très bon, mais il aura besoin d'au moins 3 ou 4 ans de repos.

12370957   32,75$ ★★★→? ③

BOISSET, JEAN-CLAUDE
Ladoix Premier cru Hautes Mourottes 2012

Lorsqu'ils sont vinifiés par des mains habiles, les meilleurs terroirs de Ladoix peuvent donner d'excellents vins de garde, à des prix encore accessibles. Celui-ci, par exemple, provient d'une parcelle voisine de celle du Grand cru Corton et s'avère une expression aussi distinguée que substantielle du terroir de la colline de Corton. Des arômes fins et concentrés de fruits rouges qui se marient au boisé; la bouche s'appuie sur des tanins mûrs et fondus. Un brin ténu en milieu de bouche, mais sa mâche, sa texture et sa profondeur ne font aucun doute.

12603554   51,75$ ★★★→? ③

DOMAINE FAIVELEY
Mercurey 2013, La Framboisière

Après plusieurs années dans les limbes, Faiveley est en voie de rédemption. Depuis son arrivée en poste en 2008, Julien Bordet a remis de l'ordre dans les vignobles et la famille Faiveley a aussi investi 3 millions d'euros pour la rénovation du cuvier. Autant de détails qui se traduisent par une nette progression qualitative, particulièrement remarquable en 2013 avec ce savoureux mercurey qui sent bon la cerise mûre et les épices. Le même goût de fruits frais se retrouve en bouche, soutenu par une acidité qui lui confère beaucoup de vigueur. Délicat, fidèle à son millésime, sans être mince. Très satisfaisant.

10521029   33$ ★★★ ½ ③

GAY, FRANÇOIS
Chorey-lès-Beaune 2011

Pascal Gay, fils de François, reste attaché à la tradition bourguignonne et privilégie avant tout la pureté et la légèreté dans ses vins. Le 2011 n'y fait pas exception : l'archétype du bourgogne jeune, plein de vivacité et d'esprit. Un tissu tannique à la fois compact et très soyeux, de délicats parfums de fruits rouges et une empreinte très élégante. Arrivée en janvier 2016.

12582773   39,25$ ★★★ ½ ②

LATOUR, LOUIS
Aloxe-Corton Premier cru Les Chaillots 2012

Un très bon 2012 – meilleur que ce à quoi cette maison de négoce nous avait habitués –, musclé et sentant bon le fruit mûr ; beaucoup de chair et de fruit en bouche. Sans grande complexité et plutôt taillé d'un seul bloc pour le moment, mais franc et généreux. À revoir dans quatre ou cinq ans. Arrivée à la fin novembre.

12760306   79,75$ ★★★→? ③

En primeur

LATOUR, LOUIS
Volnay Premier cru En Chevret 2010

Maintenant ouvert et épanoui, un Volnay de facture classique, aux saveurs de champignon et de sous-bois. Les tanins sont fondus et veloutés. L'évolution me semble précoce pour un 2010. À boire sans trop tarder.

11584793   81$ ★★★ ①

RIJCKAERT
Pouilly-Fuissé 2010, La Roche, Vieilles Vignes

Établis depuis 1998 dans la commune de Leynes, au sud-ouest de Mâcon, Régine et Jean Rijckaert se consacrent avec beaucoup de succès à l'élaboration de chardonnay, tant en Bourgogne, que dans le Jura.

Particulièrement riche et mûr, comme le sont souvent le vins de cette maison, ce pouilly-fuissé a cependant beaucoup de nerf et de vitalité. Presque exubérant tant il est nourri, à la couleur dorée, aux parfums de fruits parfaitement mûrs et avec une trame de fond très minérale aux accents calcaires. Très sec, vineux et indéniablement marqué par le terroir de Pouilly-Fuissé. Arrivée à la fin de novembre 2015.

12591776   39$ ☆☆☆☆ ②

BACHELDER
Chardonnay 2011, Bourgogne

Très bon vin blanc dont la vinosité et la maturité du fruit n'est pas sans rappeler certaines cuvées du Mâconnais. Plus qu'un autre chardonnay boisé comme il y en a tant. Thomas Bachelder a plutôt choisi de miser sur la finesse et l'harmonie. On ne s'en plaindra pas !

11856040   28,20$ ☆☆☆ ½ ②

BICHOT, ALBERT
Pouilly-Fuissé 2013

Les vins courants des grandes maisons de négoce ne sont pas à retenir pour leur profondeur, mais pour leur constance. Celui-ci en est un bel exemple : pas très ample ni complexe, il offre en revanche des saveurs nettes de fruits blancs et un minimum de tenue en bouche. À boire d'ici 2018.

22871   26,25$ ☆☆☆ ②

BOISSET, JEAN-CLAUDE
Pouilly-Fuissé 2014

De mémoire, ce 2014 est l'une des belles réussites des dernières années. Un nez très typé des vins blancs du Mâconnais, tout le volume souhaité en bouche, du gras, des goûts de poire bien mûre sur un fond de beurre et de pain grillé. Harmonieux, animé d'un léger reste de gaz qui apporte un supplément de fraîcheur. Pour le prix on ne demande pas mieux ! Bonne nouvelle, le vin est disponible dans l'ensemble du réseau.

11675708   24,75$ ☆☆☆ ½ ② ♥

BOISSET, JEAN-CLAUDE
Chardonnay 2012, Les Ursulines, Bourgogne

Parmi les nombreux bourgognes blancs génériques sur les tablettes, celui de la gamme Jean-Claude Boisset demeure l'un des plus constants. Année après année, il comble toutes les attentes envers un vin de cette catégorie : suffisamment de volume, des saveurs juste assez nourries, un bel usage du bois et de la fraîcheur. À boire dans les deux prochaines années.

11008112   24,75$ ☆☆☆ ½ ②

JADOT, LOUIS
Saint-Véran 2013, Combe aux Jacques

Jadot produit annuellement quelque 30 000 caisses de ce saint-véran. Trois cent soixante mille bouteilles d'une constance exemplaire. Tout à fait recommandable en 2013 encore. On a su tirer le meilleur du millésime : le vin ne manque pas de nerf, ni de fruit, ni de tenue.

597591   20,80$ ☆☆☆ ②

CHÂTEAU-FUISSÉ
Pouilly-Fuissé 2012, Tête de cru

Ce bon pouilly-fuissé s'inscrit dans le style des vins bourguignons de facture classique, sans excès et modérément boisé. Des relents soufrés masquent un peu le fruit à l'ouverture, mais se dissipent après une brève aération. Ampleur et longueur moyenne, mais bien tourné.

11330101   28,55$ ☆☆☆ ②

ROBERT-DENOGENT
Pouilly-Fuissé 2013, les Reisses

Jean-Jacques Robert élabore cette cuvée issue de vieilles vignes de plus de 50 ans, vinifiée sans levures sélectionnées et soumis à un long élevage de 22 mois en fûts de chêne. Sans doute en raison des nombreux aléas météorologiques de l'été 2013, le vin me semble moins dense et structuré cette année. Ample, gras et volumineux certes, mais sans cette nervosité et cette étoffe qui le caractérisent habituellement.

880625   41,25 $ ☆☆☆ ②

CHANSON
Bourgogne Pinot noir 2012

Depuis son entrée en poste en 1998, Jean-Pierre Confuron a su hisser Chanson au sein de l'élite des maisons de négoce bourguignonnes. Les vignobles en propriété ont été convertis à l'agriculture biologique en 2009.

Le pinot noir générique me semble encore plus ferme et concentré en 2012, sans accuser de dureté. Toute la chair fruitée voulue et de l'acidité pour la fraîcheur. Une expression franche et sincère du pinot noir en Bourgogne. Parmi les meilleurs sur le marché cette année.

11598394   24,45$ ★★★★ ② ♥

DOMAINE DES PERDRIX
Bourgogne 2013

La famille Devillard élabore des vins de qualité constante, dont un bon bourgogne générique, moins boisé que par le passé. Toujours plus ferme et substantiel que la moyenne, le 2013 mise davantage sur le naturel fruité du pinot noir. Un vin jeune et fougueux, coloré, au goût prononcé de fruits noirs et encadré de tanins juste assez fermes. Une bonne note pour saluer un changement de style bienvenu. Retour en succursales prévu en début d'année 2016.

917674   27,40$ ★★★ ½ ②

BOISSET, JEAN-CLAUDE
Pinot noir 2013, Nature d'Ursulines, Bourgogne

Les parfums boisés de l'élevage sont encore proéminents au nez et annoncent un vin jeune qui bénéficierait de quelques années de repos, ce qui est inhabituel pour un bourgogne générique. Rien de grossier cependant, même un certain raffinement. Le seul bémol, pour moi, sont les mentions accrocheuses sur l'étiquette (sans artifices, pur, etc.) et le texte de la contre-étiquette qui contrastent avec le style du vin. «*Mixed messages*», comme disent les Anglais. Cela dit, un très bon bourgogne générique, élaboré dans les règles de l'art, sans filtration, charnu et fruité comme il se doit, et qui sera agréable à boire entre 2017 et 2021.

12666619   26,75$ ★★★ ½ ③

BOISSET, JEAN-CLAUDE
Pinot noir 2013, Les Ursulines, Bourgogne

Encore cette année, cette maison de négoce propose un rouge générique parmi les plus satisfaisants de sa catégorie. Le 2013 est fougueux, avec un grain serré et un goût de fruits rouges vraiment charmeur. Encore jeune et un peu fermé à l'ouverture. La carafe est recommandée.

11008121 24,50$ ★★★ ② ⚗

BOUVIER, RENÉ
Bourgogne Pinot noir 2012, Le Chapitre Suivant

Très rassasiant depuis quelques années, le 2012 m'a un peu laissée sur ma soif. Du fruit, du volume, des tanins mûrs et tendres, une mâche appréciable, mais sans la vigueur et ce petit je-ne-sais-quoi des dernières années. L'effet millésime? Cela dit, un très bon bourgogne générique à prix sensé.

11153264 23,50$ ★★★ ②

FOUGERAY DE BEAUCLAIR
Bourgogne 2013

La délicatesse habituelle de ce domaine de Marsannay se manifeste aussi dans ce pinot noir générique. Couleur claire, saveurs fruitées pures et précises, couronnées d'une délicate amertume en finale qui ajoute à la longueur en bouche. Un peu plus de longueur et c'était quatre étoiles.

12526413 22,90$ ★★★ ½ ②

JADOT, LOUIS
Pinot noir 2012, Couvent des Jacobins, Bourgogne

La fermeté et la concentration du millésime 2012 transparaissent dans ce bon bourgogne générique. Pas le plus affriolant, mais il mérite une bonne note, ne serait-ce que pour sa mâche et sa vigueur en bouche.

966804 23,40$ ★★★ ②

FOILLARD, JEAN
Beaujolais 2013

Un vin plus que biologique même, puisque l'artisan qui le confectionne, Jean Foillard, prône aussi des vinifications peu interventionnistes, sans ajout de levures sélectionnées, ainsi qu'un apport minimal en soufre. Élève de Jules Chauvet, à qui on attribue la paternité du mouvement des vins natures, Jean Foillard est l'un des piliers de l'appellation Morgon, mais il signe aussi ce Beaujolais « tout court », qui fait preuve d'un raffinement certain.

Plus profond que la moyenne de l'appellation, avec des saveurs de fruits rouges et noirs, sur un fond de notes florales et épicées, il fait aussi preuve d'une tenue en bouche remarquable, malgré sa légèreté alcoolique à 11,5%, un fait de plus en plus rare dans le contexte du marché mondial. Que de bons mots pour ce vin aussi digeste que suave et savoureux, qu'on pourra apprécier dès aujourd'hui avec un plaisir gourmand, nullement intellectuel.

12454958   23,70$ ★★★★ ② ♥

BRUN, JEAN-PAUL (TERRES DORÉES)
Beaujolais 2013, L'Ancien

Une assez belle réussite dans le contexte du millésime. On a probablement attendu le moment optimal pour vendanger, ce qui se traduit par une certaine complexité aromatique. Un vin souple, léger (12% d'alcool) et rafraîchissant. Un peu plus de longueur et c'était quatre étoiles.

10368221   20,40$ ★★★ ½ ① ♥

CHÂTEAU CAMBON
Beaujolais 2014

J'affectionne ce beaujolais élaboré par Jean-Claude Chanudet, en partenariat avec Marie Lapierre (la mère de Camille et Mathieu, héritiers du domaine Marcel Lapierre). Peut-être traversait-il une phase ingrate lorsque goûté en septembre 2015, mais le 2014 m'a semblé légèrement en recul par rapport aux derniers millésimes. Il était un peu moins expressif, mais cependant toujours coulant, facile à boire et équilibré.

12454991   23,45$ ★★★ ①

COLLIN-BOURISSET
Beaujolais 2013, Chéri

Un beaujolais franchement agréable à boire; beaucoup de fruits noirs, juste assez charnu et doté d'une saine acidité qui appelle la soif. À moins de 15$, un bon achat.

50096   14,65$ ★★ ½ ② ♥

JADOT, LOUIS
Beaujolais-Villages 2013, Combe aux Jacques

Cette grande maison bourguignonne apporte aussi un soin particulier à ses vins du Beaujolais. Très satisfaisant cette année encore; du fruit, de la vigueur et un bon équilibre. Une référence dans la catégorie des beaujolais-villages.

365924   17,95$ ★★★ ②

LAPIERRE, MARCEL
Raisins gaulois 2014, Vin de France

Plus harmonieux que dans mes souvenirs, le Raisins gaulois s'avère fort plaisant en 2014. Modeste, mais joliment fruité, sur un fond de poivre; souple, coulant, léger et digeste (12% d'alcool). Plus de caractère que la moyenne et tout à fait agréable à l'apéro avec un plateau de charcuteries ou un antipasti de légumes grillés, pour l'option végétarienne.

11459976   20,30$ ★★★ ②

FOILLARD, JEAN
Morgon 2013, Cuvée Corcelette

Élève du regretté Jules Chauvet et de l'école du «sans soufre», comme nombre de vignerons de la région, Jean Foillard est un nom important de l'appellation Morgon. Il façonne des vins plutôt raffinés, élégants et généralement dotés d'un excellent potentiel de garde.

Le vigneron a encore su tirer remarquablement son épingle du jeu en 2013, millésime hétérogène dans la région, en produisant un vin gouleyant, avec un soupçon de volatilité qui met le fruit en relief et rehausse les saveurs, agissant un peu comme le «umami» dans la cuisine japonaise. Coulant et incroyablement digeste, plein de vitalité et assez persistant, ce morgon termine sa prestation en bouche sur des accents d'épices et d'herbes séchées. Plus cher que la moyenne, mais impeccable!

12201643   37,50$ ★★★★→? ③   3 762994 151010

CHÂTEAU DE PIZAY
Morgon 2014

Très bon morgon à la hauteur de la réputation du millésime 2014 dans la région. Le nez est discret, mais le fruit s'exprime avec générosité en bouche; de la chair, de la tenue et des goûts affriolants de cerise noire et de fleurs. À moins de 20$, l'amateur de gamay est bien servi.

719393   19,90$ ★★★ ②   3 372370 102347

DUBŒUF, GEORGES
Morgon 2011

Très bon 2011, maintenant ouvert et à point. Des accents de fruits confits au nez annoncent un vin manifestement issu de raisins à parfaite maturité. Trois étoiles pour un bon morgon de facture classique et prêt à boire.

12073952   19,25$ ★★★ ②   3 516500 002767

FOILLARD, JEAN

Morgon 2013

Sans avoir l'ampleur des 2009, 2010 et 2011 – trois millésimes sensationnels dans le Beaujolais –, ce morgon s'avère tout à fait délicieux dans un style délicat, leste et guilleret. Des saveurs d'une grande pureté, mêlant le fruit, le poivre, les fleurs, une texture fine et élégante et une longueur en bouche appréciable. Bon vin à boire d'ici 2018.

11964788   25,15$ ★★★★ ② ♥ ▼

LAPIERRE, MARCEL

Morgon 2014

Le regretté Marcel Lapierre a tracé la voie pour de nombreux vignerons de la région quant à l'élaboration de cuvées naturelles, sans ajout de soufre. Ses enfants, Camille et Mathieu, assurent désormais la relève avec la même rigueur. Un peu secoué à l'ouverture, le 2014 gagne à être aéré pendant une demi-heure en carafe. Votre patience sera récompensée par des saveurs nettement plus volubiles et par une présence en bouche vibrante de jeunesse et de fraîcheur. Vigoureux et hyper digeste ; le fruit est mis en relief par un soupçon d'acidité volatile. On peut l'apprécier dès maintenant, mais je ne serais pas étonnée qu'il gagne en nuances au cours des cinq prochaines années.

11305344   31,25$ ★★★ ½ ② △

PIRON, DOMINIQUE

Morgon 2013, Domaine de la Chanaise

Quoiqu'un peu moins complet que les derniers millésimes dégustés, ce morgon d'envergure moyenne s'avère équilibré, franc de goût et correctement charnu. Un peu plus d'élan fruité et c'était trois étoiles.

10272966   21,35$ ★★ ½ ②

TÊTE, LOUIS

Morgon 2014

Un nez de poivre et de noyau de cerise ; l'attaque en bouche est vive, nerveuse et acidulée. Bien, même si le vin manque un peu de chair autour de l'os. Compte tenu de l'excellente réputation du millésime, je m'attendais à mieux.

961185   19,15$ ★★ ½ ②

BRUN, JEAN-PAUL (TERRES DORÉES)
Fleurie 2013, Grille Midi

Vigneron autodidacte, Jean-Paul Brun s'inspire à la fois des méthodes traditionnelles du Beaujolais et de l'école bourguignonne pour produire des vins blancs et des vins rouges très achevés, sincères, qui témoignent du caractère distinct de leurs appellations d'origine.

Le 2013 illustre à merveille le tempérament soyeux et parfumé du vin de Fleurie, l'un des 10 crus du Beaujolais et l'une des appellations les plus joliment nommées de toute la France. La bouche est charnue, mûre, mais avec cette fraîcheur caractéristique du millésime. Encore un peu strict pour l'heure, il a une solide assise, tout en restant fin et élégant. Son équilibre et sa finale persistante annoncent de belles choses pour les cinq années à venir.

11906131   33,75$ ★★★→★ ③

CHÂTEAU DE LA CHAIZE
Brouilly 2013

Un brouilly d'envergure moyenne, coloré et correctement fruité, net, expressif, tendre et facile à boire. Rien de complexe, mais de bonne qualité.

565663   19,55$ ★★ ½ ②

DESCOMBES, GEORGES
Brouilly 2014

Georges Descombes applique la même philosophie peu interventionniste dans l'élaboration de ses vins du Beaujolais. Plus riche et nourri que la moyenne de l'appellation, ce qui est souvent le cas chez ce vigneron, le 2014 fait à la fois preuve d'étoffe et d'une vivacité digne de mention. Peut-être pas le plus exubérant ni le plus flatteur des vins de Brouilly, mais il ne manque pas de poigne ni de caractère.

Arrivée prévue à la mi-décembre 2015.

12494028   24,80$ ★★★ ½ ②

DUBŒUF, GEORGES

Brouilly 2013

Fidèle à lui-même, ce brouilly m'a tout de même paru un peu court et dé-pourvu de la rondeur fruitée qui a fait son succès popu-laire. Néanmoins charnu et pourvu d'une bonne acidité. Correct.

70540 18,95$ ★★ ②

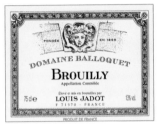

JADOT, LOUIS

Sous les Balloquets 2013, Brouilly

Après avoir racheté le Château des Jacques en 1996, la famille Gagey a fait appel à Guillaume de Castelnau pour as-surer la gestion de son antenne beaujo-laise. Ce brouilly présente une couleur brillante et un nez concentré; beaucoup de fruit et tout ce qu'il faut de corps, une bonne ampleur. La finale est un peu liquide, mais le vin est tout de même très bon.

515841 22,35$ ★★★ ②

MIGNOT PÈRE & FILS

Brouilly 2013

Bon vin fruité, souple et facile, dont les saveurs sont soutenues par une bonne acidité. Franc de goût et fort plaisant.

628123 19,95$ ★★★ ②

ALSACE

Le SAVIEZ-VOUS?

Certains producteurs laissent une dose perceptible de sucre résiduel dans leurs vins. Quelques maisons ont commencé à donner des informations relatives aux taux de sucre et d'acidité sur la contre-étiquette, mais cette pratique demeure assez marginale. Pour acheter des vins secs, retenez les noms de Beyer, Hugel, Ostertag et Trimbach.

Wissembourg

Haguenau

Sarrebourg

Saverne

Sarre

Molshein

Strasbourg

VINS D'ALSACE

Alsace

Mont-Sainte-Odile

Barr

Ill

Dambach la Ville

Saint-Die

Sélestat

ALLEMAGNE

Bergheim

Hunawihr Ribeauvillé

Riquewihr

RHIN

FRANCE

Kaysersberg

Colmar

Eguisheim

Guebwiller

En raison de leur forte acidité, les grands vins secs de riesling ont besoin de temps pour atteindre leur sommet. Ils peuvent vivre très longtemps.

À part de très rares exceptions, le goût de bois est inexistant dans les vins d'Alsace. L'expression du cépage et du terroir est pleinement mise en valeur.

Thann

Mulhouse

De la ville de Strasbourg jusqu'à Thann, dans le Sud, cette région densément peuplée ne s'étend que sur quelque 50 km de large et environ 100 km de longueur. Petite certes, mais capable de grandes choses.

Région frontalière longtemps partagée entre l'Allemagne et la France, l'Alsace est un heureux métissage des genres. La culture, le dialecte local et même les vins ont de petits accents germaniques.

Première productrice française de vins blancs d'appellation, l'Alsace mise sur une poignée de cépages et sur une multitude de sols. Chaque sol a son cépage et chacun contribue à exprimer, de manière différente, la complexité du terroir alsacien.

Le système agricole alsacien met de plus en plus l'accent non seulement sur la croissance de meilleurs raisins, mais aussi sur la protection de l'équilibre des sols. Ce n'est donc pas un hasard si les vignerons locaux ont adopté, plus que dans toute autre région de France, la culture biodynamique.

LES DERNIERS MILLÉSIMES

2014
Un été en dents de scie a donné des résultats hétérogènes. Le mois d'août a été passablement pluvieux, mais la chaleur en septembre aura permis de récolter une vendange saine.

2013
Excellente année pour le riesling. Millésime alsacien classique. De manière générale, des vins blancs très fins, élégants, dotés d'une saine acidité et d'une franche minéralité.

2012
Quelques parallèles à faire avec 2010 en ce qui a trait au style de vins, qui s'annoncent plutôt concentrés. Rendements limités. L'été a tardé à venir, mais de superbes conditions météorologiques en août et en septembre ont permis une récolte de qualité.

2011
Un été chaud, avec des précipitations abondantes en juillet et en août. L'arrière-saison s'est prolongée jusqu'en octobre et a permis une longue maturation des fruits à ceux qui ont eu la patience d'attendre pour vendanger.

2010
Des rendements naturellement limités ont donné des vins assez concentrés, mais très digestes. Les meilleurs vins ont un excellent potentiel de garde.

2009
Bel été chaud et sec. Des vendanges dès la mi-septembre sous une météo favorable ont donné des vins généreux et aromatiques.

2008
Bon millésime de vins fins, nerveux et très classiques. Riesling, pinot gris et gewurztraminer ont bénéficié de conditions favorables.

OSTERTAG
Riesling 2013, Heissenberg, Alsace

Bien plus que des rieslings ou des pinots gris, les vins d'Ostertag racontent le terroir alsacien, avec beaucoup de nuances et d'inspiration. André Ostertag a aussi développé un vignoble au Chili, dans la vallée de Casablanca, où il se consacre au pinot noir.

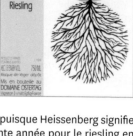

Reconnaissable d'année en année par son volume et sa structure, ce riesling provient d'un cru très justement nommé, puisque Heissenberg signifie «montagne chaude». Fruit d'une excellente année pour le riesling en Alsace, le 2013 est particulièrement vif, animé par une acidité fine et élégante, et se signale par un vaste spectre de saveurs fruitées, florales et minérales. Envergure et grand potentiel de garde. Arrivée à la mi-novembre.

739813   39,75$ ☆☆☆→☆ ③

BARMÈS BUECHER
Riesling 2011, Steingrübler, Alsace Grand cru

En Alsace, la rumeur veut que Steingrübler soit davantage un terroir à gewurztraminer qu'à riesling. À l'ouverture, on serait porté à le croire. Toutefois, après une demi-heure dans le verre, le vin gagne énormément en complexité. Se dessinent alors des couches de saveurs fruitées et minérales, avec des notions de cire d'abeille. Très vineux (15% d'alcool), mais soutenu par un fil d'acidité qui agit en bouche comme un squelette, donnant au vin tout son tonus. Un peu difficile d'approche en ce moment; quelques années de repos permettront de lui rendre justice.

12214161   48$ ☆☆☆→☆ ③ 🅢

BEYER, LÉON
Riesling 2007, Les Écaillers, Alsace

La cuvée Les Écaillers montre une constance exemplaire et le 2007 n'y fait pas exception. Maintenant ouvert et prêt à boire, comme l'annonce sa couleur jaune or et son nez mêlant la cire d'abeille et le rancio. Très sec, mais avec l'onctuosité caractéristique des vins blancs à point. L'acidité lui permettra de tenir encore quelques années.

974667   30,50$ ☆☆☆☆ ② ♥

DIRLER-CADÉ
Riesling 2012, Lieu-dit Belzbrunnen, Alsace

Dans leur domaine de Bergholtz, la famille Dirler pratique la biodynamie et élabore un très bon vin blanc au nez épicé, avec des notions d'ananas séché. Une belle tenue en bouche et de jolies saveurs de miel qui font penser à un sémillon; par ailleurs, onctueux, sans lourdeur ni mollesse, en dépit de près de 10 g/l de sucre résiduel. On pourra le conserver sans crainte pendant quatre ou cinq ans.

11820629   26,10$ ☆☆☆ ½ ②

DOMAINE OSTERTAG
Riesling 2012, Muenchberg Grand cru, Alsace

Plus ample que le Heissenberg, mais aussi plus vif, et marqué par une minéralité caillouteuse. Très droit et tonique, mais avec une matière sous-jacente imposante. Encore serré et très tendu, c'est un vin qui nécessitera absolument quelques années avant de s'exprimer pleinement.

739821   57,50$ ☆☆☆☆ ③

JOSMEYER
Riesling 2012, Kottabe, Alsace

Arrivée en janvier 2016 pour ce riesling biologique, qui provient de vignobles situés dans la plaine qui entourent la commune de Turckheim. Déjà relativement ouvert, ce 2012 a encore du fruit en réserve et fait preuve d'une concentration digne de mention. L'acidité vive joue un rôle structurant et le vin a une bonne tenue. À boire tout au long de la présente décennie.

12713032   29,50$ ☆☆☆→☆ ③

En primeur

TRIMBACH
Riesling 2007, Frederic Émile, Alsace

Manifestement issu de raisins bien mûrs, le vin est ouvert et prêt à boire, sans être fatigué cependant. La bouche est ample, arrondie par un très léger reste de sucre – 9,6 g/l, ce qui est presque négligeable dans le contexte alsacien – et encore soutenue par une bonne dose d'acidité. Finale persistante aux accents de cire d'abeille, de safran et de fruits jaunes. À boire au cours des deux prochaines années.

713461   51,50$ ☆☆☆ ½ ①

BEYER, LÉON
Riesling 2013, Réserve, Alsace

À Eguisheim, la tradition familiale des Beyer se transmet depuis 1580. Aujourd'hui menée par Marc Beyer et son fils, Yann-Léon, la maison reste fidèle à l'idée du vin alsacien sec, pur et tranchant.

Couleur un peu plus foncée que d'habitude ; bouche ample, aux goûts de poire mûre. Quatre grammes de sucre, mais une acidité du tonnerre qui donne l'impression d'un vin parfaitement sec, ce qui est d'ailleurs toujours le cas des rieslings de la maison Beyer. Droit au but, agrémenté de notes délicates de safran et de pomme verte.

81471   19 $ ☆☆☆ ½ ② ♥

CAVE VINICOLE DE HUNAWIHR
Riesling 2013, Rosacker, Alsace

La qualité générale des vins produits par cette cave coopérative a beaucoup progressé depuis une dizaine d'années. Pour le constater, ce très bon 2013, qui est probablement l'une des meilleures réussites pour la cuvée Rosacker depuis longtemps. Vif, sec, tranchant, saveurs de fruits blancs, sur un fond minéral. Déjà agréable, mais il pourra continuer de se développer jusqu'en 2020.

642553   27,25 $ ☆☆☆ ③

HUGEL & FILS
Riesling 2013, Alsace

Enclavée au cœur de Riquewihr depuis 1639, cette grande maison alsacienne demeure une référence et élabore un bon riesling d'entrée de gamme. Très sec et un peu moins aromatique que par le passé, mais il compense par sa tenue en bouche, accentuée par une acidité vive.

42101   18,05$ ☆☆☆ ②

PFAFF
Riesling 2012, Cuvée Jupiter, Alsace

Cette cave coopérative en constante progression qualitative a récemment fait l'acquisition de la maison Dopff & Irion. Nettement plus sec que par le passé, ce riesling me semble aussi plus précis, avec de bons goûts de pomme verte et d'écorce de citron, le tout accentué par une saine amertume.

914424   19,95$ ☆☆☆ ②

TRIMBACH
Riesling 2012, Alsace

Nez minéral aux tonalités de pétrole ; en bouche, de la lime et du fruit blanc, une texture assez vineuse pour soutenir l'acidité caractéristique du cépage. Bon riesling courant à prix correct.

11305547   22,50$ ☆☆☆ ①

JOSMEYER
Pinot blanc 2014, Mise du Printemps

Parmi les exceptions qui confirment la règle du pinot blanc, il faut désormais inclure ce vin absolument délicieux, biologique (biodynamique même), issu de vignes d'altitude et élaboré avec sagesse et sobriété, sans fard inutile.

Tout de légèreté, frais comme une brise du printemps, mais loin d'être insipide. Très sec et hautement désaltérant. Vibrant et distinctif, des saveurs ultraprécises, entre la poire, le minéral et les fleurs blanches et une fin de bouche aérienne qui vous accroche un sourire. Tout ça pour 20 $. La vie est belle!

12604063   21$ ☆☆☆☆ ② ♥

DOMAINE OSTERTAG
Pinot gris 2012, Barriques, Alsace

André Ostertag a bousculé la tradition alsacienne en introduisant les vinifications en barriques de chêne, une méthode empruntée à la Bourgogne, où il a fait ses études d'œnologie. Comme toujours, le bois est savamment utilisé et rehausse la vinosité du pinot gris. Cet excellent 2012 se distingue par sa concentration et par son gras, doublé de vigueur. Sec, précis, minéral et savoureux. On peut le boire dès maintenant et jusqu'en 2020.

866681   34$ ☆☆☆☆ ②

DOMAINE OSTERTAG
Pinot gris 2013, Fronholz, Alsace

Il semble y avoir une extraordinaire symbiose entre le pinot gris et le terroir de Fronholz, où la vigne est exposée sud-ouest, un fait extrêmement rare en Alsace. Chaque année dans le verre, on assiste à une rencontre entre l'onctuosité et une acidité fine, qui sous-tend la matière, entre la délicatesse et l'intensité. Ses parfums de caramel au beurre et de poire en sirop pourraient faire craindre une certaine lourdeur, mais ce n'est pas le genre de la maison. Le vin est sec, parfaitement équilibré et il a tous les atouts pour gagner en profondeur jusqu'en 2023.

924977   45$ ☆☆☆→☆ ③

BOTT-GEYL
Pinot gris 2012, Les Éléments

Jean-Cristophe Bott cultive son domaine selon les principes de l'agriculture biodynamique. En 2012, son pinot gris courant est animé d'un léger reste de gaz qui tranche dans l'onctuosité, apportant la vitalité nécessaire à son équilibre. Intense et parfumé, mais pas trop; le vin fait preuve d'une certaine retenue, avec de délicats amers en finale qui ajoutent à son relief. Bon équilibre entre le sucre, la structure et le gras. À savourer à table pour l'apprécier à sa juste valeur.

10789789   25,20$ ☆☆☆ ½ ②

MANN, ALBERT
Pinot gris 2012, Cuvée Albert, Alsace

Produit par la famille Barthelmé, ce vin est issu de vignes âgées de près de 40 ans, conduites en agriculture biologique. Aucune lourdeur malgré un léger reste de sucre de 15 g/l, mais il tapisse la bouche d'une texture grasse et rassasiante. À table, la vinosité du pinot gris sied à des plats plus riches et en fait le compagnon rêvé des fromages à la fin du repas.

11896869   28$ ☆☆☆ ½ ②

TRIMBACH
Pinot blanc 2013, Alsace

Bon vin blanc d'envergure moyenne. Saveurs délicates de fruits blancs, un minimum de gras pour enrober l'acidité et un ensemble plutôt harmonieux.

89292   16,65$ ☆☆☆ ②

WILLM
Pinot blanc 2012, Alsace

Willm fait partie du groupe Wolfberger depuis quelques années. Tout à fait correct, modérément aromatique, sec, vineux; jolies notes minérales sur un fond de fruit blanc.

29983   16,30$ ☆☆☆ ②

BARMÈS BUECHER
Trilogie 2011, Alsace

Sophie et Maxime Barmès ont pris la relève du domaine familial suite au décès prématuré de leur père, en 2011. Ensemble, ils signent une large gamme de crémants et vins tranquilles, dont cet assemblage de riesling, de pinot gris et de pinot blanc, créé exclusivement pour le marché québécois.

Même s'il comporte un léger reste de sucre (6 g/l à peine) le Trilogie 2011 paraît presque sec tant il est harmonieux. Une texture assez vineuse, du gras, mais surtout un très bon équilibre en bouche, ce qui permet d'apprécier encore davantage l'exubérance de ses saveurs de pêche, de fleurs blanches et de fenouil, sur un fond salin et minéral. Une salinité tout indiquée pour le crabe et beaucoup de plaisir pour le prix.

12254420   19,95$ ☆☆☆ ½ ② ♥

3 760161 041010

DEISS, MARCEL
Engelgarten 2010, Alsace Grand cru

Marcel Deiss croit fermement aux vertus des assemblages et de la coplantation. Son Engelgarten a une couleur dorée, un nez compact, aussi fruité que minéral. Beaucoup de gras, mais pas la moindre lourdeur. Chair ample, matière riche ; bon équilibre entre la vivacité du riesling, le gras du pinot gris et les parfums du muscat. À savourer avec une cuisine relevée, au cours des trois ou quatre prochaines années.

11687688   42,25$ ☆☆☆☆ ②

HUGEL & FILS
Gentil 2014, Alsace

La dénomination «Gentil» regroupe des vins qui sont composés d'un assemblage de cépages alsaciens. Celui de la maison Hugel est un très bel exemple du genre. Bon vin d'apéritif, assez aromatique aux accents muscatés ; sec et original.

367284   17,15$ ☆☆☆ ②

3 300370 111038

HUGEL & FILS
Gewurztraminer 2013, Alsace

Aromatique comme il se doit, avec des parfums de rose et de litchi qui rappellent les loukoums, confiseries d'origine ottomane. Bien qu'arrondi d'un léger reste de sucre, le vin semble presque sec, grâce à une acidité bien dosée. Parmiles valeurs sûres en matière de «gewurz» à la SAQ.

329235   19,95$ ☆☆☆ ②

OSTERTAG
Gewurztraminer 2014, Vignoble d'E, Alsace

Wow! Du sucre à 37 g/l, mais rien n'y paraît. C'est là toute la magie des bons terroirs d'Alsace et le secret des vignerons talentueux : l'équilibre. Un nez complexe offrant des senteurs affriolantes d'eau de rose, de gingembre, de litchi et de muscade; une bouche parfumée, pimpante, aérienne et pleine de vitalité. Déjà excellent, il pourra se bonifier au cours des cinq prochaines années.

12392751   35,75$ ☆☆☆☆ ②

TRIMBACH
Gewurztraminer 2012, Alsace

Misant à fond sur le potentiel aromatique du cépage gewurztraminer, ce 2012 déploie des parfums intenses de litchi et de roses sauvages. Du sucre à 8,7 g/l, mais pas la moindre sensation de lourdeur, grâce à une acidité tranchante qui agit comme une colonne vertébrale. Un peu plus de structure et de tenue et c'était quatre étoiles.

317917   25,70$ ☆☆☆ ½ ②

ZIND-HUMBRECHT
Gewurztraminer 2012, Clos Saint-Urbain, Alsace Grand cru Rangen

Biodynamiste convaincu, vigneron talentueux, Master of Wine et président des Grands Crus d'Alsace, Olivier Humbrecht, tout comme son père Léonard, est une figure de proue de l'Alsace. L'un de leurs triomphes aura été de redonner son lustre au grand cru Rangen à Thann, le vignoble le plus vertigineux d'Alsace – 70 % d'inclinaison par endroits – et aussi le plus méridional de la région. Plus précisément au Clos Saint-Urbain, au cœur du Rangen, une petite parcelle dont ils tirent un gewurztraminer exceptionnel. Peut-être le plus complexe qu'il m'ait été donné de goûter. L'équilibre est exemplaire et le vin porte l'empreinte du terroir volcanique bien plus que celle du cépage. Profond, multidimensionnel, avec des couches et des couches de saveurs qui se succèdent en bouche, mais surtout, une tension minérale immense qui structure le vin, lui donnant une allure presque aérienne, en dépit de son immense richesse. Grandiose!

12410656   93$ ☆☆☆☆ ½ ③

VAL DE LOIRE

▶ Nadia Fournier rencontre David Côté, de Crudessence

ANJOU

Le muscadet est sans doute l'un des vins blancs de France dont la réputation a le plus souffert de la vague de produits industriels commercialisés au cours des dernières décennies. Entre de bonnes mains, le melon de bourgogne – cépage de l'appellation – donne pourtant des vins savoureusement désaltérants qui n'ont rien à envier à d'autres bons vins blancs de France.

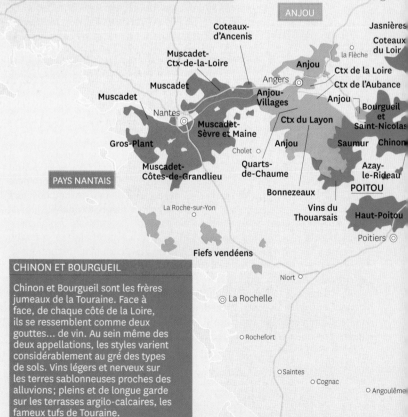

ANJOU

Laval
Le Mans

Jasnières

Coteaux-
d'Ancenis

Coteaux
du Loir

la Flèche

Muscadet-
Ctx-de-la-Loire

Anjou

Ctx de la Loire

Angers

Ctx de l'Aubance

Muscadet

Anjou-
Villages

Anjou

Muscadet

Bourgueil
et
Saint-Nicolas

Nantes

Ctx du Layon

Muscadet-
Sèvre et Maine

Saumur

Chinon

Gros-Plant

Anjou

Cholet

Azay-
le-Rideau

Muscadet-
Côtes-de-Grandlieu

Quarts-
de-Chaume

POITOU

PAYS NANTAIS

Bonnezeaux

La Roche-sur-Yon

Vins du
Thouarsais

Haut-Poitou

Poitiers

Fiefs vendéens

Niort

CHINON ET BOURGUEIL

Chinon et Bourgueil sont les frères jumeaux de la Touraine. Face à face, de chaque côté de la Loire, ils se ressemblent comme deux gouttes... de vin. Au sein même des deux appellations, les styles varient considérablement au gré des types de sols. Vins légers et nerveux sur les terres sablonneuses proches des alluvions; pleins et de longue garde sur les terrasses argilo-calcaires, les fameux tufs de Touraine.

La Rochelle

Rochefort

Saintes

Cognac

Angoulême

Entre le massif Central et l'océan Atlantique, de part et d'autre du long fleuve auquel il doit son nom, le vignoble du val de Loire est le plus diversifié de France. Le vin s'y décline en plusieurs temps : rouge, rosé, blanc, sec, moelleux, liquoreux, tranquille, mousseux. On a souvent dit de ses crus qu'ils étaient les plus français de tout l'Hexagone et que les Vouvray, Coteaux du Layon, Savennières, Chinon, Bourgueil, Sancerre, Pouilly-Fumé étaient parmi les plus civilisés du pays.

Le caractère hautement digeste des vins rouges et blancs de la Loire explique sans doute leur popularité croissante. La cuisine s'allège et se raffine. Les papilles des consommateurs aussi.

Comment ne pas succomber au charme discret d'un bon cabernet franc, à la légèreté proverbiale d'un muscadet, à la singularité d'un cour-cheverny ou à la minéralité d'un grand vouvray ? La tentation est d'autant plus grande que la SAQ diversifie maintenant ses sources d'approvisionnement, souvent au profit de vignerons talentueux, dédiés à leurs terroirs, et que les prix, malgré la hausse de l'euro, demeurent accessibles.

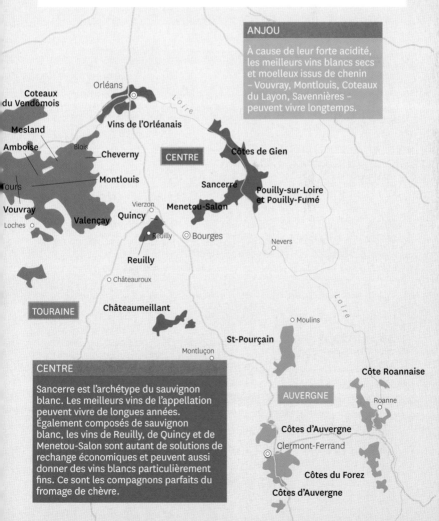

ANJOU

À cause de leur forte acidité, les meilleurs vins blancs secs et moelleux issus de chenin – Vouvray, Montlouis, Coteaux du Layon, Savennières – peuvent vivre longtemps.

Coteaux du Vendômois

Orléans

Loire

Mesland

Vins de l'Orléanais

Amboise

Blois

Cheverny

CENTRE

Côtes de Gien

Tours

Montlouis

Sancerre

Vouvray

Valençay

Vierzon

Menetou-Salon

Pouilly-sur-Loire et Pouilly-Fumé

Quincy

Loches

Reuilly

Bourges

Nevers

Reuilly

Châteauroux

TOURAINE

Châteaumeillant

Loire

Moulins

St-Pourçain

Montluçon

CENTRE

Sancerre est l'archétype du sauvignon blanc. Les meilleurs vins de l'appellation peuvent vivre de longues années. Également composés de sauvignon blanc, les vins de Reuilly, de Quincy et de Menetou-Salon sont autant de solutions de rechange économiques et peuvent aussi donner des vins blancs particulièrement fins. Ce sont les compagnons parfaits du fromage de chèvre.

Côte Roannaise

AUVERGNE

Roanne

Côtes d'Auvergne

Clermont-Ferrand

Côtes du Forez

Côtes d'Auvergne

LES DERNIERS MILLÉSIMES

2014

Un autre millésime sauvé par une météo plus clémente pendant les mois de septembre et octobre. Résultats exceptionnels dans le Muscadet. Ailleurs, on a pu produire de bons vins blancs secs et amener les cépages rouges à maturité. Rendements en baisse un peu partout, à l'exception du Centre-Loire (Sancerre, Menetou-Salon, etc.).

2013

Un autre petite récolte et un millésime compliqué qui comportait de nombreux défis pour les vignerons : pourriture, taux de sucre faibles et acidité élevée. Peu de vins de longue garde.

2012

Une année très difficile et une petite récolte. De bons résultats en Muscadet, Sancerre et Menetou-Salon. Les variétés tardives comme le cabernet franc et le chenin blanc ont parfois souffert des pluies de la fin de l'été qui ont engendré de la pourriture.

2011

Une année un peu étrange et un millésime de vigneron. Printemps exceptionnellement chaud et floraison hâtive ; temps frais en juillet et en août, et vagues de chaleur en septembre et en octobre. Le travail à la vigne a été un facteur déterminant, surtout pour les rouges.

2010

Résultats variables selon les régions ; très satisfaisants dans le Muscadet, en Anjou ainsi qu'à Sancerre. De très bons vins rouges de cabernet franc en Touraine. Dans les Coteaux du Layon, à Vouvray et à Montlouis, pluies et pourriture ont compliqué la vie des vignerons.

2009

En dépit d'épisodes de sécheresse en Anjou et en Touraine, la qualité d'ensemble des rouges et des blancs donne satisfaction. Grêle à Sancerre.

2008

Millésime classique avec de très bons vins blancs secs – notamment dans le Muscadet – et des vins rouges charpentés en Anjou et en Touraine. Peu de vins liquoreux, en raison d'un mois de novembre pluvieux. Beaucoup de bons vins aromatiques à Sancerre et à Pouilly-Fumé.

2007

Après un été de misère et des problèmes généralisés de pourriture, les vignerons de Loire – de Nantes à Sancerre – ont pu enfin bénéficier d'un mois de septembre plus favorable. De bons vins blancs secs et liquoreux aux meilleures adresses. Des vins rouges de qualité moyenne destinés à une consommation rapide.

2006

Des conditions précaires et un millésime de qualité moyenne. Pas de botrytis et très peu de vins liquoreux. Des vins rouges d'assez bonne qualité.

DOMAINE DES HUARDS

Cour-Cheverny 2009, François Ier Vieilles Vignes

Les vins de Cour-Cheverny ne sont pas légion à la SAQ. Les inconditionnels du cépage romorantin peuvent donc se réjouir de l'arrivée sur le marché de ces deux très bons vins élaborés par Jocelyne et Michel Gendrier dans cette minuscule appellation qui s'étend à peine sur 50 hectares au nord-est de la Touraine.

Issu de l'agriculture biologique, cette cuvée offre une interprétation passablement achevée du romorantin, qui illustre bien la densité et la profondeur que peuvent avoir les meilleurs vins de Cour-Cheverny. Très sec, presque tannique tant l'acidité joue un rôle structurant et joliment parfumé, entre l'ananas, les épices, les fougères, le thé vert. Très frais, très « tendu », pour utiliser l'expression populaire, il a beaucoup de relief en bouche. Impeccable !

12476452   24,45$ ☆☆☆☆ ② ♥

DOMAINE DES HUARDS

Cour-Cheverny 2011, Romo

Ce vin lui aussi composé exclusivement de romorantin (qui, pour l'anecdote, est originaire de Bourgogne, puisqu'il est un descendant du pinot, comme tant d'autres cépages) est à la fois très acidulé, pointu et doté d'une fine onctuosité qui caresse le palais. Franc et distinctif ; les amateurs avisés apprécieront sa nervosité et surtout la singularité de ses saveurs. À 20$, sortir des sentiers battus est d'autant plus agréable.

12476401   20,30$ ☆☆☆☆ ② ♥

MELLOT, ALPHONSE
La Moussière 2014, Sancerre

Bien plus qu'un simple sauvignon, la Moussière 2014 offre une expression pure, racée et on ne peut plus digeste du terroir de Sancerre. Est-ce l'effet de l'agriculture en biodynamie ? Pour Alphonse Mellot, qui était de passage à Montréal en 2015, c'est une évidence.

De 2014 à 2000, tous les vins dégustés présentaient cette intensité contenue qui est la marque des meilleurs sancerres. Encore tout jeune, le 2014 affiche déjà une fraîcheur et un raffinement peu communs. L'élevage sous bois n'aromatise pas, mais nourrit le vin et apporte une tenue digne de mention, sans lourdeur. Équilibre exemplaire et longue finale aux accents d'agrumes et de fines herbes, sur un fond minéral qui donne envie d'un second verre. Pas donné certes, mais ce vin blanc d'envergure a peu d'égal à Sancerre. Mon conseil: achetez-en quelques bouteilles pour la cave. Votre patience sera récompensée.

33480   27,40$ ☆☆☆☆ ② ♥

BOURGEOIS, HENRI
Sancerre 2013, Le MD de Bourgeois

Si, depuis quelques années, les sancerres courants de cette importante maison adoptent souvent des allures de sauvignons blancs génériques, il faut souligner la qualité impeccable de cette cuvée haut de gamme. Le 2013 est sec, aromatique comme il se doit, mais nullement pommadé. Vif, pas très complexe et d'ampleur moyenne, mais une assez belle réussite dans le contexte du millésime.

967778   39,50$ ☆☆☆→? ③

CHÂTEAU DU NOZAY
Sancerre 2014

Bon sancerre dont le style me semble tout droit venu d'une autre époque. Plus éloquent en bouche qu'au nez, qui était d'abord marqué par des relents soufrés peu invitants. Après quelque temps dans le verre, le nez se déploie avec plus de netteté et s'ouvre sur de l'écorce de citron et des épices. Très bon vin nerveux et tranchant. La complexité et les nuances viendront peut-être avec l'âge.

12592509   37,75$ ☆☆☆→? ③

DOMAINE DU NOZAY

Sancerre 2014

Une expression vivace et parfumée du terroir de Sancerre, aux senteurs caractéristiques de citron, de buis et d'herbe fraîchement coupée. Net et acidulé ; plus sec et plus austère que la moyenne, mais bien tourné dans un style classique. À boire d'ici 2019.

12592496   27,40 $ ☆☆☆ ½ ②

JOLIVET, PASCAL

Sancerre 2014

Après quelques années creuses, les vins du producteur Pascal Jolivet reprennent du galon. La gamme complète semble en progression qualitative. Un vin très sec, aux notes d'agrumes typiques, nerveux, désaltérant et facile à boire. Bien tourné dans un style moderne.

528687   27,15 $ ☆☆☆ ②

DOMAINE DES FINES CAILLOTTES

Pouilly-Fumé 2014, Jean Pabiot

Dans le style habituel des vins de ce domaine, un pouilly-fumé de facture classique, aux odeurs de silex et de fumée caractéristiques. Un vin élégant, pur et minéral, plein de vivacité et de goûts citronnés ; bon équilibre entre l'ampleur en bouche et l'acidité. À boire au cours des quatre ou cinq prochaines années.

963355   25,05 $ ☆☆☆ ½ ②

JOLIVET, PASCAL

Pouilly-Fumé 2014

On reconnaît facilement le cépage sauvignon à son caractère vif et délicatement herbacé, qui regorge de goûts d'agrumes. Un bon vin à boire au cours des cinq prochaines années.

10272616   26,20 $ ☆☆☆ ②

PRIEUR, PAUL ET FILS

Sancerre 2014

La famille Prieur cultive la vigne à Verdigny depuis plus de 10 générations et élabore des vins dans la plus ancienne tradition sancerroise, comme le laisse deviner l'étiquette un peu vieillotte, couverte de dorures. Le 2014 se signale par sa pureté aromatique et sa vitalité, mais aussi par son excellente tenue en bouche. Vif, élégant et racé.

11953245   26,20 $ ☆☆☆☆ ② ♥

DOMAINE DE LA RAGOTIÈRE
Sauvignon blanc 2013, Val de Loire

Parmi les dérives observées au cours des 10 dernières années dans une France viticole en quête identitaire, on note la prolifération de sauvignons blancs à l'allure néo-zélandaise. Heureusement, la plupart des vignerons de la Loire gardent le cap, comme les frères Couillaud, dans la Loire-Atlantique.

Très bon vin léger, frais et aromatique, aux goûts caractéristiques de citron, de lime et d'herbes fraîches. Stylistiquement à mi-chemin entre un sauvignon blanc du Centre-Loire et un muscadet; vibrant, nerveux et désaltérant comme pas un. Une aubaine! Amateurs de sauvignon blanc, à ce prix, vous devriez toujours avoir une bouteille en réserve au frigo. Après tout, un apéro est si vite improvisé!

12543889   14,85$ ☆☆☆ ½ ① ♥

DOMAINE DE LA CHARMOISE
Sauvignon blanc 2014, Touraine

Tellement fougueux et «sauvignonné» qu'il rappelle un peu les vins blancs de Marlborough, en Nouvelle-Zélande. Un peu pointu à l'attaque en bouche, mais enrobé d'une quasi-sucrosité, sans doute attribuable à des bâtonnages sur lies. Bien tourné, dans un style conventionnel.

12562529   17,50$ ☆☆☆ ②

DOMAINE DE REUILLY
Les Pierres Plates 2011, Reuilly

Tout à fait à point lorsque goûté en août 2015, ce 2011 exhibe des parfums d'agrumes, de groseille et de buis. Un joli gras donne de l'ampleur en bouche, équilibré par une acidité fraîche. Archi-sec et tonique, doté d'une minéralité et d'une amertume des plus rafraîchissantes. Tout indiqué pour la table.

11463810   23,30$ ☆☆☆ ½ ② ♥

DOMAINE DES HUARDS
Cheverny 2014, Pure

Bon vin blanc sec et vif, aux parfums singuliers, à la fois herbacés, citronnés, presque épicés. Une petite proportion de chardonnay enrobe l'acidité caractéristique du sauvignon blanc, créant un ensemble harmonieux. Bon vin d'apéritif qui met en appétit avec sa vivacité et ses saveurs vibrantes.

961607   18,50$ ☆☆☆☆ ② ♥

DOMAINE PELLÉ
Morogues 2014, Menetou-Salon

Monument de l'appellation Menetou-Salon, la famille Pellé exploite une quarantaine d'hectares de vignes, essentiellement dans le secteur prisé de Morogues. Moins nourri que d'habitude, il me semble, le 2014 compense par la pureté de ses saveurs d'agrumes, sa vitalité et sa finale vibrante, couronnée d'une amertume agréable. Aussi bon que bien des vins de Sancerre.

852434   23,95$ ☆☆☆ ½ ② ♥

DOMAINE PELLÉ
Menetou-Salon 2014, Les Bornés

Dans l'appellation Menetou-Salon, les coteaux escarpés de la commune de Morogues ont la réputation de donner des vins blancs particulièrement fins. Nez minéral sur fond d'écorce d'agrumes. La bouche déploie des tonalités herbacées qui se marient au miel et au fruit blanc. Sec, net et harmonieux.

10523366   20,65$ ☆☆☆ ②

DYCKERHOFF
Reuilly 2014

L'appellation Reuilly couvre à peine 185 hectares à l'ouest de Sancerre et de la ville de Bourges. Encore vibrant de jeunesse lorsque goûté en septembre 2015, ce très bon vin blanc offre un rapport qualité-prix impeccable. Sec, suffisamment aromatique, avec des notes d'écorce de citron et de pamplemousse, soulignées par une franche acidité. Vite, sortez les huîtres !

11953069   20$ ☆☆☆ ½ ② ♥

JOLIVET, PASCAL
Sauvignon blanc 2014, Attitude, Val de Loire

De longues fermentations à froid (3 mois), sans clarification, donnent un bon vin aromatique, vif et tranchant. Au nez, des notes distinctives de poivron vert et de piment jalapeño; très sec, désaltérant. À prix doux, un bon sauvignon d'apéritif.

11463828   17,65$ ☆☆☆ ½ ②

BRETON, CATHERINE ET PIERRE

Chinon 2014, Cuvée Beaumont, Épaulé Jeté

Lorsqu'ils sont élaborés dans les règles de l'art, par des vignerons talentueux et méticuleux, les vins à tendance « nature » atteignent des degrés de pureté qui n'ont pas ou peu d'égal. Ceux de Catherine et Pierre Breton, par exemple, sont habituellement d'une élégance et d'une netteté irréprochable.

Si vous aimez les vins de Loire, vous vous régalerez de ce chinon gorgé d'un fruit éclatant et ficelé de tanins bien mûrs, sans verdeur ni rudesse. Le 2014 m'a paru particulièrement complet, charnu et nuancé. Peut-être à la faveur d'une longue saison végétative. Avec ses accents de poivre, ce vin très typé cabernet franc de la Loire possède un bon appui tannique, solide et velouté. Beaucoup de persistance et un ensemble savoureux. Soyez patient, son arrivée est prévue pour la mi-janvier 2016.

12517921   22,70$ ★★★★ ♥

AMIRAULT, YANNICK
Bourgueil 2013, La Coudraye

Le millésime 2013 a généralement donné des raisins peu sucrés et un peu plus acides, ce qui se traduit ici par un vin modérément alcoolisé (12,5%) et doté d'une saine vivacité, sans pour autant sacrifier les saveurs. Un excellent vin de Bourgueil, pur, vibrant et éminemment digeste, à boire à lampées au cours des deux prochaines années. Agriculture biologique.

10522401   21,35$ ★★★★ ② ♥

LORIEUX, PASCAL & ALAIN
Chinon 2011, Expression

Un chinon classique faisant preuve d'une densité tannique digne de mention. Nez de framboise et de cèdre, ponctué de notes ferreuses. La fraîcheur du millésime se manifeste tant par sa vigueur tannique que par ses fines tonalités végétales. Archi-sec, avec de légères aspérités tanniques qui ajoutent à sa « buvabilité ».

873257   19$ ★★★ ②

LORIEUX, PASCAL & ALAIN
Saint-Nicolas de Bourgueil 2010, Cuvée Agnès Sorel

Ce vin imposant aura encore besoin de quelques années avant d'atteindre son plein potentiel. Pour l'heure, un très bon vin compact tant en texture qu'en saveurs. Tanins fermes et serrés, saveurs intenses de fruits rouges bien mûrs, de cèdre et de fleurs, sur un fond délicieusement minéral. Déjà savoureux, il sera à son meilleur autour de 2020.

11665489   25,35$ ★★★→★ ③ ♥

LORIEUX, PASCAL & ALAIN
Saint-Nicolas de Bourgueil 2011, Les Mauguerets-La Contrie

Sans avoir la profondeur des meilleurs rouges de Loire, ce vin s'avère agréable par son caractère fruité et épicé. Son assise tannique, juste assez ferme, séduira les amateurs de cabernet franc.

872580   19,90$ ★★★ ②

LORIEUX, PASCAL & ALAIN
Chinon 2011, Thélème

Rien de rustique ni de végétal, une belle réussite pour le millésime. Densité et accents de graphite, de fruits noirs et une minéralité ferreuse qui n'est pas sans rappeler celle des vins de Marcillac, dans le Massif Central. Authentique, digeste et élégant, à sa manière. On peut l'apprécier dès maintenant et jusqu'en 2019.

917096   21,85$ ★★★★ ② ♥

PITHON-PAILLÉ
Mosaïk 2012, Anjou

Très bien, sur un mode plus strict et contenu que le vin blanc du même domaine. Tanins secs, notes d'épices, sur un fond très légèrement végétal ; cadre tannique droit et solide, sans la moindre lourdeur. Bon vin d'Anjou d'un millésime difficile, à savourer en jeunesse, d'ici 2017.

11906457   26,75$ ★★★ ②

France

CHINON, BOURGUEIL ET AUTRES CABERNETS FRANCS – LOIRE   **97**

DOMAINE DES HUARDS
Cheverny 2013, Le Pressoir

Dans cette appellation peu connue située près de Chambord, à cheval sur les régions du Val de Loire et de la Sologne, Jocelyne et Michel Gendrier pratiquent la biodynamie. Cette cuvée majoritairement issue de pinot noir et de 20 % de gamay se place parmi les vins rouges les plus achevés de l'appellation.

Le 2013 est une grande réussite, et ce, malgré des conditions météo-rologiques très moyennes. La couleur porte la signature du gamay dont les saveurs, par ailleurs, s'effacent au profit de celles du pinot. Sans être spécialement puissant ni concentré, il déploie en bouche une palette affriolante de parfums de fruits rouges mêlés à des notes épicées et florales. Excellent vin pur et volubile, qui repose sur des tanins soyeux. Une aubaine à saisir, surtout si on le compare aux vins de Bourgogne de cette gamme de prix.

11154021 22,15$ ★★★★ ② ♥

3 494980 009110

CLOS DE LA BRIDERIE
Touraine-Mesland 2013

L'agriculture biologique se met ici au service des cépages côt, cabernet franc et gamay noir. Pour le prix, un très bon vin rouge, guilleret et suffisamment charnu; du fruit, une agréable fraîcheur, une finale saline et plus de caractère que la moyenne de l'appellation. Ne serait-ce que pour sa constance, ce vin mérite une mention spéciale.

977025 18,10$ ★★★ ½ ② ♥

3 476980 000014

DOMAINE DE LA CHARMOISE
Gamay 2014, Touraine

Le gamay d'Henry Marionnet est depuis plusieurs années un classique au répertoire de la SAQ. Dans sa version 2014, ce gamay de Touraine est moins juteux et gorgé de fruit que d'habitude, mais vif, ner-veux et désaltérant. Recommandable à ce prix.

329532 17,60$ ★★★ ②

3 510170 000030

GILBERT, PHILIPPE
Menetou-Salon 2013

L'histoire de la famille Gilbert est intimement liée à celle de l'appellation Menetou-Salon. Ancien dramaturge, Philippe Gilbert a repris le domaine en 1998 et l'a ensuite converti à la culture biologique, puis biodynamique. Le 2013 est légèrement en recul par rapport au 2011, lauréat d'une Grappe d'or l'année dernière. Plutôt délicat, comme l'annonce sa couleur pâle, un peu végétal aussi au nez. La bouche en revanche est franche, nette, vibrante de fraîcheur et distinguée. Si vous aimez le pinot dans son expression la plus fraîche et septentrionale, vous serez vite séduit par ce millésime. À boire tranquillement jusqu'en 2019.

11154988   29,30   ★★★ ½ ②

MELLOT, JOSEPH
Clos Du Pressoir 2012

À ne pas confondre avec Alphonse Mellot, de la même famille, mais d'un domaine distinct, Joseph Mellot a démarré sa propre entreprise il y a une quarantaine d'années. En 2012, il a produit un vin étonnamment solide et concentré, passablement riche en extraits et à la chair fruitée mûre. Il n'y a vraiment aucune maigreur dans ce vin, encore que le registre des saveurs soit marqué par la fraîcheur propre aux régions septentrionales. De la couleur, du style, une finesse certaine des saveurs. On le jugera mieux dans deux ou trois ans.

12571599   24,95$ ★★★→? ③

CARÊME, VINCENT
Vouvray sec 2014

À l'opposé des chenins opulents produits dans le vignoble angevin, Vincent Carême signe des vins ultra-secs et d'une pureté exemplaire, qui misent davantage sur la structure et sur la garde que sur le plaisir fruité facile et immédiat.

L'acidité mordante du 2014 pourra déstabiliser les palais non initiés à un chenin blanc d'une forme si pure, dépourvue d'artifice. Fruit de l'agriculture biologique, le vin se distingue une fois de plus par ses proportions harmonieuses et par la précision de ses saveurs, intenses et pourtant contenues. Vibrant, complexe et certainement capable de se bonifier au cours des cinq ou six prochaines années.

11633612   27$ ☆☆☆☆ ② ♥

BRETON, CATHERINE ET PIERRE
Vouvray 2013, Épaulé Jeté

Le 2013 présente cette odeur de laine mouillée caractéristique du chenin blanc. Cela dit, il illustre bien la tenue de bouche et la nervosité du vouvray classique. Très sec, avec une acidité relevée et un joli fruit, mis en relief par une pointe d'acidité volatile. Il gagne à respirer en carafe une petite heure.

12103411   22,50$ ☆☆☆ ½ ②

CLOS CHÂTEAU GAILLARD
Touraine Mesland 2014

Ce domaine est exploité en biodynamie par Vincent Girault du Clos de la Briderie. Le 2014 offre d'affriolantes saveurs de pomme verte et une nervosité propres au chenin – ici complété de 20% de chardonnay. Particulièrement bon cette année : vif, citronné, avec des notions d'abricot. Une introduction souple et abordable au chenin blanc de Touraine.

861575   15,65$ ☆☆☆ ½ ② ♥

DOMAINE LANGLOIS-CHATEAU
Saumur blanc 2014, Saint-Florent

Année après année, ce vin offre une belle expression du chenin blanc. On y trouve toute l'acidité, la vigueur et le caractère miellé de ce cépage si distingué. Bon vin modeste, mais authentique.

962316   17,65$ ☆☆☆ ②

LA GRANGE TIPHAINE
Montlouis 2013, Clef de Sol

Un autre bel exemple du jeu d'équilibre entre la richesse et l'acidité qui est la marque des meilleurs chenins blancs de la Loire. Beaucoup de tenue et de relief en bouche, des saveurs de fruits jaunes et des notes légèrement oxydatives évoquant la pomme blette, ce qui n'est pas un défaut. Très bon vin à boire à table pour l'apprécier à sa juste valeur.

11953270   28,80$ ☆☆☆☆ ② ♥

PITHON-PAILLÉ
Anjou 2012, La Fresnaye

Un vin blanc d'Anjou pour le moins déstabilisant. À l'aveugle, j'aurais facilement pu croire qu'il s'agissait d'un vin blanc de la région de Beaune. Le nez déploie des parfums de réduction qui l'anoblissent plutôt qu'ils ne le rendent rustique et qui forment un heureux mariage avec le bois. La bouche est mûre (14% d'alcool), ample et intense, animée d'une acidité vive; les saveurs de fruits jaunes et d'épices sont nuancées et persistantes. À laisser reposer idéalement jusqu'en 2018. D'ici là, la carafe s'impose.

10986942   31$ ☆☆☆☆ ③ ⧖

DOMAINE LANDRON
Muscadet-Sèvre et Maine sur Lie 2014, Amphibolite

Le travail qu'a accompli Joseph Landron – comme celui de Guy Bossard avant lui – a beaucoup contribué à redonner au muscadet ses lettres de noblesse. Les vignobles sont cultivés en biodynamie.

Déjà bien connue du milieu de la restauration depuis une dizaine d'années, la cuvée Amphibolite a fait son entrée sur les tablettes du monopole en octobre 2015. Une entrée en force, puisque 2014 est un millésime d'exception dans la région du Muscadet. Conjuguant comme toujours la légèreté alcoolique, la finesse, la pureté et la salinité propres à l'appellation, un bon vin sans prétention, mais qui se boit bien et avec beaucoup de plaisir.

En primeur

12741084   21,50$ ☆☆☆☆ ② ♥

CHÂTEAU DE LA RAGOTIÈRE
Muscadet-Sèvre et Maine sur Lie 2014, Sélection Vieilles Vignes

La fraîcheur proverbiale des vins du Muscadet, mise en bouteille par les frères Couillaud. Fruit d'un excellent millésime, le 2014 est vif, très sec et doté d'une certaine rondeur en bouche, juste assez pour tempérer l'acidité. Rafraîchissant, impeccable.

11095615   19,65$ ☆☆☆ ½ ② ♥

CHÉREAU-CARRÉ
Réserve numérotée 2013, Muscadet-Sèvre et Maine sur Lie

Très jeune et très sec, ce vin claque en bouche comme un coup de fouet tant il est vif. On appréciera ses accents de pomme verte et de citron et son caractère légèrement perlant.

365890   15,50$ ☆☆ ½ ①

CHÉREAU-CARRÉ
Comte Leloup du Château de Chasseloir, Cuvée des Ceps Centenaires 2012, Muscadet

Bon muscadet classique, pâle, très sec, peu aromatique, mais frais et fruité en bouche, avec des accents de coquille d'huîtres. Moins acide que d'autres, sans être dépourvu de fraîcheur.

854489   17,80$ ☆☆☆ ②

DOMAINE DE L'ECU
Muscadet-Sèvre et Maine 2013, Expression de Granite

Évoluant à contre-courant, Guy Bossard a converti le domaine familial à l'agriculture biologique dès 1975, avant d'opter pour la biodynamie en 1997. Maintenant essentiellement géré par son associé, Frédéric Niger Van Herck, il demeure l'une des références de l'appellation. Si le muscadet vous laisse sur votre soif parce que trop souvent neutre et sans personnalité, il vous faut goûter les vins de ce domaine. L'Expression de Granite marie élégamment le fruit aux accents de pierre à fusil. Débordant de fraîcheur et de vivacité, voilà un muscadet très au-dessus de la moyenne.

10282873   22,30 $ ☆☆☆☆ ② ♥

DOMAINE DU HAUT BOURG
Origine du Haut Bourg 2003, Muscadet Côtes de Grandlieu

N'ajustez pas votre appareil. Vous avez bien lu, c'est bel et bien un 2003. Un muscadet 2003. La teinte paille du vin, ses parfums de miel et un léger rancio annoncent un vin à point, mais la bouche est étonnamment fraîche. Texture grasse, enrobée par le contact des lies, avec une acidité vive qui soutient l'ensemble. Rien de complexe, mais une curiosité intéressante, offerte à bon prix.

12565210   23,60 $ ☆☆☆ ②

DONATIEN BAHUAUD
Muscadet-Sèvre et Maine sur Lie 2010, Le Master

Dans une bouteille aux sérigraphies de style Belle Époque, le Master est encore et toujours un bon muscadet de facture certes commerciale, mais bien tourné. Maintenant ouvert et déjà âgé de 5 ans, le 2010 présente un caractère plus tendre que les vins jeunes et nerveux sur le marché. Moins tranchant, plus vineux et agrémenté de goûts de pomme et de cantaloup. Une aération en carafe aidera à atténuer les senteurs de soufre.

12562545   19,95 $ ☆☆☆ ½ ② △

DOMAINE DE LA RAGOTIÈRE
Chardonnay 2014, Val de Loire

Pour redécouvrir le chardonnay sous un jour nouveau et à peu de frais, essayez ce bon vin produit dans la Loire-Atlantique, la région du muscadet. Aucun goût boisé, aucune lourdeur. Plutôt un excellent vin blanc très sec, vif et vibrant de fraîcheur, agrémenté de délicates notes de poire et de citron, sur un fond délicieusement salin, qui appelle la soif.
Dans sa catégorie, il vaut bien quatre étoiles !

10690501   14,55 $ ☆☆☆☆ ② ♥

VALLÉE DU RHÔNE

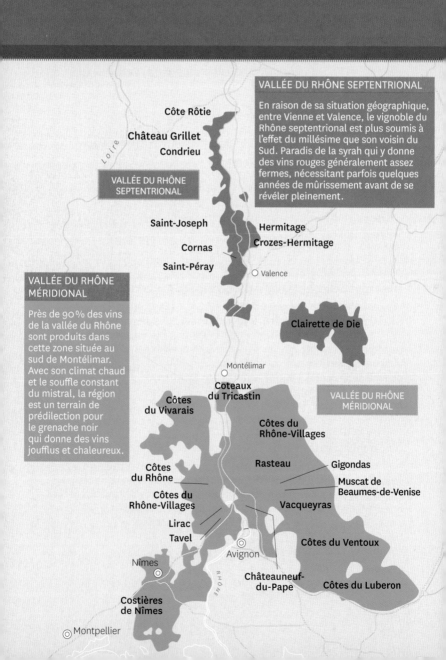

VALLÉE DU RHÔNE SEPTENTRIONAL

En raison de sa situation géographique, entre Vienne et Valence, le vignoble du Rhône septentrional est plus soumis à l'effet du millésime que son voisin du Sud. Paradis de la syrah qui y donne des vins rouges généralement assez fermes, nécessitant parfois quelques années de mûrissement avant de se révéler pleinement.

VALLÉE DU RHÔNE MÉRIDIONAL

Près de 90 % des vins de la vallée du Rhône sont produits dans cette zone située au sud de Montélimar. Avec son climat chaud et le souffle constant du mistral, la région est un terrain de prédilection pour le grenache noir qui donne des vins joufflus et chaleureux.

Côte Rôtie

Château Grillet

Condrieu

VALLÉE DU RHÔNE SEPTENTRIONAL

Saint-Joseph

Cornas

Saint-Péray

Hermitage

Crozes-Hermitage

○ Valence

Clairette de Die

Montélimar ○

Coteaux du Tricastin

Côtes du Vivarais

Côtes du Rhône-Villages

VALLÉE DU RHÔNE MÉRIDIONAL

Rasteau

Gigondas

Côtes du Rhône

Muscat de Beaumes-de-Venise

Côtes du Rhône-Villages

Vacqueyras

Lirac

Tavel

Côtes du Ventoux

◎ Avignon

Nîmes

Châteauneuf-du-Pape

Côtes du Luberon

Costières de Nîmes

RHÔNE

Loire

◎ Montpellier

La vallée du Rhône est le plus important vignoble d'appellation contrôlée de France après Bordeaux. Une vaste étendue qui foisonne de beaux terroirs et de très bons vins. Côte Rôtie et Hermitage demeurent les grands classiques du Nord, mais l'amateur de syrah en quête d'aubaines voudra aussi explorer des appellations moins connues comme Crozes-Hermitage et Saint-Joseph, dont la qualité semble plus homogène depuis quelques années, ou encore les Collines Rhodaniennes, Vins de Pays qui se comparent aisément à leurs voisins plus célèbres.

Châteauneuf-du-Pape est encore et toujours le roi de la partie méridionale, mais le travail de viticulteurs doués a fait progresser de façon spectaculaire des appellations moins renommées comme Rasteau, Vacqueyras et Cairanne. Les Côtes du Rhône-Villages Séguret, Sablet et Signargues, tout comme les Costières de Nîmes, le Ventoux et le Luberon peuvent aussi réserver de belles surprises, souvent à des prix attractifs.

LES DERNIERS MILLÉSIMES

2014

Un millésime exceptionnel pour Condrieu a donné des vins blancs à la fois denses et empreints de fraîcheur. En revanche, les cépages rouges ont atteint la maturité de justesse et donneront des vins classiques. Dans le sud de la vallée aussi, une réussite plus convaincante pour les blancs que pour les rouges. À Châteauneuf, d'importants volumes sur le grenache occasionneront peut-être une certaine dilution; meilleurs résultats pour les syrahs et mourvèdres.

2013

Une année compliquée dans le Nord qui devrait donner des vins rouges assez solides. De belles réussites à Condrieu. Dans le Sud, de très faibles rendements pour le grenache et des degrés d'alcool plus modérés.

2012

Un millésime classique dans le Nord a donné des vins rouges concentrés, très longs et structurés, qui auront besoin de temps avant de se révéler. Millésime tout aussi favorable aux appellations méridionales; les rouges sont généralement plus étoffés que les 2011, avec un supplément de tonus. Les vins blancs des deux régions présentent un équilibre irréprochable.

Rhône septentrional

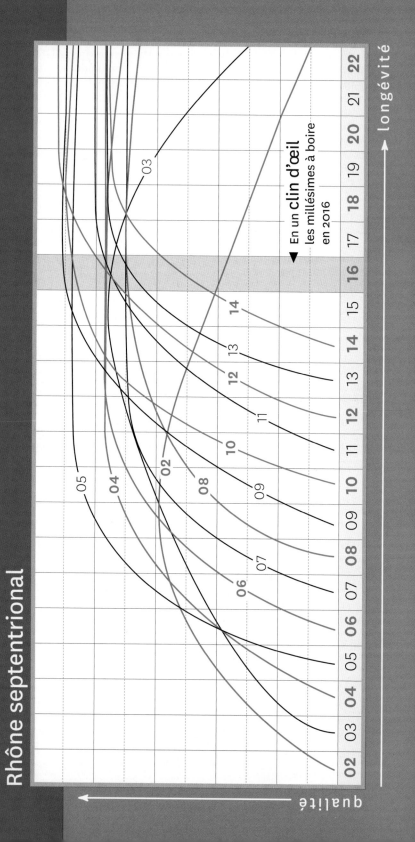

longévité

qualité

En un **clin d'œil**
les millésimes à boire
en 2016

2011

Au nord comme au sud, un millésime qui ne passera pas à l'histoire. Peu de vins de longue garde dans la partie septentrionale. À retenir pour des rouges souples et fruités et de bons vins blancs empreints de fraîcheur.

2010

Une récolte déficitaire et de très bons vins de Côte Rôtie à Châteauneuf-du-Pape. Dans le Nord, des rendements faibles ont donné des vins rouges concentrés, mais néanmoins harmonieux; condrieus très fins et équilibrés. Plusieurs réussites aussi dans le Sud: vins rouges nourris et charnus.

2009

Millésime très satisfaisant, en particulier dans le Nord où la syrah a donné des vins profonds et de longue garde. Été exceptionnellement sec et récolte déficitaire dans la partie méridionale; plusieurs vins amples et puissants à Châteauneuf-du-Pape.

2008

Des conditions précaires dans toute la vallée. Au mieux, des vins souples et fruités destinés à être consommés dans leur jeune âge. La qualité des vins blancs est plus homogène.

2007

Qualité variable dans le Nord; au mieux, des vins rouges de qualité satisfaisante et d'évolution rapide. Scénario plus favorable dans le Sud où les mois d'été ont été chauds et ensoleillés, et où grenache et mourvèdre ont bénéficié de conditions idéales; une récolte abondante de vins rouges sphériques, charnus et généreux.

2006

Quatrième succès consécutif. Un mois d'août très sec et une récolte généreuse de vins rouges riches, solides et généralement d'une saine acidité. À Châteauneuf-du-Pape, les vins rouges sont nourris, puissants et bien équilibrés.

2005

Réussite générale autant dans le Nord que dans le Sud. Des vins rouges pleins, charnus et bien équilibrés. Très bons vins blancs généreux à boire jeunes.

2004

Retour à un millésime plus classique après le caractère extravagant de 2003. Plusieurs châteauneuf-du-pape remarquables, les meilleurs depuis 2001. Dans le Nord, la qualité est plus irrégulière; dans les meilleurs cas, la finesse et la structure sont au rendez-vous.

VINS DE VIENNE
Sotanum 2011, Vin de France

Cette marque est née d'un partenariat entre les vignerons Pierre Gaillard, Yves Cuilleron et François Villard, qui se sont unis pour recréer le vignoble de Seyssuel, un morceau de patrimoine viticole situé au sud de Lyon et datant de l'époque romaine.

Le 2011 était particulièrement ouvert et volubile lorsque goûté en août 2015. Un nez de petits fruits et de réglisse, avec les nuances poivrées propres aux baies de syrah mûries lentement; une belle étoffe tannique, compacte et enrobée. Même si sa texture soyeuse et ses parfums expansifs offrent un plaisir immédiat, il devrait encore gagner en nuances d'ici 2017. Prix pleinement mérité pour un vin de table dont l'envergure est comparable à de celle de bons côtes rôties.

894113   51,75$ ★★★→★ ③

GAILLARD, PIERRE
Côte Rôtie 2013

À la hauteur de l'excellente réputation du millésime 2013 dans le nord du Rhône. Juteux et profond, aussi coloré qu'épicé; fruité et surtout complexe, large et profond en bouche. Vibrant, à la fois onctueux et animé d'une franche acidité, qui élève et encadre le fruit. La pureté et l'authenticité se rencontrent dans le verre; les papilles sont heureuses. À boire entre 2018 et 2023.

12448179   67,25$ ★★★★ ③

GERIN, JEAN-MICHEL
Côte Rôtie 2012, Champin Le Seigneur

Cette cuvée issue de différentes parcelles, toutes situées au nord de l'appellation sur des sols de schistes, à l'exception du viognier, qui pousse sur un îlot calcaire. Au nez, les parfums rôtis et toastés de la barrique l'emportent pour le moment sur le fruit. Heureusement, le vin a l'ampleur nécessaire pour soutenir l'élevage et la bouche témoigne d'une profondeur certaine; les tanins sont tissés serrés, sans rudesse ni lourdeur. Impressionnant à boire aujourd'hui en raison de sa force, ce vin n'atteindra pourtant son zénith que dans trois ou quatre ans, sinon plus. Arrivée au début de décembre.

12691005   69,75 $ ★★★→★ ③

En primeur

GUIGAL

Ermitage 2010, Ex-Voto

À son meilleur, l'ermitage – ou hermitage, on peut écrire les deux – est l'un des vins les plus puissants et les plus généreux de France. Produit seulement dans les grandes années, le haut de gamme de la famille Guigal est un vin splendide, qui conjugue la richesse et le raffinement au plus-que-parfait. Majestueux, une tonne de fruit et de tanins, mais sans lourdeur. Tout y est, mais rien ne dépasse. Une belle bouteille à mettre en cave.

12500281　472,25$　★★★★ ½ ③ ⑤

VINS DE VIENNE

Côte Rôtie 2011, Les Essartailles

Nez plutôt discret, moins exubérant que d'autres années, avec des notions d'anis étoilé. Attaque vive et fringante, signe d'un vin manifestement issu d'une année plus fraîche ; ampleur moyenne en bouche, fil d'acidité enrobé d'un fruit mûr. Solide appui tannique et bon équilibre ; il aura besoin de quelques années encore avant d'atteindre son apogée.

11600781　67,25$　★★★→? ③

VINS DE VIENNE

Heluicum 2012, Vin de France

L'Heluicum 2012 est à la hauteur des attentes envers ce millésime qui s'annonce mémorable pour les vins rouges du Rhône septentrional. Très rassasiant et plein en bouche, bien qu'il ne pèse pas plus de 12,5 % d'alcool ; gorgé de fruit, avec une belle trame minérale et la vigueur caractéristique de 2012. Agréable dès maintenant, tant il est harmonieux et équilibré.

11635896　37$　★★★★ ②

FARGE, GUY
Saint-Joseph 2012, Terroir de Granit

Partie d'une centaine d'hectares en 1969, le vignoble de Saint-Joseph couvre maintenant près de 1000 hectares sur le côté ouest du Rhône. Résultat : la qualité est hétérogène. Pour éviter les déceptions, mieux vaut s'en tenir au noyau original, qui gravite autour de la petite ville de Tournon.

Comme celui-ci, archétype du bon saint-joseph, qui puise sa sève dans les sols granitiques de la commune de Saint-Jean-de-Muzols. À l'ouverture, le nez est compact, austère. La bouche fait à la fois preuve de concentration tannique et d'une franche acidité, qui met en relief les goûts de cerise et de noyau de cerise. Tout le contraire du saint-joseph facile et sans conséquence, on a affaire ici à un vin d'auteur et de terroir, qui aura besoin de quelques années avant de se révéler à sa pleine valeur. À ce prix, on peut même en mettre quelques bouteilles de côté.

12474158   26,80$ ★★★➔★ ③ ♥

3 770001 795010

BOUTIN, JEAN J.
Saint-Joseph 2012, Parcelle de Jean

Propriété de Stéphane Vedeau (Clos Bellane) dans le Rhône septentrional. Exemple même d'un bon saint-joseph sans fard ni concentration superflue. La qualité du millésime 2012 transparaît, la bouche est franche, très nette, très pure. Bonne longueur et une acidité qui donne soif et met en appétit. À boire sans se presser entre 2016 et 2021. Belle bouteille !

12587531   31,75$ ★★★★ ②

3 760165 372493

CHAVE, J.-L. SÉLECTION
Saint-Joseph 2012, Offerus

Pas besoin de test ADN. On reconnaît la signature d'élégance et de retenue de Jean-Louis Chave, même dans cette cuvée de négoce. Une belle concentration naturelle, des tanins assez fermes, mais fins et soyeux et une fin de bouche savoureuse de cerise noire, sur un fond de violette.

10230862   34,50$ ★★★ ②

3 760046 000125

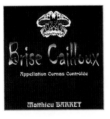

DOMAINE DU COULET – MATTHIEU BARRET
Cornas 2012, Brise Cailloux

Des goûts de violette et de poivre noir, des tanins serrés et une belle complexité. Une expression pure de la syrah, vibrante et sans maquillage boisé. Les fermentations ont été réalisées dans des œufs de ciment, un contenant de plus en plus populaire, surtout auprès des biodynamistes. Peut-être un peu plus exubérant et accessible que d'autres vins de Cornas – qui nécessitent souvent plusieurs années d'élevage en bouteille – mais non moins intense et hautement savoureux. Arrivée dans le cadre du *Courrier Vinicole* du printemps 2016.

12680242   53$ ★★★★ ②

En primeur

GAILLARD, PIERRE
Saint-Joseph 2013, Clos de Cuminaille

Issu d'un petit clos de trois hectares, situé dans la commune de Chavanay, tout au nord de l'appellation, ce saint-joseph comble toutes les attentes en 2013. Un vin ample et tricoté serré, à la sève généreuse et à l'équilibre exemplaire. Beaucoup de nuances, du fruit et du poivre, des notes grillées et rôties; un vin vibrant, nerveux et très long en bouche. Déjà savoureux, mais il n'atteindra son apogée que dans cinq à sept ans.

11231963   42,25$ ★★★→★ ③

GERIN, JEAN-MICHEL
Saint-Joseph 2013

Très bon saint-joseph, fidèle au style affectionné par Jean-Michel Gerin. La barrique est utilisée avec justesse et n'empêche pas le fruit de s'exprimer avec netteté et précision. Des tanins fermes, bien intégrés à l'ensemble, beaucoup d'appui en bouche et un bel équilibre. À revoir dans trois ou quatre ans.

11871231   30$ ★★★→★ ③

VINS DE VIENNE
Cornas 2012, Les Barcillants

La syrah tire des sols de granites de Cornas cette étoffe tannique qui est devenue la marque de l'appellation. Les grappes sont partiellement éraflées et le vin profite par ailleurs d'un élevage de 16 mois en fûts de chêne français. Autant d'éléments qui donnent un vin large d'épaules, musclé, concentré et harmonieux. Beaucoup de volume, du fruit et des accents rôtis qui rappellent l'élevage. Il aura besoin d'au moins cinq à sept années de repos, le temps que les tanins se fondent et que les goûts boisés s'estompent. N'ayez crainte, votre patience sera récompensée.

708438   48,25$ ★★★→★ ③

France

EQUIS

Crozes-Hermitage 2013, Equinoxe

En 2004, Maxime Graillot – le fils d'Alain – et Thomas Schmittel ont fait l'acquisition du Domaine des Lises, à Crozes-Hermitage. Deux en plus tard, les associés et amis ont mis sur pied un commerce de négoce dans le nord de la vallée du Rhône, sous le nom Equis.

Lorsque goûté en septembre 2015, ce 2013 était peu bavard et un peu austère au premier nez. Mais que de plaisir une fois les notes de réduction estompées! Le vin s'ouvre sur les parfums de poivre et de violette caractéristiques d'une bonne syrah mûrie longuement. La bouche suit, serrée, minérale et très digeste, tant par sa fraîcheur que par sa teneur modérée en alcool. Déjà savoureux, il pourrait encore révéler des surprises d'ici 2019.

12590845 23,90$ ★★★★ ② ♥

0 873922 009365

CHAPOUTIER, MICHEL

Les Meysonniers 2011, Crozes-Hermitage

Michel Chapoutier étend son activité dans la plupart des appellations de la vallée du Rhône, mais aussi dans le Roussillon et en Australie. À défaut de profondeur et de longueur, son crozes est assez fidèle à l'idée d'une syrah du nord du Rhône: strict, serré et relevé de poivre et de fumée. Un vin de cépage plus qu'un vin de terroir.

10259876 26,75$ ★★★ ②

3 391181 031332

DOMAINE COMBIER

Crozes-Hermitage 2013

En plus de mener avec beaucoup de succès ce vignoble familial aujourd'hui conduit en agriculture biologique, Laurent Combier se consacre au Trio Infernal, dans le Priorat, aux côtés de Peter Fischer et Jean-Michel Gerin. Ce vin, au nez, présente des parfums floraux et fumés. La bouche est vibrante, allègre et portée par des tanins serrés; gorgée de goûts de fruits noirs et de poivre et dotée d'une fraîcheur exemplaire. Savoureux et éminemment digeste. On se régale!

11154890 32,50$ ★★★★ ②

3 550036 420008

GAILLARD, PIERRE

Syrah 2013, La Dernière Vigne, Collines Rhodaniennes

Bien que moins généreux que par le passé – du moins, il me semble –, ce 2013 compense par sa vigueur tannique et par la précision de ses saveurs de fruits noirs. Finale délicatement poivrée et empreinte de fraîcheur. Il demeure parmi les vins de syrah les plus avantageux à la SAQ.

10678325 21,45$ ★★★ ②

GERIN, JEAN-MICHEL

La Champine 2014, Vin de Pays des Collines Rhodaniennes

En plus de ses cuvées en appellations Côte Rôtie et Condrieu, Jean-Michel Gerin produit ce bon Vin de Pays, issu à 100% d'achat de raisins. Ceux qui ont aimé le 2013 vendu plus tôt cette année retrouveront dans ce nouveau millésime le même caractère sauvage et funky, mais aussi des saveurs fruitées plus précises et une franche minéralité. Des tanins modérément fermes tapissent la bouche, laissant une sensation fraîche en finale. Un très bon achat pour les amateurs de syrah du nord du Rhône.

11871240 23,55$ ★★★★ ② ♥

JABOULET AÎNÉ, PAUL

Crozes-Hermitage, Les Jalets 2012

À la fois producteur et négociant, la célèbre maison rhodanienne fondée en 1884 appartient à la compagnie financière Frey (Châteaux La Lagune et Billecart-Salmon). Bon 2012 aux goûts de fruits acidulés; pas le plus complexe des crozes, mais il fait preuve d'une concentration appréciable et s'avère assez plaisant dans un style poli.

383588 22$ ★★★ ②

VINS DE VIENNE

Crozes-Hermitage 2013

Nettement plus vif que le 2011 commercialisé l'an dernier, ce vin présente un nez de poivre et de viande fumée, et, en bouche, des tonalités animales rehaussées d'un léger reste de gaz. Un peu rustique, mais léger (12,5% d'alcool) et agréable à boire.

10678229 23,15$ ★★★ ②

GAILLARD, PIERRE
Condrieu 2014

Dans le nord de la vallée du Rhône, l'année 2014 a été ardue pour les cépages rouges qui ont peiné à mûrir, mais exceptionnelle pour les blancs. Particulièrement à Condrieu, où les raisins de viognier présentent un équilibre rêvé.

Une seule gorgée de ce vin élaboré par Pierre Gaillard suffit pour s'en convaincre. Élégant et tout en finesse, avec des saveurs de fleur d'oranger et d'abricot. La barrique ne se fait pas sentir, mais apporte du gras en bouche ; une grande fraîcheur sous-tend toute cette matière, puis la minéralité prend le dessus. En prime, une finale à la fois ample et aérienne et un relief aromatique impressionnant.

12423932 59,50$ ☆☆☆☆ ②

VINS DE VIENNE
Crozes-Hermitage blanc 2013

Peu bavard au nez, avec des parfums discrets d'ananas et de miel. La bouche est harmonieuse et présente un bon équilibre entre le gras et l'acidité. Finale séduisante aux accents de fleur d'oranger.

12034275 34,25$ ☆☆☆ ②

GUIGAL
Condrieu 2013, La Doriane

Quelle élégance! Le naturel parfumé du viognier domine pour le moment, mais en vieillissant, les caractéristiques variétales s'estompent au profit de ce grand terroir de Condrieu. Le 2013 a beaucoup d'extraits secs, une texture dense, et une onctuosité à faire rêver. Beaucoup de volume, de race et de plaisir.

11452926 121$ ☆☆☆☆→? ③ Ⓢ

GUIGAL
Condrieu 2013

Tout d'élégance et de classicisme. Jamais trop exubérant ni concentré, mais frais, digeste, savoureux. Un élevage en fûts de chêne (un tiers neufs) apporte un enrobage et une tenue supplémentaires sans toutefois masquer les délicats arômes du viognier. Une bonne note d'autant plus méritée que sa constance au fil des an est exemplaire.

12585894 69,75$ ☆☆☆ ½ ②

GUIGAL
Hermitage 2011

Un hermitage blanc de forme très classique, qui profite d'un élevage de 24 mois en fûts de chêne partiellement neufs. À des lieues des petits vins blancs secs et aromatiques qui inondent les tablettes coloré, un vin gras, à la couleur dorée, capiteux, avec ce goût unique d'amande et de cire d'abeille. Un vin sérieux qu'on peut commencer à boire ou laisser idéalement mûrir quelques années.

12585886 70,25$ ☆☆☆ ½ ③

GUIGAL
Saint-Joseph 2012, Lieu-dit Saint-Joseph

En 2001, la famille Guigal a racheté les vignobles de Jean-Louis Grippa, dont ce lieu-dit, un terroir précoce où poussent deux oliviers au milieu de la vigne, un fait assez rare dans le Rhône septentrional. Entièrement fermenté et élevé en fûts de chêne neufs, ce 2012 était encore hyper jeune lorsque goûté au courant de l'été 2015 et se révélait à peine après une longue aération dans le verre. Si j'en juge par son équilibre et son envergure immense, il a tout ce qu'il faut se bonifier d'ici 2022.

11872761 55,25$ ☆☆☆→☆ ③ 🅢

GERIN, JEAN-MICHEL
Condrieu 2013, La Loye

Dans un registre complètement différent de celui de Pierre Gaillard ou de Guigal, un condrieu ample et très gras, auquel un élevage poussé en fûts de chêne neufs donne pour le moment des airs de chardonnay. Après une longue aération, les parfums boisés se dissipent et le vin semble plus harmonieux, plus solide aussi. Le fruit reprend son droit et le vin fait preuve d'une agréable tenue. Un condrieu à retenir davantage pour sa puissance et son onctuosité que pour la finesse de ses saveurs. À boire idéalement entre 2018 et 2023.

12691081 65,25$ ☆☆☆→? ③

En primeur

GAILLARD, PIERRE
Saint-Joseph blanc 2014

Vin issu exclusivement du cépage roussanne. J'ai bien aimé le caractère à la fois vineux et tonique du 2014. Très sec, avec ce goût singulier de beurre, de pain d'épices, de compote de pêche et de pâtisserie. Opulent, long en bouche, très net et éminemment digeste. À boire sans se presser jusqu'à la fin de la décennie. Délicieux !

11219606 39 $ ☆☆☆☆ ②

CHÂTEAU LA NERTHE
Châteauneuf-du-Pape
2010

Haut lieu de la viticulture rhodanienne, cette splendide propriété viticole est l'une des plus anciennes de Châteauneuf. Le vignoble, converti à l'agriculture biologique dès 1998, est sous la gouverne de l'œnologue Christian Voeux, qui a officié pendant 25 ans au Château Mont-Redon, une autre perle de l'appellation.

J'aime le châteauneuf courant du domaine La Nerthe pour son élégance et pour son dépouillement. Je l'aime encore plus chaque fois que je le goûte à table, aux côtés d'autres vins plus puissants. Généralement excellent, il n'allait pas décevoir en 2010, un millésime exceptionnel dans le sud de la vallée. Un nez invitant de chocolat noir et de réglisse; attaque mûre, plénitude, saveurs fines de cacao et un bon équilibre. Plaisir immédiat, mais longévité assurée.

917732   52,50$ ★★★★ ②

CHÂTEAU DE LA GARDINE
Châteauneuf-du-Pape 2012

Ce domaine familial conduit par Patrick Brunel est un pilier de Châteauneuf-du-Pape et le vin de La Gardine loge à l'enseigne de l'équilibre. Toujours assez flatteur par sa forme ronde, voluptueuse, ses goûts de fruits confits, d'épices et de réglisse. Pas le plus complexe, mais satisfaisant à ce prix.

22889   36,25$ ★★★ ②

CHÂTEAU MONT-REDON
Châteauneuf-du-Pape 2010

Ne serait-ce que pour sa constance, ce domaine de Châteauneuf mérite une mention spéciale. Mais en plus, Mont-Redon se distingue par son style classique, heureux mariage d'élégance et de générosité toute méridionale. Le 2010 est particulièrement concentré, appuyé sur des tanins fermes, sans dureté. Un très bon vin que l'on pourra boire sans se presser, tout au long de la présente décennie.

856666   44,75$ ★★★★ ②

CLOS DU MONT-OLIVET
Châteauneuf-du-Pape 2012

Un vin à conseiller à tous les amateurs de châteauneuf sous sa forme pure et authentique. Superbe vin classique d'une couleur riche, présentant un nez compact et très concentré de framboises et de mûres. Du corps, du grain et une finale vaporeuse où se succèdent des effluves fruités, épicés, floraux. Un poids lourd distingué, encore un peu fringant et bâti pour vivre plusieurs années. À mon avis, un châteauneuf modèle, qui sera à son meilleur dans quatre ou cinq ans.

11726691   43,75$ ★★★★ ③

3 760108 000056

LE CLOS DU CAILLOU
Châteauneuf-du-Pape 2011, Les Quartz

Lauréat d'une Grappe d'or l'année dernière, le 2011 de Sylvie Vacheron procure un plaisir immédiat par sa rondeur et son attaque en bouche quasi sucrée tant le fruit est mûr. Déjà accessible malgré son jeune âge, le vin est heureusement encadré de tanins suffisamment fermes pour soutenir le fruit et procurer une agréable tonicité, malgré ses 15% d'alcool. Finale vaporeuse aux parfums de cacao, de kirsch et de violette.

12158420   90$ ★★★★ ② ▼

6 968050 011329

OGIER
Clos de l'Oratoire, Châteauneuf-du-Pape 2012

Bon châteauneuf d'envergure moyenne; chaleureux, capiteux et doté d'une structure notable qui encadre le fruit. Finale vaporeuse aux parfums de cerise confite, d'eau-de-vie, de cacao. À boire entre 2016 et 2020.

11407990   47,25 $ ★★★ ②

0 714320 142509

CHÂTEAU JAS DE BRESSY
Châteauneuf-du-Pape 2010

Un châteauneuf pure laine, puissant et concentré, déployant en bouche une profusion de saveurs de fruits confits, de café fraîchement moulu et de kirsch. Pas très long ni complexe, mais sa concentration de saveurs et sa finale vaporeuse ont vite fait de séduire.

11872541   43,50 $ ★★★ ½ ③

3 445152 006178

DOMAINE LES HAUTES CANCES
Cairanne 2011, Cuvée Col du Débat

Anne-Marie Astart a troqué la médecine pour la viticulture en 1992 lorsqu'elle a repris une partie du vignoble appartenant à sa famille. Avec l'aide de son conjoint, Jean-Marie, elle l'a converti à l'agriculture biologique dès 1995 et elle en a doublé la superficie.

Déjà ouvert et à maturité, leur 2011 est à la fois intense, séveux et nuancé, parfumé de réglisse et de fruits noirs confits, avec de délicats accents rôtis. Il laisse en bouche une merveilleuse impression de finesse, doublée de plénitude. Déjà délicieux, il le sera jusqu'en 2018, au moins.

12120843   30,25$ ★★★★ ② ♥

BRUNEL, PÈRE & FILS
Rasteau 2013, Benjamin Brunel

Le propriétaire du Château La Gardine, Patrick Brunel, élabore ce bon rasteau, manifestement issu de raisins mûris sous le grand soleil. Ferme, généreux, un brin rustique, mais fort plaisant. Du fruit, des tanins juste assez granuleux et une finale aux goûts de kirsch et de poivre.
À boire dès maintenant.

123778   20,95$ ★★★ ②

CAVE DE RASTEAU
Rasteau 2013, Tradition, Ortas

Bon rasteau d'envergure moyenne, animé d'un léger reste de gaz qui rehausse le fruit et les accents poivrés. Rien de complexe, mais plutôt représentatif de son appellation.

113407   17,15$ ★★★ ②

CAVE DE RASTEAU
Rasteau 2011, Prestige, Ortas

Prix attrayant pour un vin parfaitement mûr et à point, élaboré par la cave coopérative de Rasteau. Les tanins sont déjà passablement fondus et le vin a un bon goût de fruits secs et de réglisse noire. À boire jusqu'en 2017, légèrement rafraîchi.

952705   23,45$ ★★★ ②

DOMAINE DE BEAURENARD
Rasteau 2012, Les Argiles Bleues

En plus de somptueux châteauneufs, les frères Coulon élaborent, sur cette propriété de Rasteau, des vins rouges sérieux dont le potentiel de garde ne fait aucun doute. On retrouve dans ce 2012 l'élégance et le poli habituels de Beaurenard. Ample et velouté, presque crémeux, mais surtout doté d'un grain tannique serré qui se resserre en fin de bouche et lui donne une bonne poigne. Finale chaleureuse aux accents de réglisse noire et de garrigue. Très bon rasteau qui gagnera à reposer en cave jusqu'en 2017.

12589203   29,30$ ★★★→★ ③ ▼

RICHAUD, MARCEL
Cairanne 2014

Le vignoble de Marcel Richaud est en conversion à la biodynamie et les vinifications sont conduites avec un minimum de soufre. Une fois de plus en 2014, son cairanne « tout court » donne l'impression de croquer dans la grappe. Encore très jeune, fringant et guilleret ; des parfums de fleurs, de fruits noirs et de poivre, une texture veloutée et juste assez ferme pour conserver une vigueur appréciable. Finale vaporeuse aux accents floraux et iodés. À boire dès maintenant et au cours des cinq prochaines années.

11861199   30,75$ ★★★★ ② ♥

LE CLOS DU CAILLOU
Côtes du Rhône 2012, Bouquet Des Garrigues

Si l'ancien propriétaire du Clos du Caillou n'avait pas refusé, en 1936, de faire visiter son domaine aux experts chargés de la délimitation de l'appellation, ce vignoble situé dans la commune de Courthézon ferait aujourd'hui partie de l'appellation Châteauneuf-du-Pape.

Issu à 85% de grenache, le 2012 est séveux, nuancé et en même temps très consistant, tout à fait dans l'esprit du millésime. Excellent et sans doute bon pour plusieurs années, il exerce un charme immédiat avec sa texture veloutée et charnue. Très bon vin franc, sphérique et savoureux. Finale ponctuée d'une amertume fine qui apporte une notion de retenue fort élégante.

12249348   26$ ★★★★ ② ♥

CAVE DES VIGNERONS D'ESTÉZARGUES
Côtes du Rhône-Villages Signargues 2014, Domaine La Montagnette

Cette petite cave rhodanienne, créée en 1965, regroupe à peine une dizaine de vignerons qui ont à cœur de produire des vins de terroir. Elle compte aujourd'hui parmi les plus en vue de France. Depuis son entrée à la SAQ, cette cuvée de grenache (70%), de syrah, de carignan et de mourvèdre fait preuve d'une constance exemplaire. Attaque chaleureuse, ponctuée d'épices, de fleurs séchées, de kirsch et de confiture de framboises; les tanins sont serrés et bien enrobés et le vin s'avère toujours aussi rassasiant. Excellent rapport qualité-prix.

11095949   17,60$ ★★★ ½ ② ♥

CHÂTEAU SIGNAC
Cuvée Combe d'Enfer 2010, Côtes du Rhône-Villages Chusclan

En grande forme dans le millésime 2010, le vin de Jean-Marc Amez-Droz donnera pleine satisfaction à l'amateur de vin corsé, concentré et chaleureux. Du fruit à revendre, une matière très généreuse, presque sucrée et dotée d'une certaine épaisseur tannique. Bon équilibre, bien en chair et séduisant.

917823   20,90$ ★★★ ½ ② ♥

DOMAINE DE BOISSAN
Cuvée Clémence 2013, Côtes du Rhône-Villages Sablet

Particulièrement séveux et savoureux en 2013, tout en délicatesse et dans l'esprit des vins de Sablet, c'est-à-dire charnu, avec un grain tannique caressant et juste assez rugueux. Titrant 14,5% d'alcool, un équilibre remarquable entre la structure et le fruit; coulant et facile à apprécier dès aujourd'hui.

712521   18,70$ ★★★★ ② ♥

DUPÉRÉ-BARRERA
Côtes du Rhône-Villages 2014

En plus de mener avec aplomb leur propriété provençale, le duo Dupéré-Barrera opère un commerce de négoce haut de gamme dans le Rhône. Leur 2014 est un bon vin coloré, épicé, aux senteurs de fumée et de réglisse; encore très jeune, mais plus tendre et ouvert que je ne l'aurais pensé. Finale chaleureuse et rassasiante.

10783088   19,20$ ★★★ ½ ② ♥

Domaine
de la Vieille Julienne
"lieu-dit Clavin" 2013

Côtes-du-Rhône

750ml
Alc. 14,5% Vol.

appellation Côtes-du-Rhône contrôlée
mis en bouteille au domaine • e.a.r.l. Daumen père et fils
propriétaires récoltants • Orange • France • product of France

DOMAINE DE LA VIEILLE JULIENNE
Côtes du Rhône 2013, Lieu-dit Clavin

Issu de la culture biodynamique et provenant d'une petite parcelle plantée de très vieilles vignes de grenache, ainsi que de syrah et de carignan dont les rendements sont naturellement limités. Un peu atypique cette année, sans doute en raison d'une proportion plus faible de grenache, durement touché par la coulure en 2013. Beaucoup plus contenu et délicat que d'habitude; la bouche est serrée, vigoureuse et relativement fraîche, avec un degré d'alcool de moins que l'an dernier. À boire entre 2016 et 2020.

10919133   27,65$ ★★★ ½ ②

DOMAINE SANTA DUC
Côtes du Rhône 2012, Les Quatre Terres

Beaucoup de réduction à l'ouverture. La bouche est ferme et capiteuse, faisant immédiatement sentir sa force alcoolique. Après une journée d'ouverture, la réduction s'estompe et le vin développe des saveurs fruitées riches et gourmandes, mais demeure encore un peu brouillon. Ce n'est qu'après deux journées d'ouverture que ce côtes du rhône s'est révélé sous un jour harmonieux. Un bon vin méridional et chaleureux, qui traverse en ce moment une phase un peu ingrate. Laissez-le reposer quelques mois en cave.

12598548   19,60$ ★★→★ ③

DAUMEN, JEAN-PAUL
Côtes-du-Rhône 2013

Adepte de la biodynamie, Jean-Paul Daumen élabore des vins corpulents et étoffés dans son domaine de la Vieille Julienne, à Châteauneuf-du-Pape. Il exploite aussi un petit commerce de négoce qui lui permet de s'approvisionner chez des viticulteurs locaux.

Du fruit à revendre, tout en souplesse et bien équilibré, le 2013 a beaucoup à offrir. Grenache, syrah et mourvèdre se complètent bien ; le nez est riche et engageant ; la bouche, sphérique, charnue et gorgée de saveurs. Un côtes du rhône générique de qualité exemplaire, franc de goût et bon à boire dès maintenant.

11509857   21$ ★★★ ½ ② ♥

CHARTIER – CRÉATEUR D'HARMONIES
Côtes du Rhône 2012

Comme tous les autres vins de la gamme du sommelier François Chartier dégustés cette année, un bon vin d'envergure moyenne, sans maquillage inutile. Rien de complexe, mais tout à fait fidèle à sa région d'origine, digeste et adapté aux plaisirs de la table, comme le suggère très ouvertement son étiquette.

12068096   20$ ★★★ ②

CHÂTEAU JUVÉNAL
La Terre du Petit Homme 2013, Ventoux

Nez typique du sud du Rhône, entre fruits très mûrs, poivre, réglisse et garrigue. Bouche tendre, chair fruitée ample, veloutée et caressante, mais sans mollesse grâce à une certaine poigne tannique qui atténue la sensation chaleureuse en finale (15% d'alcool). À boire au cours des trois ou quatre prochaines années.

12604127   23,85$ ★★★ ½ ②

CHÂTEAU PESQUIÉ
Terrasses 2013, Ventoux

Un généreux vin coloré, riche en fruit et passablement compact, doté d'une finale rassasiante et charnue aux accents poivrés. Fruité, solide et équilibré.

10255939 17,05$ ★★★ ② ♥

DAUMEN, JEAN-PAUL
Principauté d'Orange 2013

Un vin de cabernet sauvignon, de grenache, de merlot et de syrah produit au nord de Châteauneuf. Nez de poivron rouge et d'herbes fraîches, accompagné d'une attaque fruitée ronde ; moyennement corsé, mais bien défini et généreux en saveurs. Bon à boire dès maintenant.

12244547 18,05$ ★★★ ②

GUIGAL
Côtes du Rhône 2011

Un vin typique du millésime 2011, avec cette rondeur et ce caractère plus facile, mais qui conserve les accents de poivre noir des précédentes cuvées, tout en penchant légèrement vers le caractère un peu animal d'une syrah du Sud.

259721 20,40$ ★★★ ½ ②

JABOULET AÎNÉ, PAUL
Côtes du Rhône 2013, Parallèle 45

La syrah, qui constitue près de la moitié de l'assemblage, apporte des goûts poivrés et une tenue appréciable en bouche. Tanins serrés et charpente assez solide pour un vin de ce prix. Une pointe animale en finale ajoute à son relief aromatique. Rien de complexe, mais un bon vin fidèle à ses origines.

332304 16,35$ ★★★ ② ♥

OGIER
Héritages, Côtes du Rhône 2013

Nez de poivre noir et bouche chaleureuse, qui traduit un fruit bien mûr. Le tout est encadré par des tanins assez fermes pour apporter une certaine notion de fraîcheur.

535849 15,95 $ ★★★ ② ♥

VINS DE VIENNE
Cranilles 2013, Côtes du Rhône

Le caractère du grenache ressort pleinement dans ce 2013 : bourré de fruit, relevé de notes de garrigue, d'épices et de cuir. La bouche est tendre, juteuse et à peine tannique, et le vin est bien agréable à boire.

722991 19,10$ ★★★ ½ ② ♥

ROUGE GARANCE
Côtes du Rhône 2013, Feuille de Garance

Dans le Gard, tout juste au nord de la zone d'appellation des Costières de Nîmes, l'acteur Jean-Louis Trintignant et ses associés Claudie et Bertrand Cortellini produisent une gamme de vins généreux et bien méditerranéens.

Dans la continuité des derniers millésimes, leur Feuille de Garance 2013 se signale par son attaque en bouche tendre et veloutée et son nez invitant de pivoine et de confiture de fruits. Son intensité contenue, son relief aromatique teinté d'élégance et son caractère fringant me rappellent aussi certains vins jeunes du Piémont. Belle bouteille et un achat du tonnerre à ce prix.

11341759   18,90$ ★★★★ ② ♥

CHÂTEAU LA TOUR DE BERAUD
Costières de Nîmes 2013

Sorte de seconde étiquette du Château Mourgues du Grès, ce vin nerveux et fringant en donne beaucoup pour le prix. Peu d'acidité, mais une trame aromatique étonnamment séveuse et un fruit mûr qui donne l'impression de croquer dans la grappe.

12102629   17,35$ ★★★ ½ ② ♥

CHÂTEAU MOURGUES DU GRÈS
Terre d'Argence 2012, Costières de Nîmes

Une proportion de carignan n'est certainement pas étrangère à la fraîcheur ressentie en goûtant ce vin. Séveux, opaque et concentré, le 2012 aura besoin de temps avant de se révéler à sa juste valeur. Puissance et intensité contenues, des goûts de réglisse et de garrigue sur un fond délicatement fumé et animal. Déjà savoureux, mais il devrait reposer en cave jusqu'en 2017-2018.

11659927   22,15$ ★★★ ½ ③ ♥

CHÂTEAU MOURGUES DU GRÈS
Galets Rouges 2013, Costières de Nîmes

Depuis une vingtaine d'années, les vins rouges et blancs de François Collard font partie de l'élite des costières de nîmes. Le 2013 est tout aussi bon que les précédents millésimes : un vin riche et poivré, aux notes de cacao et de cassis. Tonique et généreux. Difficile de trouver mieux à ce prix.

10259753   18,35$ ★★★ ② ♥

CHÂTEAU DES TOURELLES
Cuvée Classique 2013, Costières de Nîmes

Bien que déstabilisantes au premier nez, les odeurs de réduction se dissipent assez vite dans le verre. La bouche est compacte, étonnamment concentrée pour un vin de ce prix et fort séduisante avec ses bons goûts fruités qui se mêlent à des notes de viande fumée et de poivre. Belle réussite !

387035   14$ ★★★ ½ ② ♥

CHÂTEAU DE NAGES
Nages 2012, Costières de Nîmes

Passablement puissant en 2012 avec une attaque en bouche presque sucrée et une teneur alcoolique à 15%. Imposant et dessiné à gros traits pour le moment. N'hésitez pas à l'aérer une demi-heure et à le servir frais autour de 15-16 °C, sans quoi il pourrait paraître lourd.

427617   15,10$ ★★★ ②

CHÂTEAU DE NAGES
Costières de Nîmes 2012, Cuvée Joseph Torres

Moins boisé et nettement plus harmonieux que par le passé. Le 2012 se signale à la fois par son ampleur en bouche, par la générosité de sa chair fruitée et par sa mâche tannique, à la fois dense et dodue. Seul bémol, une hausse de 5$ au cours des dernières années.

567115   24,95$ ★★★ ½ ②

GUIGAL
Côtes du Rhône blanc
2014

La famille Guigal est une référence de la partie septentrionale de la vallée du Rhône. Ensemble, les domaines et la société de négoce génèrent annuellement quelque six millions de bouteilles, dont 25 % de vins blancs. À tous les échelons de la vaste gamme Guigal, une qualité irréprochable.

Porte-drapeau de la maison avec son pendant rouge, ce côtes du rhône blanc est composé à 70 % de viognier cultivé dans le sud de la vallée, complété de roussanne et de marsanne. Impeccable, comme toujours, le vin me semble particulièrement réussi cette année. Un juste équilibre entre le gras et les goûts de miel qui font corps avec les notes florales, et cette texture dense qui procure en bouche une agréable sensation de fraîcheur. Servez-le frais, mais pas froid, et n'hésitez pas à l'aérer en carafe. Votre patience sera récompensée.

290296   19,95 $ ☆☆☆☆ ② ♥ ⚗

3 536650 591003

CHÂTEAU MOURGUES DU GRÈS
Terre d'Argence blanc 2013, Costières de Nîmes

Excellent vin blanc méridional qu'on apprécie davantage pour sa texture que pour son exubérance aromatique, comme la plupart des vins blancs du Sud, d'ailleurs. Beaucoup de tenue et une trame minérale qui lui donne des airs un peu stricts au premier contact. Viennent ensuite de bons goûts de poire et de citron et une fine onctuosité qui comblent les papilles. Il sera à son meilleur servi autour de 14-15 °C.

11874264   21,80 $ ☆☆☆☆ ② ♥

3 760087 400045

CHÂTEAU MOURGUES DU GRÈS
Galets Dorés 2014, Costières de Nîmes

Grenache blanc, vermentino et roussanne. Un nez attrayant de fruits tropicaux et de poire bien mûre ; en bouche, du gras, des notions de miel et une tenue fort appréciable pour le prix. Une mention spéciale pour sa constance au fil des ans.

11095877   16,95 $ ☆☆☆ ½ ②

3 760087 400069

CHÂTEAU MONT-REDON

Lirac 2013

Comme nombre de blancs méridionaux, ce vin gagne à être servi légèrement tempéré, autour de 12 °C. On apprécie alors mieux sa texture, sa tenue en bouche et ses parfums de poire pochée. Belle ampleur, du gras et une fine amertume pour ajouter à sa longueur. À boire dès maintenant et d'ici 2017.

12258973   23,50 $ ☆☆☆ ½ ②

DOMAINE DE TRIENNES

Viognier 2013, Sainte-Fleur, Coteaux d'Aix-en-Provence

J'espère que vous me pardonnerez une petite dérogation régionale ici, puisque je ne pouvais passer sous silence le très bon vin blanc de cette propriété provençale appartenant notamment à Aubert de Villaine (Domaine de la Romanée-Conti) et à Jacques Seysses (Domaine Dujac). Très bon vin blanc méridional, élégant, parfumé et juste assez gras. Une bonne tenue en bouche et des saveurs florales expressives, sans aucune démesure. Des viogniers comme ça, on en voudrait plus.

12625681   22,30 $ ☆☆☆ ½ ②

GASSIER, MICHEL

Viognier 2014, Les Piliers, Vin de France

Le propriétaire du Château de Nages produit aussi, sous une étiquette éponyme, une syrah et un bon viognier, floral comme il se doit ; un léger reste de gaz et une pointe végétale en finale contribuent à la sensation de fraîcheur en bouche, à défaut d'acidité. Recommandable à moins de 20 $.

10936785   19,95 $ ☆☆☆ ②

CLOS BELLANE

Côtes du Rhône-Villages 2012, Les Échalas

Stéphane Vedeau a acquis cette propriété située sur le plateau de Vinsobres en 2010. Le vignoble est certifié en agriculture biologique à compter de cette année. L'orientation et l'altitude du vignoble – juché à 400 m et tourné vers l'est – et la composition calcaire des sols expliquent peut-être la grande sensation de fraîcheur qui émane de cette cuvée de marsanne et de roussanne. Une couleur dorée et brillante met d'emblée en appétit, tout comme le nez, qui mêle le fruit mûr à des notes minérales. Beaucoup de gras, de volume et de relief en bouche ; parfaitement sec, avec des accents de fleurs blanches, d'épices et de cire d'abeille, serties d'une fine amertume. Plus cher que la moyenne de l'appellation, mais absolument délicieux.

12235827   31 $ ☆☆☆☆ ②

SUD DE LA FRANCE

HÉRAULT

C'est dans ce département qu'est né le premier grand cru (non officiel) du Languedoc avec le Mas de Daumas Gassac, dans les années 1970. Depuis, d'autres ont émergé, tels le Domaine de la Grange des Pères et le Domaine de Montcalmès. Avec la recherche continue de la qualité, et la passion des nouvelles générations, il y a fort à parier que de nombreux autres sont encore à venir.

Aveyron

○ Rodez

○ Albi

Lot

Gard

Côtes de Millau

Montpeyroux

Pic-Saint-Loup

Saint-Drézéry

○ NÎMES

Terrasses du Larzac

Coteaux du Languedoc

Agout

HÉRAULT

Muscat de Lunel

La Méjanelle

◎ MONTPELLIER

Faugères

Saint-Chinian

Picpoul-de-Pinet

Orb

Canal du Midi

◎ BÉZIERS

COTEAUX DU LANGUEDOC

Cabardès   Minervois

○ CARCASSONNE

NARBONNE ○

La Clape

Limoux   Corbières

MER
MÉDITERRANÉE

Fitou

Maury

Côtes du
Roussillon-Villages

PERPIGNAN ◎

ROUSSILLON

On associe d'emblée la région du Roussillon aux somptueux vins rouges de grenache noir, mais on y produit aussi de superbes vins blancs issus de grenache blanc et gris cultivés sur les terroirs de schiste.

Têt

Côtes du Roussillon

Rivesaltes

Tech

Collioure
et Banyuls

BIO

Choyés par un climat chaud et sec, de nombreux vignerons ont opté pour la viticulture biologique.

ROUSSILLON

Quel chemin parcouru en 30 ans! Jadis considéré comme l'usine à vin médiocre du pays, le Languedoc-Roussillon est aujourd'hui résolument orienté vers la qualité. Ce vaste croissant, qui s'étend de la frontière espagnole à la vallée du Rhône, est d'autant plus attrayant qu'il mise désormais à fond sur les multiples facettes de ses terroirs et de ses cépages.

Une foule de jeunes vignerons redécouvre les qualités de cépages autrefois considérés comme roturiers, tels le carignan ou le cinsault, dont les vieilles vignes, plantées sur les bons terroirs et cultivées adéquatement, peuvent donner des vins étonnamment racés, empreints de la signature aromatique de la garrigue...

La plupart des vignerons consciencieux ont cessé de jouer la carte de la puissance et cherchent avant tout à produire des vins authentiques, digestes et originaux. Ajoutons à cela des vins rosés de bonne qualité, des vins mousseux et des vins doux naturels de muscat ou de grenache et l'on pourrait aisément conclure que le Languedoc-Roussillon est l'une des régions les plus riches et les plus diversifiées de France, en plus d'être un rayon à aubaines.

LES DERNIERS MILLÉSIMES

2014
Dure année pour le midi de la France. Le secteur de La Clape et le Minervois ont été touchés par des épisodes de grêle. Ceux qui ont réussi à vendanger avant les pluies torrentielles de septembre ont pu sauver la mise. La Provence a connu 65 jours de précipitation, contre 50 sur une année normale. On peut anticiper une certaine dilution.

2013
De mauvaises conditions printanières ont nui à la floraison. Cette situation a donné une vendange certes très tardive, mais de raisins sains qui pourraient potentiellement donner des vins rouges et blancs équilibrés.

2012
Petite récolte en raison de mauvaises conditions au moment de la floraison. Un été compliqué avec de la sécheresse et de la grêle. Les vignerons qui ont eu la patience d'attendre pour vendanger ont réussi à produire de bons vins suffisamment concentrés et harmonieux. Quelques belles surprises dans le Roussillon. Qualité hétérogène pour les rouges de Provence.

2011
Récolte abondante dans tout le Midi. Un été relativement frais a permis de produire des vins souples et équilibrés. Un bon millésime dans la moyenne.

2010
D'un bout à l'autre du Languedoc, un été très sec et des rendements réduits ont été garants de succès. Qualité générale très satisfaisante.

2009
Bel été et récolte précoce, mais des rendements de 10 à 40 % inférieurs à la moyenne. Beaucoup de bons vins rouges.

DOMAINE D'AUPILHAC
Les Cocalières blanc 2013, Montpeyroux

J'ignore si on peut y voir un effet de l'agriculture biologique et de l'altitude à laquelle pousse la vigne (350 m), mais ce vin fait preuve d'une complexité aromatique nettement supérieure à la moyenne régionale.

Les cépages roussanne, marsanne, rolle et grenache blanc sont mis à égale contribution et assemblés avant la fermentation, qui s'effectue en foudre et en barriques usagées. Un très heureux mélange de fruit, de minéralité et de notes délicates de beurre, attribuables aux malolactiques. Une très belle bouteille à siroter lentement une fois ouverte, pour bien apprécier l'évolution de ses saveurs dans le verre.

11926950   25,20$ ☆☆☆☆ ② ♥

CAVE DE ROQUEBRUN
Granges des Combes blanc 2013, Saint-Chinian

Cette cave coopérative est la source de bons vins blancs et rouges de qualité plutôt constante. Couleur dorée, nez de sucre d'orge et de barbe à papa; bouche onctueuse, manifestement issue de grenache blanc et de roussanne à parfaite maturité. Très bon vin blanc pour accompagner les volailles et côtelettes de porc cuites sur le gril.

12560996   18,70$ ☆☆☆ ½ ② ♥

CHARTIER CRÉATEUR D'HARMONIES
Le Blanc 2013, Pays d'Oc

Le vin blanc du sommelier François Chartier s'harmonise, si on en juge par son étiquette, au homard, à la pêche, à la noix de coco et aux fromages, mais pas tous en même temps. Enfin, j'espère! Le 2013 est assez typique d'un bon vin blanc du midi, tant par son nez que par sa vinosité, doublée d'une saine amertume. Une proposition tout à fait honnête à moins de 20$.

12068117   19$ ☆☆☆ ②

CHÂTEAU COUPE ROSES
Minervois blanc 2014

Sans doute en raison des pluies diluviennes de septembre, ce vin de roussanne est un cran moins mûr et vineux en 2014. En revanche, il semble avoir gagné en tension et en vivacité. Beaucoup de texture en bouche et une sensation presque tannique tant la matière est dense. Finale délicate relevée de fruits blancs et d'herbes fraîches. Et, comme la plupart des vins blancs, évitez de le servir trop froid. Vous apprécierez ainsi mieux sa texture et ses saveurs.

894519   19,75 $ ☆☆☆ ½ ② ♥

DOMAINE DE FENOUILLET
Les Hautes Combes, Faugères blanc 2013

Au nez, le bois domine, mais ce très bon Faugères blanc a la tenue nécessaire en bouche pour soutenir l'élevage. Saveurs d'agrumes, d'herbes fraîches, de boutons de marguerite. Impression quasi tannique. On peut aisément le servir avec une viande blanche.

11956850   18,95 $ ☆☆☆ ½ ② ♥

DOMAINE DE MOUSCAILLO
Limoux 2011

À une dizaine de kilomètres au sud de Carcassonne, le chardonnay profite à la fois de l'influence climatique des Pyrénées et de l'Atlantique et trouve sur les sols calcaires de Limoux une expression hautement singulière. Cette année encore, ce vin se distingue à la fois par son nez minéral et par la netteté de ses saveurs en bouche. Très sec, frais, presque salé et hautement digeste. Un super achat à ce prix.

10897851   22,20 $ ☆☆☆☆ ② ♥

SAINT-MARTIN DE LA GARRIGUE
Picpoul de Pinet 2013

Un picpoul hors norme, c'est le moins qu'on puisse dire. Ce cépage généralement connu pour donner des vins vifs et légers revêt ici une allure très solaire, aussi intense en arômes qu'en texture. Riche de 15 % d'alcool, mais sans la moindre lourdeur, grâce à une acidité du tonnerre qui pince les joues et donne de l'élan aux saveurs de fruits tropicaux. Idéal à l'apéritif ou en accompagnement de crustacés.

11460045   18,75 $ ☆☆☆☆ ② ♥

SENAT, JEAN-BAPTISTE
La Nine, Minervois 2013

Installé depuis une dizaine d'années dans le Minervois, ce Parisien d'origine s'est taillé une réputation enviable avec des vins rouges qui conjuguent habilement la rondeur fruitée, la densité et la fraîcheur. Les raisins sont bios et l'apport en soufre est limité au minimum lors des vinifications, ce qui donne, en 2013, un vin d'une grande pureté.

Absolument net, sans les déviations parfois appréhendées dans un vin à tendance «naturel». Un vin solaire, faisant bien sentir l'apport du grenache et ses 14% d'alcool, mais également doté d'une certaine fraîcheur tannique (le carignan) qui le rend déjà affriolant et si agréable à boire. Finale séveuse et savoureuse, aux notions de cuir et d'épices. Vraiment, ce vin a du caractère. Excellent!

11659960   24,65$ ★★★★ ② ♥

CHÂTEAU COUPE ROSES
Les Plots 2014, Minervois

Principalement issu de syrah – avec grenache et carignan –, le 2014 est de nouveau parfaitement satisfaisant. Un vin juteux, déployant en bouche des couches de saveurs de fruits et de garrigue, sur un grain tannique charnu. Solide, bien proportionné et d'une franchise exemplaire. Une qualité si régulière se doit d'être soulignée.

914275   20,75$ ★★★★ ② ♥

CHÂTEAU COUPE ROSES
Granaxa 2011, Minervois

La fraîcheur de 2011 transparaît dans ce délicieux vin de grenache. Habituellement tout en fruit et en rondeur, le cépage se montre ici sous un jour plus sauvage avec ses notes animales. Néanmoins assez souple et gouleyant, avec des arômes de fruits noirs, de viande fumée et de garrigue.

862326   23,35$ ★★★★ ③ ♥ ▼

CHÂTEAU DE FAUZAN
Minervois 2014

Nouveau venu sur les tablettes de la SAQ, un très bon minervois nerveux et plus complexe que la moyenne. Pas de bois, mais beaucoup de fruit, mis en relief par une trame tannique serrée; chaleureux (14% d'alcool), très rassasiant et empreint de fraîcheur. Autant de raison d'aimer les vins du Languedoc. Arrivée à la fin novembre.

12674900   16,80$ ★★★ ½ ②

En primeur

CHÂTEAU MARIS
Minervois-La Livinière 2011, Natural Selection Biodynamic

Un nez très typé du Languedoc, entre les fruits confits et la réglisse, le cuir et la garrigue. Bien constitué et de facture classique, le vin s'exprime avec beaucoup de détail aromatique, dont le caractère est largement marqué par la syrah. Du corps, des tanins mûrs, une présence chaleureuse et une bonne longueur.

12587435   22,05$ ★★★ ½ ②

CHÂTEAU SAINTE-EULALIE
Minervois-La Livinière 2012, La Cantilène

Dans les années 1980, ce domaine de Minervois fut l'un des premiers à faire le pari de la qualité. La cuvée Cantilène est un classique de l'appellation. Ambitieux, mais suffisamment mûr et charnu pour supporter un élevage en fûts de chêne et marqué par l'empreinte – aromatique comme tannique – de la syrah. Très bien fait dans un genre classique et conçu pour la garde. À boire entre 2018 et 2022.

917948   22,15$ ★★★→? ③

CHÂTEAU SAINTE-EULALIE
Minervois 2014, Plaisir D'Eulalie

Bon Languedoc de facture classique, au caractère fruité et épicé irrésistible. Le charme juvénile du 2014 comble le palais. Digeste et plaisant; servir frais autour de 15 °C.

488171   16,80$ ★★★ ② ♥

DOMAINE L'OSTAL CAZES
Minervois-La Livinière 2011, Grand Vin

En plus de diriger avec brio ses propriétés médocaines (Lynch-Bages, Les Ormes de Pez), Jean-Michel Cazes a acquis en 2002 deux domaines voisins à La Livinière, dans le Minervois. Ce n'est donc pas un hasard si on trouve dans ce 2011 une signature toute bordelaise. Un minervois de facture moderne, aux tanins soyeux et polis; savoureux et mis en valeur par un usage intelligent du bois de chêne. Pas le plus typé, mais élégant et très bien tourné dans son genre. À boire jusqu'en 2019.

12587380   28,30$ ★★★ ½ ②

VIGNOBLE DU LOUP BLANC
Minervois 2013, Le Régal

Le vignoble des Montréalais Alain Rochard et Laurent Farre est certifié biologique depuis 2007. Très bon vin généreux dont le prix me semble tout à fait mérité. Plus précis que les derniers millésimes de Régal, dans mes souvenirs du moins. Rien de complexe, mais une certaine fraîcheur aromatique et un joli fruit.

10405010   19,85$ ★★★ ½ ② ♥

CHÂTEAU ROUQUETTE SUR MER

Cuvée Amarante 2012, Languedoc – La Clape

À l'est de Narbonne, dans le prolongement des Corbières maritimes, le secteur de La Clape a accédé au statut d'appellation à part entière en juin 2015. Bien enracinée sur les coteaux de ce massif calcaire jadis entouré d'eau, la vigne bénéficie de l'effet tempérant de la mer et donne des vins pleins et épicés.

Élaboré par l'un des producteurs phares de l'appellation, ce 2012 est l'une des belles redécouvertes de ce dernier marathon de dégustation. Le nez embaume de parfums floraux qui rappellent la violette ; la bouche est pulpeuse, ronde et caressante, sans mollesse. Finale nuancée et assez persistante. À boire entre 2016 et 2020. Beau travail ! Au moment d'écrire ces lignes, même si le site de la SAQ affiche le millésime 2013, on trouvait encore plusieurs bouteilles de 2012 en succursales.

713263   19$ ★★★★ ② ♥

CHÂTEAU DE LA NÉGLY

La Côte 2012, Languedoc – La Clape

Ce colosse très fruité et passablement capiteux est ample en bouche et impressionne davantage par ses goûts de confiture de cassis que par sa finesse. Sucrosité, épaisseur tannique et concentration. Flatteur à sa manière, mais surtout monolithique et dessiné à gros traits.

11925640   18,20$ ★★ ½→? ③

BERTRAND, GÉRARD

Coteaux du Languedoc – La Clape 2013, Grand Terroir

Très bien tourné dans un style un peu plus «international», ce vin se donne des petits airs de bordeaux. Un vin de bonne facture, tricoté serré et savamment boisé. Nez de cèdre et de fruits noirs, trame tannique droite, mais heureusement enrobée d'un fruit dodu et généreux, qui confirme ses origines toutes méditerranéennes. À boire entre 2016 et 2021.

12443511   20,55$ ★★★→? ③

CHÂTEAU FONTENELLES
Corbières 2012, Cuvée Renaissance

Jeune et encore un peu nerveux, avec un léger reste de gaz. Goûts de bon-bon de cassis sur un fond de vanille. Le bois apporte aussi une certaine onctuosité et une texture crémeuse. Bien tourné, sans lourdeur. Un grain tannique assez ferme encadre la générosité du fruit. À boire d'ici 2020.

12561817   20,50$ ★★★ ②

DOMAINE DE BOÈDE
Les Grès 2012, Languedoc – La Clape

La famille Paux-Rosset a acquis le Château de La Négly, dans le secteur de La Clape, et a pris en fermage le vignoble de Boède, le domaine voisin. Cette cuvée est constituée de syrah et de grenache, qui s'enracinent dans des sols de grès, d'où le nom. Elle en impose par sa matière généreuse, presque sucrée, sa consistance et ses goûts de confiture de fruits. Une profusion de tout, dans des proportions harmonieuses. À ce prix, on souhaiterait cependant un peu plus de profondeur. Question de temps?

12513225   32,75$ ★★★→? ③

DOMAINE DE L'ÉVÊQUE
Syrah 2013, Ma Cuvée Personnelle, Vin de Pays de l'Aude

L'acteur Pierre Richard a acquis une propriété à Gruissan, dans les Corbières. Vendue pour la première fois à la SAQ, sa Cuvée Personnelle se défend bien. Le nez est franc, assez typé d'une syrah du Sud. La bouche est mûre et s'articule autour de tanins dodus, gommeux, sans être dépourvue de vitalité. Évidemment, le vin n'a rien d'une aubaine, mais les inconditionnels du grand blond y trouveront un bon vin méridional agréable à boire.

12536566   26,30$ ★★★ ②

DOMAINE ST-JEAN DE LA GINESTE
Corbières 2013, Carte Blanche

Dans leur domaine d'une quinzaine d'hectares près de Narbonne, Dominique et Marie-Hélène Bacave ont la réputation de produire d'excellents corbières. Toujours un peu plus austère que la moyenne des corbières sur le marché, cette cuvée composée à 50% de carignan n'a rien à voir avec les vins du Languedoc qui se livrent à la première gorgée. La bouche est vive, stricte et tendue, mêlant les notes animales et fruitées. Autant de caractère pour le prix mérite une mention spéciale.

875252   16,95$ ★★★ ② ♥

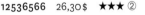

France

PITHON, OLIVIER
Cuvée Laïs 2013, Côtes du Roussillon

En 2001, le frère de Jo Pithon, célèbre producteur de Loire, a repris un domaine de 15 hectares situé juste au nord de Perpignan. Sa cuvée D18 fait partie de l'élite des vins blancs du Midi.

Comme beaucoup de vins à tendance «nature» – non filtrés, non collés et peu sulfités – cette cuvée dont l'arrivée à la SAQ est prévue en janvier 2016 a une forte personnalité et laisse une délectable impression de plénitude. Un nez sauvage, entre le cuir et le fruit, la terre et les aromates. La bouche est à l'avenant, séveuse et savoureuse, hyper gourmande et assez structurée. Franchement excellent!

11925720   26,20$ ★★★★ ② ♥

BERTRAND, GÉRARD
Tautavel 2013, Grand Terroir

Quoique chaleureux et résolument méridional, ce vin issu de grenache, de syrah et de carignan ne manque pas de fraîcheur. Gorgé de fruit mûr et assez charnu, il se laisse aisément boire.

11676145   18,45$ ★★★ ②

DOMAINE CAZES
Marie-Gabrielle 2011, Côtes du Roussillon

Une petite proportion de mourvèdre confère à ce vin une certaine originalité aromatique, avec des nuances de cuir et d'iode. Pour le reste, un bon vin plantureux, souple, gorgé de fruit et très aimable, à défaut de structure et de charpente. Bon vin du Roussillon, à apprécier dès maintenant.

851600   19,80$ ★★★ ½ ② ♥

DOMAINE DE LA TOUR VIEILLE
Collioure 2014, La Pinède

Un vin encore vibrant de jeunesse, animé d'un léger reste de gaz. Savoureux, mais pas aussi long et complexe que par le passé, il me semble. Le grenache y est cependant très gourmand. Dodu, il donne l'impression de croquer à pleines dents dans une grappe de raisins bien mûrs. Pour le reste, une proportion de 25% de carignan apporte la tenue en bouche nécessaire à l'équilibre du vin. Résolument méridional et savoureux.

914267   24,95$ ★★★ ½ ②

DOMAINE DU CLOS DES FÉES
Côtes du Roussillon 2014, Les Sorcières du Clos des Fées

Élevé exclusivement en cuve, ce vin issu de jeunes vignes de syrah et de vieilles vignes de grenache et de carignan joue à fond la carte du fruit et de la vigueur. Moderne et de bonne facture, on peut le boire dès maintenant avec un plaisir gourmand.

11016016   19,10$ ★★★ ½ ② ♥

FERRER-RIBIÈRE
Carignan 2013, Les Centenaires, Côtes Catalanes

Beaucoup d'intensité dans cette cuvée élaborée par Denis Ferrer et Bruno Ribière, au sud-ouest de Perpignan. Issu de vignes centenaires de carignan, le vin profite d'une macération carbonique avant d'être vinifié de manière traditionnelle. Le résultat séduit par son empreinte toute méditerranéenne, sa mâche et son registre aromatique complexe, qui marie le cassis à la pivoine et à la garrigue. Autant de caractère à moins de 20$ mérite bien quatre étoiles.

12212182   19,85$ ★★★★ ② ♥

PITHON, OLIVIER
Mon Petit Pithon 2014, Côtes Catalanes

Retour en succursales en février 2016 pour ce vin rouge de soif, issu à 100% de grenache, mais ne titrant pas plus de 13% d'alcool. Leste et coulant, composé de raisins gorgés de soleil, certifié biologique et élaboré par un vigneron très respecté du Roussillon. Le 2014 déploie en bouche une tonne de fruit, rehaussée d'un très léger reste de gaz qui accentue la vitalité. Un régal!

12574811   20,40$ ★★★★ ② ♥

DOMAINE LA MADURA
Saint-Chinian 2012, Classic

Depuis son arrivée à la SAQ, il y a une dizaine d'années, le vin de Cyril Bourgne ne connaît aucun fléchissement. En 1998, après avoir participé à la gérance du Château Fieuzal à Bordeaux, il a acquis avec sa conjointe, Nadia, une belle propriété de Saint-Chinian, où il a vite compris comment faire du bon vin authentiquement languedocien.

Cette année encore, sa cuvée Classic compte parmi les meilleurs vins de l'appellation. Pas de goût boisé, juste une expression mûre, tendre et irrésistiblement charnue du terroir de Saint-Chinian et des cépages carignan, mourvèdre et grenache. Plus concentré que le 2011, il me semble, mais toujours aussi digeste, avec sa richesse contenue. Finale ample, vaporeuse et persistante, aux accents d'anis, de garrigue et de chocolat noir. C'est tout le charme des vins méridionaux, mis en bouteille.

10682615   17,65$ ★★★★ ② ♥

CAVE DE ROQUEBRUN
Saint-Chinian 2013, Terrasses de Mayline

Le saint-chinian en mode animal. Plutôt que les parfums habituels de la garrigue, vous trouverez dans ce 2013 des parfums de cuir, de viande fumée, sur un fond de menthe séchée qui apporte une certaine fraîcheur aromatique. Un peu rustique oui, mais à moins de 15$, les vins ayant autant de caractère se font de plus en plus rares.

552505   14,90$ ★★★ ② ♥

CHÂTEAU DES ESTANILLES
Faugères 2012

Un assemblage de grenache, de syrah, de mourvèdre et de carignan. Bon vin de Faugères, au parfum de cuir typique du mourvèdre, qui allie la chair fruitée et la suavité du grenache à la mâche et à la structure de la syrah. Beaucoup de fruit, digeste et offert à bon prix; un bon vin rouge du Sud qui se boit tout seul.

10272755   17,70$ ★★★ ½ ② ♥

CHÂTEAU RIGAUD

Faugères 2012

Ce domaine est sous la gouverne de Jean Paux-Rosset, propriétaire du Château la Négly, et de l'œnologue-consultant Claude Gros. Matière généreuse et bonne consistance pour cet assemblage de syrah, de mourvèdre et de grenache. Correctement fruité et assez friand pour être apprécié dès maintenant.

12509285 18$ ★★★ ②

DOMAINE COTTEBRUNE

Transhumance 2011, Faugères

Surplombant la ville de Béziers, l'appellation Faugères compte quelques-uns des plus beaux terroirs du Languedoc. Là-bas, la vigne grimpe jusqu'à 700 m d'altitude, s'enracine dans des sols composés presque exclusivement de schistes et peut donner des vins d'une grande complexité. Le terroir s'exprime pleinement dans ce 2011 élaboré par le Rhodanien Pierre Gaillard. Lauréat d'une Grappe d'or l'an dernier, il était encore plus volubile lorsque goûté en août 2015. Dense et riche, mais d'une élégance et d'une fraîcheur notables. Belle bouteille!

10507307 22,20$ ★★★★ ② ♥

DOMAINE DE FENOUILLET

Les Hautes Combes, Faugères 2012

Très bon faugères au bon goût de confiture de framboises et aux accents de la garrigue. Avec des tanins qui accrochent juste assez et une belle mâche, le vin est assez persistant en bouche, terminant sur les fruits noirs et les épices. Il laisse une impression sapide et digeste en finale. Très satisfaisant à moins de 20$.

881151 18,60$ ★★★ ½ ②

HECHT & BANNIER

Saint-Chinian 2011

Nez invitant de confiture de fruits et de réglisse noire, très généreux, ample, même style que tous les vins de ce négoce. Pansu, séduisant, mais jamais démesuré et fort bien tourné dans un style moderne.

10507323 24,80$ ★★★ ½ ②

DOMAINE D'AUPILHAC
Montpeyroux 2012, Languedoc

Montpeyroux est le cru le plus élevé des coteaux du Languedoc – 300 m – et l'un des terroirs les plus intéressants de cette vaste région. Sylvain Fadat y pratique l'agriculture biologique et prouve chaque année son talent pour élaborer des vins rouges et blancs très singuliers.

Même les amateurs les plus puristes et exigeants reconnaîtront l'étoffe et de l'authenticité de ce vin intense et pourtant contenu. Un registre de saveurs complexes, qui évoquent à la fois le bord de mer, le fruit, les épices et les parfums d'herbes séchées. Mûr, compact et bien nourri par le climat méditerranéen, tout en restant hyper digeste et d'une grande sapidité. Un excellent vin du Midi, qui respire la garrigue. À boire sans se presser d'ici 2021.

856070   21,55$ ★★★★ ② ♥

BERGERIE DE L'HORTUS
Classique 2014, Coteaux du Languedoc – Pic-Saint-Loup

Le domaine de Jean Orliac est un nom connu de la viticulture languedocienne. Quoique plus modeste que d'autres vins de Pic-Saint-Loup, celui-ci ne manque pas de fruit ni de fraîcheur. Un vin charnu et d'agrément qu'on boit avec plaisir.

427518   20,15$ ★★★ ②

DOMAINE CLAVEL
Les Garrigues 2013, Coteaux du Languedoc

À quelques kilomètres à l'est de Montpellier, le terroir de La Méjanelle est à plus basse altitude que le reste des coteaux du Languedoc. Pierre Clavel y façonne de très bons vins à la personnalité affirmée. Celui-ci est majoritairement composé de syrah. Le 2013 est chaleureux, ample, relativement digeste malgré ses 14% d'alcool et marqué par les notes animales caractéristiques du cépage syrah dans le Sud. À boire d'ici 2020.

874941   19,70$ ★★★ ½ ③

DOMAINE CLAVEL
Copa Santa 2012, Coteaux du Languedoc

Déjà commenté l'an dernier, ce 2012 était tout aussi rassasiant lorsque goûté en septembre 2015, même s'il semblait traverser une phase un peu ingrate. Un nez de fruits mûrs et de viande fumée, une bouche ample, solide et capiteuse, qui fait preuve d'un très bel équilibre. L'expression d'un beau terroir viticole, encore jeune et certainement construite pour traverser les années. À revoir vers 2018.

10282857   28,75$ ★★★→★ ③

DOMAINE D'AUPILHAC
Lou Maset 2013, Languedoc

Peut-être un peu plus discret cette année, moins affriolant et sans la générosité de fruit des dernières années, mais il offre une mâche digne de mention pour un vin de ce prix. Bon vin du Midi, assez solide et chaleureux, idéal pour les soirs de semaine.

11096116   16,15$ ★★★ ② ♥

GRANIER, JEAN-BAPTISTE
Les Vignes Oubliées 2013, Coteaux du Languedoc – Terrasses du Larzac

À Saint-Privat, sur les terrasses du Larzac, Jean-Baptiste Granier donne une seconde vie à de très vieilles parcelles qui étaient condamnées à l'arrachage. Le 2013 me semble nettement plus concentré que les derniers millésimes goûtés, sans sacrifier l'équilibre. Après une heure d'aération, le vin est toujours un peu austère, mais déploie des saveurs nettes et précises de fruits noirs et de garrigue. Sa sève, sa longueur en bouche et sa puissance contenue sont de bon augure. Un vin à laisser reposer en cave, sans la moindre hésitation.

11460651   25,40$ ★★★★ ② ♥ ⚠

DUPÉRÉ BARRERA

Terres de Méditerranée 2013, Vin de Pays d'Oc

Le « petit vin » de la Québécoise Emmanuelle Dupéré et de son conjoint Laurent Barrera est toujours au sommet de la catégorie des vins de pays d'Oc courants offerts à la SAQ. Pas de filtration, pas de collage, pas de bois.

Juste une expression pure et sincère des cépages grenache, cabernet sauvignon, carignan et syrah. Un prix remarquablement abordable pour un vin ayant autant de personnalité. Charnu comme il se doit, hyper savoureux, entre les fleurs séchées, le kirsch, les épices, la cerise fraîche et tout en équilibre. Déjà très agréable à boire, mais je suis tentée d'en mettre quelques bouteilles en cave, juste pour voir...

10507104 15,75$ ★★★★ ② ♥

CAVE DES VIGNERONS DE MONTPEYROUX
Comtes de Rocquefeuil 2013, Montpeyroux

Parfois un peu décevant au cours des derniers millésimes, ce vin produit par la coopérative de Montpeyroux m'a paru plus complet cette année. Bonne dose de fruit, fidèle à ses origines, équilibré. Vraiment, rien à redire à ce prix.

473132 13,45$ ★★ ½ ②

CHAPOUTIER, MICHEL
Marius 2013, Pays d'Oc

En appellation Pays d'Oc, Michel Chapoutier produit aussi ce bon vin courant, maintenant inscrit au répertoire général de la SAQ. Séduisant comme jamais en 2013 ; les tanins caressent la langue et le vin goûte bon le fruit mûr, les épices et la garrigue. Une réussite très convaincante à ce prix.

11975196 14,95$ ★★★ ② ♥

DOMAINE DES MOULINES
Merlot 2013, Vin de Pays de l'Hérault

Bien que, par sa simple composition, il ne soit pas le plus typé des vins du Languedoc, ce merlot porte une empreinte bien méditerranéenne. Loin d'être un autre vin rond, souple et facile à boire, celui-ci se distingue plutôt par une certaine poigne tannique, des notes animales et une saine concentration fruitée. Rapport qualité-prix impeccable.

620617   12,45$ ★★★ ② ♥

MAS DES TOURELLES
Grande Cuvée 2014, Pays d'Oc

En plus du Château des Tourelles dans les Costières de Nîmes, Hervé Durand et son fils Guilhem commercialisent à la SAQ ce bon vin de Pays d'Oc vendu au répertoire général. Issu de merlot, de syrah, de petit verdot et de marselan – fruit d'un croisement entre le cabernet sauvignon et le grenache –, le 2014 sent bon la framboise. Un vin sincère, fringant et plein de fruit; nettement plus complet que la moyenne des vins de cette gamme de prix.

11975233   9,95$ ★★★ ② ♥

MOULIN DE GASSAC
Élise 2013, Pays d'Hérault

De concert avec la coopérative locale de Villeveyrac, la famille propriétaire du célèbre Mas de Daumas Gassac a mis au point une gamme de vins vendus à des prix abordables. J'ai beaucoup aimé la puissance contenue et les justes proportions de cette cuvée de merlot et de syrah. Dans la lignée des millésimes précédents, un vin savoureux, dont les saveurs fruitées compactes se présentent avec une sobriété qui frôle l'austérité. Loin d'être un défaut, j'y vois plutôt un énorme atout à une époque où les bombes fruitées doucereuses et unidimensionnelles pullulent. Le modèle idéal du vin quotidien; à boire jeune et rafraîchi.

602839   15,20$ ★★★ ② ♥

DUPÉRÉ BARRERA

Côtes de Provence 2012, Clos de la Procure

La Québécoise Emmanuelle Dupéré et le Français Laurent Barrera peaufinent leur art à chaque millésime. Et si j'en juge par la qualité générale des vins goûtés en cours d'année, le couple s'applique avec autant de rigueur à son activité de négoce qu'aux cuvées issues de leurs propres vignes.

Certifié Écocert, leur vignoble du Clos de la Procure est situé à une trentaine de kilomètres à l'est de Bandol. Dans la continuité des derniers millésimes, le 2012 se dessine avec élégance et avec cette puissance contenue qui fait le charme des bons vins de Provence – à plus forte raison s'ils sont constitués d'une bonne proportion de mourvèdre. Un vin à la fois fruité, terreux et animal, robuste et soyeux, austère et séduisant. Pas de maquillage ni de feux d'artifice, mais un plaisir certain à table. À ce prix, on en fait provision pour les soirées froides d'hiver.

10783109   23,45$ ★★★★ ② ♥

CHÂTEAU REVELETTE

Coteaux d'Aix-en-Provence 2012

Installé depuis longtemps en Provence, l'Allemand Peter Fischer a hissé son Château Revelette parmi les ténors de la région. Rappelons que Fischer est aussi impliqué dans le projet Trio Infernal, dans les montagnes du Priorat, en Espagne. Tout frais, pimpant de jeunesse, le 2012 est passablement concentré; ses saveurs de fruits noirs sont ponctuées des accents de la garrigue. Belle mâche tannique, des goûts de cerise acidulée et une sensation rassasiante. On se régale pour pas cher.

10259737   21,35$ ★★★★ ② ♥

DOMAINE HOUCHART

Côtes de Provence 2013

Bon vin provençal élaboré par la famille Quiot du domaine du Vieux Lazaret, à Châteauneuf-du-Pape. Le 2013 est marqué par des odeurs de réduction qui lui donnent une allure un peu rustique. On l'appréciera avant tout pour sa carrure et ses goûts confits.

10884612   14,80$ ★★ ½ ②

DOMAINE LES BÉATES
Coteaux d'Aix-en-Provence 2012

Pierre-François Terrat et son père Bernard cultivent ce vignoble d'une cinquantaine d'hectares selon les principes de la biodynamie. Toujours intense et concentrée, cette cuvée issue de cabernet sauvignon, de syrah et de grenache ne connaît aucun fléchissement en 2012. Hyper compact, mais pas du tout grossier ni brutal, tant les éléments sont réunis dans de bonnes proportions. Après une longue aération, les tanins se fondent un peu et le vin s'ouvre sur des notes minérales, sur trame de fond fruitée et herbacée. Un vin robuste qui aura besoin d'au moins cinq ans pour atteindre son plein potentiel.

11358260   26,25$ ★★★→★ ③ ♥

HECHT & BANNIER
Bandol 2011

Arrivé à la SAQ en septembre 2015, un vin de Bandol hyper gourmand, très typé du millésime 2011. Le nez embaume la confiture de bleuets et la bouche est ample, dodue, plantureuse. Certes, le vin n'est peut-être pas promis à une aussi longue garde que les vins classiques de Bandol, mais cette profusion de matière et de saveurs possède un charme indéniable. Déjà assez ouvert pour être apprécié, mais il tiendra la route jusqu'en 2020.

12674934   33$ ★★★★ ② △

En primeur

DOMAINE D'ALZIPRATU
Fiumeseccu 2014, Corse-Calvi

Encore pimpant et guilleret lorsque goûté en août 2015, ce vin rouge de nielluccio et de sciacarello procurait toujours autant de plaisir par sa vitalité juvénile. Beaucoup d'élan, une sensation acidulée très plaisante et une jolie trame fruitée et épicée qui s'exprime encore mieux après une aération d'une demi-heure en carafe.

11095658   21,95$ ★★★★ ② ♥ △

DOMAINE SAPARALE
Corse Sartene 2013

Un léger reste de gaz rehausse les saveurs naturelles des cépages sciacarello et nielluccio. Le fruit est très mûr, presque confit, et le vin sent la confiture de cassis. Moins d'éclat que celui d'Alzipratu, mais s'avère assez satisfaisant avec sa bouche généreuse et capiteuse (14,5% d'alcool) et sa finale aux accents de bonbon à la violette.

12488517   25,15$ ★★★ ②

SUD-OUEST

PAYS BASQUE

Le cabernet franc est originaire du Pays basque espagnol. On raconte qu'il aurait migré de l'autre côté des Pyrénées grâce à l'initiative de quelques pèlerins, sur le chemin du retour de Saint-Jacques-de-Compostelle. Moins tannique et coloré que d'autres cépages du Sud-Ouest, il s'adapte bien aux terroirs frais, comme celui de Chinon dans la Loire. Il est également le père du cabernet sauvignon et du merlot.

JURANÇON

Les nombreux vins liquoreux du Sud-Ouest – jurançon, pacherenc du vic-bilh, gaillac, monbazillac – sont autant de solutions de rechange abordables au sauternes.

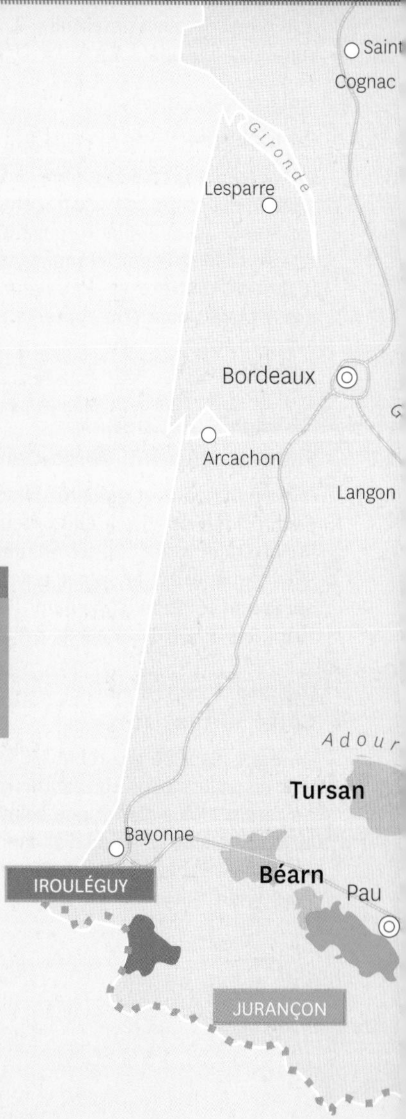

Saint
Cognac

Gironde

Lesparre

Bordeaux

Arcachon

Langon

Adour

Tursan

Bayonne

Béarn

Pau

IROULÉGUY

JURANÇON

Les vins du Sud-Ouest n'ont jamais été aussi connus et reconnus qu'aujourd'hui. Madiran, Cahors, Jurançon, Gaillac, Marcillac et les autres suscitent maintenant la curiosité et font surtout la joie des amateurs à la recherche de goûts différents. Et même si le merlot et le sauvignon blanc sont cultivés dans certaines zones, le Sud-Ouest est avant tout un jardin ampélographique dédié à des variétés anciennes, le plus souvent uniques à cette vaste région. Plantés sur les terroirs appropriés, les cépages négrette, mauzac, duras, manseng, auxerrois, fer servadou, tannat, malbec et plusieurs autres sont les cartes maîtresses qui préservent l'originalité de ces vins.

Limoges ◎

MARCILLAC

Dans l'Aveyron, à l'est de Cahors, l'appellation Marcillac couvre à peine 200 hectares, plantés essentiellement de mansois, un cépage local également nommé fer servadou.

Rosette

Dordogne

bourne

Bergerac

Côtes de Duras

Côtes du Marmandais

Cahors

Coteaux du Quercy

Côtes du Brulhois

Montauban ◎

Saint-Mont

Toulouse ◎

MADIRAN / PACHERENC DU VIC-BILH

Lot

Aveyron

MARCILLAC

Rodez ◎

Gaillac

Albi ◎

Fronton

Garonne

MADIRAN

Même si quelques rares vins rouges rudes et abrasifs sévissent encore, la plupart des vignerons réussissent à maîtriser la force tannique du tannat pour en tirer des vins plus harmonieux.

CAHORS ET MADIRAN

LES DERNIERS MILLÉSIMES

2014
Contre toute attente, un très bon millésime qui a donné des vins de facture classique. Une belle fin de saison aura permis de récupérer le retard occasionné par un été en dents de scie.

2013
Autre année de disette, avec un été parsemé de grêle, de problèmes de pourriture. Seul note positive : des vendanges sous le soleil.

2012
Du gel, de la grêle et un temps généralement froid et pluvieux. 2012 aura été l'année de toutes les intempéries dans le Sud-Ouest. La récolte fut petite, mais de qualité satisfaisante, grâce, entre autres, à de bonnes conditions météorologiques à compter du 15 septembre.

2011
Grande réussite pour les vins blancs ! Le meilleur millésime depuis 2005. Des vins rouges concentrés à Madiran et à Cahors, certains affichant un degré alcoolique relativement élevé.

2010
Des conditions misérables au printemps ont entraîné de fréquents problèmes de coulure. Résultat : une récolte réduite de vins parfois sauvés par une fin de saison favorable.

2009
L'un des bons millésimes des dernières années. Dans les deux appellations, les vins s'annoncent solides et structurés.

2008
Récolte déficitaire en bien des endroits. Après un été frais, une belle fin de saison laisse présager plusieurs bons vins.

2007
Millésime ingrat ; ses vins ne passeront pas à l'histoire. Quelques producteurs ont su tirer profit du beau temps de l'arrière-saison. Qualité irrégulière.

2006
Millésime irrégulier avec des pluies pendant les vendanges. Le moment choisi pour récolter était un facteur crucial.

DOMAINE CAUHAPÉ
Jurançon 2011, Symphonie de Novembre

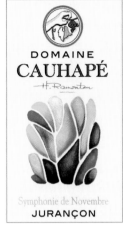

Les nombreux vins liquoreux du Sud-Ouest – Jurançon, Pacherenc du Vic-Bilh, Gaillac, Monbazillac – sont autant de solutions de rechange moins coûteuses au Sauternes.

Au cours des dernières décennies, le producteur Henri Ramonteu a joué un rôle majeur dans l'essor remarquable de l'appellation Jurançon. Sa Symphonie de Novembre mise exclusivement sur le cépage petit manseng, récolté à la mi-novembre. Un vin doux remarquable, parfaitement équilibré, avec une douceur exquise et des saveurs fruitées ultramûres, qui rappellent un peu le pain aux bananes, mais sans la moindre lourdeur en bouche. Bravo!

10257483   17,70 $ (375 ml)   ☆☆☆☆ ② ♥

CHÂTEAU JOLYS
Jurançon 2011, Cuvée Jean

Le vignoble de la famille Latrille est le second plus vaste de l'appellation. Issu à 100 % de petit manseng, le 2011 présente une bonne dose de fruit avec des effluves de miel et de fruits tropicaux. Assez persistant, plus nuancé et harmonieux que l'an dernier à pareille date. Très bon vin qui conjugue la richesse et l'acidité dans d'heureuses proportions.

913970   24,35 $ ☆☆☆ ②

HOURS, CHARLES
Uroulat 2012, Jurançon

Charles Hours élabore des vins secs et liquoreux parmi les plus sérieux de l'appellation Jurançon. Issu de petit manseng, comme c'est la coutume dans le Sud-Ouest, ce jurançon moelleux n'est pas aussi liquoreux que d'autres, mais il compense largement par son équilibre et par sa définition aromatique. Tout en finesse et en élégance, l'onctuosité est doublée d'une grande fraîcheur qui laisse la bouche désaltérée et les papilles comblées. D'année en année, c'est l'un de mes vins liquoreux favoris.

709261   18,10 $ (375 ml)   ☆☆☆☆ ② ♥

DA ROS, ÉLIAN
Chante Coucou 2012, Côtes du Marmandais

Élian Da Ros a rejoint le domaine familial de Cocumont après un passage en Alsace, au domaine Zind-Humbrecht. Quelques années lui ont suffi pour insuffler un dynamisme sans précédent aux Côtes du Marmandais.

La cuvée Chante Coucou fera son entrée dans le réseau de la SAQ au courant du mois de décembre. Une bonne nouvelle pour les amateurs de vins originaux et authentiques. D'autant plus que le 2012 est excellent ; fin, sans excès de bois ni de concentration inutile. Charnu, avec des proportions harmonieuses et une certaine fraîcheur aromatique, attribuable à de délicates notes de poivron rouge et de fines herbes. On peut déjà commencer à en profiter, mais il a tout l'équilibre pour vivre plusieurs années.

En primeur

12723142   31$ ★★★→★ ③

ARRETXEA
Irouléguy 2012

Dans l'appellation Irouléguy, Michel Riouspeyrous exploite un vignoble en culture biodynamique. Ses vins rouges se distinguent généralement par leur matière dense et veloutée, dépourvue d'artifices. Composé de tannat, de cabernet franc et de cabernet sauvignon, le 2012 déploie les parfums classiques des cabernets : poivron, encre et cendre mouillée, de même que la structure caractéristique du tannat. Les tanins sont cependant très «civilisés» et le vin fait preuve d'une élégance digne de mention. Un peu austère dans le contexte d'une dégustation technique, ce n'est qu'à table que cet excellent vin se révèle à sa juste valeur.

12097911   29,10$ ★★★ ½→? ③ ▼

CHÂTEAU TOUR DES GENDRES
Côtes de Bergerac 2012, Gloire de mon Père

Luc de Conti produit de nouveau un très bon vin rouge de facture classique, composé de cabernet sauvignon, de merlot et de malbec. L'étoffe tannique rappelle de bons vins des Côtes de Bordeaux; très droit, correctement fruité et ponctué de notes épicées, sans doute attribuables à l'élevage. Pas aussi solide que dans les meilleurs millésimes, mais fort agréable à boire.

10268887   22,90$ ★★★ ②

LIONEL OSMIN & CIE
Bergerac 2013

Arrivée prévue en janvier 2016 pour ce très bon vin rouge de l'appellation Bergerac, qui met à contribution les cépages merlot et cabernet franc. Franc de goût, droit et passablement structuré, le 2013 était encore très jeune et vigoureux lorsque goûté à l'été 2015. Quelques mois de repos aideront sans doute à tempérer son caractère fougueux et à atténuer ses parfums boisés. Un bon achat à moins de 20 $.

En primeur

12687364   17,85$ ★★★→? ③

PYRÈNE
Nature 2012, Coteaux du Quercy

Malbec, cabernet franc et merlot. Dense et charpenté, assez typé de sa région d'origine, avec des accents d'épices et une légère pointe végétale. Le grain tannique est assez mûr et le vin a du tonus et de la vigueur. Bon vin à boire dès maintenant et au cours des trois prochaines années.

3 384529 111018

11154523   18,35$ ★★★ ②

PLAIMONT
Saint-Mont 2010, L'Empreinte de Saint-Mont

L'empreinte boisée est présente, mais jouée avec élégance, ce qui permet d'apprécier l'expression du terroir de Saint-Mont, à travers le prisme des cépages tannat et pinenc, une variété largement répandue dans le Sud-Ouest, où elle adopte aussi les noms de fer servadou, mansois, braucol, etc. Un savant mélange de poli et de poigne, riche en fruit, avec des notes fumées subtiles.

À savourer au cours des six ou sept prochaines années.

12236686   25,90$ ★★★→★ ③ ♥

3 270040 325372

DOMAINE DU CROS
Marcillac 2014, Lo Sang del Païs

Philippe Teulier est un acteur majeur de Marcillac, une minuscule appellation qui s'étend sur à peine 200 hectares dans l'Aveyron, au nord-est de Toulouse.

On pourrait comparer ce vin de cabernet à un bon chinon: pas très puissant ni concentré, mais vigoureux et coulant, avec juste le rugueux nécessaire pour accentuer sa présence en bouche. Très original avec ses notes ferreuses qui se mêlent au fruit et doté d'une longueur digne de mention pour un vin de ce prix. À boire jeune et légèrement rafraîchi.

743377   16,05$ ★★★ ½ ② ♥

DOMAINE ROTIER
Gaillac 2011, Renaissance

Les producteurs Alain Rotier et Francis Marre confirment de nouveau leurs talents avec cette cuvée composée de syrah, de duras et de braucol, élevés en fûts de chêne partiellement neufs. Le nez est plutôt timide; c'est surtout en bouche que ce vin a beaucoup à offrir: du fruit, une texture tendre et veloutée, soulignée par une fine amertume et par une agréable salinité. Une pointe d'acidité volatile rehausse les goûts de fruits noirs. Très complet pour le prix.

10273803   22,15$ ★★★★ ② ♥

CAUSSE MARINES
Gaillac 2013, Les Peyrouzelles

Le nez de cerise et de poivre met tout de suite en appétit. Et quelle fraîcheur en bouche! Bonne longueur et beaucoup de relief. Les couches de saveurs se succèdent, entre les fruits noirs, les épices et les fleurs. Les stocks étaient limités au moment d'écrire ces lignes, mais surveillez l'arrivée du 2014 au début de l'année.

709931   21,15$ ★★★★ ② ♥ ▼

CHÂTEAU MONTAURIOL
Fronton 2013, Tradition

Toujours un très bon achat au rayon des vins rouges du Sud-Ouest. Les cépages négrette, cabernet franc et syrah donnent un vin parfumé, suffisamment charnu, plein d'élan et de tonus. Finale séduisante aux bons goûts d'épices douces et de violette.

914127 15,40$ ★★★ ½ ② ♥

LIONEL OSMIN & CIE
Marcillac 2014, Mansois

Sur un mode nettement plus poli et moderne que celui du Domaine du Cros, le marcillac de Lionel Osmin ne manque toutefois pas de nerf ni de relief en bouche. Finale typée aux saveurs de fruits sauvages et de poivre.

11154558 16,45$ ★★★ ②

MATHA, JEAN-LUC
Marcillac 2012, Cuvée Lairis

Jean-Luc Matha est un acteur majeur de l'appellation Marcillac, où il produit bon an mal an un vin franc et authentique. Le 2012 a la couleur violet intense du cépage mansois et ses arômes particuliers, entre le poivron rouge grillé, le fruit et les notes ferreuses. Très sec, vif, avec de fines aspérités tanniques. Pas des plus profonds, mais il a du caractère à revendre.

10217406 19,50$ ★★★ ②

DOMAINE LABRANCHE-LAFFONT

Madiran 2012

Dans ce domaine de Maumusson où elle a pris la relève de son père, Christine Dupuy peaufine son art depuis 1993 et met en relief la carrure propre au cépage tannat, sans jamais chercher à l'édulcorer ni à l'extraire outre mesure. Le vignoble est certifié biologique.

Dans la continuité des derniers millésimes, ce 2012 se distingue par ses lignes épurées et par sa précision. Rares sont les vins de Madiran qui font preuve d'un tel raffinement : robuste, vigoureux et sans lourdeur aucune, malgré ses 14 % d'alcool. En complément au tannat, les cépages cabernet franc et cabernet sauvignon confèrent à l'ensemble un tonus et une vitalité exemplaires. Une très belle bouteille qui pourrait même se bonifier d'ici 2019, le tout à prix d'aubaine.

919100   16,85$ ★★★★ ② ♥

BRUMONT, ALAIN
Madiran 2011, Torus

Outre les vins de ses propriétés de Madiran (Montus et Bouscassé) Alain Brumont propose, sous une marque éponyme, de bons vins de facture commerciale, comme le Torus. L'un des bons vins courants de Madiran sur le marché, toujours enrobé d'une chair dodue qui le rend appréciable dès sa mise en marché.

466656   16,25$ ★★★ ② ♥

CHÂTEAU BOUSCASSÉ
Madiran 2010

Dans la lignée des derniers millésimes, un vin coloré, tannique et riche en matière, mais sans dureté, qu'on peut commencer à boire, sans se presser. Il a la charpente nécessaire pour vivre au moins jusqu'en 2020. D'ici là, la carafe s'impose.

856575   21,25   ★★★ ½ ② ♥ ⚗

CHÂTEAU BOUSCASSÉ

Madiran 2011, Tour Bouscassé

Souvent austère et difficile à aborder en jeunesse, le cépage tannat est ici complété de cabernet sauvignon et de cabernet franc et nourri par un élevage en fûts de chêne qui ajoute à sa charpente tannique et apporte des notes rôties. Construit pour tenir jusqu'en 2019, au moins. Laisser reposer encore un an ou deux en cave, à moins d'aimer les vins vraiment charpentés.

12284303   19,25$ ★★★→? ③

CHÂTEAU D'AYDIE

Odé d'Aydie 2011, Madiran

Le deuxième vin de la propriété mise avant tout sur le fruit et sur le caractère généreux du millésime 2011 dans la région. Chaleureux, ouvert, plus souple que la moyenne de l'appellation, mais soutenu par des tanins compacts. À boire d'ici 2018.

10675298   17,95$ ★★★ ½ ②

CHÂTEAU LAFFITTE-TESTON

Madiran 2011, Vieilles Vignes

Le madiran sur un mode gourmand, avec des saveurs affriolantes de réglisse noire et de confiture de framboises. Chaleureux, mûr et bien enrobé, avec une trame de fond assez solide, caractéristique du cépage tannat. À boire sans se presser jusqu'en 2019.

747816   23,25$ ★★★ ②

CHÂTEAU MONTUS

Madiran 2010, Cuvée Prestige

Produite pour la première fois en 1985, la Cuvée Prestige a propulsé Alain Brumont au firmament du Madiran. Son 2010 déploie la solidité et l'appui tannique caractéristiques de l'appellation et s'avère très complet, très rassasiant. Le nez compact et riche en nuances annonce un vin d'une profondeur certaine, la bouche est vibrante de jeunesse, harmonieuse dans l'opulence. Tout y est, mais rien ne dépasse. On peut le boire dès maintenant pour profiter de l'intensité de ses saveurs fruitées, épicées, animales, mais il se bonifiera encore d'ici 2019. Longue finale aux parfums de cèdre.

705475   50$ ★★★★ ③

COSSE MAISONNEUVE
Cahors 2011, La Fage

Le domaine créé en 1999 par Catherine Maisonneuve et Mathieu Cosse s'est rapidement imposé comme une référence à Cahors. Privilégiant toujours l'élégance à la concentration et la surmaturité, leurs vins sont autant d'expressions pures et racées des plus beaux terroirs de l'appellation.

Le nez de ce 2011 est d'abord fermé, mais des notions très fines de goudron, de cuir et de truffe se développent à l'aération. La structure tannique est marquée par la droiture et l'intensité du cépage malbec, mais il émane de ce vin une grande sensation de finesse et de fraîcheur. Pas la moindre lourdeur et un détail aromatique digne de mention dans le contexte du millésime. À boire dès maintenant et jusqu'en 2020.

10783491   26,75$ ★★★★ ② ♥

BALDÈS, JEAN-LUC
Cahors 2010, Clos Triguedina

Bon vin maintenant à maturité, droit et bien équilibré, dont le nez, élégamment boisé, rappelle certains bordeaux. La bouche s'articule autour de tanins fermes, mais polis par l'élevage et déploie des parfums séduisants d'anis étoilé et de cassis. Pas très long, mais il a une belle étoffe tannique et s'avère agréable à boire.

746412   28$ ★★★ ②

CHÂTEAU DU CÈDRE
Cahors 2011

À Cahors, les frères Verhaeghe se sont taillé une solide réputation avec des vins de facture moderne, à la fois séveux et solides. Le 2011 est excellent. Mûr, ample, presque velouté tant il est mûr et ponctué d'une fine amertume qui met en relief le caractère floral du malbec et les couches de saveurs de fruits, d'épices et de cuir. On peut l'apprécier dès maintenant, mais il tiendra aisément la route jusqu'en 2020.

972463   24,25$ ★★★★ ③ ♥

CHÂTEAU GAUTOUL
Cahors 2004, Cuvée d'Exception

Bon vin de Cahors maintenant à point, dont l'allure dépouillée exerce un certain charme. Les tanins se fondent peu à peu et le vin déploie des saveurs mûres et des parfums caractéristiques de champignon et de sous-bois. Rien de complexe, mais une belle épaisseur tannique en bouche. À boire dès maintenant et d'ici 2017.

852087   23,30$ ★★★ ½ ②

COSSE MAISONNEUVE
Cahors 2010, Le Combal

Nez compact de fruits noirs, un peu strict. La bouche suit, elle aussi marquée d'une certaine austérité, ce qui apporte, à mon avis, une élégance supplémentaire au vin. À des lieues des cahors modernes, un bon vin sec, digeste, corsé, mais jamais brutal, dont le tissu tannique est étonnamment fin. Pour en profiter pleinement, n'hésitez pas à l'aérer en carafe.

10675001   20,60$ ★★★★ ③ ♥ ⚗

LA MARGUERITE

CAHORS
APPELLATION CAHORS CONTRÔLÉE
◇
Cosse-et-Maisonneuve
à Lacapelle-Cabanac (Lot)

COSSE MAISONNEUVE
Cahors 2012, Marguerite

Avec cette cuvée, Catherine Maisonneuve et Mathieu Cosse élèvent l'appellation Cahors encore un cran plus haut sur l'échelle de la complexité et du raffinement. Un vin intense, tricoté serré, à la sève généreuse et à la puissance contenue. Coloré, multidimensionnel, riche en tanins et en matière; costaud, mais d'une élégance rare à Cahors. Cinq étoiles pour un vin d'exception. Si vous êtes chanceux, vous parviendrez peut-être à mettre la main sur l'une des dernières bouteilles vendues dans les succursales Signature.

12414016   76$ ★★★★★ ③ ▼ Ⓢ

COSSE MAISONNEUVE
Cahors 2011, Les Laquets

Plus cher que la moyenne, mais toujours dans une classe à part, Les Laquets 2011 est très invitant avec son nez compact et sa couleur d'un pourpre profond, caractéristique du cépage malbec. La bouche est séveuse, savoureuse et persistante, peut-être plus tendre, plus dodue et moins vigoureuse que d'habitude, mais sans verser dans la mollesse. Encore jeune et taillé d'un seul bloc pour le moment. Quelques années de repos l'aideront peut-être à gagner en nuances.

10328587   41,25$ ★★★→? ③

CLOS LA COUTALE
Cahors 2013

Grâce aux vinifications modernes, il n'est plus nécessaire d'attendre 10 ans pour déboucher les cahors. Même si quelques rares vins rouges rudes et abrasifs sévissent encore, les meilleurs vignerons réussissent à maîtriser la force tannique du malbec pour en tirer des vins harmonieux.

C'est précisément le cas de ce très bon 2013. Peut-être pas le plus corsé des vins de Cahors, mais il compense largement par sa chair fruitée mûre et ses saveurs affriolantes de bleuet et de violette, le tout porté par des tanins serrés. Beaucoup de matière pour le prix et quatre étoiles pleinement méritées dans sa catégorie. À boire au cours des trois prochaines années.

857177 15,65$ ★★★★ ② ♥

CHÂTEAU DE GAUDOU
Tradition 2014, Cahors

Encore très jeune, ce 2014 déploie encore des odeurs fermentaires qui rappellent un peu le beaujolais nouveau. La comparaison s'arrête là, puisqu'en bouche, le vin ne manque pas d'appui. Des tanins carrés et compacts et de bons goûts de fruits et d'épices.

919324 14,85$ ★★ ½ ②

CHÂTEAU DU CÈDRE
Cahors 2012, Chatons du Cèdre

Nez de cannelle; bouche ample, charnue, juste assez corsée et déployant des saveurs compactes de cerise et d'épices. Ouvert et prêt à boire; très recommandable à moins de 15$.

560722 14,20$ ★★★ ② ♥

CHÂTEAU EUGÉNIE
Cahors 2012

Cette propriété historique d'Albas est entre les mains de la famille Couture, qui y produit un très bon 2012, au nez expressif de cèdre et de fruits sauvages. La bouche est à l'avenant, à la fois leste, ferme et élégante. Fort bien tourné dans un style classique.

721282   15,85$ ★★★ ½ ② ♥

CHÂTEAU LES HAUTS D'AGLAN
Cahors 2009

Ce vin me laisse un peu perplexe en 2009... Nez assez peu invitant, entre le caoutchouc brûlé et les odeurs de basse-cour. Bouche ténue, un brin osseuse, portée par des tanins secs. D'autant plus décevant qu'il tombe court en finale.

734244   18,70$ ★★ ½ ②

CHÂTEAU SAINT DIDIER-PARNAC
Cahors 2012

Propriété de la maison Rigal, une division du groupe Advini (Jeanjean), ce domaine de Cahors produit régulièrement un très bon vin fidèle à ses origines par sa vigueur tannique et ses saveurs pures de fruits noirs. À boire entre 2015 et 2017.

303529   16,20$ ★★★ ②

VIGOUROUX, GEORGES
Cahors 2013, Les Comtes de Cahors

Austère et peu volubile lorsque goûté en août 2015, un bon cahors de facture classique, ferme, carré et discrètement fruité.
À boire jusqu'en 2018.

315697   14,95$ ★★ ½ ②

France

CAMIN LARREDYA
Jurançon sec 2013, La Part D'avant

Ancien joueur professionnel de rugby devenu vigneron – ils sont de plus de plus en plus nombreux –, Jean-Marc Grussaute convertit progressivement les vignes de la propriété familiale à la biodynamie. Ses jurançons secs et liquoreux sont des modèles de précision et d'élégance.

Le 2013 en mène aussi large que long en bouche. Un vin blanc à la forte personnalité, presque tannique tant sa texture est dense et animée d'une acidité structurante. L'amertume stimule les papilles et apporte du relief en bouche, mettant en valeur les goûts d'écorce d'agrumes, de fleurs blanches, d'épices et de miel. Déjà savoureux et son potentiel de garde ne fait aucun doute.

12233434   27,70$ ☆☆☆☆ ② ♥

3 573349 960016

DOMAINE CAUHAPÉ
Jurançon sec 2014, Chant des Vignes

Cette cuvée est vinifiée exclusivement en cuve inox. Très exubérant au nez comme en bouche, avec des parfums intenses de fruit de la passion et d'agrumes, mais parfaitement sec. Une expression vive des cépages locaux gros manseng et camaralet. Très recommandable à ce prix.

11481006   17,70$ ☆☆☆ ② ♥

3 473930 100145

CHÂTEAU JOLYS
Jurançon sec 2013

Le vignoble de la famille Latrille est le second plus vaste de l'appellation. Le 2013 est animé d'une acidité mordante; pas très long, mais archi sec, digeste, désaltérant et agrémenté d'accents herbacés, sur un fond d'agrumes et de pomme verte. À savourer à l'apéritif au cours des trois prochaines années.

11154718   18,35$ ☆☆☆ ②

3 433811 072008

CHÂTEAU LAFFITTE-TESTON
Pacherenc du Vic-Bilh 2013, Ericka

Ce vin blanc me donne l'impression de faire plusieurs pas dans la bonne direction depuis quelques années. Moins de bois et de travail sur les lies, plus de tonus, de tension et de fraîcheur. Une très heureuse idée, puisque cela permet de mieux apprécier la pureté aromatique des cépages blancs du Sud-Ouest. Légère minéralité en finale. Très bien.

11154582 21,35$ ☆☆☆ ½ ② ♥

CHÂTEAU MONTUS
Pacherenc du Vic-Bilh 2011

Très bon vin blanc, doté d'une envergure digne de mention; du gras, une acidité qui ajoute à sa « buvabilité » et à sa structure en bouche. Finale rassasiante aux goûts d'agrumes, de fruits jaunes et de fines herbes.

11017625 24,80$ ☆☆☆ ½ ②

HOURS, CHARLES
Jurançon sec 2013, Cuvée Marie

Au pied des Pyrénées, le Béarnais Charles Hours élabore des vins secs et liquoreux qui se classent parmi les plus sérieux de l'appellation Jurançon. Sa fille, Marie, travaille à ses côtés depuis maintenant dix ans. Encore très jeune, ce vin tire avantage d'un passage en carafe de quelques heures. Ultrasec, vif et d'une droiture exemplaire, il s'avère déjà très agréable par son caractère désaltérant, mais sa densité, son caractère nourri et son équilibre sont garants de longévité. Un vin de texture qu'on peut aisément laisser reposer en cave jusqu'en 2020.

896704 23,50$ ☆☆☆☆ ③ ♥ △

PLAIMONT
Les Vignes Retrouvées 2014, Saint-Mont

Olivier Bourdet-Pees a pris la relève du charismatique André Dubosc il y a quelques années à la tête de cette très dynamique cave coopérative. En plus de produire à bon prix des vins authentiquement gascons, Plaimont mène parallèlement des travaux de recherche visant la restauration de vieux cépages locaux.

Contrairement à nombre de blancs du Sud-Ouest offerts dans cette catégorie de prix, celui-ci est parfaitement sec et désaltérant, avec en prime l'originalité des cépages gros manseng, petit courbu et arrufiac, une variété jadis menacée de disparition et qui a été restaurée par André Dubosc au cours des années 1980. À noter que le prix de ce vin a chuté de 4 $ par rapport à l'année dernière! Il y a là une aubaine à saisir pour les amateurs de vins blancs secs et aromatiques.

10667319   12,85 $ ☆☆☆ ½ ② ♥

BRUMONT, ALAIN
Gros manseng-Sauvignon 2014, Côtes de Gascogne

Bien qu'un peu plus exotique et nourri en 2014, ce vin blanc garde le cap et reste fidèle au style vif et tranchant qui a fait son succès populaire. De bons goûts d'agrumes et de pêche mûre et une acidité mordante qui anime le tout. Un incontournable à prix doux.

548883   13,80 $ ☆☆☆ ① ♥

CHÂTEAU TOUR DES GENDRES
Bergerac sec 2014, Cuvée des Conti

Luc de Conti croit fermement aux vertus du sémillon. Ce cépage surtout mis à profit à Bordeaux pour la production de vins liquoreux compte pour 50 % de l'assemblage de ce vin blanc sec – complété de sauvignon et de muscadelle – et apporte en bouche une certaine dose de gras, mais surtout de la tenue et des extraits secs. Fin de bouche serrée et désaltérante qui goûte le miel, l'écorce de citron et l'orange amère. À ce prix, on achète sans la moindre hésitation!

858324   17,65 $ ☆☆☆☆ ② ♥

PYRÈNE

Cuvée Marine 2014, Côtes de Gascogne

Lionel Osmin a visé juste avec cette cuvée composée de colombard, de gros manseng et de sauvignon blanc. Parfumé à souhait, vif et nerveux et loin d'être aussi sucré que nombre de cuvées de ce genre.

11253564   12,20 $ ☆☆☆ ① ♥

DOMAINE DE L'ANCIENNE CURE

Bergerac sec 2014, Jour de Fruit

Nouveau à la SAQ, cet excellent vin blanc sec est essentiellement composé de sauvignon blanc, arrondi par une proportion notable (30 %) de sémillon, tous deux issus de l'agriculture biologique. Le 2014 présente un nez modérément parfumé, floral et épicé. Très sec et doté d'une belle tenue en bouche et de jolies saveurs de miel sur fond d'agrumes. Un vin singulier et très intéressant, surtout à ce prix.

12594598   17,10 $ ☆☆☆☆ ② ♥

VIGNERONS DU BRULHOIS

Carrelot des Amants 2014, Côtes de Gascogne

Vin blanc aromatique composé de sauvignon et gros manseng, une «recette» de plus en plus populaire dans les Côtes de Gascogne. Aucun sucre résiduel ni de goût de jus de pamplemousse, mais des saveurs franches de pomme verte et de citron ainsi qu'une bonne tenue en bouche pour le prix.

11675871   14,85 $ ☆☆☆ ① ♥

DOMAINE DE LA PINTE
Poulsard 2012, l'Ami Karl

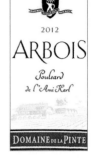

Le cépage poulsard a tendance à être très pâle. C'est à ce point reconnu que j'ai même déjà vu un t-shirt avec la mention « Ce n'est pas du rosé, c'est du poulsard ». Très léger donc, plus délicat que la plupart des vins blancs de la région, il est d'ailleurs très souvent servi en début de dégustation.

Ce cépage inhabituel, mais combien intéressant, trouve une expression particulièrement raffinée entre les mains de Bruno Ciofi, qui fait briller cette propriété d'Arbois depuis son arrivée en 2008. Ce 2012 est tout le contraire du vin rouge musclé, sucré et flatteur. La couleur est déjà évoluée et le nez déploie les odeurs caractéristiques de terre humide, de fruits rouges acidulés et de végétaux (feuille morte, tomate). La bouche est vive et s'appuie sur des tanins qui paraissent presque secs, tant la chair fruitée est délicate. Une très belle bouteille qui se révélera à sa juste valeur à table, avec des ris de veau ou même du poulet rôti. Surveillez les prochains arrivages...

12616515   24,25$ ★★★★ ② ♥

BOURDY, JEAN
Côtes du Jura 2011

Dans un style toujours plus évolué que la moyenne régionale, ce vin âgé de 4 ans se montre ouvert et fort savoureux avec sa matière souple et délicate et ses tonalités de menthe et de cerise confite, sur un fond de sous-bois et de champignon séché. Pas mal du tout cette année. Le vin n'accuse aucune fatigue ni sécheresse, mais il gagnerait à être bu d'ici 2018.

11195747   26$ ★★★ ②

BOUVRET & GANEVAT
Chardonnay 2012, Les Compères

Le vigneron de renom Jean-François Ganevat s'est associé à son ami Philippe Bouvret, caviste à Poligny, pour produire ce côtes du jura issu d'achat de raisins. Plus juteux que le 2011, et avec un caractère oxydatif moins prononcé, mais tout aussi complexe. La bouche est friande, savoureuse et fait preuve d'une intensité hors du commun. Beaucoup de fraîcheur et une impression de tanins en finale ajoutent à sa singularité.
À boire entre 2016 et 2020.

11544003   29,05$ ☆☆☆☆ ② ♥

DOMAINE ROLET
Chardonnay 2011, Côtes du Jura

À Arbois, la famille Rolet élabore ce bon chardonnay au parfum d'amande fraîche et dont l'acidité tranchante, d'abord un peu austère, est enrobée d'une saine vinosité. Une très belle introduction au caractère singulier du Jura.

858357   22,95$ ☆☆☆ ½ ② ♥

DUGOIS, DANIEL
Arbois 2011, Trousseau, Grévillère

Pour vous initier aux vins de cette région montagneuse – le massif du Jura culmine à 1720 m d'altitude –, voici un très bon vin rouge produit par la famille Dugois, sur la commune d'Arbois. Malgré l'allure un peu vieillotte de son étiquette qui rend hommage à Henri IV – grand amateur des vins d'Arbois – ce vin n'a absolument rien de poussiéreux. Un vrai petit trésor de fruit, de pureté et de fraîcheur, auquel le cépage trousseau confère une personnalité d'enfer! L'attaque en bouche est vibrante, ponctuée de bons goûts de cerise et de mûre, sur un fond minéral qui donne soif et appelle un second verre. Hyper digeste et délicieusement original!

12210419   24,55$ ★★★★ ② ♥

GANEVAT, ANNE ET JEAN-FRANÇOIS
Y'a Bon the Canon 2014, Vin de France

Suite à quelques récoltes déficitaires dans le Jura, Jean-François Ganevat a suivi la piste du raisin jusque dans le Beaujolais où il a acheté du gamay, qu'il assemble ici à du petit béclan, gros béclan, geusche et autres variétés obscures du Jura. Par conséquent, le vin est commercialisé comme un vin de table. Ce qui n'enlève rien à ses qualités. Loin de là! Vinifié sans ajout de sulfite, éclatant et débordant de fruit comme peut l'être le vin «nature» à son meilleur. La bouche est vibrante, animée d'un léger reste de gaz et d'une pointe d'acidité volatile. Expressif et digeste. Les stocks étaient malheureusement disparus au moment d'écrire ces lignes. Surveillez de près l'arrivée de la prochaine commande.

12624152   28,35$ ★★★★ ② ▼

RIJCKAERT
Chardonnay 2011, Arbois

Pour apprécier les subtilités du terroir d'Arbois, il faut goûter cet excellent chardonnay auquel des tonalités minérales passablement intenses apportent une belle complexité. Modérément boisé, très sec et harmonieux. Parmi les bons vins blancs du Jura offert sur le marché en ce moment.

12587136   23,45 $ ☆☆☆☆ ② ♥

En primeur

ITALIE

Depuis le début des années 1980, l'Italie a vécu les années les plus effervescentes de sa longue histoire viticole. Après des décennies de viticulture *all'improvviso*, il lui fallait entrer dans la modernité et mettre à jour son savoir-faire, aussi bien en matière d'ampélographie que d'agriculture et d'œnologie. Une trentaine d'années plus tard, cette grande révolution donne de très beaux fruits. Les chianti, barolo et barbaresco n'ont jamais été aussi bons et de partout surgissent des vins délicieux, d'appellations et de cépages obscurs dont on ignorait jusque l'existence.

Entre la fraîcheur des montagnes au nord et les régions chaudes et arides du Sud, en passant par les Apennins au centre, le pays regroupe une multitude de sols et de climats et bénéficie également d'une immense diversité biologique, avec près de 400 cépages indigènes!

Vraiment, la route des vins italiens est riche et son histoire, passionnante. Avec la délimitation et la classification de terroirs qui ont cours en ce moment à Barolo, Barbaresco et bientôt Montalcino, parions que l'avenir sera tout aussi captivant.

FRIOUL

À quelques exceptions près – notamment des spécimens issus de variétés autochtones de Campanie –, les vins blancs secs les plus raffinés proviennent du Frioul, du Trentin et, plus rarement, de Vénétie.

TOSCANE

La Toscane est le royaume du sangiovese. Des plus légers (chianti classico, chianti colli senesi, etc.) aux plus costauds et boisés (chianti classico riserva, brunello di Montalcino), tous font de merveilleux compagnons de table.

SICILE

Bien qu'elle soit avant tout connue pour ses gros rouges charnus et chaleureux, la Sicile produit également de très bons vins rouges de soif – c'est-à-dire légers, friands et désaltérants – dans l'appellation Cerasuolo di Vittoria, au sud de l'île.

SUISSE

AUTRICHE

Lac Léman

Trentin-Haut-Adige

FRIOUL-VÉNÉTIE JULIENNE

Val-d'Aoste

SLOVÉNIE

Vénétie

Vérone

Venise

Piémont

Parme

Émilie-Romagne

Ligurie

Bologne

FRANCE

Florence

SAINT-MARIN

Corse (FRANCE)

TOSCANE

Marches

Ombrie

MER ADRIATIQUE

ROME

Abruzzes

Latium

Molise

Pouilles

Naples

Sardaigne

Campanie

Basilicate

Golfe de Tarente

MER TYRRHÉNIENNE

Calabre

MER IONIENNE

SICILE

TUNISIE

MALTE

Italie Piémont

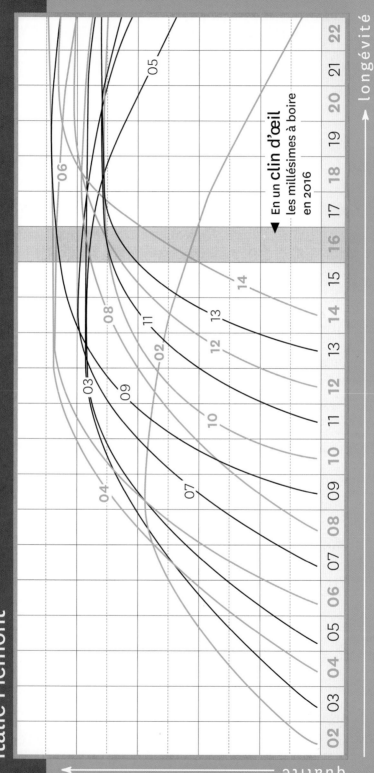

longévité

qualité

En un **clin d'œil**
les millésimes à boire
en 2016

LES DERNIERS MILLÉSIMES

2014

Un été humide et très frais, voire froid dans certains secteurs, a donné du fil à retordre aux vignerons du nord de l'Italie. Un millésime à oublier pour l'amarone. En revanche, dans le Piémont, les variétés tardives comme le nebbiolo pourraient donner des vins d'un équilibre classique. Récolte assez abondante en Toscane, mais qualité incertaine. Dans les Abruzzes, les vignobles d'altitude ont connu un meilleur sort, tout comme les vins blancs des Marches.

2013

Floraison et récolte tardives dans le Piémont; peu de vins de longue garde. Très bonne année pour les vins de Soave. En Toscane, un mois de septembre ensoleillé a permis de sauver la récolte. Peu de grandes réussites, mais quelques bonnes bouteilles de consommation rapide.

2012

Une petite récolte et des vins de très bonne qualité dans le Piémont. Sécheresse et canicule en Vénétie et en Toscane. Quelques Valpolicella accusent une certaine lourdeur et un excès d'alcool. En Toscane, un mois de septembre plus frais a néanmoins permis de maintenir un équilibre classique. Les cépages du Sud – l'aglianico en particulier – ont mieux supporté les excès de température.

2011

Un millésime de chaleur dans le Piémont et en Toscane a donné des vins parfois capiteux. Qualité variable, surtout en Toscane où certains vins de sangiovese ont souffert d'un stress hydrique, occasionnant des saveurs végétales. La réputation du producteur fait toute la différence. Grande année pour l'amarone.

2010

Récolte déficitaire et qualité hétérogène dans le Piémont; la signature du producteur sera un critère de choix. Même scénario en Toscane – y compris Bolgheri – où des problèmes de pourriture ont causé des soucis à plusieurs. La région de Montalcino semble avoir profité de conditions plus propices. En Vénétie, les vins rouges de Valpolicella joueront – à défaut de puissance – la carte de la légèreté et de l'équilibre; les bons amarones seront rares.

2009

Dans l'ensemble, bon millésime dans tout le nord du pays. Été très chaud dans le Piémont et récolte très satisfaisante de nebbiolo ayant donné beaucoup de bons vins. Grand succès annoncé dans le Valpolicella. Très belle fin de saison en Toscane; qualité générale prometteuse.

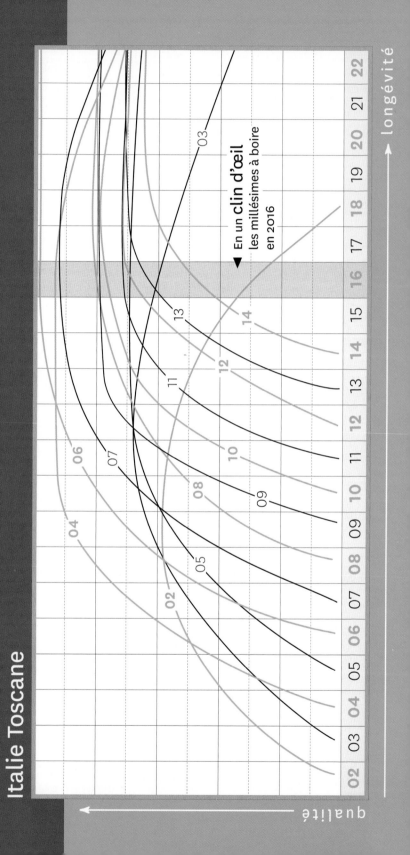

Italie Toscane

longévité

qualité

En un **clin d'œil**
les millésimes à boire
en 2016

2008

Un été chaud et sec dans le
Piémont ; des barolos et des
barbarescos apparemment de
fort belle qualité. Chaleur et
sécheresse en Toscane ont aussi
conduit à un troisième succès
d'affilée, après 2007 et 2006.
En Vénétie, des conditions
idéales pour le valpolicella et
l'amarone.

2007

Grand succès dans le Piémont ;
une récolte de vins structurés,
déficitaire d'environ 25 %
(grêle à Barolo). Dolcetto et
barbera ont aussi donné des
vins très satisfaisants. Excellent
millésime en Toscane, que
plusieurs comparent à 2004
et à 2001. Grand succès aussi
à Bolgheri, où le cabernet
sauvignon semble avoir eu le
meilleur sur le merlot. Bonne
qualité en Vénétie, surtout chez
les producteurs patients qui ont
attendu le beau temps.

2006

Excellent millésime dans le
Piémont en dépit de conditions
climatiques parfois extrêmes.
Grande année en Toscane.
Remarquable en Vénétie, en
particulier pour les amarones.

2005

Millésime hétérogène. Dans
le Piémont, six jours de pluie
consécutifs à compter du
2 octobre ont gâché bien des
espoirs. En Toscane – autant
dans le Chianti Classico qu'à
Montalcino –, les températures
fraîches de la fin de l'été n'ont
pas favorisé le mûrissement
idéal souhaité. À Bolgheri, les
conditions climatiques ont été
sensiblement plus favorables.

2004

Récolte abondante dans le
Piémont. Les producteurs qui
ont su contrôler les rendements
ont obtenu des vins solides.
Conditions idéales dans le
Chianti Classico et qualité
remarquable à Montalcino.
Qualité au-dessus de la
moyenne à Bolgheri.

CONTERNO, ALDO
Barolo 2011, Bussia

Le grand Aldo Conterno s'est éteint en mai 2012 à l'âge de 81 ans. Dans la commune de Monforte d'Alba, ce vigneron, l'un des personnages emblématiques du Barolo, s'était forgé une réputation de traditionaliste, au même titre que les Rinaldi, Cappellano et Mascarello. Son fils, dit-on, se tourne progressivement vers un style plus moderne.

Ce 2011 est donc l'une des dernières occasions de goûter le fruit du travail d'orfèvre d'Aldo Conterno. Provenant de différentes parcelles situées sur le cru Bussia, à Monforte d'Alba, le vin profite d'un élevage de 26 mois dans de grands foudres en chêne de Slavonie, plutôt qu'en barrique. Cela se traduit par un barolo éminemment racé, quoique plutôt fermé à l'ouverture. Après trois heures en carafe, le vin s'ouvre sur des notes de terre humide et d'herbes séchées. La bouche est mûre et capiteuse, mais sertie de tanins serrés et juste assez granuleux pour apporter de la fraîcheur à l'ensemble. Bien que 2011 ne soit pas un grand millésime de garde, ce vin mériterait de reposer en cave jusqu'en 2019, au moins. Belle bouteille!

12008237   87,25$ ★★★★ ③

DAMILANO
Barolo 2009, Cannubi

Un vin moyennement corsé, sentant bon la terre humide. Riche, il a passablement de relief en bouche; ample, plein, savoureux. Pas le plus racé ni le plus typé des barolos, mais très bien tourné dans un style moderne. J'ai bien aimé son grain tannique serré et sa finale délicatement amère qui rehausse les parfums de champignons séchés et d'espresso.

12297614   89$ ★★★→? ③ ▼

MASCARELLO, GIUSEPPE E FIGLIO
Barolo Monprivato 2010

Mauro Mascarello dirige cette propriété familiale créée en 1881 par son ancêtre Giuseppe et y élabore des vins de facture traditionnelle. D'abord sous-estimé, le millésime 2010 est l'une des belles réussites des dernières années à Barolo. Celui-ci en est un bel exemple. À l'opposée des cuvées imposantes et tonitruantes, ce vin pourrait presque passer inaperçu tant il se dessine avec subtilité. Couleur pâle, nez marqué d'accents de sous-bois, de terreau et de champignons. Dégusté sur trois jours, le vin se révélait chaque fois un peu plus, ses tanins fermes, presque austères, contrastant avec l'apparente délicatesse de ses saveurs qui ne cessaient d'évoluer. Un vin à mettre en cave et à savourer patiemment entre 2020 et 2025. Le 2010 devrait arriver en succursales en janvier 2016.

12290594 121,50$ ★★★→★ ③

PIO CESARE
Barolo 2011

Pio Boffa dirige avec rigueur une entreprise familiale fondée en 1881. Les vins de la gamme «classique» restent assez fidèles à la tradition piémontaise. Plus rond et généreux que d'habitude, l'effet du millésime sans doute, le 2011 se signale par sa bouche chaleureuse, sans lourdeur, et par son registre aromatique fort séduisant. À boire entre 2017 et 2021.

11187528 58,25$ ★★★ ③

RENATO RATTI
Barolo 2011, Marcenasco

Toujours substantiellement plus boisé que les autres, le barolo de cet illustre domaine de La Morra fait preuve d'un assez bon équilibre, compte tenu du millésime. On oscille entre les parfums de torréfaction (café, chocolat noir), de kirsch, d'épices et de fleurs séchées; le grain tannique est tissé très serré et la finale est fraîche. Certes, 2011 n'est pas un grand millésime de garde, mais celui-ci mériterait néanmoins de reposer en cave pendant encore cinq ans, au moins.

896746 56,25$ ★★★→? ③

SCAVINO, PAOLO
Barolo 2011

Située à Castiglione Faletto, la famille Scavino représente admirablement le camp des modernistes du barolo. Bien qu'un peu moins précis et nuancé que le délicieux 2009 lauréat d'une Grappe d'or dans la dernière édition du Guide, ce 2011 exerce un charme certain avec son nez expressif de fleurs fraîches. La bouche suit, à la fois très généreuse et dotée de cette vigueur tannique qui est la marque des bons vins de nebbiolo. Finale chaleureuse, mais pas brûlante à laquelle des notes de fenouil apportent une agréable fraîcheur aromatique. À boire entre 2018 et 2021.

12024368 52,75$ ★★★★ ②

GRASSO, SILVIO
Barolo 2009

La famille Grasso produit du vin depuis 1927, mais elle n'a commencé à embouteiller qu'au milieu des années 1980, au moment où Alessio Federico a succédé à son père, Silvio. Issu d'une parcelle plantée il y a une trentaine d'années dans la commune de La Morra, ce barolo « tout court » est vieilli en fûts de chêne français pendant 24 mois, sans toutefois porter l'empreinte aromatique du bois.

La couleur grenat, légèrement tuilée, et le nez intense de fruits confits et de fleurs séchées annoncent un barolo ample et plein. Une attaque presque sucrée, parfumée de fruits secs et de réglisse, de tomate et de thé noir; un milieu de bouche dense et charnu, à la fois suave et soutenu par une acidité vive et par des tanins fermes, et une finale vaporeuse et relevée. Prix très avantageux pour un barolo qui mériterait de dormir en cave encore quelques années.

12287782   46,25$ ★★★★ ②

CASTORANI
Barolo 2009, Follia

Supérieur au 2008, le barolo du coureur automobile Jarno Trulli et de ses associés présente déjà une robe et un bouquet évolués. Des saveurs de fruits secs sur un cadre tannique un peu rêche. Envergure moyenne et aucun éclat particulier, mais une introduction abordable au cépage nebbiolo.

10966845   33,75$ ★★ ½ ②

CLERICO, ALDO
Barolo 2010

Bon 2010 de facture classique, avec de belles aspérités tanniques et ces goûts de griotte et d'herbes séchées qui caractérisent les vins de nebbiolo en jeunesse. Bon équilibre et une certaine profondeur. Il faudrait idéalement le laisser reposer jusqu'en 2018. Rapport qualité-prix fort attrayant.

12466641   37$ ★★★ ½ ③

GERMANO, ETTORE

Barolo 2010

Les vignes de la famille Germano s'enracinent depuis 1856 dans le secteur vallonné de la Ceretta, près de Serralunga d'Alba. Fort d'une expérience acquise, entre autres, chez Fontanafredda, Sergio Germano élabore des vins de facture moderne, qui mettent à contribution les barriques neuves. À l'ouverture, le nez est torréfié, vanillé et le vin offre peu de subtilité. Le lendemain, après 24 heures d'aération, le vin était tout autre. Chaleureux, gorgé de fruit et d'épices, sur des tanins compacts et une finale capiteuse aux

goûts de kirsch. Encore jeune, très vigoureux et dessiné à gros traits pour le moment; il devrait se bonifier d'ici 2018. Arrivée prévue avec le *Cellier* de février 2016.

12184687 49,75 $ ★★★ ½ ②

PRINCIPIANO FERDINANDO

Barolo 2011

Après un 2010 très satisfaisant, ce domaine de Serralunga d'Alba continue dans la même veine en offrant un 2011 floral et bien en chair. On devine la générosité du millésime à sa texture dodue, dépourvue de la vigueur caractéristique du nebbiolo, mais sans lourdeur ni excès de chaleur. Un très bon barolo à boire d'ici 2020.

11387301 43 $ ★★★ ½ ②

FONTANAFREDDA

Barolo 2010

Au répertoire général, ce vin a fait de nets progrès depuis une dizaine d'années. Rien de complexe, mais un style strict, accentué par la fermeté caractéristique du nebbiolo. Finale au goût de kirsch et de terre humide; suffisamment ouvert pour être apprécié dès aujourd'hui.
Tout à fait recommandable à ce prix.

20214 32,75 $ ★★ ½ ②

PRODUTTORI DEL BARBARESCO
Barbaresco 2010

La coopérative de Barbaresco est certainement parmi les plus dynamiques de toute l'Italie. Fondée en 1958 et aujourd'hui menée de main de maître par Aldo Vacca, elle demeure une excellente adresse où trouver des vins authentiquement piémontais, à des prix défiant toute compétition.

Si vous aimez les vins de Barbaresco dans leur forme la plus traditionnelle, alors il vous faut goûter cet excellent 2010. Un cas d'école qui illustre parfaitement l'essence de ce grand vin du Piémont, tant par son attaque en bouche sèche, un peu austère et juste assez enrobée, que par ses saveurs distinctives, aussi près de la terre que du fruit. Déjà irrésistible et il n'a pas dit son dernier mot!

10858182   42,25$ ★★★★ ②

PELISSERO
Nebbiolo 2012 Langhe

Plus abordable et très attrayant, voilà un bon nebbiolo de facture moderne, issu de jeunes vignes. L'élevage arrondit les angles et apporte de délicates notes vanillées qui se marient assez bien à l'ensemble. Passablement nourri, il repose sur des tanins serrés et pourra aisément tenir la route jusqu'en 2018. À laisser reposer un an ou deux ou à aérer en carafe.

12465307   27,95$ ★★★ ③ ▼ ⚗

PIO CESARE
Barbaresco 2011

Ouvert, ample, séduisant et déjà étonnamment accessible pour un barbaresco âgé d'à peine quatre ans. Plus rond et souple que d'habitude, très généreux, avec une fin de bouche capiteuse et un bon équilibre dans l'opulence. Certes, atypique, mais non moins savoureux.

905026   59,25$ ★★★ ③

PIO CESARE
Nebbiolo 2012, Langhe

Bien qu'il se distingue davantage par sa fraîcheur et par son cadre tannique fin et serré que par sa puissance, ce nebbiolo a au moins autant d'étoffe que bien des vins courants de Barbaresco. Très bon en 2012, plus austère et doté d'un meilleur équilibre que le 2011 ; beaucoup de mâche et de nuances aromatiques. Très complet, le vin tapisse la bouche et s'avère franchement rassasiant, surtout à moins de 30 $.

544973   29,65 $ ★★★★ ② ♥

PIO CESARE
Oltre 2011, Langhe

Bon vin de facture moderne, issu d'un assemblage de nebbiolo et de barbera, complétés d'une petite proportion de cabernet sauvignon et de merlot. Étonnamment plus ferme en 2011, pourtant un millésime de chaleur. Le bois est mieux intégré, peu de fruit, un soupçon de cerise, saveurs d'herbes séchées, de terre, de noyau de cerise. Solidement constitué, mais pourtant juteux. Finale chaleureuse. Déjà accessible, à boire au cours des trois ou quatre prochaines années.

11353047   29,40 $ ★★★ ½ ②

PRODUTTORI DEL BARBARESCO
Nebbiolo 2013, Langhe

Plus austère et moins juteux que par le passé. La couleur est pâle, le nez sent bon la cerise noire et le vin offre la poigne tannique habituelle, à défaut d'enrobage fruité. De la chair, une certaine puissance, mais l'allure générale reste plutôt austère, du moins pour le moment. Cela dit, il demeure parmi les meilleurs nebbiolos sur le marché.

11383617   23,10 $ ★★★ ½ ② ♥

TRAVAGLINI
Gattinara 2010

Un vin bien construit, solide, très tannique et sentant le noyau de cerise et la terre humide. Savoureux, pas complexe et un peu creux en milieu de bouche, mais à point, juste assez anguleux et agréable à table.

10839694   29 $ ★★★ ②

MARCHESI INCISA DELLA ROCCHETTA
Barbera d'Asti 2012, Sant'Emiliano

La famille Incisa della Rocchetta vinifie déjà dans le Piémont depuis plusieurs siècles. Bien avant la naissance du célébrissime Sassicaia – œuvre de Mario Incisa della Rocchetta – dont la création officielle remonte à 1968.

Un fort bel exemple de barbera. De la sève, de la tenue et de l'ampleur ; ferme, fougueux et d'autant plus attrayant que son acidité vivifiante est enrobée d'un fruit mûr et gourmand, qui nous laisse sur des saveurs persistantes de réglisse noire, de cerise confite à l'eau-de-vie et d'épices. À boire dès maintenant avec un magret de canard nappé de fruits rouges.

12278202   25,95$ ★★★★ ② ♥

Barbera d'Alba Superiore 2013

Ce vin me donne l'impression qu'on a tenté d'atténuer la vivacité propre au millésime 2013 et au cépage barbera avec un usage calculé de la barrique. Le résultat, quoique techniquement réussi, laisse en bouche un fini crémeux et une certaine sucrosité dont je me serais passée. Flatteur et tout à fait correct, cela dit.

10388088   21,10$ ★★★ ②

Barbera d'Asti 2013, La Tota

Bien qu'élaboré dans un style moderne, ce barbera demeure fidèle à ses origines piémontaises par sa franche acidité et par la vigueur de son grain tannique, enrobé d'une couche fruitée généreuse. Bel usage du bois, perceptible, mais pas dominant. À boire au cours des trois à cinq prochaines années.

12102389   25,25$ ★★★ ②

GRASSO, SILVIO

Barbera d'Alba 2013

Retour en succursales prévu en janvier 2016 pour ce barbera un peu hors norme, comme issu d'une autre époque. Très sec et austère, le vin s'articule autour de tanins serrés et ne pèse guère plus de 12% d'alcool. Pur, dépouillé, sans sucrosité ni maquillage. Amateur de vin du Nouveau Monde, s'abstenir.

11580080 23,70$ ★★★★ ② ♥

MASCARELLO, GIUSEPPE E FIGLIO

Barbera d'Alba Superiore 2011, Scudetto

Un vin particulièrement nourri, très caractéristique d'un millésime 2011: du fruit à revendre et une souplesse qui flatte immanquablement le palais, le tout animé par l'acidité propre à la barbera. Une profusion de fruit mûr, sur fond de crème de cassis et une impression générale chaleureuse avec 15% d'alcool. Si vous aimez les barberas de facture classique, attendez l'arrivée du prochain millésime.

11472361 29,10$ ★★★ ½ ②

PIO CESARE

Barbera d'Alba 2013

Bon vin ample auquel le bois de chêne apporte des parfums rôtis et épicés, ainsi qu'une sensation de rondeur en bouche. Peu d'aspérités tanniques et beaucoup de fruit. Encore très jeune, il devrait se révéler pleinement entre 2017 et 2020.

968990 24,75$ ★★★ ½ ②

PRUNOTTO

Mompertone 2012, Monferrato Rosso

Un assemblage inusité de barbera (60%) et de syrah donne un vin bien en chair, assez large d'épaules, sans être lourd. Très sec, agrémenté de saveurs de confiture de framboises, sur un fond de cacao. Bon équilibre et prix juste.

11669148 19,95$ ★★★ ②

FRATELLI ALESSANDRIA
Verduno Pelaverga 2014, Speziale

Dans les communes de Verduno et de Monforte, au nord de la région du Barolo, la famille Battista produit une vaste gamme de vins, dont une curiosité, issue du cépage pelaverga piccolo. Longtemps mal-aimé en raison de sa faible charge tannique, il fait désormais fureur auprès d'une clientèle en quête de vins de soif.

On comprend assez aisément pourquoi dès qu'on plonge le nez dans le verre et qu'on goûte ce 2014. La couleur très pâle, plus près d'un rosé que d'un vin rouge, annonce un vin tout en délicatesse et en légèreté. Les saveurs sont aussi discrètes que singulières, entre la cerise et les notes d'herbes séchées, de terre humide et de sous-bois, et le vin comporte une juste dose d'aspérités tanniques qui lui confèrent un minimum de tenue. Rien de complexe, vraiment, juste un bon vin de plaisir dont on ne cesse d'avoir soif. Quatre étoiles pour son originalité.

11863021   23,75$ ★★★★ ② ♥

PIO CESARE
Dolcetto d'Alba 2014

Plutôt que de miser exclusivement sur l'attrait immédiat du fruit, ce dolcetto se signale par sa tenue et par son allure un brin austère en jeunesse. Non moins agréable, surtout lorsque servi légèrement rafraîchi autour de 15 °C; du relief, et une légère odeur de réduction, il gagne à être aéré une demi-heure avant le service.

129890   23,50$ ★★★ ½ ② △

FRATELLI ALESSANDRIA
Dolcetto d'Alba 2014

La couleur pâle et le nez pimpant, fruité et floral, annoncent un vin guilleret, tout en légèreté et en délicatesse. Plutôt court et un peu creux en milieu de bouche, mais nul doute que son attaque nerveuse et ses goûts fruités francs séduiront les amateurs de vins à tendance «nature».

11580186   20,30$ ★★★ ②

SANDRONE, LUCIANO
Dolcetto d'Alba 2013

Ce vin sphérique et tapissé de tanins soyeux est un vrai régal. La famille Sandrone a pris le meilleur de ce millésime frais et n'a pas essayé de trop en faire. On les en remercie et on savoure avec bonheur ce vrai bon dolcetto, élaboré avec doigté et dépouillé de tout artifice. Un achat d'enfer à ce prix.

10456440   23,20$ ★★★★ ② ♥

SCAVINO, PAOLO
Vino Rosso 2014

Encore tout jeune et fringant lorsque goûté en août 2015, ce vino da tavola est issu de jeunes vignes de barbera, de dolcetto, de nebbiolo et de merlot. N'y cherchez pas de complexité, mais appréciez-le pour son fruité juvénile, sa fougue et son caractère désaltérant. Très bon vin de soif, façon Piémont. Dans sa catégorie, il vaut bien quatre étoiles.

12448902   18,35$ ★★★★ ② ♥

TERLAN
Vorberg 2012, Riserva, Alto Adige Terlaner

N'eût été une sublimissime bouteille du millésime 1955 dégustée il y a quelques années, je serais probablement passée à côté de ce pinot blanc qui n'offrait guère plus, à l'ouverture, que des relents soufrés et de subtils parfums fruités.

J'ai d'abord refermé la bouteille avec l'intention de la goûter le lendemain. Puis, sachant que l'évolution d'un vin une fois la bouteille ouverte est souvent un bon indicateur de son potentiel de garde, j'ai décidé de prolonger l'expérience quelques jours de plus ou jusqu'à ce que le vin me montre des signes évidents de fatigue. J'ai noté son évolution sur une base quotidienne, puis hebdomadaire. Au moment d'écrire ces lignes, le vin était ouvert depuis exactement... 32 jours – sans aucune protection – et continuait de me surprendre par la fraîcheur de ses saveurs fruitées, sur une trame de plus en plus minérale. Une note quasi parfaite pour un pinot blanc hors norme, qui est loin, très loin d'avoir atteint son apogée.

12335529   39,50$ ☆☆☆☆ ½ ④

FELLUGA, LIVIO
Pinot grigio 2014, Colli Orientali del Friuli

Dans les hauteurs du Frioul, les descendants de Livio Felluga élaborent un très bon vin blanc qui s'apparente davantage à un pinot gris qu'à un petit pinot griogio *frizzante*. Sec, mais enrobé d'une texture grasse qui porte des saveurs fruitées et épicées fort alléchantes. Très bon vin assez ample pour accompagner les fromages à la fin du repas.

11450074   28,30$ ☆☆☆ ②

LAGEDER, ALOIS
Pinot bianco 2014, Alto Adige

Toujours beaucoup de plaisir à boire ce pinot blanc courant de Lageder. Il me paraît plus complet en 2014, avec une texture dense et serrée, et laisse en bouche une sensation accrue de fraîcheur et de minéralité. Le pinot blanc s'exprime tout en subtilité, mais n'en est pas moins savoureux.

12057004   21$ ☆☆☆ ½ ②

LAGEDER, ALOIS
Sauvignon blanc 2014, Alto Adige

Très sec, ce sauvignon n'a rien d'une caricature ; frais, subtil, délicat, il s'appuie aussi sur une texture en bouche serrée. Fort charmant avec ses tonalités de miel, soutenues par une saine acidité qui le rend hautement désaltérant.

12383686   23,35 $ ☆☆☆ ½ ②

TERLAN
Nova Domus 2012, Riserva, Alto Adige Terlaner

On ne peut vraiment pas reprocher à ce vin de verser dans l'exubérance aromatique. Au contraire, une expression discrète des cépages pinot blanc, chardonnay et sauvignon blanc. Salin, une délicate amertume et une fin de bouche agrémentée de goûts de pomme et de beurre frais. Laissez-le reposer quelques années en cave.

12172221   52 $ ☆☆☆→☆ ③

TERLAN

Pinot grigio 2014, Alto Adige Terlaner

Un autre excellent vin blanc de la cave de Terlan. Aromatique et net, d'une pureté exemplaire ; pas de goût boisé ni de bâtonnage excessif, seul le fruit s'exprime et en met plein la bouche. Savoureux et fringant. Un pinot gris très élégant.

12052351   22,70 $ ☆☆☆☆ ② ♥

TERLAN
Quartz 2013, Alto Adige Terlaner

Composé exclusivement de sauvignon blanc, qui s'enracine dans les sols de quartz – comme son nom l'indique – de la commune de Terlano, dans le sud du Tyrol. Un peu strict et marqué d'odeurs sulfureuses à l'ouverture, le vin gagne à respirer pendant au moins une heure afin que le fruit reprenne son droit. On découvre alors un vin d'une étonnante profondeur aromatique, par ailleurs doté d'une acidité tranchante et d'une excellente tenue de bouche. Cher, mais sa qualité ne fait aucun doute.

12587911   49 $ ☆☆☆☆ ② ⚠ ⑤

SCHIOPETTO
Rivarossa 2011, Venezia Giulia

Jusqu'à son décès il y a une dizaine d'années, Mario Schiopetto a été une figure de proue de la viticulture du Frioul. Ses enfants continuent d'élaborer un excellent vin d'inspiration bordelaise, tant par sa composition de merlot, de cabernet sauvignon et de cabernet franc que par sa droiture.

Je n'ai pas souvenir d'avoir dégusté meilleur Rivarossa que ce 2011. Le bois domine pour le moment, le nez est fermé et la structure semble d'abord un peu rude, mais on devine derrière une ampleur et une richesse de fruit tout à fait remarquables. Densité, intensité et équilibre. À ce prix, on peut même faire provision de quelques bouteilles qu'on revisitera vers 2020-2022.

11035946   27,65$ ★★★→★ ③ ♥

INAMA
Carmenère 2011, Oratorio di San Lorenzo, Colli Berici

Une interprétation sérieuse de la carmenère. Dessiné à gros traits pour l'heure, le vin manque un peu de relief et de détail aromatique, mais il se fait valoir par sa texture polie, juste assez granuleuse pour accentuer le tonus en bouche. Cela dit, je persiste à croire, à tort ou à raison, que la carmenère est avant tout un cépage d'assemblage et que ce vin pourrait être plus complet, surtout à ce prix... Le temps arrangera-t-il les choses?

12178981   66$ ★★★→? ③

INAMA
Carmenère 2012, Più, Veneto

Un peu moins précis et nuancé en 2012, sans doute à cause de la nature généreuse de l'été. Néanmoins, un bon vin souple et suffisamment charnu, qu'on boira d'ici 2017.

11389074   21,45$ ★★★ ②

MARION
Teroldego 2011, Veneto

Juteux et profond, aussi coloré qu'épicé ; fruité et surtout complexe, relevé par des tanins très mûrs, large et profond en bouche. Les notes de fruits mûrs se mêlent aux accents floraux et le vin a beaucoup de relief et de grain. Plus charnu que le Granato d'Elisabetta Foradori, à défaut d'en avoir la finesse, un excellent vin qu'on peut commencer à boire maintenant pour l'apprécier dans toute son opulence, mais qui continuera de se bonifier jusqu'en 2019.

10863660   45 $ ★★★→★ ③

VISTORTA
Merlot 2010, Friuli Grave, Conte Brandolini d'Adda

Les années passent et j'affectionne toujours autant ce merlot du Frioul. Rien de tonitruant, mais le charme discret d'un vin avant tout conçu pour procurer du plaisir à table. 13 % d'alcool, une saine acidité et des tanins à la fois ronds et tissés serrés. Un peu plus ténu en 2010, mais toujours aussi savoureux.

10272763   24,60 $ ★★★ ½ ②

ZYMĒ

Kairos 2009, Veneto

Second vin du Harlequin, une cuvée de luxe vendue l'année dernière à la SAQ au coût de 387 $. Assemblage de 15 cépages locaux et internationaux, 4 blancs et 11 rouges, les raisins sont mis à déshydrater pendant une durée maximale de 40 jours, selon les variétés. Il en résulte un vin couleur d'encre, qui s'impose en bouche sans détour ni demi-mesure. Capiteux, ultra-concentré et riche d'une foule de détails aromatiques entre les fines herbes séchées, la confiture de fruits, les épices, le café, le beurre et la vanille. Si la puissance alcoolique ne vous fait pas peur, vous serez sans doute conquis par sa finale aussi persistante que vaporeuse. Servir frais autour de 16 °C.

11613187   81,75 $ ★★★→? ③

Italie

VIGNALTA
Rosso Riserva 2010, Colli Euganei

Loin d'être le fruit d'un récent phénomène de mode, la culture des cépages bordelais en Vénétie remonte plutôt au début du XIXe siècle. Ces derniers auraient été introduits dans la région dans le sillage de l'invasion napoléonienne.

Produit dans la zone des Colli Euganei, au sud-ouest de Padoue, ce vin ne coûte peut-être qu'une vingtaine de dollars, mais il a une stature digne d'une cuvée nettement plus ambitieuse. Le nez met d'emblée en appétit, avec des odeurs de champignon, signe d'un vin ouvert et à point. Composé de merlot à 60 % et de cabernet sauvignon, il s'appuie sur un grain tannique irrésistiblement soyeux, mélange sophistiqué de poigne et de souplesse.

10705071   23,45$ ★★★★ ② ♥

BAROLLO
Cabernet franc 2012, Frank!, Veneto

Usage assez prononcé du bois, qui domine pour le moment, au nez comme en bouche, sans cependant tomber dans la caricature. Parfums de vanille et de fumée qui se marient aux fruits noirs et structure tannique dense, compacte et enrobée, garante d'un beau potentiel de garde. Je serai curieuse de le goûter à nouveau lors de son arrivée sur le marché en mars 2016.

12717851   22,95$ ★★★→? ③

En primeur

INAMA
Bradisismo 2011, Veneto

Cabernet sauvignon et carmenère composent ce bon vin suave, assez plein et volumineux, dont le cadre tannique se resserre en finale, laissant une sensation très franche en bouche. Bel usage du bois qui apporte un fini un peu crémeux. Pas très distinctif, mais habilement tourné et séduisant.

12179028   44,25$ ★★★→? ③

MACULAN

Brentino 2013, Breganze

Au milieu des années 1980, Fausto Maculan a créé de toute pièce le vignoble de Ferrata dans la région de Breganze, au nord-est de Vérone. Toujours aussi satisfaisant, le Brentino est charnu, plein de fruit et bien structuré. Fin de bouche nette et fraîche aux tonalités de poivrons rouges.

10705021 18,10$ ★★★ ②

MACULAN

Cabernet 2013, Breganze

Passablement structuré et marqué par la droiture et le caractère aromatique des cabernets (sauvignon et franc). Un cadre tannique droit et une matière fruitée correctement charnue. Bon équilibre; à boire au cours des trois prochaines années.

11028261 18,20$ ★★★ ②

MARION

Cabernet sauvignon 2011, Veneto

Particulièrement ample, généreux et complet en 2011. Beaucoup de matière, des tanins dodus, gommeux et une générosité notable, sans débordements. Très rassasiant pour l'amateur de cabernet solaire; des délicates notes végétales évoquant le poivron rouge et la menthe apportent un supplément de fraîcheur. Délicieux!

10443091 44$ ★★★★ ②

ZYMÉ

60 20 20 2010, Veneto

Cette cuvée nommée d'après sa composition – cabernet sauvignon (60%), cabernet franc (20%) et merlot (20%) – s'avère toujours aussi satisfaisante en 2010. Une attaque en bouche empreinte de sucrosité et de cette vivacité caractéristique qui assure l'équilibre des bons vins de Vénétie. Un heureux mariage entre la rondeur fruitée du merlot et les goûts de poivrons rouges des cabernets. À boire au cours des quatre prochaines années.

11581058 44,50$ ★★★→? ③

ZYMĒ
Valpolicella 2014, Rêverie

Œnologue-conseil et gendre de l'illustre Giuseppe Quintarelli, Celestino Gaspari a fondé ce domaine il y a près de 10 ans avec Francesco Parisi, également consultant.

Très bon valpolicella, dont les parfums de raisins frais exercent un charme immédiat. Un vin au caractère très authentique, qui ne titre guère plus de 11,5 % d'alcool ; pas très corsé, mais vif et net en bouche, avec un reste de gaz qui rehausse le goût de fruits acidulés et une finale étonnamment persistante pour le prix. À boire dès maintenant en n'oubliant pas de le servir frais.

12328417   19,90$ ★★★★ ② ♥

CAMPAGNOLA
Corte Agnella 2013, Corvina Veronese

Tout aussi charmant, sinon plus, dans sa version 2013, ce très bon vin offre une expression à la fois nerveuse et savoureuse du cépage corvina. Un peu rudimentaire et arrondi de 6,9 g/l de sucre, débordant de fruit et animé par une acidité soutenue, qui le rend fort agréable à table. Le compagnon idéal pour les pâtes des soirs de semaine.

11028295   16,75$ ★★★ ② ♥

MARION
Valpolicella Superiore 2011

D'emblée engageant par son nez de fruits confits et de fines herbes séchées, ce vin a encore plus à offrir en bouche. Une texture riche, sphérique et presque sucrée tant elle est mûre, solidement encadrée par des tanins fermes nourris par un usage adéquat de la barrique. Un large spectre de saveurs, entre les goûts de torréfaction, les fruits confits et des notes herbacées qui rappellent les meilleurs amaros, ces liqueurs italiennes amères. Plus cher et plus complexe que la moyenne.

10710268   35,75$ ★★★★ ③

MONTRESOR
Valpolicella 2013, Ripasso, Capitel della Crosara

Nettement moins boisé et douceureux que le 2011 dégusté l'an dernier. Changements dans le style de vinification ou effet du millésime? Quoi qu'il en soit, un très bon ripasso, assez fidèle à la tradition vénitienne, avec des saveurs de fruits confits et un volume appréciable en bouche, mais doté d'une juste dose d'acidité. Tanins serrés, finale vaporeuse et impression digeste, malgré ses 14 % d'alcool.

10705178   19,50 $ ★★★ ½ ②

PIONA, ALBINO
Corvina 2011, Campo Massimo, Veronese

Produit au sud du lac de Garde, un vin issu à 100 % du cépage local corvina. La couleur grenat annonce un début d'évolution. La bouche n'accuse cependant aucune fatigue, avec un fruité très net, rehaussé par un reste perceptible de gaz carbonique. Leste, léger et facile à boire.

12132035   20,35 $ ★★★ ②

PRÀ
Valpolicella 2014, Morandina

Je savais déjà que cette illustre maison produisait d'excellents vins de Soave, mais j'ignorais tout de ses activités sur Valpolicella. Et quelle agréable découverte! Stylistiquement à mi-chemin entre un morgon et un bourgueil, ce 2014 distille en bouche une sensation irrésistiblement fraîche et croquante et donne l'impression de mordre dans la grappe. Coulant, leste, un très beau relief fruité et de fines notes de poivre. Tout simplement délicieux!

12131964   22,15 $ ★★★★ ② ♥

TENUTA SANT'ANTONIO
Valpolicella Ripasso 2012, Monti Garbi

Fidèle au style de cette spécialité véronaise, le Monti Garbi conjugue l'onctuosité, la charpente tannique et la vitalité dans des proportions heureuses. Un léger reste de gaz, des goûts de fruits noirs et d'épices; charnu, digeste et tout à fait recommandable à ce prix.

10859855   21,25 $ ★★★ ②

MARION
Amarone della Valpolicella 2011

Lorsqu'ils ont acheté ce domaine en 1988, Stefano Campedelli et son épouse Nicoletta ont d'abord consacré beaucoup d'efforts à sa restauration pour ensuite y introduire de la vigne. Encouragés par Celestino Gaspari (Zymé), qui croyait au potentiel du lieu, ils ont décidé de prendre en main leur récolte jusqu'alors vinifiée à la coopérative locale.

«Best year ever for Amarone», peut-on lire dans l'édition 2016 du *Pocket Wine Book* du Britannique Hugh Johnson, à propos du millésime 2011. Une seule gorgée suffit pour s'en convaincre. Nez un peu herbacé, beaucoup de fraîcheur dans les arômes. Très capiteux (16% d'alcool), mais pas épais ni indigeste. Peu d'amarones ont autant de grain, de race et de nuances. Le lendemain, le vin était plus ouvert, toujours sur la verdeur. L'alcool paraît mieux intégré lorsque le vin est servi à 18 °C.

11694386   84,75$ ★★★★ ③

CESARI, GERARDO
Amarone della Valpolicella Classico 2011

Chaud et riche en alcool, comme le commande l'appellation, presque sucré tant les saveurs sont intenses. On sent bien la richesse du millésime; le vin est plein, compact, intense, mais pas débridé, grâce à une certaine austérité. Assez complet comme amarone, bien que pas spécialement complexe. Bon équilibre d'ensemble. Pas le plus cher, et très bon.

12179036   40,50$ ★★★ ½ ③

FABIANO
Amarone Della Valpolicella 2010

D'emblée, assez séduisant au nez, avec ses parfums herbacés qui rappellent les boissons apéritives italiennes, comme le campari. La bouche est on ne peut plus fidèle à l'idée d'un amarone de facture conventionnelle : à la fois capiteuse, tonique et acidulée, avec juste ce qu'il faut de mâche tannique pour préserver l'équilibre. Finale vaporeuse aux parfums de cuir, de fruits secs, de kirsch et d'herbes séchées. Savoureux et assez ouvert pour être apprécié dès maintenant.

10769307   46$ ★★★ ½ ②

MONTRESOR
Amarone della Valpolicella 2012

Au répertoire général, un bon amarone, à la fois riche, intense, capiteux et pourtant fringant, grâce à un reste perceptible de gaz qui apporte une sensation de fraîcheur, tout en rehaussant les goûts de kirsch et de menthol. Pas très complexe, mais plaisant et bien tourné.

240416   35$ ★★★ ②

ZYMĒ
Amarone della Valpolicella Classico 2003, Riserva, La Mattonara

Aidé par la chaleur extrême du millésime 2003 – en avait-il besoin ? – Celestino Gaspari a produit un amarone hors norme, dont la puissance débridée et l'attaque en bouche sucrée, couronnée de parfums vanillés, ne laissera personne indifférent. Même s'il est déjà âgé de plus de 10 ans, ce 2003 ne montre pas le moindre signe de fatigue et s'impose en bouche comme un feu d'artifice de saveurs et de textures. Pas brûlant ni déséquilibré, juste extrêmement intense. Au point où je m'imagine mal boire plus d'un verre de ce mastodonte. À apprécier un peu comme un vin fortifié… Un vin de *meditazione* comme on dit là-bas, à apprécier en quantité homéopathique.

11857085   357,25$ ★★★★ ③ ⛰ ⑤

PRÀ

Soave Classico 2014, Otto

La famille Prà s'inscrit dans la lignée des Pieropan, Inama et autres Anselmi qui s'appliquent à redonner au garganega ses lettres de noblesse. Même dans un été aussi terriblement frais qu'en 2014, leur soave courant est remarquable.

Très agréable au premier nez, avec ses odeurs de poire et de pêche blanche, mais c'est surtout en bouche que ce vin se distingue de la moyenne des vins de Soave sur le marché. Attaque franche, vive, très nette, aux accents délicats de menthe douce. Structure et densité. Un prix largement mérité pour un vin si fortement marqué par l'identité de son terroir.

11587134   20,90$ ☆☆☆☆ ② ♥

ANSELMI

Capitel Foscarino 2014, Veneto Bianco

Contrairement au Capitel Croce (également à la SAQ), ce vin ne voit pas de barrique. On mise plutôt sur la pureté du fruit. Le 2014 semble relativement sec, en dépit d'un sucre résiduel (8,7 g/l). Jolies saveurs de citron et de fruits blancs, sur un fond minéral – *flinty,* comme disent les Anglais. Nerveux, assez gras et toujours parmi les bons achats pour l'amateur de vins de Soave.

928218   23,70$ ☆☆☆ ½ ②

ANSELMI

San Vincenzo 2014, Veneto Bianco

Une proportion de sauvignon blanc n'est sans doute pas étrangère aux parfums d'agrumes de ce vin blanc inscrit au répertoire général. De facture moderne, passablement aromatique et arrondi par un reste de sucre (8,4 g/l), sans verser dans la lourdeur.

585422   17,95$ ☆☆☆ ① ♥

CAMPAGNOLA
Chardonnay 2014, Veneto

Cette année encore, on peut difficilement trouver un vin blanc offrant un meilleur rapport qualité-prix que ce chardonnay de la maison Campagnola. Du gras, des saveurs nettes de poire et une saine fraîcheur. Pas très long, mais à moins de 15$, il ne faut quand même pas demander la Lune.

12382851   13,45$ ☆☆☆ ½ ② ♥

INAMA
Soave Classico 2013

Frais, léger reste de gaz, vitalité; notes minérales au nez, citron, écorce de citron en bouche. Rien de complexe, mais une très agréable fraîcheur et désaltérant. D'autant plus qu'il est sec, contrairement à de plus en plus de Soave.

908004   19,35$ ☆☆☆ ½ ②

MACULAN
Pino & Toi 2014, Bianco, Veneto

D'année en année, Fausto Maculan signe un très bon vin blanc sec composé de friulano, de pinot blanc et de pinot gris. Gras et parfumé comme il se doit, il a aussi toute la tenue nécessaire pour procurer autant de plaisir à table qu'à l'apéritif.

10218935   17,30$ ☆☆☆ ② ♥

ZYMĒ
Il Bianco – From black to white 2014, Veneto

Une curiosité vénitienne, issue d'un assemblage peu orthodoxe de rondinella bianca, de golden traminer, de kerner et de incrocio manzoni. Le nez comme la bouche vibrent de jeunesse et de fraîcheur. Bien qu'en apparence délicat, ce vin a beaucoup de caractère et témoigne d'une profondeur certaine. Un vaste registre de saveurs, entre les écorces d'agrumes, les épices, les fines herbes, tout le gras et la tenue voulus et une bonne longueur. On peut le boire sans se presser, car il continuera de se bonifier en bouteille.

11858897   24,55$ ☆☆☆☆ ③ ♥

SAN VALENTINO
Sangiovese di Romagna 2013, Scabi

Le centre de l'Italie est le royaume du cépage sangiovese. Dans la région d'Émilie-Romagne, le vignoble de Roberto Mascarin profite de l'influence de la mer Adriatique, qui n'est pas étrangère au caractère friand de ces vins rouges.

Vraiment délicieux en 2013 et attrayant avec son nez de coulis de petits fruits sauvages. En bouche, une mâche tannique veloutée, gourmande, soutenue par une franche acidité, couronnée d'une sensation de salinité et d'amertume qui fait saliver. Des couches de saveurs fruitées. Savoureux! Servir à une température maximale de 16 °C et boire jeune pour profiter pleinement de son fruit.

11019831 18,80$ ★★★★ ② ♥

ALTESINO
Rosso 2013, Toscana

Un vin de facture moderne, composé de sangiovese à 80%, complété de merlot et de cabernet sauvignon. Nourri, plein de saveurs confites et animé par un caractère perlant qui donne de l'élan au fruit. Facile à boire et rassasiant.

10969763 20,40$ ★★★ ②

ARGIANO
Rosso di Montalcino 2013

Propriété de la comtesse Noemi Marone Cinzano, ce domaine situé tout au sud de l'appellation, juste à côté de Banfi, est la source d'un bon rosso plus nourri et substantiel que la moyenne. Le 2013 se signale par une astringence tannique modérée qui lui donne une allure un peu stricte; finale aux goûts de fruits rouges.

10252869 24,40$ ★★★ ½ ②

CAPARZO

Rosso di Montalcino 2013

Toujours très satisfaisant à moins de 20 $, ce vin est particulièrement agréable à boire cette année. Pas le plus concentré, mais un vrai bon rosso, tout en fruit et en vitalité, avec des tanins juste assez fermes pour laisser la bouche fraîche et désaltérée.

713354   19,95 $ ★★★ ½ ②

CAPARZO

Rosso di Montalcino 2012, La Caduta

Provenant d'une parcelle appartenant à l'un des bons domaines de l'appellation, ce vin se distingue généralement des autres Rosso par sa concentration et sa richesse en fruit. Retour à des formes plus harmonieuses en 2012, nez de confiture au cassis, encore très ample cette année, généreux, dénotant une certaine sucrosité mais encadré par des tanins fermes. À boire sans se presser au cours des cinq à six prochaines années. Il pourrait se développer en nuances d'ici là.

857987   33,50 $ ★★★→? ③

CAPEZZANA

Barco Reale di Carmignano 2013

Barco Reale est un peu à Carmignano ce qu'un Rosso est à Montalcino : un vin coulant, juteux et rarement boisé. Le 2013 est une autre belle réussite sur le thème du fruit, de la souplesse et de la fraîcheur. Vin expressif, juvénile et très plaisant. À boire dès maintenant.

729434   19,90 $ ★★★ ½ ② ♥

PODERI DAL NESPOLI

Sangiovese di Romagna Superiore 2013, di Prugneto

En 2013, cette cuvée parcellaire se signale davantage par la franchise de ses saveurs que par sa richesse. Attaque en bouche nerveuse, cadre tannique assez serré, mais pas trop, et bon équilibre d'ensemble. Des accents d'herbes séchées, de cerise noire et d'épices, et une légère astringence. Servir frais autour de 16 °C avec une viande saignante.

11298404   19,95 $ ★★★ ½ ② ♥

CAPEZZANA
Villa di Capezzana 2011, Carmignano

Créé en 804 au cœur de la Toscane, Capezzana est l'un des plus vieux vignobles d'Italie. Malgré son âge vénérable, la propriété des Bonacossi conserve tout son dynamisme et demeure une force motrice de Carmignano, situé au nord-ouest de Florence, à l'écart de la zone de Chianti Classico.

Flatteur, mais plus structuré qu'il n'y paraît, cet excellent vin rivalise avec les meilleurs chiantis classicos. Le 2011 est un vin tout simplement délicieux, exhibant d'alléchants parfums de cerise noire, sur un fond boisé subtil. Une attaque à la fois ferme et coulante, beaucoup de matière et une texture soyeuse qui tapisse le palais, laissant en bouche une allure générale très élégante. On pourra commencer à le boire dès 2017, mais il a une longue vie devant lui.

977827   32$ ★★★★ ③

CASTELLO DI FONTERUTOLI
Chianti Classico 2013

Le 2013 est fidèle à l'esprit de Fonterutoli : coloré, mais pas opaque ; un nez fin et flatteur, marqué d'une pointe d'acidité volatile. Moins concentrée que par le passé, la bouche est à la fois ample, crémeuse, serrée et austère. Est-ce l'effet d'un millésime moyen ou d'un changement de style ? On peut l'apprécier dès aujourd'hui pour son fruit et son caractère un peu sauvage ou le laisser reposer jusqu'en 2017.

856484   25,70$ ★★★ ½ ②

FONTODI
Chianti Classico 2012

L'une des belles réussites du millésime 2012. Tout dans ce vin donne soif. Encore dans sa prime jeunesse, il regorge de goût de cerise bien mûre, mais arbore surtout la fraîcheur tannique caractéristique des meilleurs vins de sangiovese, avec une trame serrée qui lui donne un relief irrésistible. Finale minérale, presque salée, délicatement amère et indéniablement racée. Pas étonnant que Fontodi fasse partie de l'élite de Chianti.

879841   29,90$ ★★★★ ② ♥

ISOLE E OLENA
Chianti Classico 2012

Déjà commenté positivement dans le Guide l'an dernier, ce 2012 était tout aussi séduisant en août 2015. Un nez élégant, ponctué d'une pointe d'acidité volatile qui accentue son caractère toscan. Plus raffiné que concentré, un grain tannique très fin et des saveurs pures et précises.

515296 30,25$ ★★★¹⁄₂ ②

8 032049 112026

LE MICCINE
Chianti Classico 2012

L'œnologue d'origine québécoise Paula Papini Cook signe un bon 2012 à apprécier avant tout pour sa vivacité, sa droiture et ses saveurs fruitées nettes. Quoique peu flatteuses dans le contexte d'une dégustation technique, ses aspérités tanniques le rendent fort agréable à table, surtout avec un plat de pâtes nappé d'huile d'olive.

12257559   21,15$ ★★★ ½ ②

0 805534 970030

SAN FABIANO CALCINAIA
Chianti Classico 2013

Bon chianti moderne, issu de l'agriculture biologique, qu'un nez très mûr rend d'emblée invitant. Bien en chair, soutenu par une acidité vive qui accentue la présence tannique. Ce qui n'est pas un défaut et donne plutôt du nerf à l'ensemble. À boire entre 2016 et 2020.

10843327   21,95$ ★★★ ②

8 025205 000039

VOLPAIA
Chianti Classico 2012

Un vin classique et très représentatif du millésime 2012. Le nez est discret, c'est plutôt en bouche qu'il se distingue par son élégance doublée de fraîcheur. À la fois souple, mûr et tonique, le vin ne titre que 13 % d'alcool, mais il ne manque pas de volume. Un très joli vin conçu avant tout pour la table.

10858262   25,30$ ★★★★ ② ♥

8 015923 101217

SAN FABIANO CALCINAIA

Chianti Classico Gran Selezione 2011, Cellole

En 1983, Guido Serio et sa femme, Isa, ont racheté cette magnifique propriété de Castellina in Chianti et l'ont entièrement restaurée pour lui redonner son lustre d'antan. L'œnologue Carlo Ferrini

consulte et élabore des vins de facture moderne, au meilleur sens du terme.

La dénomination Gran Selezione n'a été approuvée qu'en 2014, mais les vins de millésimes antérieurs qui rencontraient les critères de cette nouvelle appellation de chianti classico peuvent aussi être commercialisés comme tels. En Toscane, le millésime 2011 a souvent donné des vins faciles et riches en alcool. Celui-ci étonne pourtant par sa vigueur tannique et par sa retenue; un grain serré, un peu sec, agrémenté de fruits noirs sur un fond de bois de cèdre. Séveux et excellent dans un style moderne.

10542479   35,50$ ★★★→★ ③

ANTINORI

Chianti Classico Riserva 2012, Marchese Antinori

Maintenant produit exclusivement avec les raisins de la Tenuta Tignanello, ce chianti classico est, en quelque sorte, le second vin du Solaia et du Tignanello puisqu'il est issu de sangiovese et de 10% de cabernet sauvignon. Arrivée prévu en décembre 2015 pour ce très bon Riserva, plus carré et plus contenu que le 2011. La structure est nourrie par l'élevage en fûts de chêne, qui par ailleurs fait bon ménage avec le fruit. À revoir dans trois ou quatre ans.

11421281   35$ ★★★→? ③

BORGO SCOPETO

Chianti Classico Riserva 2011

Propriété sœur de Caparzo (à Montalcino), ce domaine est situé tout au sud de l'appellation Chianti Classico. Encore jeune et marqué par l'élevage, le 2011 s'appuie sur des tanins assez fermes pour encadrer la chair fruitée bien mûre et dodue. À boire au cours des cinq prochaines années.

10560351   26,60$ ★★★ ②

CASTELLO DI AMA
Chianti Classico Riserva 2009

Produit dans les hauteurs de Gaiole in Chianti, ce 2009 est l'exemple même d'un vin conçu pour procurer du plaisir à table : un modèle d'équilibre et de fraîcheur. Un grain serré et velouté, ainsi qu'une certaine retenue qui ajoute à son élégance. Déjà savoureux, on pourra l'apprécier au moins jusqu'en 2020.

11315403 40 $ ★★★→★ ③

SAN FELICE
Chianti Classico Riserva 2011, Il Grigio

Cette vaste propriété située au sud-est de l'appellation Chianti Classico est toujours la source d'un très bon chianti de facture classique. Nerveux, animé d'un reste de gaz, le 2011 est manifestement issu de raisins bien mûrs, comme le suggère sa sucrosité apparente. Très charmant dans un style un peu vieillot. On peut commencer à le boire dès maintenant.

703363 26,35 $ ★★★ ½ ②

TOLAINI
Chianti Classico Gran Selezione 2011

Un vin issu de raisins cueillis à pleine maturité et conséquemment suave et fort séduisant, même en jeunesse. Un joli caractère boisé et torréfié, avec des accents d'espresso, mais qui ne fait pas ombrage aux saveurs fruitées du sangiovese. Une agréable fraîcheur, des tanins juste assez rugueux et une fin de bouche agrémentée d'accents de cerise et de champignon porcini séché. Très bon chianti qui sera mis en vente dans le *Courrier vinicole* de novembre 2015.

12612143 40 $ ★★★→★ ③

En primeur

VOLPAIA
Chianti Classico Riserva 2012

Séveux, souple et déjà étonnamment ouvert pour un vin âgé de seulement 3 ans, ce Riserva ne m'a pas semblé aussi concentré et aussi complet que par le passé. En revanche, le vin est toujours aussi élégant, porté par un grain tannique soyeux et doté d'une franche acidité qui le rend très digeste. Très bon chianti à boire dès maintenant et d'ici 2019.

730416 33,75 $ ★★★→? ③

BARBI
Brunello di Montalcino 2008, Vigna del Fiore

Imperméable au vent de modernisme qui a gagné Montalcino depuis une dizaine d'années, la famille Colombini continue de produire des brunellos dans un esprit traditionnel et dépouillé, qui contribue à leur singularité.

Sans être aussi concentré que le 2010 commenté plus bas, ce vin compense largement par son équilibre et par son profil classique, d'une grande élégance. Les saveurs montrent une certaine évolution (champignon porcini séché, fruits secs), mais le vin a encore beaucoup de mâche en réserve. Une fine amertume en finale rehausse le fruit et ajoute à sa longueur en bouche. À boire sans se presser jusqu'en 2020.

10217300   64,75$ ★★★★ ②

BARBI
Brunello di Montalcino 2009

Même s'il est plus enrobé que la moyenne des derniers millésimes, ce 2009 reste assez fidèle au style dépouillé affectionné par la maison Barbi. Des tanins mûrs, qui coulent sur la langue comme de la soie et une finale chaleureuse, où se mêlent le fruit mûr et les notes fumées. Délicieux!

11213343   48,50$ ★★★★ ②

BARBI
Brunello di Montalcino 2010, Vigna del Fiore

Arrivée prévue en mars 2016 pour le Vigna del Fiore 2010. Plus enrobé que le 2008, ce vin est le fruit d'une excellente année à Montalcino. Un peu ferme, tannique et austère pour l'heure, mais non moins savoureux. Nul doute, il ira loin!

10217300   64,75$ ★★★→★ ③

CASTELLO BANFI
Brunello di Montalcino 2010

Un 2010 ample, généreux et capiteux. Beaucoup de chair et de fruit, mais aussi une belle fraîcheur en bouche, tant par sa fermeté qui apporte un contrepoids à l'alcool que par ses notes de menthe séchée. Encore passablement de matière en réserve. On pourra le boire entre 2017 et 2021.

10268596 60$ ★★★→? ③ ▼

CAPARZO
Brunello di Montalcino 2010

Un brunello qui joue davantage en souplesse qu'en puissance. Tanins fondus, saveurs mûres; pas très long ni complexe, mais assez séduisant et bien ficelé. L'alcool, le fruit, la charpente tannique et l'acidité sont réunis dans de bonnes proportions. À boire entre 2016 et 2020.

10270178 48,50$ ★★★→? ③

COL D'ORCIA
Brunello di Montalcino 2008

Situé au sud de l'appellation, face à Argiano, ce vaste domaine – le troisième en importance de l'appellation – appartient à la famille Cinzano. Fruit d'une grande année à Montalcino, un bon vin de facture classique, agrémenté de saveurs de fruits confits, de sous-bois et de cuir. Tanins encore assez fermes, juste assez granuleux pour donner du relief en bouche. Finale chaleureuse aux accents de fumée et de fruits secs. Déjà prêt à boire, on pourra aussi l'attendre jusqu'en 2018.

403642 47$ ★★★★ ②

FRESCOBALDI, MARCHESI DE
Brunello di Montalcino 2010, Castelgiocondo

Ce brunello plaira surtout aux amateurs de sangiovese mûr, fumé et boisé. Assez typé de son appellation, avec un grain tannique suffisamment ferme, enrobé d'une chair fruitée généreuse. Pas le plus complexe, mais sa mâche et son volume en bouche le rendent fort rassasiant.

10875185 49,75$ ★★★→? ③

FONTODI

Flaccianello 2012, Colli Toscana Centrale

Le domaine de la famille Manetti, situé à Panzano, en plein cœur du Chianti Classico, est exceptionnel et produit parmi les meilleurs vins de toute l'appellation. Élaboré pour la première fois en 1981, le Flaccianello est composé exclusivement de sangiovese et provient d'un vignoble biologique, planté à 400 m d'altitude.

Retour à des formes plus classiques après un 2011 plantureux. Un grain tannique irrésistible, mûr et juste assez rugueux, qui caresse la langue et coule comme du velours. Ample et volumineux (15%), le vin se signale néanmoins par un équilibre irréprochable. Finale vaporeuse aux goûts de kirsch et d'épices, sur fond fumé, de cèdre et de tabac. Nul doute, c'est une Grappe d'or!

12123921   100$ ★★★→★ ③

ANTINORI

Tignanello 2012, Toscana

Créé en 1971, le Tignanello demeure l'un des plus illustres produits de la viticulture toscane moderne. Très belle couleur profonde; nez dense et invitant; beaucoup de fruit en bouche, avec une attaque à la fois sphérique et tannique sur un fond fumé. Généreux et consistant, le grain tannique est poli et enrobé d'une chair fruitée bien mûre. Laissons-lui encore quatre ou cinq années de repos.

10820090   104$ ★★★→? ③

ANTINORI

Solaia 2011, Toscana

Même s'il n'a pas la droiture habituelle de l'appellation Solaia, ce 2011 n'en demeure pas moins excellent. Le nez compact, évoquant la confiture de framboises, annonce un vin intense, manifestement issu de raisins parfaitement mûrs. La bouche est sphérique, rappelant certains merlots de Toscane, et soutenue par un cadre tannique passablement solide. À boire entre 2018 et 2022.

12274885   247$ ★★★★ ③

CARPINETO
Cabernet sauvignon 2009, Farnito, Toscana

Plutôt que de miser à tout prix sur la maturité du fruit et la charge alcoolique, ce vin offre toute la carrure du cabernet, avec un accent bien toscan. Tanins un peu secs qui lui donnent des airs austères d'une autre époque. Beaucoup plus volubile le lendemain; n'hésitez pas à l'aérer en carafe quelques heures avant de le servir.

963389 28,20$ ★★★ ③ △

FRESCOBALDI, MARCHESI DE
Mormoreto 2011, Castello di Nipozzano, Toscana

Produit au Castello di Nipozzano et composé majoritairement de cabernet sauvignon, le Mormoreto a longtemps fait partie des meilleurs supertoscans. Après quelques années de dérive stylistique, le 2011 renoue avec des formes un peu plus heureuses. Massif et imposant certes, mais pas brutal, le vin est mis en valeur par un usage calculé du bois neuf qui ajoute à son épaisseur tannique sans dominer le fruit. Un peu austère pour l'heure, il devrait reposer en cave jusqu'en 2019.

864512 66,25$ ★★★→? ③

FRESCOBALDI, MARCHESI DE
Montesodi 2011, Castello di Nipozzano, Toscana

Plus typiquement toscan que le Mormoreto, ne serait-ce que par sa composition de sangiovese à 100%, ce vin prend ses aises en bouche. Compact, très mûr, copieusement boisé avec une certaine épaisseur tannique, il porte en lui le caractère très mûr du millésime 2011. Bien, mais d'autres vins toscans – même moins chers – ont plus de personnalité.

204107 50,50$ ★★★ ②

TOLAINI
Picconero 2010, Toscana

L'entrepreneur italo-canadien Pier Luigi Tolaini a acquis cette vaste propriété à Castelnuovo Berardenga, au sud de la zone de Chianti Classico. Vin d'inspiration bordelaise, tant par sa composition (majorité de merlot) que par sa droiture et par son équilibre. Fort bien tourné; la rondeur du merlot et la fermeté du cabernet sont réunies dans d'heureuses proportions. À revoir dans cinq ans.

11985642 105$ ★★★→? ③ △ ⑤

DUEMANI
Cabernet franc 2010, Costa Toscana

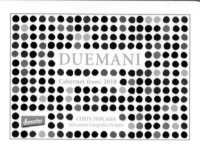

L'œnologue Luca D'Attoma est un adepte de la biodynamie. Sur la parcelle la plus élevée de son domaine de Riparbella, à une vingtaine de kilomètres au nord de Bolgheri, il cultive le cépage cabernet franc dont il tire deux vins particulièrement intenses.

Abondamment nourri par le soleil de la côte toscane, ce cabernet franc hors norme qui sera mis en marché dans le Courrier Vinicole de novembre 2015 était déjà ouvert et très agréable à boire en août 2015. Le 2010 se fait avant tout valoir par sa texture flatteuse et ses parfums amples, mûrs et raffinés. Une expression on ne peut plus rassasiante du cabernet franc en climat chaleureux. *Courrier vinicole* novembre 2015.

12649202   104$ ★★★★ ③

ARGENTIERA
Bolgheri Superiore 2011

Les cépages merlot et cabernet sauvignon sont complétés de 10% de cabernet franc et donnent un vin rond, souple et élégant, dont la texture et l'étoffe tannique se situent à mi-chemin entre un vin du Médoc et un cabernet de l'État de Washington. Particulièrement complet en 2011 il me semble; le bois élève le vin plutôt que de l'alourdir et l'ensemble laisse une sensation de plénitude en bouche. Finale persistante. Arrivée prévue en décembre 2015.

11547378   69,75$ ★★★→★ ③

DUEMANI
Altrovino 2012, Toscana

Issu de la biodynamie et composé de cabernet franc et de merlot à parts égales, ce 2012 avait de fortes odeurs de réduction lorsque goûté en août 2015. Le vin ne s'est ouvert qu'après une aération de deux heures en carafe. Il se montrait alors sous un jour austère, mais d'une réelle profondeur. J'ai beaucoup aimé sa puissance contenue et ses justes proportions entre le fruit et le bois. Laissons-le dormir en cave jusqu'en 2019.

12339618   43$ ★★★→★ ③

DUEMANI
Suisassi 2010, Toscana

On devine la composition de ce vin (100 % syrah) à ses tonalités animales qui rappellent la viande fumée. Servi frais autour de 17 °C. Il était particulièrement engageant et faisait preuve d'une certaine fermeté tannique qui encadrait le fruit et aidait à tempérer la sensation de sucrosité laissée par l'élevage en fûts de chêne. À revoir dans cinq ans.

12299871 133$ ★★★→? ③ △ ❺

GUADO AL TASSO
Bolgheri Superiore 2012

Ce 2012 a de très belles qualités. Les saveurs en bouche sont soutenues et bien dessinées; l'attaque est très mûre, dans la continuité des derniers millésimes, mais le vin fait aussi preuve d'une certaine retenue. Un peu gros pour l'instant et taillé d'un seul bloc. Il bénéficiera de quelques années de garde. Arrivée en succursales en décembre.

977256 87,75$ ★★★ ½→? ③

MONTECHIARI
Cabernet 2010, Toscana

Rien qu'au nez, on devine qu'on a affaire à un vin sérieux. Bien plus qu'un autre cabernet, ce vin pur et franc de goût fait preuve d'une profondeur aromatique certaine. Un vin d'envergure, structuré et d'une bonne longueur, qui s'articule autour de tanins mûrs, presque gommeux.
On peut acheter en toute confiance pour la cave.

11580864 58$ ★★★→★ ③ △ ❺

ORNELLAIA

ORNELLAIA
Bolgheri Superiore 2012

Le domaine développé par Lodovico Antinori à Bolgheri est la propriété exclusive de la famille Frescobaldi depuis 2005. Composé majoritairement de cabernet sauvignon, le 2012 est sombre et riche en matière, plein de fruit et de tanins, techniquement très achevé. Sa trame sphérique lui confère un charme immédiat, mais il n'atteindra pas son apogée avant 2020.

11973238 195,25$ ★★★→★ ③

SAPAIO

Volpolo 2013, Toscana

Massimo Piccin a fondé cette propriété de Bolgheri en 1999. Les variétés bordelaises qu'il a plantées commencent déjà à donner leurs plus beaux fruits et les vins portent la signature de l'œnologue florentin Carlo Ferrini. Cette cuvée de cabernet sauvignon, de merlot et de petit verdot célèbre cette année son dixième anniversaire.

Très cabernet avec son nez de menthe et de fruits noirs, son attaque en bouche ferme, sur un fond tendre, mûr et velouté. Une trame saline apporte en finale une grande «buvabilité» et le rend d'autant plus rassasiant. Déjà très charmeur, mais apte à vieillir et vendu à un prix attrayant.

12488605   28$ ★★★★ ③

ARGENTIERA

Villa Donoratico 2012, Bolgheri

Créé au tournant de la décennie, aux limites sud de l'appellation Bolgheri, cet ambitieux projet est né d'un partenariat entre les frères Corrado et Marcello Fratini et le marquis Piero Antinori. Cet assemblage bordelais était un peu dessiné à gros traits lorsque goûté au cours de l'été 2015. Concentré, imposant et hérissé de tanins fermes pour le moment, mais élaboré dans un esprit d'équilibre. Rapport qualité-prix irréprochable.
Arrivée en février 2016.

10845074   30,50$ ★★★ ½ ③

ARGENTIERA

Villa Donoratico 2011, Bolgheri

Peut-être un peu moins complet que le 2010, celui-ci compense par sa chair fruitée et sa généreuse expression aromatique. Beaucoup de volume en bouche une bonne mâche tannique et une impression générale harmonieuse. Un rapport qualité-prix d'enfer pour l'amateur de supertoscan.

10845074   34 $ ★★★ ½ ②

DUEMANI

CiFRA 2013, Toscana

Le «petit» cabernet franc de Duemani se révèle davantage après deux heures en carafe, ce qui permet aux odeurs de réduction de se dissiper. Le vin déploie alors des saveurs gourmandes de fruits et d'épices, portées par des tanins veloutés qui forment une texture dense. À apprécier davantage pour sa forme que pour son détail aromatique. Du moins, pour le moment.

11838415   28,45$ ★★★→? ③ ⚗

FRESCOBALDI

Frescobaldi di Castiglioni 2012, Toscana

Bon assemblage bordelais (cabernet sauvignon, merlot, cabernet franc), ainsi que 10 % de sangiovese, ample, assez volumineux en bouche. La charpente tannique est arrondie par une légère sucrosité, sans alourdir l'ensemble. Bonne acidité; somme toute un très bon vin, qui n'est pas sans rappeler un bordeaux de facture moderne.

11380951   24,95$ ★★★ ②

SAN FABIANO CALCINAIA

Cabernet sauvignon 2011, Toscana

Arrivée prévue en janvier 2016 pour ce vin doté d'une solide charpente tannique; des saveurs compactes et généreuses mêlant le cassis et le tabac; pas très complexe, mais ample, net et savoureux. À boire entre 2017 et 2022.

11546914   27,50$ ★★★→? ③

SATTA, MICHELE

Bolgheri 2011, Piastraia

Une proportion de syrah apporte une touche méditerranéenne à ce vin, avec des notes florales et anisées. Chaleureux et capiteux, il a cependant plus de relief et de retenue que la moyenne. À réfrigérer idéalement une demi-heure avant de servir, sans quoi il pourrait sembler un peu lourd.

879197   39,25$ ★★★→? ③

SETTE PONTI

Crognolo 2013, Toscana

Encore très jeune, le 2013 affiche un caractère nerveux et pimpant qui contraste avec l'exubérance habituelle du cépage. Des odeurs ferreuses et une légère réduction, des tanins vigoureux, sans dureté, et un bon équilibre. Les éléments devraient se fondre d'ici 2018. En attendant, un passage en carafe pendant 30 minutes s'impose.

11915038   29,95$ ★★★→? ③ ⚗

CASTELLO DI AMA
Haiku 2010, Toscana

Installés dans la commune de Gaiole, dans la province de Sienne, Lorenza et Marco Pallanti font rayonner cette propriété historique depuis plus d'un quart de siècle. Ancien président du Consorzio del Vino Chianti Classico, Marco Pallanti a aussi énormément contribué à l'unité et à la reconnaissance de l'appellation.

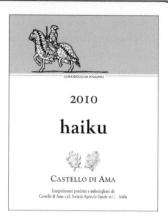

Haïku: poème japonais en trois temps, souvent simple et intimement lié à la nature. Un nom qui sied parfaitement à ce nouveau vin de Castello di Ama, aussi bien pour sa composition (trois cépages: sangiovese, merlot et cabernet franc) que pour ses lignes épurées. Le 2010 repose sur des tanins denses, tout en rondeur; une texture onctueuse, mais aussi du nerf et un très bel usage du bois de chêne. Pas le plus puissant, mais quelle finesse!

12444611   54,25$ ★★★★ ② ⑤

BRANCAIA
Tre 2013, Toscana

Issu d'un assemblage de trois cépages – sangiovese, merlot et cabernet sauvignon, d'où son nom – provenant du secteur de Castellare in Chianti. Assez plaisant dans un style dodu, moins de poids que bien d'autres cuvées modernes de Toscane, celui-ci ne pèse pas plus de 13,5% d'alcool. À boire d'ici 2018.

10503963   22,55$ ★★★ ½ ②

FERTUNA
Pactio 2010, Maremma Toscana

Élaboré par Fertuna, en partenariat avec le marquis Nicolo Incisa della Rocchetta, créateur du Sassicaia, ce 2010 est déjà passablement évolué, comme l'indique sa couleur. Un nez de cèdre et de tabac, racé et élégant, une bouche tout aussi attrayante, soutenu par un grain tannique d'une rare finesse pour Maremma. Du volume, une finale distinguée aux accents de sous-bois et de champignon.

11812071   27,50$ ★★★★ ② ♥

MAGLIANO
Poggio Bestiale 2011, Maremma Toscana

Établie sur un village médiéval portant le même nom, la Fattoria di Magliano élabore un très bon vin issu d'un assemblage bordelais. Reflétant la générosité du millésime, ce 2011 est plutôt consistant: charnu, ferme et riche en tanins. Des notes boisées agrémentent discrètement l'ensemble. Un bon vin franc et sans détour qu'on boira avec plaisir dans les cinq prochaines années.

10845091 43$ ★★★→? ③

SAN FABIANO CALCINAIA
Casa Boschino 2013, Toscana

Sangiovese (70 %), merlot et cabernet sauvignon, issus de l'agriculture biologique, donnent un très bon vin typiquement toscan par sa vigueur tannique, son acidité et ses bons goûts de fruits noirs et de cuir. Sec et animé d'un très léger reste de gaz qui n'affecte en rien sa qualité, mais qui accentue sa fraîcheur en bouche. Très bon achat à ce prix.

12592832 14,70$ ★★★ ② ♥

SATTA, MICHELE
Bolgheri Rosso 2013

Dans un tout autre registre que les vins les plus populaires du secteur de Bolgheri, cet assemblage de variétés bordelaises et de teroldego sent bon la framboise et la cerise mûre et met d'emblée en appétit. La bouche est à la hauteur: juteuse, ronde, gorgée de fraîcheur. Pas spécialement complexe, mais nerveux et misant sur le plaisir fruité immédiat.

10843466 23,70$ ★★★ ½ ②

TUA RITA
Palazzetto 2013, Toscana

Fondé en 1984, Tua Rita a été le premier domaine à s'établir dans le secteur de Suvereto, dans la province de Livourne. Encore très jeune, nerveux et débordant de fruit, cet assemblage de sangiovese et de cabernet n'est pas spécialement profond, mais il apporte un vent de fraîcheur dans le paysage toscan. Arrivée prévue dans le *Cellier* de mars 2016.

11896148 20,05$ ★★★ ½ ② ♥

LUNGAROTTI

Vigna Monticchio 2008, Rubesco, Torgiano Riserva

De loin, le nom le plus connu de l'appellation Torgiano. La famille Lungarotti continue de privilégier une élégance à l'ancienne plutôt que la puissance des vins modernes. Référence de l'appellation le Rubesco Vigna Monticchio peut être tout à fait exceptionnel dans les meilleures années.

Longuement mûri en bouteille dans les caves du village de Torgiano, ce 2008 est maintenant prêt à être apprécié, comme en font fois ses accents de sous-bois, de cuir, de fruits secs et de champignon, de même que ses tanins soyeux, polis par les années. Constitué de sangiovese à 70 % et fidèle au style habituel, un vin au profil droit qu'un certain dépouillement rend très distingué. À boire d'ici 2018.

10295789   48,75$ ★★★★ ②

DOMODIMONTI

Picens 2011, Marche

D'un domaine appartenant à un Québécois d'origine italienne, un bon vin rouge de confection moderne, qui allie la vivacité du sangiovese au caractère fruité et souple du merlot et à la charpente tannique du cabernet sauvignon. Plein et nourri de goûts de fruits mûrs et d'épices ; assez typé et bon à boire dès maintenant.

12476292   24,45$ ★★★ ② ▼

LUNGAROTTI

Rubesco 2011, Rosso di Torgiano

Très bel exemple de vin de tous les jours, composé de sangiovese et de colorino. Particulièrement mûr et généreux en 2011 ; notes de fruits confits, tanins dodus et saine fraîcheur. À boire d'ici 2017.

41947   16,90$ ★★★ ②

UMANI RONCHI

Cúmaro 2010, Rosso Conero Riserva

Très bon vin robuste auquel le cépage montepulciano confère un tempérament fougueux. Le 2010 se caractérise par des notes végétales fort agréables, qui évoquent la pâte de tomate. La bouche est un peu austère pour l'heure, s'appuyant sur un grain tannique ferme, mais généreusement enrobé. Bien italien, avec une franche acidité et une finale séveuse et «umami». Quelques années de repos apporteront peut-être un supplément de profondeur. À boire dès maintenant et d'ici 2020.

710632 27,60 $ ★★★ ½ ③

UMANI RONCHI

Medoro 2014, Sangiovese, Marche

Particulièrement fringant et nerveux en 2014, ce bon vin courant présentait un reste important de gaz et des odeurs de réduction lorsque goûté en août 2015. Pour le reste, toujours le même bon sangiovese coulant, fruité et digeste, pour accompagner les pâtes des soirs de semaine. Une aération vigoureuse en carafe est recommandée.

565283   13,15$ ★★★ ① ♥ ⚠

UMANI RONCHI

San Lorenzo 2012, Rosso Conero

Bon vin moderne composé de montepulciano. Une bonne couleur et un nez évocateur de raisins bien mûrs. Imposant et large en bouche; presque crémeux et d'une concentration évidente. Prêt à boire et vendu à prix juste.

397174   18,60$ ★★★ ② ♥

UMANI RONCHI

Verdicchio dei Castelli di Jesi Classico Superiore 2012, Casal di Serra

Surtout connue pour son simple Verdicchio commercialisé dans une bouteille évoquant les amphores d'autrefois, l'importante entreprise de la famille Bernetti est une force majeure de la viticulture des Marches.

Cette cuvée tire sa sève de vignes d'une quarantaine d'années, cultivées à environ 350 m d'altitude. Le 2012 m'a paru moins marqué par l'élevage que lors des derniers millésimes. En revanche, on y trouve une sensation accrue de fraîcheur, attribuable tant à l'acidité qu'à des notes de menthe et d'écorce de citron. Du gras et une bonne longueur; il gagne à «respirer» en carafe pendant une bonne heure avant le service.

11490341 29,85$ ☆☆☆☆ ② ♥ ⚗

Greco di Tufo 2013

Dans la région d'Irpinia, le vignoble de la famille Petitto est la source d'un très bon vin blanc singulier qui doit sa singularité au cépage greco, qui s'enracine dans les sols de tuffeaux de la région. Peu bavard à l'ouverture, le vin gagne à être aéré pendant une bonne heure. On découvre alors dans le verre la minéralité proverbiale des vins de Campanie, sur un fond de citron, de fleurs blanches et de menthe. Sans compter parmi les plus complexes, il s'avère assez rassasiant par sa tenue en bouche.

12213206 20,95$ ☆☆☆ ② ⚗

Verdicchio dei Castelli di Jesi Classico 2012, Rincrocca

Bon verdicchio, sur un mode un peu moins minéral et un peu plus nourri que la moyenne de l'appellation. À la fois sec et friand, des goûts de fruits jaunes bien mûrs et un ensemble harmonieux. Servir frais, mais pas froid.

12511377 25$ ☆☆☆ ½ ②

MONACESCA DI CIFOLA
Verdicchio di Matelica 2012

À vue de nez, on pourrait appréhender un excès de soufre, mais il s'agit plutôt d'une manifestation des sols volcaniques de la région. Un vin blanc à forte personnalité, arrondi par un très léger reste de sucre (5,1 g/l), ce qui permet d'enrober la vive acidité et atténue le caractère tranchant. J'ai beaucoup aimé sa finale serrée, presque tannique et franchement désaltérante. Tout ce que le sud de l'Italie peut donner de beau en blanc... Excellent rapport qualité-prix!

12511385   19,95$ ☆☆☆ ½ ② ♥

PANIZZI
Vernaccia di San Gimignano 2013

On a longtemps répété que la vernaccia ne pouvait pas donner des vins blancs complexes. Or, lorsqu'elle puise ses racines dans les sols de grès de San Gimignano – célèbre pour ses hautes tours et inscrite au patrimoine de l'humanité de l'UNESCO depuis 1990 – et qu'elle est cultivée et vinifiée avec soin, cette variété indigène de Toscane peut donner d'excellents vins. Ce qui est le cas de celui-ci: léger et aérien, mais loin d'être mince, il charme avec ses tonalités salines et sa texture juste assez vineuse.

12102821   22,50$ ☆☆☆ ½ ②

UMANI RONCHI
Casal di Serra 2014, Verdicchio dei Castelli di Jesi

À la fois sec et délicatement aromatique, simple et friand, ce vin offre une expression franche du cépage verdicchio. Un léger reste de gaz et une fine amertume en fin de bouche lui donnent une dimension supplémentaire.

10254725   18,70$ ☆☆☆☆ ②

VELENOSI
Verdicchio dei Castelli di Jesi 2014

Très bien servi par la technologie moderne, il a plus de caractère que la moyenne des vins blancs de ce prix. Son caractère citronné très pur et sa vitalité le rendent assez agréable.

11155665   16,50$ ☆☆☆ ②

CASTORANI

Amorino rouge 2010, Casauria, Montepulciano d'Abruzzo

Il y a maintenant une quinzaine d'années, l'ancien pilote de F1 Jarno Trulli s'est associé à un groupe d'amis pour acquérir cette propriété historique, nommée Villa Castorani dès la fin du XVIIIe siècle. Les vins qu'ils produisent dans le village d'Alanno, non loin de la ville de Pescara, sont prêts à être bus dès leur mise en marché.

Très bon vin qui ne semble pas avoir souffert des conditions difficiles de l'été 2010. Le nez est compact et concentré, aux senteurs de fruits rouges, de tabac et de bois de cèdre. Misant sur la souplesse et une généreuse expression du fruit, la bouche est vive, ample et soyeuse, passablement boisée, sans toutefois dominer. Très bel exemple du genre, vendu à prix juste.

11131778   25,75$ ★★★ ½ ②

CASTORANI

Coste delle Plaie 2011, Montepulciano d'Abruzzo

Ouvert et conçu pour être apprécié dès sa mise en marché – comme la plupart des vins rouges de facture moderne, d'ailleurs – un bon montepulciano juteux, souple, vigoureux, correctement fruité, avec des notes animales en fin de bouche. À boire d'ici 2018.

10788911   22,65$ ★★★ ②

ILLUMINATI

Montepulciano d'Abruzzo 2012, Ilico

Un peu rustique, comme se doit de l'être le montepulciano. Plus tendu, que le 2011, modérément tannique, vigoureux et surtout sans lourdeur. Il gagne à être aéré une demi-heure en carafe.

10858123   16,75$ ★★★ ② ♥ ⌂

ILLUMINATI
Montepulciano d'Abruzzo 2013, Riparosso

Ce domaine situé dans le nord des Abruzzes, aux limites des Marches, est admirablement tenu par Dino Illuminati. Bel exemple de montepulciano très fruité et vigoureux. Des goûts de fruits sauvages assortis de notes de réglisse et de cannelle. Piquant, rustique, mais net et fort sympathique. Bon vin du sud de l'Italie, typé et abordable.

10669787   14,95$ ★★★ ② ♥

MASCIARELLI
Montepulciano d'Abruzzo 2013

Les héritiers de Gianni Masciarelli gardent le fort et continuent de signer de très bons vins, fidèles à leurs origines. Le 2013 se signale par la présence d'un léger reste de gaz, qui accentue son côté rustique, sans que ça ne soit désagréable. Son goût sauvage et franc le rend sympathique, d'autant plus à ce prix.

10863774   16,70$ ★★★ ½ ② ♥

UMANI RONCHI
Jorio 2013, Montepulciano Rosso

Plutôt active dans la région des Marches, la maison Umani Ronchi produit aussi un très bon montepulciano dans les collines abruzzaises. Le 2013 est particulièrement savoureux : nourri, avec un cadre tannique solide, de la vivacité et de bons goûts de fruits noirs et d'épices, rehaussés par une pointe d'acidité volatile. À ce prix, rien à redire.

862078   18$ ★★★ ½ ② ♥

ZACCAGNINI
Montepulciano d'Abruzzo 2014, La Cuvée dell'Abate

Très jeune lorsque goûté en août 2015, ce 2014 n'était pas volubile et traversait peut-être la période ingrate qui suit habituellement la mise en bouteille… Néanmoins, on note un bon équilibre entre les tanins, le fruit et l'acidité. J'ai bon espoir qu'il se replace d'ici un mois ou deux.

908954   17,40$ ★★→★ ③

FEUDI DI SAN GREGORIO
Aglianico 2011, Rubrato, Irpina

Créé de toutes pièces il y a maintenant 30 ans par la famille Ercolino, Feudi di San Gregorio est rapidement devenu une nouvelle star de la scène vitivinicole italienne, en produisant une gamme de vins imposants, mettant en relief les vertus trop longtemps insoupçonnées des variétés indigènes de la région de Campanie.

Je le confesse, j'aime beaucoup les vins d'aglianico. Sur les meilleurs terroirs de Campanie, ce cépage peut donner des vins très originaux, comme celui-ci, élaboré par le producteur phare de la région. À la fois bien mûr, suave et riche en fruit, avec une poigne tannique ferme, qui lui confère une allure un peu rustique, au sens le plus positif du terme. Finale persistante et saveurs intenses de fruits noirs sur un fond minéral qui évoque le graphite. Le tout à prix doux.

12476680   22,45$ ★★★★ ② ♥

CINCINNATO
Ercole 2011, Nero Buono, Lazio

Sauf erreur, c'est la première fois que je goûte un vin issu de nero buono. Ce qui n'est pas étonnant, puisque cette variété obscure couvrait à peine 135 hectares en 2010. Très bon vin à l'accent bien méridional, qui ne pèse pourtant pas plus de 13,5 % d'alcool. Beaucoup de caractère et de fruit, sur un fond animal et sauvage qui évoque le cuir et la viande fumée. Tanins secs, serrés et bien enrobés. Une curiosité fort intéressante, offerte à prix mérité.

12557754   22,30$ ★★★ ½ ②

DI MAJO NORANTE
Aglianico Biorganic 2011

Le cépage aglianico dans une forme éblouissante. En bouche, une texture serrée, riche et enveloppante; le tout, rehaussé par un élevage en barriques, laisse une impression à la fois solide et chaleureuse en finale. Encore jeune et plein de matière, il pourrait s'avérer plus complexe dans trois ou quatre ans. Biologique et plein de soleil. Comment ne pas aimer?

12476591   18,80$ ★★★ ½ ②

GRIFALCO
Aglianico del Vulture 2011, Gricos

Une excellente bouteille pour découvrir les charmes insoupçonnés de l'aglianico, une variété du sud de l'Italie. À des lieues des cuvées modernes, sucrées et copieusement boisées. Les saveurs se dessinent ici avec retenue et élégance et le vin a beaucoup de relief en bouche. Le grain tannique est serré, juste assez anguleux et le vin a une longueur en bouche étonnante. Au moment d'écrire ces lignes, les inventaires à la SAQ étaient au plus bas. Surveillez de près l'arrivée des prochains millésimes.

12555927   19,65$ ★★★★ ② ♥ ▼

POLVANERA
Primitivo 14 2011, Gioia del Colle

Issu de l'agriculture biologique, ce vin de primitivo est semblable en plusieurs points à ceux de son jumeau californien, le zinfandel. Le nez de confiture annonce un vin pulpeux, gourmand et bien en chair. La bouche est à la hauteur des attentes, pleine, capiteuse et harmonieuse dans l'opulence; une finale légèrement mentholée apporte une agréable fraîcheur en bouche. Amateur de *zin* californien, vous serez séduit à peu de frais.

12257911   20,45$ ★★★ ½ ②

TAURINO COSIMO
A64 2006, Salento

Maintenant parfaitement ouvert et à point, ce vin composé de negroamaro (85 %) et de cabernet sauvignon est très satisfaisant cette année encore. Grâce à une bonne dose d'acidité et à un cadre tannique juste assez dense pour soutenir l'ensemble, cet excellent vin n'accuse aucune lourdeur en dépit de sa richesse alcoolique (15 %). Finale vaporeuse aux accents de sous-bois et de champignon séché. Un dépaysement agréable.

11355835   25,85$ ★★★★ ② ♥

TAURINO COSIMO
Reserva 2009, Salice Salentino

Les années passent et le «petit vin» de Taurino Cosimo demeure parmi mes vins rouges favoris à moins de 20 $. Le 2009 témoigne déjà d'une certaine évolution, ce qui permet d'apprécier les cépages negroamaro et malvasia dans un registre aromatique singulier. Excellent dans sa catégorie.

411892   16,95$ ★★★ ½ ② ♥

ARGIOLAS
Perdera 2013, Monica di Sardegna

La Sardaigne était sous la juridiction du royaume d'Aragon pendant près de quatre siècles (1323 à 1720). Ce n'est donc pas un hasard si la majorité des cépages de l'île sont originaires d'Espagne. Force majeure du vignoble de Sardaigne, la maison Argiolas met uniquement à profit ces cépages « locaux ».

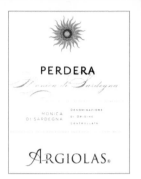

Les origines du cépage monica demeurent toutefois nébuleuses. Certains soutiennent qu'il aurait été introduit sur l'île par les Espagnols, d'autres qu'il y était déjà cultivé bien avant, par les moines camaldules. Qu'importe, le vin est délicieux! À la fois juteux et gourmand, avec un petit je-ne-sais-quoi d'austère qui le rend d'autant plus sympathique. La bouche est tendre, avec des goûts de confiture de bleuets et de cacao. À ce prix, si vous aimez les vins méditerranéens, vous pouvez acheter les yeux fermés.

424291   15,10 $ ★★★ ½ ② ♥

ARGIOLAS
Costera 2013, Cannonau di Sardegna

Un peu moins ouvert et accessible que le Perdera, ce vin constitué de cannonau (grenache), de bovale sardo (graciano) et de carignan est étonnamment étoffé pour le prix. Encore très jeune, on peut déjà apprécier sa fermeté, doublée de générosité solaire, mais il aura besoin de quelques années avant d'atteindre son apogée.

972380   18,90 $ ★★★→? ③

ARGIOLAS
Iselis 2012, Isola dei Nuraghi

Ce vin repose sur un assemblage de monica (90 %), de bovale sardo (graciano) et de bovale grande (carignan). Nez très invitant de fruits mûrs et de cacao ; la bouche est un peu plus ferme, mais enrobée d'une généreuse chair fruitée. Séveux et savoureux ; beaucoup de relief et une étonnante complexité. Déjà accessible, il tiendra aisément jusqu'en 2018.

11896560   28,40 $ ★★★→★ ③ ♥ ▼

PALA
Isola dei Nuraghi 2013, Thesys

Ce vin rouge résolument méditerranéen tire son originalité du cépage bovale sardo, nom local donné au graciano, une variété de la Rioja. Gorgé de soleil, gourmand, chaleureux et assez flatteur, bien qu'il ne titre pas plus de 13,5 % d'alcool. Sans prétention, mais tout de même plus complexe qu'il n'y paraît au premier abord, il nous laisse sur une finale persistante aux notes de fruits noirs, d'herbes séchées, de réglisse et de fumée, rappelant le thé lapsang souchong. Charmant!

12476671   20,75 $ ★★★ ½ ② ▼

SELLA & MOSCA
Cannonau 2010, Riserva di Sardegna

Force majeure de l'industrie viticole sarde, cette entreprise est restée fidèle à un style assez traditionnel, moins enrobé que celui d'Argiolas. Le cannonau est en fait du grenache, mais avec un accent sarde. Plus serré et tonique que bien des grenaches continentaux, mais lui aussi doté de bons goûts de cacao et d'épices. Pimpant, un peu rustique et agréable à boire.

425488   18,05 $ ★★★ ②

SELLA & MOSCA
Capocaccia 2010, Sardegna Alghero rosso

D'année en année, ce vin de sangiovese, carignan et cannonau séduit par son petit côté sauvage, tant en bouche qu'au nez. L'attaque est souple et les tonalités animales se marient au fruit, formant un ensemble aussi savoureux qu'original. Tout ça à moins de 20 $.

11254268   16,75 $ ★★★ ② ♥

COS
Cerasuolo di Vittoria 2011

Ce domaine phare de Vittoria a bâti sa réputation sur des vins à la forte personnalité. En plus de celui-ci, la SAQ a aussi mis en marché cette année un très bon vin orange, dont les stocks étaient écoulés au moment d'écrire ces lignes. Surveillez les prochains arrivages.

Peut-être n'était-ce qu'une question de contexte – servi frais par une chaude journée d'été –, mais ce 2011 m'a semblé être le millésime le plus complet et le plus complexe depuis son arrivée au Québec. Merveilleusement fruité, sentant la fraise des champs et le bonbon à la réglisse, ce vin embaume le palais de saveurs de fruits, d'épices, de fleurs et de bois de santal aussi longues que séduisantes. Un délice. Mieux, une gorgée de soleil!

11577391   32,75$ ★★★★ ½ ② ♥

CARUSO & MININI
Frappato 2013, Terre di Giumara

Hyper fruité, juteux et affriolant comme seul peut l'être le frappato. Rien de complexe, gouleyant, avec un nez pur de fruits rouges écrasés, une certaine fermeté et des saveurs généreuses en bouche. Si vous aimez le gamay et le pinot noir, le frappato tombera pile dans vos goûts.

11793173   17,80$ ★★★ ½ ② ♥

CUSUMANO
Syrah 2014, Terre Siciliane

Bon vin tannique, mûr, généreux et bien en chair, aux accents de réglisse noire, de garrigue et de viande fumée. Solide et rustique, mais franc de goût et fort satisfaisant. Prenez soin de le servir autour de 15 °C pour en apprécier tout le fruit. Honnête à ce prix.

10960777   14,20$ ★★★ ②

FIRRIATO
Nari 2012, Sicilia

Toujours vendu à un prix d'aubaine, cet assemblage de nero d'Avola (80 %) et de petit verdot est un peu plus costaud en 2012, mais tout aussi juteux, coulant et agréable à boire. Équilibre impeccable.

11905809   13,95 $ ★★★ ② ♥

MASSERIA SETTEPORTE
Etna Rosso 2012

Ce vin puise sa sève et sa singularité dans les cépages nerello mascalese (95 %) et nerello cappuccio, qui s'enracinent dans les sols volcaniques de l'Etna. Très bon vin juste assez austère à l'ouverture, mais également distingué, avec un grain tannique très fin et un heureux mélange d'amertume, de fruit et de minéralité, qui n'est pas sans rappeler de bons rouges de la Côte de Nuits, en Bourgogne. Un léger reste de gaz contribue par ailleurs à sa vitalité. À boire jusqu'en 2018.

12134145   26,90 $ ★★★ ½ ②

PLANETA
Frappato 2014, Vittoria

Arrivée en succursales le 19 novembre 2015 pour ce frappato élaboré par l'une des maisons siciliennes les plus connues à l'international. Séduisant d'emblée avec son nez de confiture de fraises. Léger, affriolant et suffisamment charnu ; on croque dans la grappe ! À boire d'ici 2018. Arrivée à la fin novembre.

En primeur

12640611   24,95 $ ★★★ ②

PLANETA
La Segreta 2013, Sicilia

Issu de nero d'Avola pour moitié, complété de merlot, de syrah et de cabernet franc. La recette est maintenant éprouvée et donne un bon vin rouge affriolant, gorgé de fruit et assez charnu. À boire au cours des deux à trois prochaines années.

898296   16,70 $ ★★★ ② ♥

DONNAFUGATA
Tancredi 2011, Sicilia

Depuis 1983, Giacomo Rallo a insufflé une énergie nouvelle à la Sicile. Son succès a incité plusieurs de ses pairs à revoir leurs méthodes désuètes. Aujourd'hui aidé par ses deux fils, il signe une gamme étendue de vins rouges et blancs impeccables, ainsi qu'un somptueux vin liquoreux.

De toute évidence, un vin élaboré avec grand soin et présentant les plus belles qualités des cépages cabernet sauvignon et nero d'Avola. Coloré, un riche nez de tabac et d'épices; beaucoup de mâche tannique, des saveurs bien liées de prune et de chocolat noir, de l'ampleur et du style. Un vin solide, auquel l'élevage en fûts de chêne français apporte une étoffe supplémentaire, et qui aura encore besoin de quelques années pour se fondre. Un achat du tonnerre si vous aimez les vins de Sicile.

10542129   30,50$ ★★★★ ③ ♥

BAGLIO DI PIANETTO
Ramione 2012, Sicilia

Nez d'épices et de confiture de framboises. La bouche est friande, pleine et gorgée de soleil, avec une profusion de goûts de fruits confits, sur un fond animal, fumé et vanillé. Moins distingué qu'il ne l'était jadis, mais toujours recommandable.

10675693   20,80$ ★★★ ②

DONNAFUGATA
Sedara 2013, Sicilia

Nero d'Avola, complété de merlot, de cabernet sauvignon et de syrah. Bon vin quotidien, gorgé de soleil, mais appuyé sur des tanins assez fermes pour laisser la bouche nette et appeler un second verre. Finale de fleurs séchées et d'épices, bel équilibre entre les éléments et constance exemplaire.

10276457   18,20$ ★★★ ½ ♥

DONNAFUGATA
Sherazade 2013, Sicilia

100 % nero d'Avola, des saveurs affriolantes de fruits noirs évoquant la cerise et le kirsch. Une matière tannique ample, charnue, veloutée et juste assez ferme pour apporter une sensation rassasiante en finale. Excellent achat à moins de 20 $.

11895663   19,95 $ ★★★★ ② ♥

FEUDI DEL PISCIOTTO
Merlot 2012, Valentino, Sicilia

Les propriétaires de Castellare di Castellina se sont aussi aventurés en Sicile. Le nez de ce vin est si bordelais qu'à l'aveugle, on pourrait s'y méprendre. De légères tonalités végétales qui rappellent le poivron rouge grillé, sur un fond fruité généreux, 15 % d'alcool et beaucoup de rondeur, sans tomber dans la mollesse ni la lourdeur. Moderne et de facture internationale, mais techniquement bien fait.

11341716   26,65 $ ★★★ ②

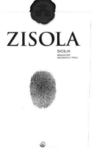

MAZZEI
Zisola 2012, Sicilia

Le vignoble planté il y a une dizaine d'années commence à porter de beaux fruits, si on en juge par la qualité de ce 2012. Plus complet et achevé que par le passé ; le grain tannique est mûr, déployant des goûts généreux de fruits sauvages, sur un fond salin et minéral. Bel exemple de nero d'avola, mis en valeur par un usage judicieux de l'œnologie moderne. À boire sans se presser jusqu'en 2019.

10542225   24,30 $ ★★★ ½ ③

TASCA D'ALMERITA
Cygnus 2011, Sicilia

Ce vin respire la Sicile : fruits sauvages, accents rôtis, notes confites. L'attaque en bouche est très généreuse, au point de paraître sucrée. Le cabernet apporte un support tannique au nero d'Avola et le vin est mis en valeur par un boisé judicieux. Équilibre d'ensemble ; assez classique et de belle facture. Un peu plus de profondeur et c'était quatre étoiles. À boire entre 2016 et 2020.

11896519   21,25 $ ★★★ ½ ③

ESPAGNE

 Nadia Fournier rencontre Marie-Fleur St-Pierre, des restaurants Tapeo et Mesón.

GALICE
Rias Baixas
Ribeira Sacra
Bierzo
Valdeorras
Monterrei

CASTILLE ET LÉON
Toro
Rueda
Ribera del Duero

Rioja

Navarre
Campo de Borja
Calatayud
○ SARAGOSSE
Cariñena

CATALOGNE
Penedès
○ BARCELONE
Priorat
Montsar

ARAGON
Valence
○ VALENCE
Utiel Requena

★ MADRID

CASTILLE LA MANCHE
Jumilla
Yecla
Valdepeñas
Alicante
○ ALICANTE

MURCIE

PORTUGAL

SÉVILLE ○
Montilla Moriles
Xérèz
○ CADIX
ANDALOUSIE
★ GIBRALTAR
Détroit de Gibraltar
MER MÉDITERRANÉE

RIAS BAIXAS

Tout comme sa voisine portugaise (Vinho Verde), l'appellation Rias Baixas, en Galice, est la source de vins blancs originaux et désaltérants. Particulièrement racés lorsqu'ils sont issus du cépage albariño.

ÎLES CANARIES
La Palma
Tenerife
La Gomera
El Hierro
Gran Canaria
Lanzarote
Fuerteventura

L'Espagne viticole est en plein essor! Et plutôt que de foncer tête baissée dans la modernité comme elles l'ont fait au cours des dix dernières années, les *bodegas* de partout au pays effectuent un retour en arrière, de la façon la plus positive qui soit.

Le règne du bois neuf à tout prix et comme seule vertu, la quête obsessive de la puissance et de l'épaisseur tannique et l'omniprésence du tempranillo n'appartiennent pas encore au passé, mais diminuent peu à peu. En contre-partie, on voit ressurgir une foule de vieux cépages qui avaient été délaissés au profit du tempranillo et de variétés internationales. Plusieurs régions viticoles historiques sont aussi remises au goût du jour grâce à l'arrivée de jeunes vignerons qui repensent les méthodes de production, tantôt en se tournant vers l'agriculture biologique.

L'impact se fait sentir jusque dans la très traditionnelle région de la Rioja qui semble en voie d'ajouter un nouveau chapitre à sa longue et fabuleuse histoire. Plusieurs grandes entreprises de la région cherchent encore leur style, oscillant entre tradition et hypermodernisme. D'autres ont fait le pari de maintenir la tradition. Avec raison, parfois.

L'autre bonne nouvelle, c'est que l'offre à la SAQ n'a jamais été aussi excitante! Plusieurs nouveaux produits ont fait ou sont en voie de faire leur entrée sur le marché, dans la foulée de la Grande Dégustation de Montréal, dont l'Espagne est le pays à l'honneur en 2015. Faites-vous plaisir, voyagez en saveurs et sortez des sentiers battus.

‖‖

- Située tout au nord de l'Espagne, entre la Galice et la Rioja, la petite appellation Bierzo a le vent dans les voiles depuis une dizaine d'années. Principal outil des vignerons, le cépage mencía est aussi connu sous le nom de jaen dans la région du Dão.

- À part ceux destinés à la production de vin bon marché, les vignobles d'Espagne sont généralement situés à des altitudes assez élevées. Les vignes de la Rioja et celles de la Ribera del Duero grimpent généralement jusqu'à 600 m et 800 m d'altitude, parfois plus. Le vignoble de la région de Malaga atteint pour le moment une altitude de 1400 m.

- À quelques centaines de kilomètres au large du Maroc et du Sahara Occidental, les Îles Canaries profitent d'une multitude de micro-climats propices à la viticulture. Pas étonnant que chaque île possède sa propre dénomination d'origine et qu'à elle seule, l'île de Tenerife en regroupe cinq, toutes pertinentes.

‖‖

LES DERNIERS MILLÉSIMES

2014

Dans la Rioja, un retour à des formes et à des quantités normales, après deux années de petites récoltes. La saison végétative a été longue, mais des pluies pendant les vendanges ont compliqué la donne dans certains secteurs.

2013

Un gel tardif en début de saison a engendré une petite récolte, puis les vendanges ont été parsemées d'épisodes de grêle et de pluie. Au mieux, on peut espérer des vins plus frais et légers en alcool.

2012

Récolte exceptionnellement faible dans la Rioja. L'une des plus petites des deux dernières décennies. Heureusement, le peu qui a été produit promet d'être excellent.

2011

Un été chaud dans la Rioja a engendré de plus faibles rendements et des vins plus concentrés qu'en 2010. L'été 2011 a été marqué par une sécheresse générale et certaines régions viticoles ont commencé la vendange dès la fin du mois de juillet!

2010

Rendements réduits dans la Rioja et dans Ribera del Duero en raison des pluies printanières; le beau temps qui a suivi permet d'anticiper des vins solides. Année fraîche dans le Priorat, et plusieurs vins particulièrement harmonieux.

2009

Qualité satisfaisante un peu partout au pays. Très bons vins jugés équilibrés et de belle tenue dans la Rioja. Millésime caniculaire dans Ribera del Duero, où des pluies automnales ont été bénéfiques. Belle récolte dans les Penedès; grande chaleur aussi dans le Priorat où les vins manquent parfois d'équilibre.

2008

Qualité variable causée par un été frais, notamment dans la Rioja et dans Ribera del Duero. Dans ces deux régions ainsi que dans les Penedès, les résultats semblent variables, avec tout de même plusieurs vins satisfaisants.

PAZO DE SEÑORANS
Albariño 2014, Rias Baixas

Juste au-dessus de la frontière portugaise, l'appellation Rias Baixas se consacre exclusivement à l'élaboration de vins blancs. Le cépage albariño y donne un vin aromatique et passablement parfumé, désormais très populaire chez nos voisins américains.

Ce domaine est une référence à Rias Baixas. Le 2014 fleure bon la pêche, les agrumes, l'écorce de citron. Toujours plus ample et vineux qu'un vinho verde, mais sec, désal- térant et animé d'un reste de gaz. Un peu convenu comme style, mais rassasiant.

898411   24,90$ ☆☆☆☆ ② ♥

ADEGAS VALMIÑOR
Dávila L-100 2010, Rias Baixas

Produit dans le secteur de O Rosal, ce vin est composé exclusivement de loureiro, l'un des cépages du vinho verde, élevé sur lies pendant six mois. De mémoire, c'est la première fois que je goûte un loureiro aussi intense. La couleur dorée et le nez de fruits tropicaux annoncent un vin expressif et opulent et la bouche est à l'avenant. Très sec, léger en alcool (12,5%), doté d'une acidité qui pince les joues et d'une structure quasi tannique qui n'est pas sans rappeler certains vins blancs d'Anjou. Un exercice de style intéres- sant sur le thème de la maturité et de l'exubérance; somme toute très harmonieux. Hélas, ce n'est pas donné.

12103728   47$ ☆☆☆ ½ ③

PACO & LOLA
Albariño 2013, Rias Baixas

Bien qu'un peu moins minéral que d'autres vins de l'appellation, ce vin de Galice compense par la pureté de ses parfums de pêche et d'agrumes. Un bon vin d'apéritif à boire avec des huîtres et un trait de lime, au cours des deux prochaines années.

12475353   18,80$ ☆☆☆ ①

BODEGA DEL ABAD
Godello 2012, Gotin del Risc, Bierzo

Dans la partie sud-est de la Galice, non loin de Bierzo, l'appellation Valdeorras connaît depuis quelques années une véritable renaissance, grâce au succès

des vins de Godello, un cépage blanc indigène qui était largement répandu dans la région avant la crise du phylloxéra.

Très bon vin blanc sec dont l'arrivée à la SAQ est prévue pour début novembre. Juste à temps pour la Grande Dégustation de Montréal, dont le pays invité cette année est l'Espagne. Modérément intense en bouche, le vin ne manque cependant pas de caractère et présente une trame minérale très fine, qui apporte une structure à l'ensemble. Les saveurs sont pures, avec des notes citronnées et végétales qui rappellent le thé blanc, animées d'un reste de gaz. Hyper digeste, avec une salinité qui appelle la soif. Franchement, à ce prix, on en ferait provision à la caisse.

12492807   17,95$ ☆☆☆☆ ② ♥

Godello 2013, Dom Bueno, Bierzo

Bon vin de godello qui charme par ses goûts d'agrumes, de poire et de fruits tropicaux, de même que par sa trame acidulée, doublée d'une saine amertume. Du caractère et un léger reste de gaz pour la vitalité. Un bon achat à ce prix.

11963486   18,35$ ☆☆☆ ½ ② ♥

Godello 2013, Bierzo

La bouteille ouverte en août 2015 montrait une évolution précoce, avec des odeurs de cire d'abeille et de safran. Choc du transport? Cela dit, la texture en bouche et l'équilibre du vin étaient irréprochables. Des saveurs mûres témoignent d'un fruit cueilli à point et la finale fait preuve d'une certaine complexité. Arrivée en succursales en février 2016.

12473930   30$ ☆☆☆ ②

GODELIA SELECCIÓN
Bierzo 2011

Belle bouteille issue de vignes qui s'enracinent dans les sols de Bierzo depuis maintenant 81 ans. Profondeur, tenue et élégance ; beaucoup de volume et de la retenue, aussi. Excellente longueur en bouche et sensation de plénitude ! À boire sans se presser jusqu'en 2020.

12276805   28,95$ ☆☆☆☆ ② ♥

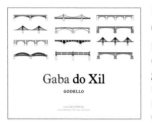

RODRÍGUEZ, TELMO
Godello 2014, Gaba do Xil, Valdeorras

Bien qu'il soit composé de godello à 100 %, ce vin blanc frais évoque presque le sauvignon blanc, au nez comme en bouche. Généreusement aromatique et plutôt bien servi par l'œnologie à défaut d'être aussi distinctif que par le passé. Bon vin d'apéritif.

11896113   17,25$ ☆☆☆☆ ②

VIÑA MEIN
Ribeiro 2013

Treixadure, godello, loureiro, torrontés, albariño et lado. Modérément aromatique, entre les fruits blancs, les agrumes et les fleurs, ces dernières rappelant la présence du torrontés. Salinité, fraîcheur et amertume fine ; un bon vin blanc singulier et désaltérant.

11903686   19,15$ ☆☆☆ ½ ② ♥

VIRXEN DE GALIR
Godello 2013, Pagos del Galir, Valdeorras

Très bon vin blanc réunissant les vertus caractéristiques de cette variété galicienne. Vibrant de fraîcheur et de minéralité, avec des notes de fruits tropicaux, du gras et une délicieuse amertume en fin de bouche. À ce prix, vraiment, rien à redire.

12296515   17,40$ ☆☆☆ ½ ② ♥

LÓPEZ DE HEREDIA
Viña Tondonia, Rioja Reserva 2003

Cette vénérable maison de la Rioja Alta a bâti sa réputation avec des vins de facture très traditionnelle, qui bénéficient d'une longue période de vieillissement. La cave, située à Haro, héberge en moyenne une dizaine de millésimes qui terminent lentement leur élevage, en attendant d'être commercialisés. À titre d'exemple, en 2015, l'entreprise mettait en vente le Gran Reserva Rosado 2000! Un rosé pour le moins hors norme.

«Si 2002 est un st-julien, 2003 est un pauillac. Plus de structure, plus de poigne.» C'est ce que me disait María José López de Heredia en janvier 2015, lors d'une visite dans la Rioja. Vrai, ce 2003 a beaucoup de mâche et pas la moindre lourdeur. Comme quoi la canicule n'a pas frappé toutes les régions d'Europe avec la même intensité. Très solide, derrière son attaque en apparence souple, coulante, joufflue. Un grain poli et compact, des saveurs élégantes, une longue finale fraîche et racée. Déjà ouvert et prêt à boire. Excellent!

11667901   44$ ★★★★ ②

BARON DE LEY
Rioja Reserva 2010

Le nez est déjà engageant, aux notes de boîte à cigare, de cèdre et de cuir. L'empreinte boisée se mêle de façon élégante au fruit et aux tanins charnus; beaucoup de chair autour de l'os et impression générale fort rassasiante. Il gagnera peut-être en profondeur d'ici 2019.

868729   22,05$ ★★★→? ③

CONDE VALDEMAR
Rioja Reserva 2008

Membre du groupe familial Martinez Bujanda, cette bodega possède 400 hectares de vignes dans la Rioja. À prix on ne peut plus attrayant, il faut saluer le charme presque exotique de ce vin maintenant à point. Des tanins velours, des parfums de fruits secs, de bois de santal et de cuir et une fin de bouche distinguée et distinctive, à la fois terreuse, animale et fruitée. Le charme dépouillé de la vieille Europe. À boire entre 2016 et 2020.

882761   21,95$ ★★★ ½ ② ♥

CONTINO

Rioja Reserva 2009

Ce vin provient d'un domaine appartenant à CVNE. Sur un mode assez frais et digeste, malgré ses 14 % d'alcool, le 2009 met en relief la droiture et les tanins veloutés propres aux bons vins de cette grande région, sans artifice ni maquillage superflus. Déjà à point, même s'il est solidement charpenté. Fin de bouche chaleureuse aux goûts de tabac, de cigare, de cerise confite et de fumée. Un peu plus de profondeur et c'était quatre étoiles.

1347159   24,95 $ ★★★ ½ ②

COTO DE IMAZ

Rioja Gran Reserva 2005

Cette *bodega* créée en 1970 produit des vins souples et fruités, pas les plus profonds de Rioja, mais privilégiant la vitalité à la concentration. Étonnamment nourri et enrobé pour un 2005, sans la moindre sécheresse tannique. Pas le plus complexe des Gran Reserva, mais un très bon vin à point et ouvert comme en fait foi sa finale capiteuse aux accents de champignons porcini séchés.

11962651   33,50 $ ★★★ ②

CVNE

Rioja Gran Reserva 2009 Imperial

CVNE pour Compania Vinicola del Norte de España – prononcer « cou-ni ». Beaucoup de style et de caractère dans ce vin dépouillé et raffiné. Un exemple classique de Rioja, tant par le soyeux de son grain que par sa densité et ce profil aromatique unique, qui marie le tabac, la menthe séchée, le bourbon, les fruits secs et le cuir. Fin de bouche un peu sèche, mais pas décharnée. Belle bouteille pour découvrir le goût d'une autre époque.

12203796   49,25 $ ★★★ ½ ②

MARQUÉS DE RISCAL

Rioja Reserva 2010

J'aime bien ce style classique de la Rioja. Même avec le boisé américain, même avec les parfums de bourbon. Une structure considérable, un sens exemplaire des proportions et beaucoup de longueur. Bon dès maintenant et pour les cinq prochaines années encore, sinon plus.

10270881   25,15 $ ★★★→★ ② ♥

VINS ROUGES – RIOJA – CLASSIQUE   **231**

IJALBA
Rioja Reserva 2010

Les vins de cette cave de Logroño suscitent régulièrement des commentaires élogieux dans *Le guide du vin* depuis leur arrivée sur le marché québécois. Chez Ijalba, on s'est donné pour mission de préserver le patrimoine viticole de la Rioja en réintroduisant des variétés que l'Institut national des dénominations d'origine avait fait arracher au profit du populaire tempranillo.

Concentré, riche en tanins mûrs et bien équilibré. Le bois, quoique bien présent, joue surtout un rôle de faire-valoir. Ijalba semble d'ailleurs faire preuve de plus de sagesse que par le passé à cet égard. Les goûts de cerise mûre, de cuir et de vanille bourbon se marient harmonieusement et le vin nous laisse sur des accents de graphite et sur de délicates notes amères qui rehaussent le fruit. Déjà excellent, mais il n'atteindra son apogée que dans trois ou quatre ans. Une réussite très convaincante à un prix raisonnable.

478743   22$ ★★★★ ② ♥

BODEGAS MORAZA
Rioja Tinto Joven 2013

Issu de l'agriculture biologique, ce Rioja séduit avant tout par son caractère juvénile, comme l'indique son nom (*joven* signifie «jeune» en espagnol). Un vin qui devrait plaire à l'amateur de rioja moderne par ses tanins assez fermes pour encadrer le fruit et son attaque en bouche nerveuse, qui rehausse ses accents de sapinage et d'épices. Finale très singulière aux notes florales qui évoquent la rose. Prix attrayant.

12473825   17,85$ ★★★★ ② ♥

COSME PALACIO
Rioja Vendimia Seleccionada 2011

Fruit d'un très bon millésime dans la région, le 2011 regorge de fruit; la bouche est mûre, sur une base tannique assez ferme. Pas de goût boisé, mais une délicate amertume en finale qui lui donne un air juste assez austère, mais pas trop.

237834   18,85$ ★★★ ②

EL COTO DE RIOJA

Rioja Crianza 2011

Fidèle à l'esprit du millésime, le 2011 est mûr et concentré ; des senteurs de cuir et de viande lui confèrent un petit côté sauvage. Les tanins sont polis, assouplis par quatre années d'élevage, et l'ensemble est soutenu par une acidité digne de mention. Modeste, mais assez typé de la Rioja avec sa finale aux accents de vanille bourbon. Prix attrayant.

12347159   17,30 $ ★★★ ② ♥

FINCA VALPIEDRA

Rioja Viña Bujanda, Crianza 2011

Bon exemple de rioja moderne : souple et charnu, des fruits confits, de la réglisse, mais aussi des notes un peu terreuses qui apportent une agréable originalité. Pas complexe, mais assez typé et très facile à apprécier, surtout s'il est servi autour de 16 °C.

11557509   15,90 $ ★★★ ② ♥

IJALBA

Rioja Graciano 2012

Dégusté de nouveau en septembre 2015, ce très bon rioja issu à 100 % de graciano – un cépage longtemps délaissé au profit du populaire tempranillo – adopte un style plus leste et plus gourmand en 2012. Ample, volumineux et riche en saveurs fruitées bien mûres, il ne manque pourtant pas de tonus. Rien de complexe, mais original et simplement savoureux.

10360261   21,55 $ ★★★ ½ ②

MUGA

Rioja Reserva 2011

Muga évolue dans un registre un peu à part : pas tout à fait moderne, mais pas vraiment classique non plus. Bien qu'il m'ait paru passablement évolué lorsque goûté en août 2015, ce 2011 demeure un très bon vin. Boisé, mais sans excès, compact, fruité et bien structuré ; des tanins un peu secs accompagnent les notes caractéristiques de torréfaction. Persistance appréciable.

855007   23,55 $ ★★★ ②

YLLERA

Rioja Coelus 2013, Joven

Un vin 100 % tempranillo. Si vous vous êtes déjà arrêté au hasard de la route, dans un petit restaurant de campagne en Espagne, il y a de fortes chances que le vin rouge qui accompagnait votre repas ressemblait à ce jeune rioja. L'exemple même d'un bon rouge de table, qui se boit bien ; modérément charnu, avec des goûts de fruits secs, de tabac, de réglisse. Bien tourné et vendu à prix d'aubaine.

12699091   11,35 $ ★★★ ② ♥

PÉREZ, RAÚL
Ultreia Saint Jacques 2012, Bierzo

La contre-étiquette nous apprend que ce vin de Bierzo est issu de vignes de mencía, plantées en 1889 à une altitude de 537 m. Est-ce l'âge des vignes ou l'air frais des montagnes qui donnent à ce vin espagnol des airs de vin de région septentrionale?

Difficile à dire, mais ce qui ne fait aucun doute, c'est que ce bierzo est incroyablement digeste. Un nez qui évoque le gamay, une attaque en bouche nette et fraîche, des tanins serrés, une chair fruitée généreuse et des saveurs d'une pureté exemplaire. Beaucoup de plaisir en bouche et une finale saline et minérale. Peut-être bien l'un des meilleurs vins de Bierzo que j'ai bu au cours des dernières années. Par conséquent, une note presque parfaite et une Grappe d'or!

12331835   24,95$ ★★★★ ½ ② ♥

BODEGAS ESTEFANIA (TILENUS)
Bierzo 2007, Pagos de Posada

Peut-être un peu moins puissant et solide que le somptueux 2004 commenté dans les éditions précédentes du *Guide du vin*. N'empêche, ce vin de Bierzo maintenant âgé de près de 8 ans se situe dans une classe à part. Parfaitement ouvert et à point, le vin repose sur un tissu velouté, presque dépourvu d'aspérités tanniques; les saveurs de fruits frais ont fait place à des notes de sous-bois, de terreau, de tabac et de fruits secs. Pas donné, mais à près de 40$, on a beaucoup de vin dans le verre et un très bel aperçu de ce que réserve la région de Bierzo à ceux qui ont la patience d'attendre.

10855889   39$ ★★★ ½ ①

BODEGAS ESTEFANIA (TILENUS)
Bierzo 2012, Joven

Cette *bodega* d'une trentaine d'hectares a été fondée en 2000 par un important producteur laitier de la région de Burgos. Le porte-étendard de la maison est certainement le Pagos de Posada, une cuvée phare de l'appellation Bierzo. Ce *joven* (jeune) porte très bien son nom puisqu'il déploie tout le charme juvénile du cépage mencía. Une pointe de gaz rehausse des saveurs pures de bleuet, de mûre et de fleurs, sur un fond délicatement épicé. Un bon vin rouge de soif, pas très profond, mais digeste et facile à boire. Bon prix.

12485720   17,70$ ★★★ ② ♥

CASTRO VENTOSA

**Bierzo 2010,
El Castro de Valtuille**

Un an plus tard, cet excellent vin rouge de Bierzo issu de vieilles vignes de mencía n'a rien perdu de son lustre. On y trouve toujours ce caractère un peu sauvage et cette puissance contenue; l'attaque en bouche est à la fois caressante et tonique, grâce à des tanins juste assez denses, qui se resserrent en une finale racée et vaporeuse.

11155569   25,60$ ★★★★ ② ♥

CASTRO VENTOSA

Mencía Joven 2013, El Castro de Valtuille, Bierzo

Impeccable cette année encore. Juteux, gourmand, frais, coulant, pimpant et digeste, même avec une teneur en alcool de 14 %. Savoureux, gorgé de fruit, leste, notes florales. Parfaitement sec, mais il paraît presque sucré tant le fruit est mûr et juteux. Un très bon vin de semaine, dont la constance et le rapport qualité-prix méritent d'être soulignés.

11668145   16,95$ ★★★ ½ ② ♥

CASTRO VENTOSA

Bierzo 2013, Mencía Tinto

Tout nouveau sur le marché, un bon vin de soif issu du cépage mencía. Nez séduisant, entre la fleur et le poivre; attaque en bouche franche; fruits noirs rehaussés d'une fine amertume. Qualité appréciable pour cette gamme de prix. Rien de complexe, mais un bon vin conçu pour la table, à la fois chaleureux et doté d'une certaine austérité fort attrayante.

12572866   15,90$ ★★★ ②

RODRÍGUEZ, TELMO

**Gaba do Xil 2013,
Mencía, Valdeorras**

À l'ouverture, on note une légère réduction, qui s'estompe rapidement avec l'aération. Pour le reste, quelle fraîcheur et quelle «buvabilité»! Telmo Rodríguez démontre une fois de plus son talent à produire des vins de facture moderne, fidèles à leurs origines. Coulant, plein de fruit, avec des notes de fleurs séchées, de poivre, de garrigue. Beaucoup de vin dans le verre pour le prix!

11861771   18,45$ ★★★★ ② ♥

ABADIA RETUERTA
Seleccion Especial 2010, Sardon de Duero

Situé à proximité de la zone de Ribera del Duero, ce vaste domaine historique a été revitalisé depuis une dizaine d'années par les investissements massifs d'une société suisse et par le soutien technique de l'ancien régisseur du Château Bélair, à Saint-Émilion – aujourd'hui Bélair Monange –, Pascal Delbeck, qui collabore avec l'œnologue en poste, Ángel Anocíbar.

Dans la continuité des derniers millésimes, un excellent vin de facture moderne, mais doté d'une élégance certaine, tant par son empreinte boisée fine, que par son grain tannique tendre et suave, juste assez solide, mais sans excès. Une proportion de cabernet sauvignon n'est sans doute pas étrangère à sa fraîcheur aromatique et à sa vigueur. Un vin très sérieux, dont la qualité et l'envergure n'ont rien à envier à ceux de Toro ou de Ribera del Duero.

10856101   30$ ★★★→★ ③ ♥

CHARTIER – CRÉATEUR D'HARMONIES
Ribera del Duero 2013

Le sommelier François Chartier commercialise ce vin rouge de facture moderne, qui demeure malgré tout fidèle à l'idée d'un bon tempranillo. Rien de grossier ni d'épais, mais une agréable souplesse et un bon usage du bois qui nourrit sa charpente tout en apportant des nuances de cacao et d'espresso. Rien de profond, mais un bon vin de Ribera del Duero adapté à la table.

12246622   20$ ★★★ ②

FINCA VILLACRECES
Pruno 2013, Ribera del Duero

J'avais beaucoup aimé le 2011, commenté l'an dernier, mais je suis restée perplexe devant ce 2013. Goûté en juillet dernier le vin était fortement marqué par l'élevage, avec un nez fumé et torréfié. En bouche, des tanins secs et une amertume prononcée. Cependant, la matière fruitée très dense, qui se dessine sous le bois me permet d'être optimiste quant à son avenir. Encore jeune, pourrait révéler des surprises d'ici 2017.

11881940   22,45$ ★★ ½ → ? ③

FRONTAURA

Aponte 2005, Toro, Reserva

Toro a tous les atouts pour produire des vins d'exception: vignobles d'altitude, ceps centenaires de tempranillo, investisseurs sérieux, etc. Pourtant, cette appellation située à mi-chemin entre Ribera del Duero et le Portugal brille souvent plus par sa puissance brute que par sa subtilité. Il faut donc souligner l'élégance et la retenue de ce vin qui, bien que très charnu et concentré, n'a rien de brutal ni d'excessif. Passablement séveux et doté d'une finale assez complexe et persistante. Très bon rapport qualité-prix.

12259407 24,55$ ★★★★ ② ♥

PRADO REY

Ribera del Duero 2013

Prado Rey est une marque de la *bodega* Real Sitio de Ventosilla, un moteur de l'appellation Ribera del Duero, avec une production annuelle de plus de deux millions de bouteilles. Bon 2013 de qualité satisfaisante, avec des parfums de kirsch, d'épices et de fleurs séchées. À boire d'ici 2017 pour savourer son fruité juvénile.

585596 16,40$ ★★★ ②

TORRES

Ribera del Duero 2012, Celeste

Dans la continuité des derniers millésimes, un vin rouge moderne, qui met en relief des parfums de cuir et de fruits secs, sur un fond généreusement vanillé. Bien, mais nettement moins complet et rassasiant qu'à son entrée sur le marché il y a environ dix ans.

11741285 21,60$ ★★ ½ ②

GRATAVINUM
Priorat 2010, 2 π R

Fondée en 2001 dans le secteur de Gratallops, cette bodega est le petit bijou de la famille Cusiné de Parés Baltà. Parfois un peu sévère en jeunesse, les vins de Gratavinum révèlent beaucoup d'élégance après quelques années de vieillissement en bouteille.

Déjà passablement ouvert lorsque goûté en août 2015, le 2010 présentait à l'ouverture des parfums de sous-bois et de champignons séchés. Passablement puissant, bien que tout en rondeur, velouté et solidement constitué. Loin de masquer le fruit, le bois lui donne encore plus de relief et d'élan. Des couches de saveurs fruitées, animales, terreuses et salines; profondeur, complexité et persistance. Un vin absolument savoureux, à boire au cours des quatre prochaines années.

11307163   30,25$ ★★★★ ②

BUIL & GINÉ
Giné 2013, Priorat

De très vieilles vignes de grenache et de carignan (nommé samsó dans la région) et un usage modéré de la barrique donnent un vin capiteux (15% d'alcool), puissant, mais pas épais. Loin d'être aussi exubérant que d'autres vin du Priorat, mais assez net, avec une finale qui rappelle le kirsch et les fleurs séchées.

11337910   20,95$ ★★★ ②

L'INFERNAL
Priorat 2012, RIU

L'antenne de Laurent Combier, Peter Fischer et Jean-Michel Gerin dans le Priorat. RIU – qui signifie sourire en catalan – est le deuxième vin du Aguilera. Une autre réussite pour cette cuvée de carignan, de garnacha et de syrah; on joue davantage dans le registre des herbes, du minéral et de la terre que du fruit. Joufflu, gourmand et juste assez charnu avec un grain tannique qui lui donne des airs de vin roussillonnais.

12134170   30$ ★★★→★ ③

MAS IGNEUS

Priorat 2011, FA206

Produit dans le secteur mythique de Gratallops, au cœur du Priorato, un très bon vin rouge majoritairement composé de grenache. Nez exubérant de confiture de bleuets; costaud, ample et presque épais en bouche, tant son fruit est dense. Sa consistance et son équilibre lui garantissent un bel avenir.

10358671   29,65$ ★★★ ½ ③

TORRES

Priorat 2012, Laudis

Moins complet que le savoureux 2011 commenté l'an dernier. Le fruit est mûr et les tanins bien polis par l'élevage, mais le vin tombe court en finale. Une bonne note pour sa finale fraîche, soutenue par une saine acidité.

12117513   25,30$ ★★★

VALL LLACH

Priorat 2010, Porrera Vi de Vila

Carignan (70%) et garnacha ont été plantés il y a environ un siècle, suite à la crise du phylloxéra. J'ignore si ce sont les vinifications en amphores sur le carignan qui confèrent à ce vin une telle puissance contenue et un équilibre étonnant, malgré ses 15,5% d'alcool. Très intense, avec une profusion de tanins et de fruit mûr, mais en harmonie. Avec l'aération, le vin s'ouvre sur des tonalités florales, chocolatées, épicées et laisse en bouche une sensation capiteuse, parfumée de kirsch. À boire idéalement d'ici 2020.

12539337   82$ ★★★→? ③ Ⓢ

VALL LLACH

Priorat 2012, Embruix

S'il s'impose avec son nez capiteux, cet assemblage de garnacha, carignan, cabernet sauvignon, merlot et syrah n'accuse aucune lourdeur. Étonnamment frais malgré ses 16% d'alcool, entre autres grâce à une bonne proportion de présence au carignan, qui conserve une bonne acidité, même à parfaite maturité. Finale vaporeuse et très rassasiante dont les saveurs de chocolat noir et de cerise confite rappellent un peu celles d'un cherry blossom, le sucre en moins. À boire d'ici 2020.

10508131   35,75$ ★★★ ② ▼

D'ANGUERA, JOAN
Altaroses 2013, Montsant

Josep d'Anguera a été le premier vigneron à introduire le cépage syrah dans Montsant, une région qui ceinture le Priorat et constitue une alternative économique à son illustre voisin. En reprenant le flambeau, ses fils Joan et Josep ont converti le vignoble à la biodynamie et progressivement délaissé la syrah au profit de la garnatxa (grenache), un cépage plus « local ».

ALTAROSES
GRANATXA FINA DE DARMÓS

d'A
JOAN D'ANGUERA DARMÓS · 1820

2013

MONTSANT
DENOMINACIÓ D'ORIGEN

PRODUCTOR, ELABORADOR, EMBOTELLADOR
JOAN D'ANGUERA, DARMÓS
PRODUCE OF SPAIN / ESTATE BOTTLED

La cuvée Altaroses illustre à merveille le nouvel esprit du domaine. Un vin absolument délicieux dont la pureté n'a d'égale que la fraîcheur. Ample et riche d'une foule de détails aromatiques, mais également une interprétation sobre et contenue du terroir de Montsant, dépourvue de goûts boisés et autres artifices superflus. Tout le charme du grenache, sans l'aspect capiteux. Digeste et aérien, malgré ses 14 % d'alcool. Le vin de soif automnal par excellence!

12575223 23,50$ ★★★★ ② ♥

BARONIA DEL MONSANT
Englora 2008, Montsant

Des parfums de plan de tomates au nez annoncent un certain caractère végétal. Du bois, des notes fumées, cacaotées; des tanins suaves, fondus et assez élégants. La finale manque un peu de vivacité, mais l'ensemble demeure harmonieux.

12560582 22,90$ ★★★ ②

BARONIA DEL MONSANT
Flor d'Englora Roure 2010, Crianza, Montsant

Un peu timide à l'ouverture, ce 2010 ne se révèle pleinement qu'après une heure d'aération en carafe. Pas très riche en fruit, assez charnu et pourvu d'une bonne acidité, garante de fraîcheur. Arrivée en novembre 2015.

12259141 19,75$ ★★★ ② ⚗

CAN BLAU
Blau 2014, Montsant

Le nez semblait moins marqué par l'élevage, mais en bouche, le vin s'inscrit dans la lignée des derniers millésimes: généreux, flatteur et savamment boisé, marqué des accents torréfiés que cela suppose. Pas mal, tout de même stéréotypé.

11962897   19,50$ ★★★ ②

CAN BLAU
Can Blau 2013, Montsant

Abstraction faite des odeurs persistantes de café moka et des accents fumés, ce vin composé de mazuelo (carignan), de grenache et de syrah est fort harmonieux. Des tanins fermes, enrobés d'une chair fruitée mûre et d'une franche acidité. Fini un peu rugueux et rudimentaire, ce qui n'est pas forcément désagréable.

12658627   24,95$ ★★★ ②

CELLER DE CAPÇANES
Monsant 2013, Mas Collet

La cave coopérative de Capçanes produit un très bon vin courant, composé de grenache, de tempranillo, de carignan et de cabernet sauvignon. Un peu de réduction au nez; la bouche est vive, pimpante, avec de la poigne et du nerf. On sent l'apport du carignan: un peu rustique, mais il a aussi plus de caractère que la moyenne. Rapport qualité-prix fort intéressant.

642538   17,55$ ★★★ ½ ②

CELLER DE L'ERA
Bri 2010, Montsant

Cet assemblage de grenache, de carignan et de cabernet franc n'était pas très aromatique lorsque goûté en août 2015, mais il offrait beaucoup de plaisir en bouche. Équilibré, frais et modérément alcoolisé pour la région (13,5%). Un soupçon de poivron rouge et de poivre rappelle le cabernet franc et le vin présente une agréable fraîcheur tannique, avec un grain serré. Laissons-le reposer en cave au moins jusqu'en 2017, le temps qu'il gagne en nuances.

12574394   23$ ★★★→? ③

TORRES
Mas La Plana 2010, Penedès

Au début des années 1960, de retour en Catalogne après des études à Dijon, Miguel Torres a introduit le cépage cabernet sauvignon sur les terres familiales. Le succès du vin qu'il a créé en 1970 ne s'est jamais démenti. Encore aujourd'hui, le Mas La Plana demeure le porte-drapeau de la grande entreprise de Villafranca de Penedès.

Ce 2010 – cuvée 40e anniversaire – est particulièrement achevé. Un excellent vin ferme et structuré, de forme très classique, au caractère marqué par le cabernet sauvignon. Stylé, intense, pas exubérant, mais retenu, complet, complexe et de grande qualité. À boire sans se presser jusqu'en 2022.

10796410   57,75$ ★★★→★ ③

ALBET I NOYA
Tempranillo 2013, Classic, Penedès

À prix attrayant, un bon vin charnu composé de tempranillo (ull de llebre) planté il y a une quarantaine d'années, à 300 m d'altitude et cultivé en bio. Un peu sur la réserve en août 2015, mais le vin a de la mâche fruitée et du nerf et s'avère rassasiant à ce prix.

10985801   16,95$ ★★★ ② ♥

ESPELT
Sauló 2014, Empordà

Saveurs affriolantes de bleuet, de cerise noire, de framboise noire, de cassis, rehaussées d'un léger reste de gaz. Pas de goût boisé, mais beaucoup de chair et de fruit dans ce vin coulant et soutenu par un joli grain tannique juste assez rugueux. Bon rapport qualité-prix.

10856241   15,10$ ★★★ ② ♥

ESPELT
Vidivi 2012, Empordà

Cette jeune cave familiale fondée en 2000 par la famille Espelt gère 200 hectares de vignes, ce qui en fait le plus important vignoble d'Empordà, région catalane située au bord de la mer Méditerranée. Issu d'un assemblage de grenache, de merlot et de cabernet sauvignon élevés en fûts de chêne français pendant huit mois, ce vin nouvellement arrivé à la SAQ regorge de fruits sauvages, sur un fond de garrigue et d'épices. On dénote un soupçon de verdeur en fin de bouche, mais surtout une fraîcheur végétale et une trame tannique très franche. Vendu en bouteille de 500 ml, un format intéressant pour les soirs de semaine.

12476014   14,30 $ (500 ml)   ★★★ ②

TORRES
Sangre de Toro 2013, Catalunya

Un classique espagnol, pour les bonnes raisons. Toujours le même bon vin issu de la garnacha mûre, dodu, gourmand, sans maquillage superflu, mais avec toute la fraîcheur voulue.

6585   13,70 $ ★★★ ②

TORRES
Gran Sangre de Toro 2011, Catalunya

Chaque année, j'aime redécouvrir ce vin de garnacha, de mazuelo (carignan) et de syrah. On n'a pas succombé à l'attrait du sucre et des saveurs boisées et c'est tant mieux. Plutôt un bon vin typiquement catalan, juteux, gorgé de fruit mûr, limite confit, et d'un bon équilibre.

928184   19,05 $ ★★★ ②

TORRES
Gran Coronas 2011, Penedès

Cabernet sauvignon (85 %), complété de tempranillo. Particulièrement mûr et généreux en 2011 il me semble. Attaque en bouche ample et nourrie, sur des tanins ronds, tissés serrés. Déjà agréable à boire et apte à se bonifier jusqu'en 2017.

36483   20,95 $ ★★★ ②

LUZON

Jumilla 2010, Altos de Luzon

En bordure de la Méditerranée, l'appellation Jumilla connaît une véritable renaissance depuis qu'une poignée de vignerons ont entrepris de restaurer d'anciennes caves laissées à l'abandon, ainsi que des vignobles presque centenaires, plantés de mourvèdre. Fondé en 1916, ce très vaste domaine a lui-même été entièrement restauré suite à son rachat, vers la fin des années 1990.

Très peu volubile à l'ouverture, un peu brouillon même. Dégusté de nouveau le lendemain, l'expérience était tout autre. Les saveurs caractéristiques de mûre et de cuir du mourvèdre s'exprimaient avec générosité, sur des tanins serrés et veloutés. Très bon déjà, mais il est loin d'avoir atteint son apogée. Si vous aimez le goût des vins évolués, n'hésitez pas à le laisser reposer en cave encore trois ou quatre ans.

10858131   25,65$ ★★★ ½ ③

Alfynal 2010, Alicante

Depuis qu'il a quitté Cos d'Estournel, Bruno Prats s'est aventuré au Portugal (Prats & Symington), puis en Espagne dès 2009. Vendu pour la première fois à la SAQ, ce vin d'envergure est composé exclusivement de monastrell élevé en fûts de chêne français. Le 2010 m'a paru bien moins capiteux et puissant que d'autres monastrells sur le marché. Les tanins sont mûrs et se dessinent en bouche avec une certaine retenue. Très bon, mais le prix laisse songeur, hélas! À boire entre 2016 et 2020.

12338121   50,75$ ★★★ ½ ② ▼

JUAN GIL

Jumilla 2014, Vieilles Vignes

Élaborés dans un style toujours plus flatteur que ceux de Luzon, les vins de Juan Gil n'en sont pas moins agréables. Bon 2014 plein et nourri de saveurs mûres; chaleureux sans être lourd, au goût de fruits noirs sur un fond torréfié. Très bon vin moderne à moins de 20$.

10858086   15,50$ ★★★ ②

JUAN GIL

Monastrell 2013, Jumilla

Des vignes de monastrell âgées de 40 ans donnent un vin particulièrement intense en 2013. Imposant, capiteux (15 % d'alcool), coloré et musclé ; très caractéristique des vins provenant de ce coin ensoleillé et parfois surchauffé de la péninsule ibérique. Des goûts de confiture de framboises en finale lui donnent des airs de zinfandel, l'acidité en moins. À boire sans se presser jusqu'en 2020.

10758325   21,55 $ ★★★ ②

LUZON

Jumilla 2014, Organic

Très coloré et gorgé du soleil de la Méditerranée ; juteux, plein en bouche et capiteux, mais heureusement tonifié par un léger reste de gaz. Une délicate astringence en finale met le fruit et les goûts de viande fumée en relief et rend le vin encore plus rassasiant.

10985780   15,95 $ ★★★ ½ ② ♥

LUZON

Jumilla 2011, Crianza, Selección 12 meses

Au nez, des parfums de caoutchouc brûlé peu attrayants qui s'estompent après une longue aération. Un élevage en fûts français (80 %) et américains apporte des goûts torréfiés et une sucrosité supplémentaire – était-ce nécessaire ? – à une texture déjà épaisse et riche en alcool. Du volume, une tonne de fruits confits et de la puissance. À moins de 20 $, les amateurs du genre en auront pour leur argent.

12662044   18,95 $ ★★★ ②

OROWINES

Jumilla 2014, Comoloco Organico

En exclusivité dans les succursales SAQ Dépôt, un bon vin de soleil, composé à 100 % de monastrell (mourvèdre). Plein en bouche, une sensation quasi sucrée en attaque tant le fruit est mûr et juteux ; le tout est encadré de tanins passablement fermes et tonifié par un léger reste de gaz carbonique. Savoureux et abordable.

12207957   17,05 $ ★★★ ②

ARTAZU

Garnacha 2014, Artazuri, Navarra

Figure très connue de la Rioja, Juan Carlos López de la Calle a récemment créé deux vignobles dans les régions d'Alicante et en Navarre. Chaque année, j'ai du mal à résister au charme de cette garnacha, qui était le cépage à l'honneur à la Grande Dégustation de Montréal 2015.

Toujours la même attaque en bouche à la fois gourmande et nerveuse, qui regorge de saveurs de fruits noirs, d'épices et de fleurs séchées et qui laisse en bouche une sensation fraîche et tonique, malgré les 14,5 % d'alcool. On peut acheter les yeux fermés. D'autant plus que la bouteille est coiffée d'une capsule à vis, ce qui élimine les risques de mauvaises surprises. Quatre étoiles bien méritées dans sa catégorie.

10902841   15,45$ ★★★★ ② ♥

ATECA

Garnacha 2014, Honoro Vera, Calatayud

Très bon garnacha tout en fruit. Les deux mois de fermentation en fûts de chêne français nourrissent le vin sans l'alourdir. Généreux, gourmand et très rassasiant avec sa fin de bouche ample, gorgée de cerise et de cacao.
À boire au cours des trois prochaines années.

11462382   16$ ★★★ ② ♥

ATECA

Vieilles Vignes 2013, Atteca, Calatayud

Maison fondée en 2005 par la famile Gil Vera, aussi propriétaire de Bodegas Juan Gil (Jumilla). Le vin est issu de 100% de grenache et affiche 15% d'alcool ; un léger reste de gaz pour la fraîcheur, un grain ferme et serré pour le tonus. Ample, plantureux et taillé pour plaire à un public en quête de sensations fortes, mais tout de même harmonieux à sa manière. À boire entre 2016 et 2019.

10856873   23,45$ ★★★ ②

BRECA
Grenache 2012, Vieilles Vignes, Calatayud

Autre trophée au tableau de chasse de Jorge Ordóñez. Un vin ambitieux dont les saveurs exubérantes de confiture de framboises et de réglisse reposent sur des tanins épais et gommeux. Pas trop de parfums boisés, mais une certaine sucrosité, attribuable à une richesse alcoolique de 15,5%. L'amateur de vins puissants et concentrés y trouvera son compte à prix sensé.

11996456   22,50$ ★★★ ②

CASA DE ILLANA
Crianza 2009, 3de5, Ribera del Júcar

Située au sud de Madrid, la région viticole de la Manche est la plus productive du pays. Même s'il est un peu moins complet que le délicieux 2006, lauréat d'une Grappe d'or il y a deux ans, cet assemblage de merlot, de syrah, de cabernet sauvignon et de petit verdot est fort agréable à boire et tout à fait rassasiant pour le prix. Maintenant parfaitement ouvert; à boire jusqu'en 2018.

11962619   18,15$ ★★★ ②

PAGO DE CIRSUS
Cuvée Especial 2010, Navarra

Si vous appréciez le charme juvénile du «petit vin» (commenté ci-dessous), vous voudrez sans doute goûter cette cuvée spéciale issue des mêmes cépages, mais un cran plus concentrée et étoffée, correctement boisée, sans excès. À boire entre 2016 et 2018.

11896615   24$ ★★★ ②

PAGO DE CIRSUS
Vendimia Seleccionada 2011, Navarra

Le cinéaste Iñaki Núñez a développé un vaste vignoble d'une centaine d'hectares en Navarre, au nord-ouest de la ville de Saragosse. Les vertus complémentaires des cépages tempranillo, syrah et merlot donnent un bon vin de facture moderne, à la fois coulant, jouflu et fort rassasiant par sa chair fruitée mûre et généreuse. Un bon achat au répertoire général.

11222901   17,60$ ★★★ ② ♥

MAS IGNEUS
FA104 2013, Priorat

Sous la gamme FA (pour fusta allier), l'œnologue Albet i Noya commercialise des vins rouges et blancs, élevés en fûts de chêne français. Pour les distinguer, on ajoute un numéro faisant référence à la durée de l'élevage et à l'âge des barriques. À titre d'exemple, le FA104 commenté ci-dessous a été élevé dans des fûts d'un an (1) pendant quatre mois (04). Tous les vins sont issus de l'agriculture biologique.

Issu à 100% de grenache blanc, ce vin blanc donne tout son sens au terme minéralité. Quelle structure, quelle poigne! Presque tannique tant il y a de la matière, une franche acidité qui agit comme une colonne vertébrale et donne un élan irrésistible aux goûts de poire en sirop, sur un fond de notes de fumée et de noisette rôtie.
À boire sans se presser au cours des 6 à 7 prochaines années. Exclusivité SAQ Signature.

12097823 34$ ☆☆☆☆→? ③ 🅢

ALBET I NOYA
Xarel-lo 2013, El Fanio, Penedès

Très sec, presque tranchant, mais enrobé d'une texture suffisamment grasse pour équilibrer le tout. On retrouve le caractère austère du xarel-lo, avec de délicates notes d'herbes fraîches sur un fond citronné.
Très bon vin original et authentiquement catalan. Issu de l'agriculture biologique.

En primeur

12674221 19,95$ ☆☆☆ ½ ② ♥

COMPANIA VINICOLA DEL NORTE DE ESPAÑA
Rioja blanc 2014, Monopole

Avec le Viña Tondonia de López de Heredia, le Monopole de CVNE était jadis l'un des meilleurs vins blancs traditionnels d'Espagne. Le style semble avoir changé de manière radicale depuis, si je me fie au 2014. Un très bon vin blanc sec composé de viura, assez original avec ses notions d'herbes fraîches et de levure.

12636760 16,35$ ☆☆☆ ① ♥

248

LÓPEZ DE HEREDIA

Rioja blanco 2005, Crianza, Viña Gravonia

Cette maison apporte le même soin à ses vins blancs qu'à ses rouges. Tous sont longuement vieillis en cave et commercialisés seulement lorsqu'on les juge prêts à être consommés. L'année dernière, on trouvait à la SAQ le Tondonia blanc Gran Reserva 1981. Composé à 100% de viura comme toujours, ce Rioja blanco, de couleur dorée, dégage des parfums de noisette, de pomme blette et de cire d'abeille, à des lieues des vins blancs vifs et pimpants qui ont la cote en ce moment. Parfaitement sec en bouche, le vin a conservé un beau fruit, sur un fond iodé; étonnamment frais, gras et équilibré. À boire d'ici 2017.

11667927 28,15$ ☆☆☆☆ ① ♥

LUZON

Jumilla blanco 2013

Sauf erreur, c'est le premier vin blanc de Jumilla vendu à la SAQ. Et une très belle entrée en matière, en plus. Assemblage de chardonnay et de macabeo; sec et modérément alcoolisé (12,5%), il offre beaucoup de matière en bouche et rappelle un peu certains vins blancs du Roussillon. Du gras, du volume, et une jolie fin de bouche épicée.

10985780 16$ ☆☆☆☆ ② ♥

MAS IGNEUS

Priorat 2013, Barranc del Closos

À prix d'aubaine, ce vin blanc issu de vieilles vignes de grenache blanc et de pedro ximenez étonne par sa structure, par la profondeur de ses saveurs et par son caractère incroyablement désaltérant, malgré ses 14% d'alcool. Cire d'abeille, fruits blancs, notes pétrolées; très bel équilibre et une personnalité du tonnerre. Beaucoup de vin dans le verre pour le prix.

10857729 23,50$ ☆☆☆☆ ② ♥

PARÉS BALTÀ

Calcari 2014, Penedès

Vin issu à 100% de xarel-lo, un cépage blanc catalan, utilisé notamment pour la production de cava. D'abord peu attrayant au nez avec ses parfums de soufre qui se dissipent avec un peu d'aération. La bouche se déploie tout en légèreté (12% d'alcool), avec des saveurs citronnées, sur un fond minéral. Sec, désaltérant et tout à fait recommandable à moins de 20$.

11377225 19,25$ ☆☆☆ ½ ②

COMENGE
Rueda Verdejo 2014

Les vins portant la mention Rueda Verdejo en contre-étiquette sont issus à 100 % de verdejo. Ceux commercialisés sous la simple appellation Rueda peuvent être issus d'un assemblage de verdejo, avec de la viura ou du sauvignon blanc.

Certes, ce vin n'est pas le plus exubérant des verdejos, mais il compense par son caractère tranchant et par sa texture dense. Les saveurs sont plus proches du minéral et du thé vert japonais que du fruit, le tout accentué par un léger caractère perlant et une amertume fine. L'un des meilleurs vins de Rueda sur le marché. Dans sa catégorie, il mérite bien quatre étoiles.

12432601   16,25$ ☆☆☆☆ ① ♥

BUIL & GINÉ
Nosis 2013, Rueda Verdejo

La famille Buil (Priorat) a exporté son savoir jusqu'en Castille-et-Léon, où elle produit un très bon vin blanc de l'appellation Rueda. Le 2013 est très sec, mais n'en est pas moins aromatique pour autant. Les parfums de lime, de gazon frais coupé et de thé blanc sont subtils et assez distingués, et accentués d'un léger reste de gaz.

10860928   19,80$ ☆☆☆☆ ② ♥

NAIA
Las Brisas 2013, Rueda

Un vin passablement substantiel pour le prix; net, avec des goûts de fruits tropicaux et l'amertume d'une écorce de pamplemousse. Acidité franche, en équilibre avec une texture sphérique. Un bon vin à apprécier tant à l'apéritif qu'avec un céviche de pétoncles, parfumé à la mangue et à la lime.

11903627   15,80$ ☆☆☆ ① ♥

NAIA
Rueda Verdejo 2013

Ce 2013 n'avait rien perdu de sa fraîcheur lorsque goûté de nouveau au courant de l'été 2015. Tout aussi digeste et savoureux. Expression fort charmante du cépage verdejo, à la fois vineux et nerveux, rassasiant et désaltérant. Le vin d'apéritif qui se boit sans soif!

11465153   21,20 $ ☆☆☆ ½ ② ♥

ORO DE CASTILLA
Rueda Verdejo 2014

En plus de vins rouges corpulents à Ribera del Duero, les frères Pérez Pascuas (Viña Pedrosa) élaborent ce verdejo sur l'appellation Rueda. Plus attrayant en bouche qu'au nez, le vin est techniquement sans faille. Pas le plus singulier des verdejos, mais vif et accentué de parfums d'agrumes.

11962862   16,10 $ ☆☆☆ ①

TELMO RODRÍGUEZ
Basa 2014, Rueda

Verdejo, viura et 3 % de sauvignon blanc, ce qui se traduit au nez par des parfums de pamplemousse. Un léger perlant en bouche et une sensation de salinité, qui apporte un contrepoids au côté facile du sauvignon blanc. Désaltérant, net et techniquement irréprochable. Un rapport qualité-prix très attrayant pour l'amateur de vin aromatique.

10264018   16,70 $ ☆☆☆ ½ ② ♥

PORTUGAL

VINHO VERDE

Au sud du fleuve Minho, qui constitue par ailleurs la frontière avec l'Espagne, la région du Vinho Verde est le royaume du vin blanc sec et désaltérant.

DAO

Écrin de granit entouré de montagnes, la région du Dão peut produire des vins à la fois racés et élégants. Le cépage touriga nacional y donne des vins souvent plus tendres et nuancés que dans le Douro.

BAIRRADA

Au sud de Porto, la région de Bairrada met à profit le cépage baga. Longtemps considéré comme rustique, le baga donne aujourd'hui d'excellents vins, aussi originaux que savoureux.

ALENTEJO

Le vaste vignoble de l'Alentejo, à une centaine de kilomètres à l'est de Lisbonne, donne des vins rouges généreux et chaleureux, mais aussi de bons vins blancs originaux.

LISBONNE

Il faudra surveiller de près le vignoble la région de Lisbonne, surtout pour les vins blancs de l'appellation Bucelas.

VINHO VERDE

DOURO

ESPAGNE

Porto

Dão

PORTUGAL

LISBOA

Tage

ALENTEJO

Lisbonne

Evora

Setúbal

BAIRRADA

MER MÉDITERRANÉE

Détroit de Gibraltar

La popularité ne va pas toujours au mérite. Évoluant encore dans l'ombre de son voisin espagnol, le vignoble portugais foisonne pourtant de vins de qualité souvent très distinctifs. Le pays est méridional et le soleil brille, du Minho à l'Alentejo, en passant par le Douro, le Dão et Bairrada. Le charme de ces vins réside donc dans leur caractère authentiquement chaleureux.

En plus de bénéficier de l'effet tempérant de l'océan Atlantique, le vignoble portugais abrite une cinquantaine de cépages autochtones qui assurent aux vignerons de tout le pays la singularité de leurs vins. Les vedettes demeurent le touriga nacional pour les vins rouges et l'alvarinho pour les vins blancs, mais certains cépages comme le baga, l'alicante bouschet, le vital et même le castelão, longtemps délaissés en raison de leur profil rustique, ont droit à un second souffle grâce au travail de quelques vignerons intrépides et talentueux!

LES DERNIERS MILLÉSIMES

2014
Un été relativement doux s'est traduit par des vins blancs frais et équilibrés; les rouges seront plus ou moins intenses et concentrés, selon la date de la récolte, le mois de septembre ayant été marqué par de longs épisodes de pluie.

2013
Millésime de qualité hétérogène. Très bons vins blancs; disparité pour les rouges. Ceux ayant récolté avant la pluie ont pu sauver la donne.

2012
Bon millésime pour les vins blancs. Vins rouges concentrés, mais équilibrés.

2011
Les températures élevées du mois de juin ont brûlé quelques grappes. Très bonne année pour le Porto et grand millésime pour les vins de table du Douro et de l'Alentejo, avec de faibles rendements, des tanins fermes et une acidité notable.

2010
Autre année de sécheresse dans le Douro. Bon volume d'une qualité satisfaisante. Troisième succès consécutif pour Bairrada.

2009
Bonne qualité d'ensemble. De belles réussites dans les secteurs de Bairrada et de Lisbonne. Un mois d'août cuisant et sec a donné des vins puissants et riches en alcool dans le Douro et l'Alentejo.

2008
Millésime favorable dans le Douro, mais aussi un peu partout dans le pays, particulièrement pour Bairrada et l'Alentejo. Des rendements faibles ont favorisé la production de vins rouges particulièrement riches et équilibrés.

2007
Récolte inférieure à la moyenne, des raisins cueillis dans d'excellentes conditions. On annonce des vins rouges à la fois solides et bien équilibrés.

ALVES DE SOUSA
Caldas 2013, Douro

Amateur à l'affut d'aubaines, sachez que le Portugal excelle dans l'art de plus en plus difficile du rapport qualité-prix. Si vous êtes friand de vin rouge corsé, vous voudrez absolument goûter ce douro. Un vin substantiel comme on en trouve peu à moins de 15 $.

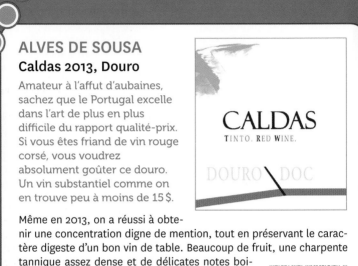

Même en 2013, on a réussi à obtenir une concentration digne de mention, tout en préservant le caractère digeste d'un bon vin de table. Beaucoup de fruit, une charpente tannique assez dense et de délicates notes boisées attribuables à un élevage de quatre mois en fûts de chêne français. Bon achat!

10865227 14,90$ ★★★ ½ ② ♥

ALTANO
Douro 2013

Le « petit » Douro de la famille Symington est une fois de plus impeccable. Du fruit, une tenue de bouche digne de mention compte tenu du millésime et un rapport qualité-prix très attrayant. L'amateur de vin modérément corsé peut acheter en toute confiance.

579862 12,95$ ★★★ ③ ♥

BARCO NEGRO
Douro 2013

Élaboré par François Lurton, un bon 2013 tout en fruit, juteux, un peu nerveux même. Correctement charnu et fringant, le vin marie les goûts de mûre, d'épices et de cuir, avec une belle amertume en finale, ce qui ajoute à son caractère. À ce prix, un vin avec une personnalité aussi affirmée mérite une mention spéciale.

10841188 15,95$ ★★★ ½ ② ♥

DOW
Vale do Bomfim 2013, Douro

Plus leste et coulant que le 2012 dégusté plus tôt cette année. Un bon vin rouge de table, misant sur les vertus complémentaires des cépages traditionnels du Douro (tinta barroca, touriga nacional, touriga franca et tinta roriz) et sur le savoir-faire de la famille Symington.
À boire d'ici 2018, avec des grillades.

10838982 15,95$ ★★★ ½ ②

LAVRADORES DE FEITORIA
Douro 2013

Ce vin présentait un léger reste de gaz lorsque goûté en août 2015, qui donnait de l'élan au fruit. Moins charnu que le 2012, mais un bon vin rouge coulant et équilibré, qui ne pèse pas plus de 13 % d'alcool. À boire au cours des deux prochaines années pour profiter de son fruité juvénile.

11076764   14,85 $ ★★★ ② ♥

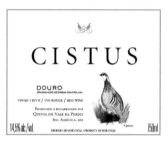

QUINTA DO VALE DA PERDIZ
Cistus 2013, Douro

Une réussite tout aussi convaincante pour ce douro courant. Le 2013 m'a semblé encore plus juteux, friand et pimpant que le déjà savoureux 2012 commenté l'an dernier. Les saveurs fruitées et épicées sont franches, rehaussées d'un très léger reste de gaz qui disparaît à l'aération. À ce prix, difficile d'imaginer un meilleur vin rouge quotidien au rayon du Portugal. Chapeau !

10841161   12,50 $ ★★★ ½ ② ♥

SOGRAPE
Vila Regia 2013, Douro

Numéro un de la viticulture portugaise avec 1200 hectares de vignes, la société Sogrape englobe notamment Ferreira, Sandeman et Offley. Tanins fermes ; fruits noirs, fleurs et épices ; assez corsé pour le prix.

464388   10,50 $ ★★★ ② ♥

VICENTE LEITE DE FARIAS
Animus 2013, Douro

Clairement de facture moderne, aux accents de chocolat et de café. Plus travaillé que les deux millésimes précédents, le vin n'est pas très corsé et se trouve arrondi par la technologie. Bien dans son style.

11133239   13,95 $ ★★ ½ ②

NIEPOORT
Dialogo 2013, Douro

Les vins de Dirk Niepoort se distinguent souvent par ce caractère digeste, qui les rend si agréables à table. C'est particulièrement vrai pour cette cuvée dont l'étiquette est décorée d'une bande dessinée amusante, qui invite au dialogue.

Issu d'un millésime qualifié d'atypique, ce très bon 2013 permettra peut-être à quelques amateurs de se réconcilier avec les vins du Douro. Tout en légèreté, avec une attaque en bouche franche, des saveurs gourmandes de fruits noirs et d'épices. Un vin coulant et vibrant, qui comporte juste ce qu'il faut d'aspérités pour laisser en bouche une certaine fraîcheur tannique qui appelle la faim, et la soif, évidemment.

12098033 16,20$ ★★★★ ② ♥

5 602840 078659

ALVES DE SOUSA
Vale da Raposa, Reserva 2012, Douro

Nez un peu balsamique, notes de cèdre, de résine. Bouche étonnamment concentrée pour un vin de ce prix, mais assez typique de ce qu'a produit le millésime 2012. Peut-être un peu austère et dur d'approche pour l'heure, il mériterait de reposer en cave jusqu'en 2017-2018.

5 605063 412118

11073758 17$ ★★★→? ③ ♥

CASA FERREIRINHA
Vinha Grande 2011, Douro

Pour le meilleur ou pour le pire, le Douro se modernise, mais cette illustre maison propriété du groupe portugais Sogrape demeure fidèle au style classique qui a fait sa renommée. Même en 2011, grande année dans la région, le Vinha Grande n'accuse aucun excès de concentration. Toujours le même bon vin suave, velouté et généreux, gorgé de fruits et de saveurs, mais à la fois très digeste et adapté aux plaisirs de la table. Finale séduisante et chaleureuse. Quatre étoiles pour sa constance.

5 601007 475454

865329 19,25$ ★★★★ ② ♥

Product of Portugal/Produit du Portugal

PILHEIROS
Douro 2012

Ce domaine appartient au Québécois André Tremblay. Plus capiteux que le 2011 goûté en début d'année, il me semble. Concentré, puissant et large d'épaules, on peut le boire dès maintenant pour profiter du fruit dans sa prime jeunesse, mais quelques mois de repos en cave aideront certainement les éléments à se fondre.

11062531   20,45$ ★★★ ②

QUINTA DE LA ROSA
Dourosa 2013, Douro

Un vin étonnamment puissant et concentré pour le millésime 2013. Beaucoup de fruit, comme si La Rosa n'avait pas été touchée par la pluie. Un degré d'alcool à 14%, une certaine souplesse, mais aussi une trame tannique qui se resserre en finale et laisse une impression presque stricte. Il ne manque pas de caractère.

12640232   18,25$ ★★★ ②

QUINTA DO NOVAL
Maria Mansa 2010, Douro

Dans les collines de Pinhão, cette *quinta* appartenant à AXA Millésimes produit quelques-uns des bons vins du Douro. On appréciera la forme classique de ce 2010; charpenté, nourri et d'autant plus satisfaisant qu'il est maintenant à point.

11903598   18,70$ ★★★ ②

SOGRAPE
Reserva 2012, Douro

Plus moderne, ouvert, souple, taillé pour séduire. Certaine acidité, équilibre, mais pas aussi complet que le Vinha Grande. Bon Douro de facture conventionnelle, modérément corsé et généreusement fruité. Plus de retenue que la moyenne, ce qui est loin d'être un défaut dans le contexte actuel d'une région qui pèche souvent par suropulence.

11325741   20,50$ ★★★ ②

QUINTA DO PÔPA
VV 2008, Douro

José Ferreira a aquis cette petite propriété de 9 hectares dans les hauteurs du Douro en 2003 et l'a renommée Quinta do Pôpa, en hommage à son père, surnommé « pôpa ». Avec son fils Stéphane, José Ferreira a porté la taille du vignoble à 30 hectares et a fait appel à l'œnologue Luís Pato (Bairrada) pour les vinifications.

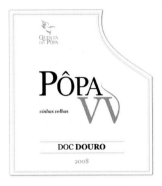

Mise en marché pour la première fois à la SAQ dans le cadre de l'arrivage *Cellier* du mois de février 2016 cette cuvée repose sur un assemblage de 21 cépages issus de très vieilles vignes. Le nez témoigne d'un début d'évolution. La bouche est à l'avenant, élégante, racée, polie par les années. Beaucoup de relief, tant en texture qu'en arômes, qui naviguent entre les fruits frais, le café frais moulu, le cacao, les fruits secs, le cuir et les feuilles de tabac. Des couches de saveurs et une longueur irrésistible. À boire dès maintenant et jusqu'en 2020.

En primeur

12661332   48,75$ ★★★★ ②

ALVES DE SOUSA
Caldas Reserva 2011, Douro

Un peu plus ouvert que lorsque goûté l'an dernier à pareille date, ce vin composé exclusivement de touriga nacional s'impose d'emblée par l'intensité de ses parfums de fleurs, de fruits confits et de réglisse. Concentré, flatteur et corpulent ; la bouche s'appuie sur des tanins mûrs et séduisants. Encore jeune et marqué par l'élevage, on pourra l'apprécier dès maintenant et jusqu'en 2020.

11895330   21,85$ ★★★★ ② ♥

QUINTA DA ROMANEIRA
Sino da Romaneira 2010, Douro

Le 2010 affiche encore le caractère nerveux d'un vin jeune. Rien de tonitruant ici. On a plutôt fait le pari de la fraîcheur et du plaisir à table. Degré d'alcool à 12,5%, des saveurs fruitées pures, ponctuées de notes poivrées et une vitalité qui donne soif. Vraiment impeccable pour le prix! À boire entre 2016 et 2019.

12291319   20,20$ ★★★ ½ ②

QUINTA DE LA ROSA
Douro 2012, Reserva

Le millésime 2012 dans le Douro a généralement donné des vins rouges concentrés et puissants. Bien que très large d'épaules, celui-ci fait preuve d'une élégance certaine, ne serait-ce que par sa retenue et par son grain tannique compact, mais tendre et velouté. L'élevage se fait encore sentir, mais il est bien intégré à la matière fruitée. J'ai particulièrement aimé sa puissance contenue et sa fin de bouche racée aux accents de cerise et de mine de crayon. Un vin d'envergure qui devrait dormir en cave jusqu'en 2020, au moins.

11825067   41$ ★★★★ ③

QUINTA DE LA ROSA
Douro 2012

Tout le fruit mûr et l'intensité des vins du Douro, sur un mode équilibré et digeste. Assemblage de tinta roriz, de touriga nacional et de touriga franca, le 2012 est l'exemple même d'un bon vin moderne du Douro: gourmand, aux saveurs intenses et concentrées de fruits noirs, mais aussi empreint de fraîcheur et doté d'une certaine amertume qui apporte une dimension aromatique supplémentaire. À boire sans se presser jusqu'en 2020.

928473   22,65$ ★★★★ ② ♥ ⚗

QUINTA DO VALE DA PERDIZ
Cistus Reserva 2009, Douro

Déjà commenté l'année dernière, ce 2009 est maintenant ouvert et prêt à boire. Coloré, mûr et doté d'une belle épaisseur tannique; parfums de violette, de cacao et de réglisse noire. Rassasiant, concentré et offert pour moins de 20$. Une autre preuve que ce pays est une source quasi intarissable pour les amateurs à la recherche d'aubaines. À boire au cours des deux prochaines années.

10841170   18,65$ ★★★ ½ ③

RAMOS PINTO
Duas Quintas 2013, Douro

Je ne crois pas avoir jamais été déçue par les vins de ce domaine appartenant à la maison champenoise Roederer et 2013 n'y fait pas exception. Attaque leste, souple, mais néanmoins charnue, qui regorge de saveurs de fruits noirs et de fleurs. Mâche tannique rassasiante. Finale chaleureuse aux accents de violette. Très complet pour le prix.

10237458   18,35$ ★★★★ ② ♥

QUINTA DOS ROQUES
Dão 2012

Dans la région du Douro, au nord, le cépage touriga nacional (dont cette cuvée est composée à 60 %) donne plutôt des vins puissants, corsés et tanniques, et il constitue la trame de base des portos. Mais sur les sols de granit de la région du Dão, où il bénéficie autant de la fraîcheur de l'océan Atlantique que de celle des montagnes, il peut produire des vins à la fois racés, élégants et nuancés.

Le Quinta dos Roques est fruité et gouleyant, il est doté d'une certaine mâche tannique, tout en conservant une saine fraîcheur. Complément idéal des cailles au piri-piri grillées, ce 2012 est étonnamment souple, juteux et gourmand pour l'appellation. L'approche peu interventionniste des vignerons y est sans doute pour beaucoup. Tout y est, dans de bonnes proportions, et ce vin – débordant de fruit et de fraîcheur – est franchement agréable à boire, surtout à ce prix!

744805 16,45$ ★★★ ½ ② ♥

MEIA ENCOSTA
Dão 2011, Reserva

Le nez confit annonce un vin bien mûr, manifestement nourri par la chaleur de l'été 2011. Pourtant, cet assemblage de touriga nacional, tinta roriz, jaen et trincadeira ne fanfaronne pas en bouche. Belle ampleur, des saveurs fruitées intenses, relevées de notes d'épices, soutenues par une acidité bien dosée qui sous-tend l'ensemble. Harmonieux, étonnamment complexe pour un vin de ce prix et tout à fait digeste malgré ses 14,5% d'alcool.

12185663 16,95$ ★★★ ½ ② ♥

QUINTA DA FALORCA
Dão 2009, T-Nac

« T-nac » pour touriga nacional, le cépage vedette portugais. Âgé de près de six ans, ce vin repose sur des tanins assouplis par le temps. Élégant, suave et tout en retenue; finale chaleureuse, aux accents de fleurs et de réglisse.

12537649 25$ ★★★ ½ ③

QUINTA DA PELLADA
Dão Reserva 2011

À des lieues des vins rustiques jadis produits dans le Dão, ce 2011 se dessine avec une grande pureté en bouche. Poli et de facture moderne, tout en restant fidèle à ses origines, le vin est agrémenté de notes de fleurs et d'herbes séchées qui contribuent à l'impression de fraîcheur en bouche, par ailleurs suave, chaleureuse et gorgée de fruit mûr. Déjà passablement ouvert et agréable à boire, mais il a encore beaucoup de matière en réserve et s'avère encore plus volubile après une longue aération. Autant d'éléments qui laissent présager un bel avenir.

11902106   28,25$ ★★★★ ② ♥

QUINTA DA PONTE PEDRINHA
Dão 2012

Tinta roriz et jaen. Très bon vin, plus subtil que puissant ; quasi sucré en attaque, avec juste le rugueux nécessaire pour accentuer sa présence en bouche. Bien proportionné, avec des notes d'épices, d'encens, de fleurs. J'aime beaucoup la fraîcheur qui se dessine en bouche et donne envie d'en boire à lampées. Un peu plus de profondeur et c'était quatre étoiles.

11895321   18$ ★★★ ½ ② ♥

QUINTA DAS MAIAS
Dão 2012

Jaen, touriga nacional, alfrocheiro et tinta amarela. Tout aussi friand, nerveux et désaltérant que le délicieux Quinta dos Roques (du même propriétaire), un peu moins juteux et fruité par contre, davantage marqué par des notes de poivre et de viande fumée. À boire jeune et à servir frais pour profiter pleinement de sa fougue juvénile.

874925   17$ ★★★ ② ♥

SOGRAPE
Duque de Viseu 2012, Dão

Dans le Dão, Sogrape élabore un très bon vin issu à la fois d'achat de raisins et des fruits de sa propriété locale, Quinta dos Carvalhais. Un peu plus souple et ouvert que le 2011 commenté l'an dernier il me semble, mais toujours aussi rassasiant, spécialement à moins de 15$. Des couches de saveurs fruitées et un grain assez dense, sans trop. L'ensemble est suave, coulant, agréable à boire. Un bon achat.

546309   14,95$ ★★★ ② ♥

ESPORÃO
Reserva 2012, Alentejo

Créé au début des années 1990, ce domaine de l'Alentejo est l'un des plus imposants du Portugal. L'œnologue australien David Baverstock et le Portugais Luis Patrão y produisent des vins rouges riches en matière et passablement concentrés, mais aussi de bons vins blancs.

Le Reserva est composé de tempranillo, de tinta amarela, de cabernet sauvignon, mais c'est surtout l'alicante bouschet – qui compte pour le quart de l'assemblage – qui confère au vin son caractère aromatique singulier. L'attaque en bouche capiteuse, de même que la densité du fruit, traduisent bien la richesse du climat de l'Alentejo. Le vin conserve un tonus appréciable, grâce à sa charpente tannique franche, serrée et vigoureuse. Déjà séduisant, il n'atteindra son apogée qu'à compter de 2018-2020.

10838616   26,90$ ★★★→★ ③

CORTES DE CIMA
Chaminé 2013, Vinho Regional Alentejano

Les cépages aragonez (tempranillo) et syrah donnent un bon vin rouge chaleureux, assez typé de l'Alentejo, gorgé de soleil mais sans lourdeur. À boire au cours de la prochaine année pour apprécier la jeunesse du fruit.

10403410   14,95$ ★★★ ② ♥

CORTES DE CIMA
Cortes de Cima 2012, Alentejo

Après un 2011 puissant et tannique, cet assemblage inusité de cépages portugais et internationaux adopte une forme plus plantureuse en 2012. Déjà au nez, des parfums intenses de crème de cassis, de kirsch et de café donnent le ton et annoncent un vin nourri. La bouche est ample, riche en fruit et s'appuie sur des tanins assez fermes. Généreux, mais harmonieux et d'une bonne longueur. À boire d'ici 2018.

10944380   21,10$ ★★★ ½ ②

HERDADE DAS ALBERNOAS
Vinho Regional Alentejano 2013, Encosta Guadiana

Cépages aragonez, trincadeira et castelão. Le nez du 2013 est plus timide, mais la bouche est assez généreuse, ferme et correctement fruitée. Bon vin quotidien à servir frais autour de 15 °C.

10803051   10,50$ ★★ ½ ① ♥

HERDADE DO SOBROSO
Tinto 2010, Alentejo

Chaleureux et pas spécialement complexe, mais l'amateur de vin gorgé de soleil sera séduit par son nez invitant et par ses goûts de confiture. Affriolant, hyper fruité, offrant une explosion de saveurs de framboise et de réglisse.

12298191   24,30$ ★★★ ②

FONSECA, JOSÉ MARIA DA
Periquita 2012, Reserva, Península de Setúbal

Souple et misant davantage sur le fruit du cépage castelão que sur la structure des touriga nacional et touriga franca. Coulant et facile, mais moins satisfaisant que le Periquita « tout court » dont il a pris la relève. Surtout à ce prix.

11767442   15,95$ ★★ ½

FONSECA, JOSÉ MARIA DA
Rouge, Península de Setúbal

Tout nouveau à la SAQ, un très bon vin rouge constitué de castelão et d'aragonez. Tout en souplesse, avec un caractère chaleureux; charnu, beaucoup de mâche et de substance pour un vin vendu sous la barre des 10$. Rapport qualité-prix irréprochable, parmi les plus intéressants au rayon portugais!

12560515   9,95$ ★★★ ½

FONTE DO NICO
Vinho Regional Península de Setúbal

Dans la région de Setúbal, au sud de Lisbonne, le cépage castelão donne des vins rouges de table souples et faciles à boire, le plus souvent vendus à des prix d'aubaine. Un très bon rapport qualité-prix à moins de 10$.

12525120   9,35$ ★★ ½ ②

QUINTA DA PELLADA
Dão branco 2014, Reserva

En 1980, Álvaro Castro a hérité de cette propriété historique du Dão, dont les origines remontent au XIIIe siècle. Avec l'aide de sa fille Maria, il y produit d'excellents vins rouges et blancs de caractère, qui sont autant de références pour la région.

En 2014, il propose encore une fois un excellent vin blanc du Dão, dont la texture est onctueuse et la forme très rassasiante. Composé surtout d'encruzado, le cépage blanc phare du Dão, ce vin est, comme toujours, à apprécier autant pour sa structure que pour ses arômes. Très sec, élégant, racé et doté d'une fine minéralité doublée d'amertume. À noter que le vin était nettement plus volubile après une journée d'ouverture en bouteille. N'hésitez pas à l'aérer une heure ou deux en carafe, ou à le laisser reposer en cave jusqu'en 2019.

11895364   22,75$ ☆☆☆☆ ② ♥ ⚗

BACALHÔA
Catarina 2014, Vinho Regional Península de Setúbal

Fernão pires et arinto, enrobés par la vinosité caractéristique du chardonnay et par un usage raisonné du fût de chêne. Sucrosité, bâtonnage sur lies, mezzo tart, bonne tenue, acidité, salinité, amertume.

11518761   14,30$ ☆☆☆ ② ♥

CORTES DE CIMA
Chaminé 2013, Vinho Regional Alentejano

Écorce de citron, herbes fraîches, poivre blanc: le nez de ce 2013 met immédiatement en appétit. Plus contenu que par le passé, à la fois très sec et doté d'un beau gras, le vin termine sur de jolis amers, qui rappellent la peau du pamplemousse. Quatre étoiles pour sa constance et son excellent rapport qualité-prix.

11156238   14,95$ ☆☆☆☆ ① ♥

MEIA ENCOSTA
Dão blanc 2014

En exclusivité dans les SAQ Dépôt, ce très bon vin blanc mise sur un assemblage d'encruzado, de malvasia nera, de bical et de fernão pires. Sec, délicieux, parfumé, original et étonnamment persistant pour ce prix.

12332301   12,30 $ ☆☆☆ ② ♥

QUINTA DO MINHO
Loureiro 2014, Vinho Verde

Le loureiro est l'un des deux cépages – l'autre étant l'alvarinho – qui peuvent être inscrits sur l'étiquette des vins de la région du Vinho Verde. Bien que modeste, ce bon vin blanc tout en légèreté (11,5 % d'alcool), vif, citronné et sans prétention, est un assez bon exemple du genre.
Servir frais avec des calmars frits.

10371438   15,30 $ ☆☆☆ ②

QUINTA DO PÔPA
Pôpa branco 2014

À l'ouverture, un vin blanc fermé. Le lendemain matin, le vin était déjà nettement plus volubile, ce qui permettait de mieux apprécier le potentiel aromatique des cépages viosinho, cerceal, folgazão et rabigato. Pour le reste, une attaque en bouche grasse, presque sucrée, sans doute attribuable à des bâtonnages sur lies. Moins distinctif que le rouge Vieilles Vignes mis en marché au même moment dans l'arrivage *Cellier* de février 2016, mais très bien fait.

12767372   25,75 $ ☆☆☆ ②

En primeur

QUINTA DA PONTE PEDRINHA
Dão blanc 2013

Composé majoritairement d'encruzado et d'une pointe de malvoisie, ce vin semble sec, malgré un léger sucre résiduel (6,9 g /l). Pas très expressif, mais assez gras et agrémenté de parfums originaux mêlant la rose au citron. Abordable et fort sympathique.

10760492   14,80 $ ☆☆☆ ② ♥

AUTRES PAYS
GRÈCE

▶ Au vignoble avec
Nadia Fournier

MACÉDOINE

Drama

ALBANIE

NAOUSSA

MACÉDOINE

THRACE

◎ Thessalonique

Pangée

Epanomi

ÉPIRE

Krania

Rapsani

MER ÉGÉE

THESSALIE

ÎLES
IONIENNES

Néméa ATTIQUE

★ Athènes

Markopoulo

MER
IONIENNE

Samos

Mantinia

PÉLOPONNÈSE

SANTORIN

RHODES

MER
DE CRÈTE

PÉLOPONNÈSE

Cépage rouge de l'appellation Nemea,
l'agiorgitiko se caractérise par une texture
souple. Le cépage blanc moschofilero
contribue au caractère floral unique des vins
de l'appellation Mantinia.

CRÈTE

Millénaires, mais longtemps méconnus et condamnés à n'être servis que dans les brochetteries et tavernes des quartiers helléniques de Montréal, les vins grecs occupent maintenant une place de choix sur les cartes des meilleurs restaurants de la province. Avec raison, puisque avec ses multiples visages, le vignoble grec est une promesse d'aventures pour le consommateur en quête de saveurs et de sensations nouvelles. Gardienne d'un des plus riches patrimoines ampélographiques de la planète, la Grèce mise résolument sur ses variétés régionales, qui sont autant d'antidotes contre la standardisation et l'homogénéisation du goût. Cette seule raison devrait suffire à vous convaincre d'abandonner vos préjugés à l'endroit des vins grecs, mais sachez qu'en plus, ils offrent un rapport qualité-prix-plaisir presque inégalable: généreux, éminemment digestes et parfaitement adaptés aux plaisirs de la table.

Avec le contexte économique actuel, les producteurs se sont résolument tournés vers l'exportation. Avec succès semble-t-il, puisqu'en 2013, on annonçait une hausse des exportations de l'ordre de 30 % (en valeur) pour le marché des États-Unis et de 55 % pour le Canada!

TURQUIE

NAOUSSA

Sur le flanc sud-est du mont Vermio, le cépage xinomavro est, de manière imagée, le Nebbiolo de la Grèce. Colonne vertébrale des crus de l'appellation Naoussa, il donne des vins souvent stricts, dotés d'une agréable fermeté tannique et aptes à vieillir longuement.

SANTORIN

L'île volcanique de Santorin abrite l'un des vignobles les plus anciens et les plus individuels de la planète. On y pratiquait la viticulture dès le XVIIᵉ siècle av. J.-C. L'assyrtiko – cépage blanc local – y conserve une acidité digne de mention, malgré un climat très chaud.

TETRAMYTHOS
Roditis 2014, Patras

Sur les flancs du mont Helmos, à mi-chemin entre Patras et Corinthe, le vignoble admirablement tenu par Panayiotis Papagiannopoulos est la source d'un excellent vin blanc composé à 100 % de roditis, cultivé en agriculture biologique sur des sols calcaires.

Le 2014 est particulièrement vibrant et expressif. Fruits blancs et zeste de citron, avec ces notions salines qui évoquent le bord de mer et les coquilles d'huîtres. Plus de gras encore que le 2013, il me semble, mais avec la même tension minérale. Ce vin peut être apprécié dès maintenant pour son caractère aérien, mais il se révélera avec plus de nuances dans quelques années. Une bouteille de 2008, goûtée sur place en juin 2015 était encore en grande forme et avait des allures de riesling sec. Déjà en succursales; un nouvel arrivage est prévu en février 2016.

12484575   16,45$ ☆☆☆☆ ♥ ②

ARGYROS
Atlantis 2014, VDP Cyclades

Assemblage d'assyrtiko (88 %), d'athiri et d'aidani. Très sec, comme toujours, le 2014 laisse en bouche une impression quasi tannique tant la matière est concentrée. Finale saline caractéristique. Quatre étoiles bien méritées pour l'une des belles réussites des dernières années. Vite, amenez les huîtres!

11097477   18,55$ ☆☆☆☆ ② ♥

ARGYROS
Assyrtiko 2014, Santorin

Vinifié exclusivement en cuve d'inox, ce qui permet d'apprécier pleinement le caractère minéral et salin de l'assyrtiko, dont les vignes sont âgées de 60 à 100 ans. Le 2014 est franc, sec et tranchant, comme d'habitude, mais fait preuve d'une structure plus ferme que par le passé, ce qui accentue la sensation tonique en bouche. Un conseil, n'hésitez pas à l'aérer en carafe. Les meilleurs assyrtikos de Santorin ont la réputation d'avoir besoin de temps ou d'aération pour se révéler. Déjà en succursales; un nouvel arrivage est prévu en février 2016.

11639344   21,95$ ☆☆☆☆ ② ⚗

GAIA

Thalassitis Santorini 2014

Un nez aux accents de cendre mouillée et de fumée, qui n'est sans doute pas étranger à la nature volcanique des sols de l'île de Santorin. Attaque en bouche vive, marquée d'un léger reste de CO2, enrobée par une matière modérément grasse et dotée de cette charpente minérale propre à l'assyrtiko de Santorin.

11966695   24,60$ ☆☆☆ ½ ②

HATZIDAKIS

Assyrtiko 2014, Santorini

Beaucoup plus parfumé que par le passé il me semble. On sent la pêche mûre, les accents de miel, de poire, sur un fond délicieusement minéral, salin. Pas autant de structure que d'autres, mais il compense par son gras. Retour en succursales prévu en février 2016.

11901171   23,65$ ☆☆☆ ½ ②

PAPAGIANNAKOS

Savatiano 2014, VDP Markopoulo

Grâce à une viticulture soignée et des rendements limités, cet important producteur de l'Attique élabore un excellent vin blanc de savatiano, une variété surtout connue pour ses vins blancs minces et acides. Les vinifications sont conduites en cuve d'acier inoxydable pour préserver la pureté aromatique du savatiano et ce 2014 s'avère plaisant par sa franchise et ses goûts de fenouil.

11097451   17$ ☆☆☆ ½ ♥ ②

PARPAROUSSIS

Sideritis 2014, Dons de Dionysos, Achaia

Dans le secteur de Patras, Thanasis Parparoussis et ses filles s'appliquent à la mise en valeur du sideritis. Peu aromatique, mais néanmoins assez gras et persistant en bouche, le 2014 laisse en finale des notes de miel et de safran.

11900995   25,85$ ☆☆☆ ½ ①

GEROVASSILIOU
Malagousia 2014, Vieilles vignes, Epanomi

Sauvé d'extinction *in extremis* au courant des années 1980, le cépage malagousia a été découvert dans la partie occidentale de la Grèce par le professeur Logothetis, qui en a transporté quelques boutures dans un vignoble expérimental qu'il louait au Domaine Carras. Evangelos Gerovassiliou, alors œnologue chez Carras, a vite reconnu le potentiel de la variété.

Il en tire aujourd'hui un excellent vin blanc à la fois très sec, structuré et gras en bouche. Le 2014 m'a paru moins exubérant que par le passé. En revanche, il me semble gagner en profondeur et en minéralité. Ample et étonnamment compact; ses saveurs florales reposent sur une texture vineuse, doublée d'une saine amertume qui met le fruit en valeur. Beaucoup de caractère et d'envergure. Excellent!

11901120   24,95$ ☆☆☆☆ ② ♥

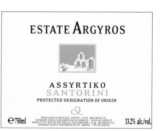

ARGYROS
Assyrtiko Estate 2014, Santorin

À mon avis, toujours le plus complet des vins chez Argyros, issu de vignes âgées de 150 ans (minimum) et élevé partiellement (17%) en fûts de chêne, ce qui apporte du gras sans altérer le caractère tranchant de l'assyrtiko. Vibrant, vigoureux, presque tannique tant il est structuré et ponctué de délicates notes de caramel au beurre. Sa longueur et son équilibre sont garants de longévité. Excellent vin blanc à laisser reposer en cave pendant quelques années ou, si vous n'avez pas la patience d'attendre, à passer en carafe pendant une bonne heure. Arrivée au printemps 2016.

11901091   26,50$ ☆☆☆☆ ② ♥ ⚱

BIBLIA CHORA
Estate 2014, VDP Pangée

Sans doute l'une des réussites les plus convaincantes des dernières années pour ce vin blanc composé de sauvignon et d'assyrtiko. Très sec, mais enrobé d'une texture suffisamment grasse et doté d'une certaine tenue. Le vin semble d'ailleurs se resserrer en finale, laissant en bouche une impression de puissance et d'intensité contenues. Excellent! Retour en succursales prévu en décembre 2015.

11901138   23,20 $ ☆☆☆ ½ ② ♥

GEROVASSILIOU
Blanc Estate 2014, VDP Epanomi

Dans la continuité des derniers millésimes, bien qu'un peu moins aromatique cette année. Il offre en revanche un supplément de minéralité et de texture. Presque tannique tant la matière est dense (c'est le propre du cépage malagousia, dont il est composé à 50%) et doté d'une belle longueur en bouche. À noter aussi que ce vin gagne en profondeur et en nuances après quelques années de repos en cave.

10249061   19,05 $ ☆☆☆☆ ② ♥

SKOURAS
Cuvee Prestige White 2014

Pour les soirs de semaine, optez pour cet assemblage de moschofilero et de roditis, très parfumé et porté par une saine acidité. Rien de transcendant, mais à prix abordable, l'amateur de vin blanc aromatique sera servi.

11097469   14,30 $ ☆☆ ½ ② ♥

TSELEPOS
Mantinia 2014, Moschofilero

L'identité de l'appellation Mantinia – au cœur du Péloponnèse – repose essentiellement sur le cépage moschofilero. Dégusté une seconde fois au courant de l'été 2015 avec un poisson grillé, des courgettes frites et du tzatziki, le 2014 était toujours aussi savoureux. À la fois sec et rond en bouche; pas de bois, mais un léger reste de gaz qui rehausse ses parfums floraux. De loin le plus distingué des vins de moschofilero sur le marché; un vin de terroir plus qu'un vin de cépage. À moins de 20 $, on achète les yeux fermés.

11097485   18,30 $ ☆☆☆☆ ② ♥

THYMIOPOULOS
Jeunes vignes de Xinomavro 2014, Naoussa

Cultivé dans toute la Macédoine, c'est sur la roche calcaire et les sols volcaniques de Naoussa, sur le flanc sud-est du mont Vermio, que le xinomavro, dont le nom signifie « acide et noir », révèle pleinement son immense potentiel. Depuis le milieu des années 2000, la région de Naoussa connaît un second souffle grâce à une poignée de jeunes vignerons comme Apostolos Thymiopoulos.

Chaque année depuis son arrivée à la SAQ, j'achète ce vin rouge à la caisse! Vin de soif par excellence, ce qui n'exclut pas une certaine complexité, le 2014 procure du plaisir dès le premier nez, avec de délicats parfums floraux et fruités. La bouche est franche, nette et éminemment digeste; gorgée de fruit et juste assez rugueuse pour conserver cette petite touche de rusticité qui fait tout le charme de ce vin rouge singulier. Cette année encore, il mérite bien sa Grappe d'or.

12212220   18,30$ ★★★★ ② ♥

DOMAINE TETRAMYTHOS
Noir de Kalavryta 2014, Achaia

Arrivée en décembre 2015 pour ce vin rouge issu de l'agriculture biologique et composé de noir de kalavryta, une variété rare aussi nommée mavro kalavritino. En bouche comme au nez, cette cuvée évoque les bons vins du nord du Beaujolais, surtout servie fraîche autour de 14 °C. Une saine acidité, des tanins souples et juste un soupçon d'aspérités qui apportent un tonus à l'ensemble. Miam!

11885457   16,60$ ★★★ ½ ② ♥

GAIA
Agiorgitiko 2013, Nemea

L'agiorgitiko de Yannis Paraskevopoulos est toujours plus charpenté que la moyenne des vins de Nemea. Une bonne charge fruitée, soutenue par des tanins assez fermes, donne un ensemble harmonieux. Usage intelligent du bois de chêne; à boire dès maintenant et jusqu'en 2019.

11097426   19,65$ ★★★ ½ ②

KIR YIANNI

Paranga 2012, VDP Macédoine

Depuis 1997, l'aîné de la famille Boutari et son fils Stellios ont développé leur propre affaire dans le village de Yannakohori. Xinomavro (50 %), complété de syrah et de merlot à parts égales. La charpente du xinomavro est enrobée d'une chair fruitée bien mûre et le vin est plutôt rassasiant, dans un style moderne.

11097418   15,70 $ ★★★ ② ♥

PARPAROUSSIS

Nemea 2010, Réserve

Assez parfumé au nez, avec des notes de réglisse, de muscade et de fruits rouges. L'attaque en bouche est souple et le vin est manifestement issu de fruits mûrs, mais pas trop ; finale charnue et veloutée, agrémentée d'une pointe vanillée. N'hésitez pas à le servir frais et à l'aérer en carafe pendant une bonne heure. Mieux encore, laissez-le reposer en cave jusqu'en 2018-2020.

11900493   38,25 $ ★★★→★ ③ ▼ ⚗

THYMIOPOULOS

Naoussa 2013, Terre et Ciel

Le 2013 est un très bon vin typé, dont la fermeté tannique se trouve compensée par la quasi-sucrosité de raisins bien mûrs. La dureté initiale s'atténue à l'aération – c'est le genre même de vin à passer en carafe aux moins deux heures avant de servir. Plus élégant que puissant, aussi complet en milieu de bouche qu'en attaque, il se termine sur une délicieuse amertume qui fera un malheur à table. À laisser dormir en cave pendant cinq ans, idéalement, mais saurez-vous résister à la tentation ?
Arrivée au printemps 2016.

11814368   31,50 $ ★★★★ ③ ♥ ⚗

TSELEPOS

Nemea 2013, Driopi

Yannis Tselepos a fait ses études d'œnologie à Dijon et a travaillé pendant plusieurs années en Bourgogne avant de fonder son propre domaine dans le Péloponnèse, avec sa femme Amalia. Composé à 100 % d'agiorgitiko, le 2013 est particulièrement étoffé et délicieux, juteux et fruité, encore très jeune comme en témoigne sa couleur profonde et violacée. La bouche est ample et le bois nourrit la texture plutôt que d'assaisonner le vin. On pourra le boire dès son arrivée au printemps 2016 si on veut mordre dans le fruit, mais il devrait encore s'affiner au cours des prochaines années.

10701311   21 $ ★★★★ ② ♥

AUTRES PAYS
ALLEMAGNE

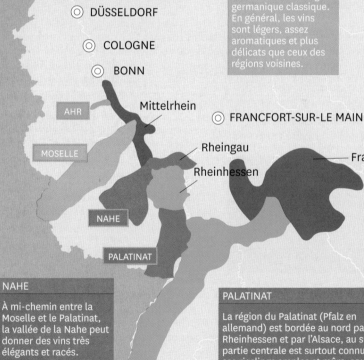

AHR

Le pinot noir s'enracine depuis longtemps dans les sols d'ardoise de la vallée de l'Ahr, juste au sud de la ville de Bonn. Encore très peu exportés, les pinots noirs de l'Ahr comptent parmi les plus fins de la planète.

MOSELLE

Le vignoble de la Moselle est la région de prédilection pour l'amateur de riesling germanique classique. En général, les vins sont légers, assez aromatiques et plus délicats que ceux des régions voisines.

◎ DÜSSELDORF

◎ COLOGNE

◎ BONN

Mittelrhein

AHR

◎ FRANCFORT-SUR-LE MAIN

MOSELLE

Rheingau

Rheinhessen

Franconie

NAHE

PALATINAT

NAHE

À mi-chemin entre la Moselle et le Palatinat, la vallée de la Nahe peut donner des vins très élégants et racés.

PALATINAT

La région du Palatinat (Pfalz en allemand) est bordée au nord par le Rheinhessen et par l'Alsace, au sud. Si la partie centrale est surtout connue pour ses rieslings amples et mûrs, souvent vinifiés en sec (*trocken*), le sud de la vallée donne aussi de bons pinots noirs.

ALSACE

Baden

SUISSE

Peu de pays se résument à un seul cépage. Pourtant, même si l'Allemagne produit aussi des pinots noirs (spätburgunder) de calibre international et de très bons pinots blancs (weissburgunder), la pierre angulaire de la viticulture germanique demeure incontestablement le riesling. De la Moselle au Palatinat, de la Nahe jusqu'au Rheingau, tout tourne inévitablement autour de cette variété. Tant mieux!

L'amateur québécois n'a toujours pas la piqûre pour les vins d'Allemagne, statistiques de la SAQ à l'appui. Pourtant, au même titre que les vins de la Bourgogne, les meilleurs rieslings allemands sont certainement parmi les plus grands vins de terroir sur la planète. Nuancés, complexes, minéraux et aptes au vieillissement.

Malheureusement, la sélection à la SAQ est toujours aussi limitée.

LES DERNIERS MILLÉSIMES

2013
Conditions estivales dans la moyenne, mais un hiver très long qui a retardé la floraison, conjugué à un automne pluvieux, ont rendu quasi impossible l'élaboration d'auslese et de TBA. Au mieux, de bons kabinett et spätlese.

2012
Une récolte exceptionnellement petite, comme ce fut le cas dans de nombreuses régions européennes. Un recul estimé à plus de 25% par rapport à l'année 2011 dans la Moselle. L'arrière-saison a été favorable à une longue maturation, mais les gels de novembre ont rendu impossible la production de Beerenauslese.

2011
Récolte déficitaire dans la Moselle en raison d'importants orages de grêle. Néanmoins, un très bon millésime dans l'ensemble, avec une mention spéciale pour les TBA de la Saar et de la Ruwer. Très bons vins fruités et vigoureux dans le Rheinhessen, la Nahe et le Palatinat.

2010
Des conditions météo précaires autant en Moselle que dans le Rheingau où, entre coulure et millerandage, les raisins ont souvent eu peine à mûrir. Petite récolte et qualité hétérogène.

2009
Floraison irrégulière et été tardif; récolte déficitaire de 15% par rapport à la moyenne. Belle récolte de raisins aromatiques cueillis à maturité idéale.

SELBACH-OSTER

Riesling Auslese 2012, Zeltinger Sonnenuhr, Mosel

Cette maison familiale est une entreprise viticole très importante de la Mittel Mosel. Johannes Selbach dirige parallèlement une activité de négoce appelée J.H. Selbach et développe en ce moment un projet consacré au riesling dans la région des Finger Lakes, dans l'État de New York.

Excellent auslese qui séduit immédiatement par sa richesse, sa trame acidulée et sa bouche complexe au caractère exotique, où les couches de saveurs se succèdent et persistent longuement. Léger à 8,5 % d'alcool et un caractère aérien qui a peu, sinon pas d'égal dans le monde. Fruit d'un millésime très classique dans la Moselle, il gagnera encore en complexité au cours des prochaines années.

10750809   41$ ☆☆☆☆ ③

DR. BÜRKLIN-WOLF

Riesling Trocken 2014

Ce riesling est issu de raisins biologiques. Bon vin d'envergure moyenne, effectivement sec, comme le mentionne l'étiquette (*trocken*), perlant, nerveux et agrémenté de parfums de thé blanc et de citron. Une occasion à saisir pour les amateurs de riesling qui redoutent le sucre résiduel dans les vins allemands. Rapport qualité-prix attrayant.

12299821   23$ ☆☆☆ ½ ②

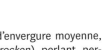

KÜNSTLER

Riesling Kabinett 2011, Hochheimer Reichestal, Rheingau

D'un domaine phare de la Rheingau, un vin au nez explosif dominé par des senteurs d'agrumes et des nuances de fleur d'oranger. Doux, mais pas dénué de fraîcheur, grâce à un équilibre parfait entre l'acidité et le sucre. Délicieux!

10350750   27,90$ ☆☆☆☆ ② ♥

LOOSEN BROS.
Riesling 2014, Dr L, Mosel

Le riesling courant du docteur Ernst Loosen s'est vite imposé comme un meneur parmi les vins allemands distribués à la SAQ. Degré d'alcool à 8,5%, des odeurs de cire d'abeille; bon équilibre qui rend le sucre presque imperceptible. Simple, peu aromatique, mais correct pour le prix.

10685251   15,40$ ☆☆ ½ ①

MÖNCHHOF
Riesling 2013, Mosel

Créé au XIIᵉ siècle par les moines cisterciens, Mönchhof est l'un des domaines les plus anciens de la Moselle. Depuis plus de deux siècles, la famille Eymael y élabore d'excellents vins à partir de très vieilles vignes non greffées. Léger comme tout (9% d'alcool) et plein de vitalité, ce riesling donne l'impression de croquer dans une pomme verte bien juteuse, avec en prime de bons goûts de miel et une certaine rondeur pour enrober l'acidité. Une bonne note pour sa constance.

11334920   19,40$ ☆☆☆ ②

SELBACH, J. H.
Riesling 2013, Mosel

Bon vin demi-sec d'envergure moyenne; délicat, citronné et animé d'un léger caractère perlant. Une fine amertume rehausse ses parfums d'écorce de citron. Simple, mais savoureux.

11034741   17,30$ ☆☆☆ ②

SELBACH, J. H.
Riesling Kabinett 2014, Zeltinger Himmelreich, Mosel

Tout le charme des bons vins blancs de la Moselle réside dans cet équilibre entre l'acidité et le sucre résiduel pour créer un ensemble harmonieux et aérien. Degré d'alcool à 10%, des parfums de fleurs, de confiture de citron, de pomme verte. Quel bonheur à l'apéro!

927962   19,20$ ☆☆☆ ½ ② ♥

SELBACH-OSTER
Riesling Kabinett 2014, Mosel

Demi-sec à l'attaque, mais doté d'une telle acidité qu'il paraît presque sec. Pas spécialement profond, mais c'est l'exemple même du bon riesling de la Moselle aérien, tout en légèreté et d'une infinie «buvabilité». J'ai particulièrement apprécié ses saveurs nettes et précises de melon miel et de citron.

10750841   24,85$ ☆☆☆ ½ ②

GEYERHOF
Grüner Veltliner 2012, Rosensteig, Kremstal

Le vignoble de cette vénérable maison du Kremstal, pionnière de la viticulture biologique en Autriche, est maintenant conduit en biodynamie.

Quelle élégance dans les vins de Geyerhof! Écorce de lime, de citron, délicates notes de poivre blanc, de thé, de pêche blanche. Beaucoup de relief et de prestance en bouche, même si tout se dessine avec délicatesse et subtilité. Finale persistante. Pureté, plaisir, fraîcheur.

12676307   23,95$ ☆☆☆☆ ② ♥

FRITSCH
Riesling 2013, Kapuzinerberg – Krems, Niederösterreich

D'un producteur important de la région de Wagram, à l'ouest de la ville de Vienne, ce riesling provient du vignoble de Kapuzinerberg, classé Erste Lage, dénomination autrichienne pour les premiers crus. Presque salé tant il est minéral, ponctué de notes herbacées, sur un fond de fruits blancs et de citron. Pas très concentré et sans la profondeur escomptée pour un premier cru, mais une très belle réussite dans le contexte d'un millésime caniculaire. Vigoureux et doté d'une tenue en bouche appréciable.

12592218   35$ ☆☆☆ ½ ②

HIRSCH
Riesling 2013, Zöbing, Kamptal

Vigneron innovateur, pionnier de la capsule à vis en Autriche, Johannes Hirsch est aussi un adepte de la biodynamie. Au premier nez, on pourrait presque confondre son riesling pour un chablis, tant ses notes minérales rappellent celles de l'illustre vin blanc du Kimméridgien. Mais la comparaison s'arrête là. En bouche, on trouve tout le caractère, la nervosité et les franches saveurs de lime, de pomme et d'herbes fraîches propres aux rieslings du Kamptal. Très sec, désaltérant, doté d'une assez bonne tenue en bouche et très polyvalent à table.

12196979   25,60$ ☆☆☆ ½ ② ♥

NYAKAS

Irsai Olivér 2014, Budai

Issu d'irsai olivér (aussi appelé oliver irsay), variété de l'Europe de l'Est qui a été développée vers 1930 comme raisin de table et dont le profil aromatique s'apparente à celui du muscat. Hyper parfumé, mais parfaitement sec, ce vin blanc hongrois s'appuie sur une acidité vive qui le rend particulièrement désaltérant. Léger (11 % d'alcool), savoureux et original.

11200497   14,45$ ☆☆☆ ② ♥

OTT, BERNHARD

Grüner Veltliner 2013, Fass 4, Wagram

Spécialiste incontesté du cépage grüner veltliner dans la région de la Wagram, Bernhard Ott façonne ce vin blanc de caractère issu de vignes de 25 ans. Moins intense et puissant que le cru Rosenberg, également disponible à la SAQ, il compense par son élégance et par la pureté de ses saveurs. Bon équilibre d'ensemble, il fera un excellent compagnon à table avec des crustacés ou des légumes verts.

12088636   26,85$ ☆☆☆ ½ ②

SCHLOSS GOBELSBURG

Grüner Veltliner 2014, Niederösterreich

Sous la gamme Domaene Gobelsburg, Michael et Eva Moosbrugger commercialisent des vins de consommation courante, destinés à être bus jeunes. Particulièrement sec et nerveux en 2014, ce vin offre une expression nette et franche du grüner veltliner. Modeste, mais on ne peut plus typé, avec ses saveurs fruitées cristallines et ses goûts de poivre blanc.

La bouteille parfaite pour l'apéro et pour les huîtres.

10790317   17,05$ ☆☆☆ ② ♥

PITTNAUER
Zweigelt 2013, Heideboden, Burgenland

Gerhard Pittnauer était à peine majeur lorsqu'il a pris les commandes du domaine familial suite au décès de son père. Le vignoble, situé en bordure du lac de Neusiedl, à l'extrémité orientale de l'Autriche, tout près de la frontière hongroise, est maintenant converti à l'agriculture biologique.

Peu convaincant à l'ouverture, ce vin encore vibrant de jeunesse bénéficiera d'une longue aération en carafe (une heure ou deux) qui le rendra nettement plus volubile. L'attaque est d'abord souple et coulante puis serrée en fin de bouche. Le fruit acidulé se mêle aux accents poivrés et le vin laisse en fin de bouche une sensation légèrement astringente qui évoque la vigueur tannique d'une barbera piémontaise, sans l'acidité. On peut le garder en cave pendant cinq à six ans sans craindre qu'il ne se fatigue.

12677115   20,30$ ★★★★ ② ♥ ⚗

KRUTZLER
Blaufränkisch 2013, Deutsch Schützen, Burgenland

Plus soutenu, tannique et solide que la moyenne des blaufränkischs, comme le laisse deviner sa couleur sombre et opaque. Des tanins un peu anguleux, enrobés par un fruit mûr et velouté. À boire à table absolument pour l'apprécier à sa juste valeur. Quelques années de repos en cave aideront aussi les tanins à se fondre.

12411042   19$ ★★★ ½ ③

HEINRICH
Blaufränkisch 2013, Burgenland

En plus de deux autres cuvées offertes à la SAQ, la famille Heinrich élabore ce très bon vin rouge issu de blaufränkisch, le cépage à vin rouge le plus planté d'Autriche, qui a longtemps été associé, à tort, au gamay. Tout en souplesse et en fruit, avec une pointe d'acidité qui pince les joues et donne un élan irrésistible aux saveurs de réglisse et d'épices. Il mérite bien quatre étoiles dans sa catégorie.

10768478   22,25$ ★★★★ ② ♥

HEINRICH
Zweigelt 2013, Burgenland

Encore jeune, fringant et marqué par des odeurs de réduction lorsque goûté en septembre 2015, ce 2013 m'a paru un peu plus nourri que le 2012. Juteux, gourmand et pourtant tonique, grâce à des aspérités tanniques qui rehaussent le fruit et le rendent franchement savoureux. Finale singulière et très typée, mariant le fruit rouge acidulé aux tonalités animales. Je serais curieuse de le revoir dans trois ou quatre ans.

12547214   24,75$ ★★★ ½ ③

MARKOWITSCH
Pinot noir 2012, Carnuntum

Entre Vienne et la frontière slovaque, le climat de la région de Carnuntum est tempéré à la fois par le Danube et par l'immense lac Neusiedl. Cette caractéristique permet d'y produire de bons vins rouges aussi substantiels que ceux du Burgenland et affichant parfois un supplément de fraîcheur. Markowitsch est l'un des leaders de l'appellation. Bon pinot noir savoureux, tout en rondeur et s'exprimant avec beaucoup de fraîcheur. Pas le plus complexe, mais pour le prix, un bon vin assez charnu et bien mûr.

11684831   24,30$ ★★★ ②

PITTNAUER
Pitti 2013, Burgenland

Délicieux vin gorgé d'un fruit éclatant et ficelé de tanins bien mûrs, issu d'un assemblage de blaufränkisch et de zweigelt, cultivés en biodynamie. L'attaque en bouche est vive, pimpante, pleine de vie. Du volume en milieu de bouche, une bonne longueur et un grain juste assez serré pour laisser une sensation de fraîcheur tannique. À moins de 20 $, j'en ferais volontiers mon quotidien.

12411000   18,15$ ★★★★ ② ♥

SOLI
Pinot noir 2013, Thracian Valley

Pour accompagner les repas des soirs de semaine, un pinot noir assez typé, souple, relevé de saveurs de fraises compotées. Modeste, mais sympathique!

11885377   14,45$ ★★★ ② ♥

AMÉRIQUE DU NORD
CANADA

 Nadia Fournier rencontre
les vignerons des Pervenches

TERRITOIRES DU
NORD-OUEST

NUNAVUT

COLOMBIE-
BRITANNIQUE

COLOMBIE-BRITANNIQUE

Surtout connue pour ses vins
rouges musclés, semblables à
ceux de l'État de Washington, la
Colombie-Britannique a démontré
qu'elle possède un climat propice
à la culture de cépages alsaciens.
Surtout sa partie nord, en périphérie
de Kelowna, où les pinots gris,
rieslings, gewurztraminers et pinots
blancs donnent des vins blancs
aromatiques et originaux.

MANITOBA

COLOMBIE-
BRITANNIQUE

OCÉAN
PACIFIQUE

VANCOUVER

KELOWNA

Vallée de l'Okanagan

Vallée de Similkameen

VIN DU QUÉBEC CERTIFIÉ

En 2008, l'Association des vignerons
du Québec (AVQ) s'est dotée d'un programme
de contrôle de la qualité et a adopté des règles
précises afin d'offrir une traçabilité aux clients. Les
vins regroupés sous cette dénomination doivent
désormais être issus à 100 % de raisins d'ici.
Pour avoir droit à la mention « Produit élaboré au
domaine », ils doivent être faits à partir de raisins
provenant de la propriété dans une proportion d'au
moins 85 %. Ceux portant l'appellation « Produit du
Québec » peuvent être issus pour moitié de raisins
d'un autre producteur récoltant du Québec.

Les efforts observés d'un océan à l'autre, depuis dix ans, permettent plus que jamais d'être confiant quant au potentiel du Canada de devenir un producteur de vins de classe mondiale. Tout n'est pas parfait, mais avec des vignes qui gagnent en maturité et une connaissance viticole et œnologique toujours accrue, les vins ne pourront être que meilleurs.

L'Ontario demeure le numéro un canadien avec un vignoble couvrant un peu plus de 6500 hectares, suivi par la Colombie-Britannique, le Québec et la Nouvelle-Écosse, qui commence à produire des vins effervescents de qualité.

COMTÉ DU PRINCE-ÉDOUARD (PEC) ET NIAGARA

Les sols argileux et l'influence bourguignonne constituent actuellement deux atouts majeurs pour le comté de Prince Edward (PEC). Les vins, tant blancs que rouges, ont une délicatesse propre à cette région de France.

Le chardonnay et le riesling semblent particulièrement à l'aise dans la péninsule de Niagara. En rouge, les gamay, pinot noir et cabernet franc gagnent en précision et s'avèrent plus charnus que ceux de PEC.

NOUVELLE-ÉCOSSE

Le climat hivernal doux et les étés frais de la Nouvelle-Écosse constituent de très bonnes conditions pour la culture de raisins à forte teneur en acidité, nécessaires à l'élaboration de vins effervescents.

LABRADOR

TERRE-NEUVE

QUÉBEC

ÎLE-DU-PRINCE-ÉDOUARD

NOUVEAU-BRUNSWICK

NOUVELLE-ÉCOSSE

QUÉBEC

ONTARIO

ONTARIO

NOUVELLE-ÉCOSSE

QUÉBEC

Un peu plus de 270 exploitations se consacrent à la culture de la vigne au Québec. Cent douze sont titulaires d'un permis de production artisanale de la Régie des alcools, des courses et des jeux (RACJ).

Il faut aborder les rouges québécois comme des vins de climat frais. Tout à fait à l'opposé des vins espagnols et américains qui comportent parfois une certaine sucrosité.

CANADA

||||||||||||||||||||||||||||||||||||||||||||||||||||||||||||||||||||||||||||||||||||||||||||||||

Voilà maintenant trois ans que je participe à titre de juge au National Wine Awards of Canada. Cette année encore, le constat de ces cinq journées de compétition est on ne peut plus enthousiasmant. Que de progrès!

Depuis la vallée d'Annapolis jusqu'à l'île de Vancouver, des vins rouges et blancs plus fins, souvent moins boisés, et la plupart empreints de cette fraîcheur qui caractérise les vins de régions septentrionales. Parmi les coups de cœur de la semaine, je retiens une poignée de savoureux gamays clairement inspirés des crus du nord du Beaujolais, d'excellents pinots noirs et cabernets francs, des syrahs et des malbecs charnus, parfumés et charpentés, de très bons vins rouges d'assemblage bordelais et plusieurs chardonnays de classe internationale. Notons aussi d'immenses progrès quant aux rieslings, dont le style se précise un peu plus chaque année. De très bons vins de gastronomie, la plupart vendus à des prix abordables.

Même si l'écart se resserre peu à peu avec la Colombie-Britannique, le vignoble de l'Ontario conserve son titre de meneur à l'échelle nationale, avec 6 900 hectares. Le secteur de Niagara génère toujours l'essentiel de la production provinciale, mais le comté du Prince-Edward (PEC) poursuit son développement.

Bien qu'encore officiellement abordée d'un seul bloc – au sens géographique du terme –, la vaste vallée de l'Okanagan, en Colombie-Britannique, comporte une foule de climats et microclimats. Rien d'étonnant puisque la région s'étend sur plus de 250 km du nord au sud et la vigne y couvre près de 4 000 hectares. C'est deux fois la taille du vignoble du Jura!

Depuis l'entrée en poste de son actuel président, Alain Brunet, la SAQ a déployé beaucoup d'efforts pour accroître la visibilité des vins du Québec dans ses succursales. Il semblerait que l'implantation des sections Origine Québec – conjuguée à une augmentation du nombre de produits – ait porté ses fruits, puisque la société d'État annonçait en septembre 2015 une progression des ventes de vins québécois de l'ordre de 81% au cours de la dernière année.

L'offre de vins canadiens à la SAQ mériterait encore d'être bonifiée et mise au goût du jour, mais on peut se consoler avec quelques classiques bien distribués dans le réseau, ainsi que des nouveautés très intéressantes, qui ont fait leur apparition sur les tablettes au cours des derniers mois.

||||||||||||||||||||||||||||||||||||||||||||||||||||||||||||||||||||||||||||||||||||||||||||||||

TAWSE
Cabernet franc 2010, Van Bers Vineyard, Creek Shores

Il semblerait que le cépage cabernet franc ait trouvé un terrain de jeu rêvé sur les rives du lac Ontario. Le financier Morey Tawse est avant tout un amoureux des vins de la Bourgogne – issus de pinot noir et de chardonnay –, mais son domaine est également la source d'excellents cabernets francs. Cette cuvée haut de gamme est l'un des triomphes de l'œnologue Paul Pender.

Les vignes plongent leurs racines dans les sols sédimentaires – vestiges du lac glaciaire Iroquois – et engendrent, bon an mal an, un vin d'une race étonnante. Particulièrement musclé, le 2010 a de la tenue en bouche et un caractère affirmé. Beaucoup de mâche, un tissu tannique à la fois suave et compact, une finale succulente aux accents de poivre et d'herbes séchées, qui accroissent la fraîcheur en bouche. Plus cher que la moyenne, mais très sérieux. À boire entre 2018 et 2022.

12211307   50$ ★★★★ ½ ③

DOMAINE QUEYLUS
Cabernet franc – Merlot 2011, Réserve du Domaine, Niagara Peninsula

Ce domaine de création récente appartient à un groupe d'investisseurs canadiens, dont Champlain Charest. Très bon vin rouge composé de cabernet franc à 75% et de merlot. Issu d'un millésime plutôt frais à Niagara, le 2011 surprend par sa forme à la fois bien mûre, franche et droite. Une trame aromatique singulière qui mêle le noyau de cerise aux herbes séchées. Élégant et promis à un bel avenir.

12329567   40$ ★★★→★ ③ ⑤

TAWSE
Gamay 2013, Niagara Peninsula

Ce gamay est particulièrement friand. Rien qu'au nez, on est séduit; en bouche, le vin est gourmand, plein de chair et de vitalité; il a toutes les qualités requises pour plaire aux amateurs de vins du Beaujolais. Le 2013 était pratiquement disparu des tablettes au moment d'écrire ces lignes. Croisons les doigts pour que la SAQ émette une nouvelle commande sous peu…

12545067   21,25$ ★★★ ½ ② ♥

HIDDEN BENCH
Chardonnay 2011, Tête de Cuvée

J'ai découvert la Tête de Cuvée du Montréalais Harald Thiel en 2013, lors des National Wine Awards of Canada. N'eût été qu'il s'agissait d'un concours dédié aux vins canadiens, j'aurais bien pensé que j'avais affaire à un chardonnay de la Côte de Beaune, en Bourgogne.

En 2011, le vin atteint un nouveau sommet de profondeur, d'intensité et d'équilibre et s'impose tant par la précision que par l'ampleur de ses saveurs. Beaucoup de nuances, de race et de finesse, un style très classique, à la fois gras et strict, tendu et élégant. Pas donné, mais au moins aussi bon que bien des vins de Meursault offerts sur le marché.

12309460   49$ ☆☆☆☆ ② **S**

BACHELDER
Chardonnay 2012, Minéralité, Niagara Peninsula

Tant au Clos Jordanne que sous sa propre étiquette, Thomas Bachelder nous a donné des vins blancs toujours impeccablement équilibrés. Il poursuit dans la même lignée avec cette nouvelle cuvée, et ce malgré la nature chaleureuse de l'été 2012. Un vin franc et droit, qui s'exprime avec une vitalité et une harmonie exemplaires. Bien plus qu'un chardonnay variétal, celui-ci porte bien son nom, avec un usage mesuré du bois de chêne et une expression assez typée du terroir de Niagara. On peut en profiter dès maintenant, mais son équilibre et sa texture compacte lui permettront de se bonifier jusqu'en 2019, au moins. Une aubaine à ce prix!

12610025   23,25$ ☆☆☆☆ ② ♥

FLAT ROCK CELLAR
Chardonnay 2012, Twenty Mile Bench

Le Chardonnay de Jay Johnston me semble avoir gagné en vigueur et en tension depuis quelques années. Un bel exemple des bons vins blancs produits dans le secteur de Twenty Mile Bench en 2012: généreux, mûr et bien gras, mais aussi soutenu par un fil d'acidité qui souligne ses saveurs fruitées, florales et beurrées et laisse la bouche nette et désaltérée. À boire dès maintenant et jusqu'en 2018.

11889474   22,90$ ☆☆☆ ½ ② ♥

LAILEY VINEYARD

Chardonnay 2013, Niagara Peninsula

Bien que présent, le bois ne fait pas obstacle à l'expression de la matière généreuse de ce vin déjà passablement ouvert. Issu de raisins bien mûrs, comme en témoignent ses goûts d'ananas et autres fruits tropicaux; gras, volumineux et ponctué de notes de caramel au beurre.

12719637   23,95$ ☆☆☆ ②

LES PERVENCHES

Chardonnay 2014, Le Couchant, Farnham

Issue de vignes de chardonnay âgées d'une vingtaine d'années, plantées sur des sols d'argile, et élevée en fûts de chêne français, dont 20-25% neufs, cette cuvée élaborée à Farnham en Montérégie est à ranger parmi les vins blancs les plus complets du Québec. Pour les besoins de la cause, et puisqu'elle est issue de chardonnay, j'ai cependant préféré la déguster aux côtés d'autres vins blancs canadiens. Une bonne idée, tout compte fait, puisque vin n'a pas mal paru du tout. Encore très très jeune, évidemment, il est pour l'instant fortement marqué par l'élevage. Abstraction faite de ce détail, la bouche est vive et vibrante, enrobée d'une belle texture grasse, minérale et saline, avec une finale légèrement amère qui met les goûts de poire et de menthe en relief. Pour être apprécié à sa juste valeur, il devrait reposer en cave au moins quatre ou cinq ans.

Disponible à la propriété

(À la propriété)   36$ ☆☆☆ ½ →? ③

MISSION HILL

Pinot blanc 2014, Five Vineyards, Okanagan Valley

Encore plus minéral il me semble en 2014. Beaucoup de plaisir à boire ce bon vin blanc léger, sans être insipide, tout frais et presque salin en finale. Un conseil: servez-le frais autour de 12 °C, mais pas froid. Vous apprécierez mieux la délicatesse de ses saveurs. Très bon rapport qualité-prix.

300301   17,95$ ☆☆☆ ½ ② ♥

MISSION HILL

Pinot gris 2013, Reserve, Okanagan Valley

Bon vin qui déploie les parfums de fruits jaunes et d'épices du cépage pinot gris, sur une texture passablement grasse. Bonne tenue en bouche, sec et harmonieux. Belle réussite!

12545008   22,25$ ☆☆☆ ②

OSOYOOS LAROSE
Le Grand Vin 2011, Okanagan Valley

Situé sur les rives du lac Osoyoos, au sud de la vallée d'Okanagan, Osoyoos Larose est né d'un partenariat entre l'entreprise canadienne Vincor et le Groupe Taillan (Gruaud-Larose, Ferrière et Chasse-Spleen, dans le Médoc). Le vignoble planté il y a une douzaine d'années a été racheté en totalité par le groupe Taillan.

Le 2011 m'a semblé fort bien réussi. Composé majoritairement de merlot, auquel s'ajoutent les cabernet sauvignon, petit verdot, cabernet franc et malbec, le vin affiche une couleur remarquablement jeune. Le nez est compact et concentré, aux senteurs de fruits noirs et de bois de cèdre; la bouche est vive et généreuse, avec des tanins juste assez granuleux, ce qui apporte du relief en bouche et accentue la sensation de tonus. À boire sans se presser jusqu'en 2022, au moins.

10293169   45$ ★★★★ ③

CULMINA

Hypothesis 2012, Okanagan Valley

L'œnologue Pascal Madevon a rejoint Don et Elaine Triggs dans leur nouvelle aventure britanno-colombienne, après plusieurs années à la barre d'Osoyoos Larose. Produit pour la première fois en 2011, cet assemblage bordelais impressionne déjà par son envergure en bouche et par la densité de son tissu tannique. Très rassasiant dans un style costaud et tannique et résolument ambitieux. Maintenant, reste à voir s'il vieillira en beauté…

En primeur

12625788   39,75$ ★★★→? ③

HIDDEN BENCH

Terroir Caché 2011, Meritage, Beamsville Bench

Amateur de vins de Bordeaux, vous ne pouvez rester insensible à la qualité du grain tannique de cet assemblage de merlot, de cabernets (sauvignon et franc) et de malbec. Un tissu serré, qui comporte juste assez d'aspérités et qui porte des saveurs persistantes de fruits noirs, de cuir et de fleurs, sur un fond minéral qui évoque le graphite. À savourer avec une bonne pièce de viande, au cours des cinq ou six prochaines années.

12306411   39$ ★★★ ½ ②

MISSION HILL

Cabernet – Merlot 2013, Five Vineyards, Okanagan Valley

Bouteille maintenant coiffée d'une capsule à vis. Encore très jeune, nerveux et animé d'un reste de gaz lorsque goûté en juillet 2015, le vin offre une bonne tenue en bouche pour le prix. Les tanins sont mûrs et les goûts fruités sont nets et assez persistants. Très satisfaisant à moins de 20 $.

10544749   19,25 $ ★★★ ½ ② ♥

MISSION HILL

Cabernet sauvignon 2010, Reserve, Okanagan Valley

Installée à West Kelowna sur la rive du lac Okanagan, la spectaculaire *winery* de Anthony von Mandl est un pilier de la viticulture britanno-colombienne. Très bon cabernet s'appuyant sur des tanins polis, mais néanmoins fermes; aussi charnu en milieu de bouche qu'en attaque, le vin laisse en finale des goûts de cerise, de cassis et d'épices, ces derniers étant attribuables à l'élevage en fûts de chêne. Un bon achat pour l'amateur de cabernet de facture classique.

11092051   25,80 $ ★★★ ½ ②

MISSION HILL

Quatrain 2011

Dégusté à l'aveugle en juin 2015, dans le cadre des National Wine Awards of Canada, cet assemblage inusité de merlot, de syrah, de cabernet sauvignon et de cabernet franc m'a fait très bonne impression. Riche en fruit et porté par un tissu tannique de qualité, à la fois mûr et assez ferme; persistant, savoureux et de facture quasi bordelaise. Comme un claret avec une touche de syrah… À boire entre 2018 et 2022.

11140447   65 $ ★★★→★ ③

OROFINO

Red Bridge 2012

Une autre belle surprise de ce domaine situé dans la vallée de Similkameen, à l'ouest de l'Okanagan. À défaut de profondeur, on appréciera la souplesse et la suavité de ce très bon merlot, mis en valeur par un usage judicieux du chêne. Juste assez charnu, mais aussi digeste et gouleyant, il laisse en finale de bons goûts de fruits noirs sur un fond délicatement épicé et fumé.

11593841   39 $ ★★★ ½ ②

BAKER, CHARLES
Riesling 2012, Picone Vineyard, Vinemount Ridge

Directeur du marketing et des ventes chez Stratus, Charles Baker a créé cette marque éponyme sous laquelle il commercialise deux cuvées de riesling. Les raisins proviennent de deux vignobles – l'un sur le Twenty Mile Bench, l'autre sur le Vinemount Ridge – et sont vinifiés dans les chais de Stratus.

À ce jour, ce vin issu de vignes âgées de plus de 35 ans est certainement l'un des rieslings ontariens les plus achevés que j'aie jamais goûté. Un monument de franchise, de densité et de structure acide, avec tout le caractère vibrant, pur et aérien des meilleurs rieslings. Les saveurs, intenses et ultraprécises, se succèdent et persistent, mariant la pomme, l'écorce de citron et de lime, en plus de notes minérales et cristallines qui donnent soif et font souhaiter que la bouteille soit plutôt un magnum. Affichant 11 % d'alcool et autant de matière et de caractère ; c'est là toute la magie du riesling. Splendide!

12718482   35,50$ ☆☆☆☆→? ③

COURVILLE, LÉON
Riesling 2012

Un peu déconcertant au premier nez lorsque goûté en juillet 2015, avec ses parfums d'aneth frais. La bouche porte les mêmes notes herbacées qui contribuent à la sensation de fraîcheur en bouche. Sec, tendu et d'un bon équilibre. Une interprétation singulière de ce grand cépage alsacien.

Disponible à la propriété

(À la propriété)   28$ ☆☆ ½ ②

MISSION HILL
Riesling 2013, Reserve, Okanagan Valley

Peut-être un cran moins expressif que le délicieux 2012 commenté l'an dernier, ce riesling offre néanmoins un bel équilibre en bouche, entre rondeur et acidité. Saveurs assez nettes de pomme verte et de lime.

11092086   20,95$ ☆☆☆ ②

RAVINES

Riesling 2013, Finger Lakes

Très bon vin se signalant par sa droiture, par son équilibre et par la netteté de ses saveurs originales d'ananas, de menthe, de lime et de pomme, auxquelles une saine acidité donne un élan supplémentaire. Tranchant et léger en alcool; nettement plus volubile après une journée d'ouverture. N'hésitez pas à l'aérer en carafe.

12289534 27,65$ ☆☆☆ ½ ② ⚗

0 820103 402804

SMITH, CHARLES

Riesling 2014, Kung Fu Girl

Un bon riesling d'envergure moyenne, doté d'une acidité bien sentie, enrobée d'un reste de sucre (33 g/l). Moins nuancé et expressif que par le passé, mais net et rafraîchissant.

11629787 22,10$ ☆☆☆ ②

1 847450 004443

STRATUS

Riesling 2014, Moyer Road, Niagara Peninsula

Tout en légèreté et très typé d'un riesling de Niagara. Un très léger reste de gaz, des parfums d'écorce de citron, d'hydromel, de lime, de pomme verte et un sucre résiduel (20 g/l) à peine perceptible tant l'acidité est bien dosée. Très bel exemple du genre, offert à un prix on ne peut plus attrayant.

12483804 20,65$ ☆☆☆ ½ ② ♥

0 628116 003120

TANTALUS

Riesling 2014, Okanagan Valley – Kelowna

Dans le secteur de Kelowna, David Paterson, l'œnologue de Tantalus, s'est vite forgé une réputation de «terroriste», ayant à cœur de traduire le goût du lieu dans ses vins. Ce riesling produit dans le secteur de Kelowna est l'exemple même d'un bon vin blanc de terroir et de climat frais. Des goûts purs de pomme verte se dessinent sur une bouche perlante et arrondie par un reste de sucre, à peine perceptible, grâce à une acidité du tonnerre qui harmonise le tout. Beaucoup de vie et d'énergie dans ce vin savoureux. Encore très jeune, ce 2014 ne s'est révélé à son plein potentiel qu'après trois jours d'ouverture. L'idéal serait de le laisser reposer en cave jusqu'en 2018 ou de l'aérer longuement en carafe.

12456726 29,85$ ☆☆☆→☆ ③ ⚗

0 626990 067412

NÉGONDOS
Saint-Vincent 2013

Négondos est le premier vignoble biologique à avoir vu le jour au Québec. Lorsqu'ils ont entrepris de planter de la vigne dans les Basses-Laurentides, Carole Desrochers et Mario Plante ont d'instinct été séduits par ce mode d'agriculture qui comptait très peu d'adeptes à l'époque. Ils ont eu raison, si j'en juge par la qualité des vins goûtés à quelques reprises au cours des dernières années.

Composé de cayuga et de geisenhem, qui profitent d'une macération pelliculaire à froid de 24 heures, le Saint-Vincent est élaboré avec un minimum d'intervention, sans précipitation à froid. Il est donc possible qu'un léger dépôt apparaisse au fond de la bouteille, ce dernier n'affectant en rien la qualité du vin. Pour le reste, quel délicieux vin blanc! Très sec, vibrant, mais avec le gras nécessaire pour enrober l'acidité, et doté d'un registre aromatique étonnamment complexe qui évolue de gorgée en gorgée, entre la menthe, la pomme verte, le thé vert japonais, le litchi, le fenouil et les agrumes. Une délicate astringence en fin de bouche ajoute un relief supplémentaire et lui donne une personnalité enviable pour le prix. Excellent!

Disponible à la propriété

(À la propriété)   17$ ☆☆☆☆ ② ♥

COTEAU ROUGEMONT
Le Versant blanc 2013

Frontenac gris et blanc. L'attaque en bouche est vive et rappelle un peu le caractère tranchant d'un chablis. À cela s'ajoutent de fines saveurs de citron et de lime, sur des accents salins qui accentuent la sensation de fraîcheur. Cette année encore, une réussite très convaincante, surtout à ce prix!

11957051   15,65$ ☆☆☆ ½ ② ♥

COURVILLE, LÉON
Cuvée Charlotte 2014

Vin du Québec Certifié. La «petite» cuvée de Léon Courville mise sur un assemblage gagnant de seyval blanc et de geisenheim. Le premier apporte une vitalité agréable et des notes citronnées, le second une pointe florale qui ajoute à son charme discret. Sec, net et désaltérant.

11106661 17,25$ ☆☆☆½ ① ♥

DOMAINE DE LAVOIE
Blanc 2014

Bon vin blanc sec, agrémenté de goûts d'agrumes et de fruits blancs. Un joli gras et une sensation nette, franche et très digeste qui se dessine en bouche. Léger et facile à boire, il ne manque pourtant pas de caractère.

741231 15,95$ ☆☆☆ ②

L'ORPAILLEUR
Seyval blanc et Vidal 2013

Issue à part quasi égales de seyval et de vidal, cette cuvée vendue dans l'ensemble du réseau de la SAQ est le vin blanc tout indiqué pour l'apéro. Aucun bois, mais des saveurs pures de pêche blanche, de fleurs et de thé blanc, soulignées par une fin de bouche vive et rafraîchissante. À boire d'ici 2017.

704221 16,25$ ☆☆☆ ②

NÉGONDOS
Opalinois 2013

D'emblée, le nez expressif et quasi tropical contraste avec le caractère habituel du cépage seyval, dont il est composé à 100%. Manifestement issu de raisins à pleine maturité, parfaitement sec, du gras et une acidité qui, en plus de contribuer à la fraîcheur en bouche, joue un rôle structurant. Beaucoup de relief et une longueur digne de mention.

(À la propriété) 17$ ☆☆☆ ½ ② ♥

Disponible à la propriété

VIGNOBLE LE CHAT BOTTÉ
Vin blanc 2014

S'il est un peu plus tendre que le 2013 commenté l'année dernière, ce vin blanc issu d'un cocktail de cépages hybrides (louise swenson, swenson white, adalmina, frontenac gris et prairie star) n'en est pas moins désaltérant et savoureux. De délicats parfums herbacés, des saveurs de fruits tropicaux, d'agrumes et un bel équilibre d'ensemble. Très bon vin d'apéritif à boire au cours de la prochaine année.

12442498 17,90$ ☆☆☆ ②

COURVILLE, LÉON
Saint-Pépin 2012, Réserve

Léon Courville croit depuis longtemps aux mérites du saint-pépin, un hybride créé au Minnesota. En 2012, il en tire un vin absolument délicieux. Certainement le meilleur vin de ce cépage que j'aie jamais goûté. Fermenté et élevé sur lies en fûts de chêne américain et français pendant 16 mois, le vin est très sec et doté d'une texture grasse qui enrobe l'acidité.

Les saveurs, élégantes, distinctives et assez persistantes, se dessinent sur un fond salin et minéral qui accentue son caractère désaltérant. On peut le boire dès maintenant – servi frais, mais pas froid – avec un poisson à chair grasse ou une poêlée de chanterelles, mais il pourrait aussi bénéficier de quelques années de repos en cave. Mission accomplie, monsieur Courville!

10919723 29,95$ ☆☆☆☆ ③

COTEAU ROUGEMONT
Saint-Pépin 2013

Issu de jeunes vignes de saint-pépin et enrobé par un élevage en fûts de chêne qui arrondit les angles et apporte des notes grillées et légèrement torréfiées. Passablement structuré, fringant et assez flatteur à sa manière.

12030063 18,50$ ☆☆☆ ②

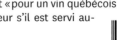

COURVILLE, LÉON
Vidal 2014

Particulièrement complet et long en bouche, ce vidal a des airs de vin germanique en 2014. Affiche 12 g/l de sucre, mais un tonus d'enfer, attribuable non seulement à l'acidité, mais aussi à une structure digne de mention pour un vin de ce prix – et pas seulement «pour un vin québécois», comme on le répète trop souvent. Encore meilleur s'il est servi autour de 12 °C. Du beau travail!

10522540 18,40$ ☆☆☆☆ ② ♥

DOMAINE DES MÉTÉORES
Frontenac blanc 2013

Bon vin fermenté et élevé en fûts de chêne français, produit pour la première fois en 2013 par un domaine de l'Outaouais. Le résultat est assez charmeur : l'élevage enrobe l'acidité du frontenac blanc, tout en laissant les notes tropicales du cépage s'exprimer. Un bon achat à moins de 20 $.

(À la propriété)   17 $ ☆☆☆ ②

Disponible
à la propriété

DOMAINE ST-JACQUES
Réserve blanc 2012

Parfois un peu trop boisé à mon goût dans le passé, le Réserve blanc semble avoir trouvé son équilibre en 2012. Le bois et le contact des lies apportent du volume en bouche, sans masquer le naturel fruité des cépages seyval et vidal. Fraîcheur et élégance. Un peu plus de longueur et c'était quatre étoiles.

11506390   24 $ ☆☆☆ ½ ②

0 827924 079031

LES PERVENCHES
Seyval – Chardonnay 2014

Bon vin blanc d'apéritif qui conjugue la vivacité du seyval et le gras du chardonnay. Un élevage en fûts de chêne français ajoute à son envergure en bouche, et fait bon ménage avec le fruit. Un heureux mariage d'acidité, de gras et de fraîcheur aromatique. À boire au cours des trois prochaines années.

(À la propriété)   19,50 $ ☆☆☆ ½ ②

Disponible
à la propriété

VIGNOBLE DE L'ORPAILLEUR
Cuvée Natashquan 2013, Vin du Québec Certifié

Le vin blanc sec haut de gamme de Charles-Henri de Coussergues mise sur l'opulence du cépage vidal et sur la vivacité caractéristique du seyval, assouplie par un passage d'un an en fûts de chêne américain. Beaucoup de consistance en bouche, une texture ample et nourrie, sans lourdeur aucune. Gras et volumineux, avec des goûts de fruits blancs et de citron, sur un fond de caramel au beurre. Persistant, excellent.

12685609   28 $ ☆☆☆☆ ②

0 827924 004118

DOMAINE ST-JACQUES
Sélection rouge 2014

Établis depuis une dizaine d'années à Saint-Jacques-le-Mineur, en Montérégie, Nicole Du Temple et Yvan Quirion ont largement contribué au succès des vins québécois. Leur dynamisme est contagieux et la rigueur avec laquelle ils mènent leur entreprise a valeur d'exemple.

Très attrayant dès le premier nez, le Sélection rouge du domaine est une fois de plus impeccable dans sa version 2014. La bouche regorge de saveurs fruitées très nettes, ce qui n'est pas encore le cas de tous les vins rouges d'ici, malheureusement. Une fine amertume se dessine en finale, ajoutant au relief en bouche. Encore et toujours, une valeur sûre au rayon des vins rouges québécois.

11506306   18$ ★★★ ½ ② ♥

0 827924 079062

COTEAU ROUGEMONT
Le Grand Coteau 2013

Très bon vin rouge substantiel, produit au pied du mont Rougemont. Le cépage marquette est assemblé à 20 % de frontenac noir – vinifié en macération carbonique, la méthode du Beaujolais – puis élevé en fûts de chêne français et hongrois pendant 12 mois. Le 2013 est passablement nourri, avec une attaque en bouche charnue. Suave et flatteur, sans excès; une acidité vive soutient la masse fruitée et donne de l'élan à sa finale florale et épicée. Belle réussite dans un registre moderne.

0 859670 001295

12358190   23,20$ ★★★→? ③

DOMAINE DES MÉTÉORES
Cuvée du Minotaure rouge 2013

Ce vignoble, développé dès 2006 au bord de la rivière Petite-Nation, non loin de Montebello, est certifié biologique. Très bon vin rouge qui profite d'un bref séjour en fûts de chêne américain, où il complète sa fermentation malolactique. Un peu nerveux lorsque goûté en juillet 2015, animé d'un léger reste de gaz, qui rehaussait les saveurs de fruits noirs et de violette du marquette, dont il est composé à 70 %. Grande fraîcheur!

Disponible à la propriété

(À la propriété)   16$ ★★★ ½ ② ♥

DOMAINE DES MÉTÉORES
Frontenac noir 2013

Bien qu'il soit un peu plus austère que la Cuvée du Minotaure, ce vin rouge issu de frontenac n'en est pas moins bon. Des fruits noirs, une trame tannique mûre et compacte. Bon équilibre entre le fruit, l'amertume et l'acidité ; harmonieux et original.
(À la propriété) 20$ ★★★ ②

Disponible à la propriété

DOMAINE ST-JACQUES
Réserve rouge 2013

Très bon 2013 qui témoigne d'une meilleure maîtrise de l'élevage en fûts de chêne. Lucie kuhlmann, maréchal foch et baco noir apportent de très jolies nuances fruitées et épicées, entre les petits fruits aigrelets et le poivre long ; le vin est charnu, assez solide, avec une acidité enrobée et harmonieuse. Un pas de plus dans la bonne voie.
11506365 24$ ★★★→? ③

0 827924 079079

NÉGONDOS
Suroît 2014

Très coloré et composé d'un assemblage de marechal foch, sainte-croix, frontenac et marquette. Son nez affriolant de poivre et de framboise le rend d'emblée invitant. Sincère, fringant et plein de fruit ; de style plus nerveux que la plupart des vins rouges québécois, avec un léger reste de gaz, mais vraiment très bon et sans le caractère foxé du maréchal foch. Parmi les bons rouges sur le marché.
(À la propriété) 17$ ★★★ ½ ② ♥

Disponible à la propriété

VIGNOBLE DE LA RIVIÈRE DU CHÊNE
William rouge 2013

WILLIAM

W

VIGNOBLE • VINERY
RIVIÈRE DU CHÊNE

Très joli nez! Une très bonne note pour ce vin rouge issu d'une macération carbonique, conduite sur les cépages maréchal foch, baco et marquette. La bouche est gorgée de fruit, juste assez charnue et dotée d'une vivacité qui appelle la soif et met en appétit. Finale légèrement amère, qui rehausse les nuances de fruits et d'herbes séchées.
743989 15,95$ ★★★ ① ♥

0 827924 036065

VIGNOBLE DU MARATHONIEN
Vidal 2011, Vin de glace

Dans leur domaine de Havelock, non loin de la frontière américaine, Line et Jean Joly se sont forgé une solide réputation, notamment grâce à la qualité incomparable de leurs vins liquoreux souvent primés, tant sur la scène nationale qu'internationale.

Quelle richesse! Ce qui n'est pas étonnant venant du vin de glace du Marathonien, puisque sa Vendange tardive a la concentration et l'étoffe d'un vin de glace... Texture sirupeuse et saveurs intenses de fruits frais, confits et secs; accents de sucre d'érable et d'épices. Beaucoup de volume en bouche, mais aucune sensation de lourdeur, grâce à une fine acidité. Exceptionnel!

11398317   54,25$ (375 ml)   ☆☆☆☆☆ ②

DOMAINE ST-JACQUES
Vin de glace 2011

Un bon vin moelleux aux odeurs de safran, modérément parfumé et doté d'une bonne acidité. Du fruit et de la douceur; moins complexe que d'autres, mais charmeur, avec ses notes de sucre d'orge.

11506331   32,25$ (200 ml)   ☆☆☆ ②

DOMAINE ST-JACQUES
Vin de glace rouge 2011

Vin de glace rouge issu de lucie kuhlmann et de maréchal foch. Très fruité en bouche, sucré aussi, mais doté d'une franche acidité qui agit comme contrepoids. Tous les éléments ne sont pas complètement liés, mais cela demeure une agréable curiosité locale.

11213600   46$ (200 ml)   ☆☆☆ ②

COTEAU ROUGEMONT
Vendanges tardives 2013, Frontenac gris

Ce domaine de création récente, développé par la famille Robert, abrite un verger et un vignoble. Bon vin liquoreux résultant d'une vendange tardive de frontenac gris. Le 2013 regorge de saveurs de fruits secs, de confiture d'abricots et d'épices, le tout porté par une franche acidité qui agit comme une colonne vertébrale.
Bonne longueur ; savoureux.
11680523   23,65$ ☆☆☆ ½ ②

0 859670 001356

COTEAU ROUGEMONT
Vin de glace 2013, Vidal

Vin de glace classique, fait de vidal – le seyval aurait la peau trop fragile pour résister au gel. Peut-être pas le plus complexe, mais d'un équilibre impeccable et enveloppé de saveurs intenses. Riche, volumineux et assez long en bouche.
12029994   32,75$ (200 ml)   ☆☆☆☆ ②

0 859670 001394

VIGNOBLE DU MARATHONIEN
Vendange tardive 2012

Profitant des conditions climatiques idéales de l'été 2012, Jean Joly a produit un vin d'une concentration et d'une complexité aromatique supérieures. Moins d'acidité que dans les millésimes classiques, il n'accuse pourtant aucune lourdeur. Beaucoup de relief aromatique en bouche – entre figue séchée, érable, raisin sultana et fumée – le tout rehaussé par une saine amertume qui agit comme support aromatique. Il trône toujours au sommet de sa catégorie.
12204060   29,85$ (375 ml)   ☆☆☆☆ ½ ②

0 827924 017057

VIGNOBLE LE CHAT BOTTÉ
Le Paillé Ambré 2013

La couleur est ambrée, effectivement. Intense, très fruité en bouche et sucré, mais assez harmonieux grâce à l'acidité. Flatteur et très séduisant, même si à ce prix, on souhaiterait y trouver plus de profondeur et de nuances.
(À la propriété)   40$ ☆☆☆ ②

Disponible à la propriété

AMÉRIQUE DU NORD
ÉTATS-UNIS

OCÉAN
PACIFIQUE

WASHINGTON

OREGON

MONTANA

SONOMA

SAN
FRANCISCO

NEVADA

CALIFORNIE

ARIZONA

SANTA BARBARA

LOS ANGELES

SAN DIEGO

TEXA

MEXIQUE

WASHINGTON

Contrairement à celui d'Oregon, le vignoble de l'État de Washington s'étend essentiellement sur le versant est de la chaîne des Cascades, où le climat est beaucoup plus sec et les températures plus élevées. Cette différence géographique explique en partie l'impopularité du pinot noir dans cette zone pourtant plus nordique.

OREGON

L'État de l'Oregon a essentiellement bâti sa réputation sur ses vins rouges issus du pinot noir, même si la qualité des vins demeure hétérogène. Depuis quelques années, les variétés alsaciennes semblent gagner en popularité. On trouve notamment de très bons vins de pinot gris sur le marché.

SONOMA

La zone côtière de Sonoma et le secteur de Russian River (tous deux dans le comté de Sonoma), confirment leur propension à produire d'excellents pinots noirs et chardonnays.

Le vignoble américain est un géant en éternelle croissance. Sa superficie a augmenté de près de 25 % au cours des 20 dernières années. Cela tombe à point, puisque la soif de vin des Américains est apparemment insatiable, tout comme le désir de boire local. On estime que trois bouteilles de vin sur cinq vendues aux États-Unis proviennent de Californie.

Depuis quelques années, on observe un heureux virage vers des vins plus digestes, moins épais et confiturés, et ce, même dans les secteurs plus chauds où sont cultivées des variétés rhodaniennes. La seule exception demeure la vallée de Napa, où les intérêts financiers continuent d'entretenir la dictature de la concentration et la quête de hauts scores.

Heureusement, on trouve à la SAQ une foule d'excellents vins de Napa, de Sonoma, de Santa Barbara, ou encore de l'État de Washington, de l'Oregon ou plus près de chez nous, des Finger Lakes. Autant de belles découvertes qui sont commentées dans les pages suivantes.

CANADA

NEW YORK

Dans le nord de l'État de New York, à environ cinq heures de voiture au sud-ouest de Montréal, la région des Finger Lakes compte près de 350 domaines viticoles. On y produit entre autres de très bons rieslings.

NEW YORK

SANTA BARBARA

En dépit d'une position géographique passablement méridionale, la région de Santa Barbara – dont font partie les vallées de Santa Maria, de Santa Rita et de Santa Ynez – est devenue une autre terre d'accueil pour les cépages bourguignons en Californie. Le microclimat, attribuable à la fraîcheur des courants d'air venant du Pacifique, semble tout à fait propice à la culture du chardonnay et du pinot.

VIRGINIE

CAROLINE DU NORD

OCÉAN ATLANTIQUE NORD

FLORIDE

Californie Cabernet sauvignon

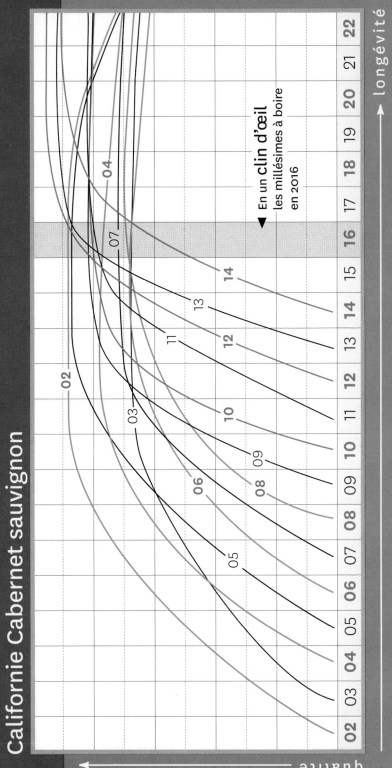

qualité

longévité

En un **clin d'œil**
les millésimes à boire
en 2016

22 21 **20** 19 **18** 17 **16** 15 **14** 13 **12** 11 **10** 09 **08** 07 **06** 05 **04** 03 **02**

02

04

07

14

13

11

12

03

10

09

08

06

05

LES DERNIERS MILLÉSIMES

2014

La qualité s'annonce très bonne, en dépit d'une troisième année consécutive de sécheresse. Du beau temps pendant les vendanges, mais une saison végétative plus courte. On peut s'attendre à des vins un peu moins nuancés et complexes.

2013

Une récolte abondante en Californie. La qualité générale est assez prometteuse.

2012

Retour à des conditions plus normales après deux millésimes de pluie et de froid. Un été très sec et de belles conditions au moment de la vendange ont donné des vins assez concentrés qui pourraient très bien vieillir.

2011

Autre année difficile pour les vignerons californiens. Des conditions météorologiques semblables à celles de 2010, à l'exception d'une heureuse vague de chaleur au moment des vendanges qui a donné un ultime coup de pouce à la vigne et a permis aux raisins d'atteindre leur maturité. Le moment de la récolte a été un facteur décisif dans plusieurs secteurs. Autre année de choix pour les palais en quête de fraîcheur.

2010

De Napa à Santa Barbara en passant par Sonoma, 2010 a été l'année de tous les défis – et de tous les cauchemars! Les vignerons ont dû composer avec un printemps pluvieux, un été frais et des pluies au moment des vendanges. Qualité aléatoire. Il faudra «séparer le bon vin de l'ivraie»… Les vins sont cependant dotés d'une fraîcheur atypique qui les rend particulièrement attrayants pour l'amateur de vins de facture classique.

2009

Des conditions climatiques sans excès ont été favorables à une qualité générale fort satisfaisante. On annonce des vins équilibrés aptes à vivre longtemps. Cabernet sauvignon et zinfandel semblent particulièrement réussis.

2008

Récolte précoce et qualité hétérogène; des vins de cabernet aux tanins parfois verts à Napa. La rigueur et la réputation du producteur sont à considérer.

2007

Dans la région de Napa, des conditions idéales en juillet et en août ont précédé un mois de septembre inhabituellement frais. Au final, des cabernets sauvignons apparemment fins et bien équilibrés. Dans Sonoma et Santa Barbara, des rendements réduits ont donné des pinots noirs solides et charpentés.

DOMINUS

Dominus 2011, Napa Valley

Depuis 1991, qui fut une année charnière, la grande aventure de Christian Moueix en Californie n'a cessé d'être la source de vins complets et raffinés. Loin d'être une copie de Pomerol, Dominus est l'expression pure et dépouillée du terroir historique de Napanook, à Yountville. Un vin dont l'équilibre, l'élégance et la constance imposent le respect.

Dans un millésime plutôt frais à Napa, à l'exception d'une vague de chaleur au moment des vendanges, ce 2011 ne manque pourtant pas d'étoffe. Au contraire : quelle envergure ! Subtil mélange de grâce et de puissance contenue, le vin coule sur la langue sans lourdeur, comme une caresse. Cassis, cèdre et noyau de cerise s'étirent en bouche dans une enveloppe tannique de première qualité. Long, racé, intense. Vraiment, Dominus se situe dans une classe à part !

11650480   155$ ★★★★ ½ ③

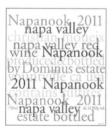

DOMINUS

Napanook 2011, Napa Valley

Une année moyenne à Napa, mais un excellent millésime pour Napanook ! Un peu timide à l'ouverture, le vin se révèle pleinement après une demi-heure dans le verre. Les fruits noirs côtoient un boisé élégant, et la structure tannique est soulignée par une saine acidité qui élève le vin et donne du relief à l'ensemble. Tout y est, sans aucun excès. Si seulement la Californie produisait plus de vins de ce genre !

11650439   65,25$ ★★★★ ②

FRANUS, PETER

Cabernet sauvignon 2013, Napa Valley

Le style de ce vin de Peter Franus se situe à mi-chemin entre un cabernet classique de Napa, dont il possède l'ampleur naturelle, et un bordeaux moderne auquel il emprunte l'assise tannique et la puissance. En 2013, excellent millésime à Napa, le vin se signale par sa puissance contenue, ses saveurs compactes de cerise, sa trame tannique très droite et sa finale presque austère. Beaucoup de nuances et de relief ; longueur étonnante pour le prix.

11423535   48,25$ ★★★→★ ③

HEITZ CELLAR

Cabernet sauvignon 2009, Martha's Vineyard, Napa Valley

Le cabernet sauvignon Martha's Vineyard fait l'objet d'un culte auprès de nombreux connaisseurs. Un vin d'une grande envergure, identifiable entre cent par ses parfums d'eucalyptus. Le 2009 est volumineux et complexe; cumulant les couches de saveurs de fruits, d'épices, de fleurs séchées, de cuir et de tabac, sur un tissu tannique dense et serré. La finale va crescendo et se termine sur un feu d'artifice. Arrivée prévue en mars 2016.

11937860   260$ ★★★★ ½ ③

HEITZ CELLAR

Cabernet sauvignon 2010, Martha's Vineyard, Napa Valley

Un peu moins bavard lorsque goûté en juillet 2015 et quasi austère si on le compare à la moyenne des cabernets californiens. Très coloré, compact, élégamment boisé et doté d'une trame très serrée. Des saveurs de fruits mûrs, de la chair et de la longueur. Imposant par sa structure, ce vin est encore sur la réserve et demandera quelques années de bouteille pour développer tout son potentiel. Unique en son genre. Arrivée prévue en mars 2016.

11937860   260$ ★★★★ ③

HEITZ CELLAR

Cabernet sauvignon 2009, Trailside Vineyard, Napa Valley

Cette alternative «abordable» à Martha's Vineyard n'a rien d'un prix de consolation. Située dans le secteur très prisé de Rutherford, cette parcelle donne régulièrement un vin très complet dont la race ne fait aucun doute. Densité, ampleur et élégance; le bois joue un rôle de faire-valoir. Son équilibre et sa finale persistante sont deux gages de longévité. À boire vers 2018-2020.

12186455   119$ ★★★→★ ③

PHELPS, JOSEPH

Cabernet sauvignon 2012, Napa Valley

La *winery* de Joseph Phelps a été une locomotive de l'essor moderne des vins de Napa. Issu d'un millésime de grande concentration à Napa, ce cabernet ne donne pas dans la dentelle. Très californien par son épaisseur tannique, sa puissance et l'intensité de son fruit, qui se déploie en bouche sur un fond copieusement torréfié. Étonnamment sphérique pour un cabernet, mais néanmoins solide et construit pour la garde. À laisser reposer jusqu'en 2019 au moins, le temps qu'il digère son bois.

10921444   101,25$ ★★→★ ③

HEITZ CELLAR
Cabernet sauvignon 2010, Napa Valley

Joe Heitz a été un pionnier de l'histoire moderne du vin de Californie. Dans les années 1960, ses cabernets se sont imposés en ténors de la vallée de Napa. Aujourd'hui, les héritiers de Joe Heitz, Kathleen

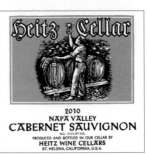

et David, continuent de produire des vins relevés, au tempérament très californien. La maison semble avoir pris l'habitude de laisser mûrir ses vins en bouteille pendant quelques années avant de les mettre en vente.

Lorsqu'il arrivera sur le marché vers la fin novembre, ce 2010 sera donc prêt à boire, mais pourra se conserver jusqu'à la fin de la décennie. Le vin affiche une couleur encore jeune, mais son nez de cuir, de sous-bois et de feuille morte traduit une certaine évolution. Sur un ton plus sévère que la moyenne, il se fait valoir d'abord par son grain tannique compact, mais également par ce registre aromatique complexe aussi près de la terre que du fruit. Amateurs de cabernet de Napa, vous devez goûter ce vin!

11898848   69,25$ ★★★★ ③

BONNY DOON
A Proper Claret 2013, California

Les fans de Randall – tout sauf du cabernet et du chardonnay – Grahm seront sans doute surpris de voir que l'excentrique personnage signe désormais un claret. *Well…* à sa façon. Assemblage hétéroclite de cabernet, merlot, tannat, syrah et petite sirah, son 2013 n'affiche guère plus de 13,5% d'alcool. Droit, savoureux et digeste, animé d'un léger reste de gaz qui met le fruit en valeur. Finale singulière au bon goût de poivrons rouges grillés. Quatre étoiles pour saluer la qualité du vin et cette démarche à contre-courant.

12495961   25,25$ ★★★★ ② ♥

COPPOLA, FRANCIS FORD

Cabernet sauvignon 2013, Director's Cut, Alexander Valley

Plus austère que d'autres, ce vin présente une belle texture en bouche, des tanins sphériques et un bon équilibre. Son amertume en fin de bouche peut déplaire à la première gorgée, mais elle contribue à la persistance des saveurs et le rendra d'autant plus agréable à table. Bon équilibre, il pourrait réserver de belles surprises d'ici 2018.

11383545   29,95$ ★★★→? ③

FARRIER

Presshouse 2010, Alexander Valley

Au nord de la Russian River Valley, dans le comté de Sonoma, le secteur d'Alexander Valley bénéficie d'un climat un peu plus chaud, propice à la culture du cabernet sauvignon. Goûté pour la première fois cette année, ce vin m'a fait très bonne impression. Coloré, bien mûr et boisé, mais pas écrasé par le bois de chêne. Une texture serrée et un certain tonus. Finale chaleureuse et rassasiante aux goûts de confiture de bleuets et d'épices. À revoir dans deux ou trois ans.

11882176   32,50$ ★★★ ½ ③

LIBERTY SCHOOL

Cabernet sauvignon 2012, Paso Robles

Bon cabernet généreusement nourri par le climat chaleureux de Paso Robles. Tout en fruit et en chair, avec un support tannique assez solide pour conserver un tonus appréciable en bouche. À servir autour de 17 °C et à boire d'ici 2018.

856567   20,50$ ★★★ ②

SMITH, CHARLES

Château Smith 2013, Columbia Valley

Bon équilibre entre le cabernet, le petit verdot et la syrah. Boisé bien intégré, texture riche, ample et généreuse, mais pas d'excès. À moins de 30 $, la proposition est honnête.

11818300   29,15$ ★★★ ②

TREANA

Treana 2010, Paso Robles

Le winemaker Liberty School a créé sa propre entreprise dans Paso Robles et y produit cette cuvée principalement composée de cabernet sauvignon, auquel s'ajoute de la syrah. Même en 2010, le vin s'impose en bouche par son épaisseur tannique, par sa sucrosité et par ses goûts de confiture, sur un fond copieusement boisé (fumée, café, chocolat). Généreux et opulent, à défaut de finesse et de complexité. À boire dans les trois prochaines années.

875088   40,75$ ★★ ½→? ③

EASTON
Zinfandel 2010, Rinaldi Vineyard Fiddletown

Dans son domaine Terre Rouge, situé dans l'arrière-pays, non loin de Sacramento, Bill Easton a fait des cépages rhodaniens sa spécialité. Sous une marque à son nom, il 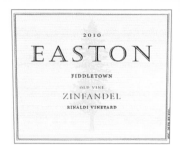 commercialise aussi des vins issus d'autres cépages, dont ce *zin* d'envergure à prix attrayant.

L'année 2010 a été marquée par un été frais et humide favorable aux variétés du Rhône et au zinfandel. Dégusté par une journée de canicule, le vin n'en était pas moins agréable tant son équilibre en bouche est irréprochable. Présente 14,5 % mais pas une once de lourdeur. Une franche acidité, conjuguée à des tanins serrés, assez fermes. Son grain tannique un peu granuleux, tout comme ces goûts de petits fruits sauvages, ne sont pas sans rappeler certains vins des Pouilles. À boire sans se presser jusqu'en 2022.

12131340   36,75$ ★★★★→? ③

BUENA VISTA
The Count 2012, Sonoma

Une majorité de zinfandel (59 %), complété de syrah, de merlot et de cabernet sauvignon. Très bon vin ample qui prend ses aises en bouche, mais demeure relativement digeste en dépit d'un sucre résiduel. Comme quoi, tout n'est toujours qu'une question d'équilibre. À servir autour de 16 °C.

12501793   25,50$ ★★ ½ ②

COPPOLA, FRANCIS FORD
Zinfandel 2012, Director's Cut, Dry Creek Valley

Provenant d'un secteur réputé pour le zinfandel, un bon vin joufflu, riche en saveurs de confiture de framboise, de réglisse et d'épices. Maintenant ouvert, le vin s'exprime avec plus de profondeur et de détail aromatique que l'an dernier à pareille date. Vigoureux, nerveux et fidèle aux caractéristiques du cépage, le vin se dessine en bouche avec une autorité qui m'avait échappé il y a un an. Des couches de saveurs fruitées et une finale capiteuse et persistante.

11882272   29,95$ ★★★ ½ ②

EASTON
Zinfandel 2012, Amador County

Très bel exemple de zinfandel qui, plutôt que de se limiter à l'opulence et à la puissance brute, séduit par son équilibre et sa buvabilité. Ce qui n'exclut pas un fruit gourmand et affriolant, ponctué de saveurs d'épices et d'herbes séchées. Beaucoup de fruit, mais aucune sucrosité ; les tanins se resserrent en finale et laissent une sensation accrue de fraîcheur. Beaucoup de plaisir en bouche pour le prix !

897132 24,95$ ★★★★ ② ♥

KUNDE
Zinfandel 2012, Sonoma Valley

Tout à fait représentatif des bons zins de Sonoma : une avalanche de fruits confits, un tissu tannique bien mûr, velouté et une sensation à la fois capiteuse et tonique en finale. Plutôt rassasiant si vous êtes un amateur de zinfandel.

12495590 26,35$ ★★★ ②

LAKE SONOMA WINERY
Zinfandel 2010, Dry Creek Valley

Hormis un arôme de caramel au beurre en attaque, ce vin est assez fidèle à ce que l'on peut espérer d'un zinfandel de Dry Creek. Ample, fruité, gourmand et chaleureux. Un peu trop boisé à mon goût, mais somme toute correct.

12487864 24,75$ ★★★ ②

RAVENSWOOD
Zinfandel 2013, Vintners Blend, Californie

Même si elle a perdu de son lustre depuis qu'elle a été rachetée par le géant Constellation, la *winery* fondée par Joel Peterson – le parrain du zin californien – est encore la source de bons vins, comme la cuvée Vintners Blend. Rien de compliqué, mais un bon zinfandel juteux et débordant de fruit comme il se doit, équilibré et rassasiant.

427021 19$ ★★★ ②

DOMAINE DE LA CÔTE
Pinot noir 2012, Sta. Rita Hills

Le sommelier vedette Rajat Parr et l'œnologue Sashi Moorman ont créé ce domaine en 2011 après avoir racheté les vignobles d'Evening Land (maintenant dédiés exclusivement à la production de vins en Oregon). Les deux cuvées commercialisées à la SAQ annoncent de belles choses pour l'avenir.

De style plus européen que la plupart des pinots noirs californiens, ce vin a été élaboré avec 50% de grappes entières, afin de compenser les excès de chaleur de l'été 2012. Pas de bois neuf, mais un fruit mûr, délicieusement expressif et plein de nuances. La richesse du climat californien transparaît dans la maturité du fruit, mais le vin est élaboré dans des proportions exemplaires et ne titre pas plus de 12,5% d'alcool. Une belle bouteille à boire idéalement entre 2019 et 2022 et un domaine à suivre de près.

12275175   59$ ★★★→★ ③ ⑤

BUENA VISTA
Pinot noir 2011, Carneros

Buena Vista appartient au groupe bourguignon Boisset. Un vin bien californien par sa chair fruitée mûre et gourmande, mais sans ces excès crémeux qui caractérisent tant de pinots de la côte Ouest américaine. Pas très complexe, mais juteux et séduisant.

12501849   26,55   ★★★ ②

CALERA
Pinot noir 2012, Central Coast

Quoique plus mûr que le 2011 commenté l'an dernier, le pinot courant de Josh Jensen s'inscrit dans ce même esprit de finesse et de «buvabilité» qui a fait la renommée de Calera. L'effet d'une proportion de grappe entière, sans doute. Un vrai bon pinot noir californien, mûr et soutenu par une fine acidité qui le rend encore plus vibrant. Finale rassasiante au goût de cerise noire et d'herbes séchées. Excellent rapport qualité-prix.

898320   34,75$ ★★★★ ② ♥

DOMAINE DE LA CÔTE
Pinot noir 2012, Bloom's Field, Sta. Rita Hills

Passablement boisé au nez; en revanche, la bouche déborde de vitalité, grâce entre autres à un léger reste de gaz. Encore très jeune, ce 2012 s'appuie sur un joli grain tannique, avec de l'ampleur et une chair caressante, nourrie par un élevage bien maîtrisé en fûts de chêne. Prix élevé, mais la qualité ne fait aucun doute. Finale à la fois chaleureuse et tonique, sur des notes de fruits noirs et de fumée.

12275159   71,25$ ★★★→★ ③ ▼ Ⓢ

LA CREMA
Pinot noir 2013, Sonoma Coast

Sans prétendre à la profondeur des meilleurs, ce vin s'avère plaisant avec son expression fruitée pimpante et sa texture mûre, quasi crémeuse. À boire d'ici 2017 pour profiter de son fruit.

860890   34$ ★★★ ②

SCHUG
Pinot noir 2013, Sonoma Coast

Après avoir œuvré chez Joseph Phelps, l'Allemand Walter Schug a choisi de se consacrer exclusivement aux cépages chardonnay et pinot noir. Les vins sont maintenant élaborés par l'œnologue Michael Cox. Le 2013 sent bon la fraise confite; la bouche est joufflue et rassasiante dans un style bien californien, mais harmonieux. Servir frais autour de 15 °C.

10944232   28,45$ ★★★ ½ ② ▼

WILLAKENZIE
Pinot noir 2012, Pierre Léon, Willamette Valley

Le Bourguignon Bernard Lacroute élabore ce bon pinot noir qui porte la marque d'un millésime de chaleur. Des tanins mûrs composent un tissu tendre et velouté, faisant bien sentir sa charge alcoolique à 14,2%. Les fruits rouges croquants du 2011 ont fait place à des goûts de cerise confite, de kirsch et de violette. Encore jeune, le vin se présentait d'un seul bloc lorsque goûté en septembre 2015 et les saveurs étaient dessinées à gros traits. Vieillira-t-il en beauté? L'avenir nous le dira…

11334129   46$ ★★ ½ →? ③

TERRE ROUGE
Mourvèdre 2011, California

Spécialiste des cépages rhodaniens, Bill Easton cultive la vigne au pied de la Sierra Nevada. J'ignore comment, mais il parvient à produire sur ces terres arides qui servirent jadis de décor à la ruée vers l'or, un mourvèdre aussi compact, vibrant et racé que les meilleurs vins de Bandol.

Fruits d'une année fraîche en Californie, les raisins ont été récoltés à la mi-novembre, ce qui a permis au vin d'acquérir une grande complexité aromatique, tant au nez qu'en bouche. Mais c'est surtout par sa texture qu'il se distingue: mariage de plénitude et de vigueur, il tapisse la bouche d'une trame mûre, mais comporte juste assez d'aspérités tanniques pour donner à l'ensemble une poigne d'enfer. Et que dire de sa finale à la fois minérale et chargée de goûts de poivre, de cuir et de garrigue? Déjà savoureux et distinctif, il n'a pas dit son dernier mot! Arrivée prévue en janvier 2016.

921601   32$ ★★★★ ½ ③

BETZ
Syrah 2011, La Côte Patriarche, Yakima Valley

À l'ouverture, cette syrah avait une allure un peu brouillonne; les parfums torréfiés de la barrique l'emportaient sur le fruit, tant en bouche qu'au nez. Vingt-quatre heures plus tard, un joli fruit commençait à se dessiner en bouche, sur un fond d'épices et de viande fumée. Un cadre tannique serré, presque austère, mais aussi une certaine élégance et une longueur digne de mention. Le mieux serait de laisser reposer jusqu'en 2020, le temps que les éléments se fondent.

12235907   82,25$ ★★★→? ③

BIRICHINO
Besson Grenache Vineyard Vigne Centenaire 2013, Central Coast

Un grenache hors norme, ne serait-ce que par sa légèreté alcoolique à 13,5 %. Un vin souple, relevé de bons goûts de cerises mûres et juteuses, sur un fond de cacao et de vanille. Flatteur et facile à boire, il fait aussi preuve d'une certaine retenue qui le rend d'autant plus agréable.

12486386   24$ ★★★ ½ ② ♥

QUPÉ
Syrah 2012, Central Coast

Dans Santa Maria Valley, entre San Francisco et Los Angeles, le producteur Bob Lindquist a été un apôtre de la syrah sur la côte Ouest. D'un millésime un peu plus chaud que le 2011 commenté l'an dernier, ce qui se traduit par un fruit plus mûr et un degré d'alcool conséquemment plus élevé (14,8% comparé à 13,5% en 2011). Cela dit, le vin conserve une saine acidité et une poigne tannique assez solide qui préservent l'équilibre en bouche. Finale vaporeuse aux goûts de cerise confite, de poivre et de réglisse. À boire d'ici 2018 et à servir autour de 16-17 °C.

866335   27,70$ ★★★ ½ ②

TERRE ROUGE
Easton House 2011, California

D'emblée séduisant par son nez de fruits noirs frais et d'épices. La bouche suit, juteuse, nette et dépourvue de sensation sucrée. Le fruit repose sur une chair mûre, des tanins suffisamment denses et une acidité bien dosée. Le bon vin des jours de semaine, gourmand et facile à boire. Servir autour de 16 °C avec une cuisine familiale réconfortante.

10744695   20,25$ ★★★ ½ ② ♥

TERRE ROUGE
Noir 2010, Sierra Foothills

Déjà agréable à boire, cet assemblage de grenache, de mourvèdre et de syrah est à la fois gourmand et accessible, tout en faisant preuve de profondeur. Le fruit, opulent et généreux, se marie à des accents épicés, le tout solidement encadré de tanins fermes, sans dureté, mais garants d'une certaine fraîcheur. On peut l'apprécier dès maintenant et d'ici 2020.

866012   37,50$ ★★★★ ②

TERRE ROUGE
Syrah 2011, Les Côtes de l'Ouest, California

Une autre année plutôt fraîche en Californie a donné un excellent vin de syrah, dont les parfums étonnants de violette et de poivre rappellent davantage le nord du Rhône que la Californie. La texture est ample et remplit la bouche de tanins mûrs et soyeux, sans mollesse ni lourdeur. Des notes d'herbes séchées apportent une fraîcheur aromatique en finale, ce qui le rend d'autant plus séduisant. Malgré une hausse de trois dollars depuis l'an dernier, il offre un très bon rapport qualité-prix.

897124   28,65$ ★★★★ ② ♥

JCB
Chardonnay 2011, N° 81, Sonoma Coast

Jean-Charles Boisset a quitté sa Bourgogne natale il y a déjà plusieurs années pour élire domicile en Californie. En plus de veiller sur les quelques *wineries* du giron familial, le coloré personnage a développé un commerce de négoce transatlantique. Chaque cuvée a son numéro. Celle-ci est une référence à l'année 1981, date de son premier voyage en Californie.

Chardonnay californien d'inspiration clairement européenne. Riche, ample, assez typé de son climat d'origine, mais vinifié sur un mode oxydatif plutôt que réducteur. Conséquemment, pas d'arômes de maïs en crème, plutôt un beau fruit mûr, qui donne l'impression de croquer dans une pêche blanche, et une structure acide plus appuyée que la moyenne californienne. À boire dès maintenant et d'ici 2019.

12497801   36,75$ ☆☆☆ ½ ②

FRANCIS FORD COPPOLA
Chardonnay 2013, Director's Cut, Russian River Valley

Rien d'exubérant dans ce chardonnay provenant de la Russian River Valley, dans le comté de Sonoma. Des saveurs délicates de fruits blancs, ponctuées des notes grillées et fumées de l'élevage. Léger reste de gaz, du gras et une acidité bien dosée. Nettement plus frais et harmonieux que par le passé.

12535512   28$ ☆☆☆ ½ ②

LA CREMA
Chardonnay 2013, Monterey

Le groupe Kendall-Jackscon continue de me surprendre avec les vins de La Crema. Jadis dessiné à gros traits, souvent dépourvu de fraîcheur, ce chardonnay étonne par son caractère tonique et digeste en 2013. Saveurs de fruits blancs, d'écorce de citron et de fleurs blanches, du gras, pas de parfum boisé, mais une fine amertume en finale. La Californie avec un supplément de fraîcheur.

11368821   26,80$ ☆☆☆ ½ ②

LIBERTY SCHOOL
Chardonnay 2013, Central Coast

Contrairement à de nombreux chardonnays californiens de cette gamme de prix, ce 2013 de Liberty School mise plus sur l'expression du fruit que sur le bois. Mûr, gras et bien nourri par le soleil de Central Coast, mais sans ce côté crémeux qui fatigue le palais. Un bon achat dans sa catégorie.

719443   20,50$ ☆☆☆ ②

PLUME
Chardonnay 2012, Napa Valley

Un chardonnay tout à fait caractéristique de la vallée de Napa, sans verser dans la démesure. Bons goûts de poire en sirop, sur un fond vanillé et beurré, le tout enrobé d'une texture quasi crémeuse. Bien, à condition d'aimer le genre.

12485754   27,65$ ☆☆☆ ②

RAYMOND
Chardonnay 2013, Reserve, Napa Valley

Représentatif d'un chardonnay de Napa: gras et sec, franc de goût et conservant la fraîcheur nécessaire, grâce à un léger reste de gaz. On savoure ses goûts de poire pochée et de beurre.

707711   28$ ☆☆☆ ②

SANDHI
Chardonnay 2013, Santa Barbara County

L'ancien sommelier Rajat Parr et son partenaire Sashi Moorman élaborent généralement des chardonnays au profil presque européen. Je m'étonne donc de trouver dans ce 2013 le caractère réducteur de certains vins blancs modernes de Californie, avec des notions de céréales et de maïs. Cela dit, le vin demeure excellent et très agréable par sa texture compacte et sa trame minérale. Nettement au-dessus de la moyenne régionale. Encore très jeune, n'hésitez pas à l'aérer en carafe pendant une bonne heure.

12657000   53,50$ ☆☆☆ ③ ⑤

BONNY DOON
Le Cigare Blanc 2013, California

Randall Grahm n'est pas seulement un personnage excentrique et un as du marketing, c'est aussi un vigneron talentueux. Depuis qu'il a vendu ses marques grand public (Big House et Cardinal Zin) pour se consacrer à son domaine dans les montagnes de Santa Cruz, la qualité et la précision de ses vins ne cessent de progresser.

Toujours composé de variétés rhodaniennes (roussanne, grenache, picpoul blanc), le vin blanc du domaine est impeccable. Pas très aromatique au nez, mais il compense largement par son volume et par son relief en bouche. Les saveurs fruitées, florales et minérales sont séduisantes, mais c'est surtout par sa texture que ce vin se distingue. Gras et compact, quasi tannique même, tant il a de la matière. Finale délicatement amère, élégante et distinguée.

10370267   34,75$ ☆☆☆☆ ② ♥

BIRICHINO
Malvasia 2014, Monterey County

Sous l'étiquette Birichino, John Locke – ancien vinificateur chez Bonny Doon – commercialise ce vin blanc délicieusement aromatique, mais sec, digeste et harmonieux. Impeccable si vous aimez ce genre de vin et très intéressant en accompagnement de mets asiatiques pimentés.

11073512   18,60$ ☆☆☆ ½ ② ♥

TERRE ROUGE
Natoma 2013, Sierra Foothills

Contrairement au flot de sauvignons acides, à la limite de la verdeur, qui ont la cote en ce moment, ce vin respire le fruit mûr. On est vite séduit par ses effluves tropicaux, qui rappellent la goyave, le fruit de la passion, le tout couronné d'une finale amère, mais de bon aloi.

882571   18,75$ ☆☆☆ ②

TERRE ROUGE
Enigma 2009, Sierra Foothills

Toujours aussi affriolant lorsque goûté en août 2015, cet assemblage de marsanne, de viognier et de roussanne sent bon l'ananas et la fleur d'oranger. Les amateurs de vin blanc du sud du Rhône aimeront sa bouche grasse et vineuse, riche d'un vaste spectre de saveurs et dotée d'une bonne tenue. À boire d'ici 2019.

921593   28,90$ ☆☆☆ ½ ②

WILLAKENKIE
Pinot gris 2014, Willamette Valley

En 2014, les vignes de pinot gris du Bourguignon Bernard Lacroute ont donné un vin blanc au caractère affirmé. Lauréat d'une Grappe d'or dans la dernière édition du Guide, le vin est tout aussi savoureux, mais avec un supplément de gras et de matière fruitée. La générosité du millésime 2014 en Oregon y est sans doute pour quelque chose. Puissant, ample et généreux, épicé et très dense en bouche, mais animé d'un reste de gaz qui assure sa vitalité. Coiffé d'une capsule à vis, il pourrait continuer de se bonifier jusqu'en 2020. La bouteille tout indiquée pour accompagner les fromages à la fin du repas.

11333775   26,10$ ☆☆☆☆ ② ♥

HÉMISPHÈRE SUD CHILI ET ARGENTINE

 Nadia Fournier et les vins du Chili.

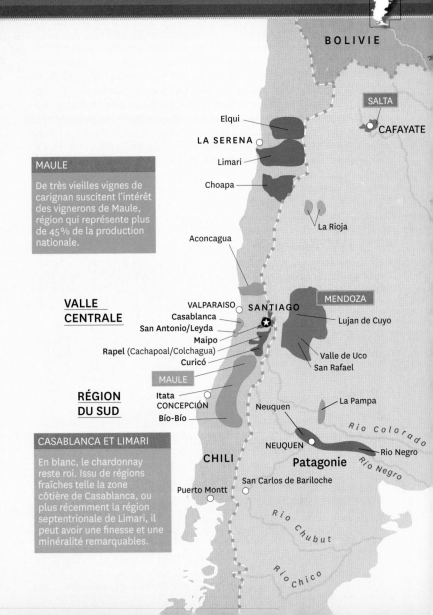

BOLIVIE

SALTA

CAFAYATE

Elqui

LA SERENA

Limari

Choapa

La Rioja

Aconcagua

MAULE

De très vieilles vignes de carignan suscitent l'intérêt des vignerons de Maule, région qui représente plus de 45% de la production nationale.

VALLE CENTRALE

VALPARAISO   SANTIAGO

MENDOZA

Casablanca

San Antonio/Leyda

Lujan de Cuyo

Maipo

Rapel (Cachapoal/Colchagua)

Curicó

Valle de Uco

San Rafael

MAULE

RÉGION DU SUD

Itata

CONCEPCIÓN

Bío-Bío

La Pampa

Neuquen

Rio Colorado

CASABLANCA ET LIMARI

En blanc, le chardonnay reste roi. Issu de régions fraîches telle la zone côtière de Casablanca, ou plus récemment la région septentrionale de Limari, il peut avoir une finesse et une minéralité remarquables.

NEUQUEN

CHILI

Rio Negro

Rio Negro

Patagonie

San Carlos de Bariloche

Puerto Montt

Rio Chubut

Rio Chico

Ce qui se passe en ce moment dans le vignoble chilien est fascinant. Un vent de renouveau souffle sur le pays depuis quelques années, entraînant sur son passage de nouvelles générations de vignerons. Rien à voir cependant avec la révolution technologique et œnologique qui avait permis de moderniser les méthodes de vinification dans les années 1980 et d'accroître la concentration. Certains vous diront qu'il s'agit plutôt d'un retour en arrière : des raisins cueillis moins mûrs, moins d'interventions au chai et aussi moins de bois neuf. Les nouvelles plantations se font essentiellement dans les zones fraîches, le plus souvent en bord de mer.

Frappés par la sécheresse dans les régions viticoles les plus septentrionales, plusieurs acteurs importants de l'industrie viticole chilienne manifestent un intérêt croissant pour les régions de Maule et d'Itata. Les cépages carignan, cinsault et país – dont plusieurs vignes centenaires qui abondent dans ce secteur – sont maintenant pris au sérieux et donnent des vins aussi authentiques que délicieux.

L'Argentine jouit d'une longue tradition viticole qui remonte à l'arrivée des colons européens, au XVIᵉ siècle. Jadis marqués par une influence européenne, les vins adoptent depuis une dizaine d'années un style beaucoup plus moderne, encensé par la presse américaine. Des vins de couleur pourpre, hyper flatteurs, parfois vanillés, riche en alcool et presque sucrés tant ils sont mûrs. Malheureusement, la popularité du malbec semble avoir occulté le reste de la production nationale. L'Argentine dispose pourtant d'autres variétés fort intéressantes, comme le bonarda (douce noire) et le torrontés, cépage indigène qui donne des vins blancs aromatiques.

PORTO ALEGRE

URUGUAY

ROSARIO

BUENOS AIRES   MONTEVIDEO

ARGENTINE

OCÉAN
ATLANTIQUE

SALTA

À Salta, la vigne s'enracine jusqu'à 3100 m d'altitude. Depuis une quinzaine d'années, les nouvelles plantations dans Mendoza s'orientent aussi de plus en plus souvent vers les zones d'altitude et il n'est pas rare que la vigne grimpe jusqu'à 1200, voire 1700 m.

MENDOZA

Sans irrigation, une bonne partie des vignobles argentins ne seraient que des zones désertiques. Le climat sec limite les maladies fongiques et le phylloxéra est rare. Les plus grands facteurs de risque pour la vigne sont un vent violent (le *zonda*) et la grêle.

ERRAZURIZ

Don Maximiano 2012, Founder's Reserve, Valle de Aconcagua

Au sommet de la hiérarchie, cette cuvée qui rend hommage à Don Maximiano, fondateur de ce domaine historique de la vallée de l'Aconcagua, est toujours la plus achevée de la gamme Errazuriz. Composé de cabernet sauvignon, de carmenère, de syrah et de petit verdot, le 2012 s'impose immédiatement par son étoffe et sa densité.

Une couleur profonde et un nez compact mêlant le fruit à des parfums de cèdre. En bouche, le vin est tendre, tissé de tanins mûrs; le cabernet est bien présent, tant par sa charpente que par ses goûts explicites de fruits noirs et de tabac. Beaucoup d'ampleur et de longueur en bouche. Un excellent vin en devenir, à laisser mûrir en cave jusqu'en 2020.

11396557   83,25$ ★★★→★ ③

CLOS DES FOUS

Cabernet sauvignon 2012, Grillos Cantores, Alto Cachapoal

Ce vin m'a réconciliée avec le cabernet au Chili. Très typé, tant par ses goûts fumés qui évoquent la cendre mouillée et le paprika que par sa structure à la fois ferme et enrobée. Le 2012 est peut-être un peu plus riche et moins nuancé que le 2011 commenté l'an dernier, mais il n'en demeure pas moins très agréable à boire, savoureux et digeste.

11927813   21,50$ ★★★★ ② ♥

CONO SUR

Cabernet sauvignon – Carmenère 2014, Organic, Valle de Colchagua

Chaque année, ce vin issu de l'agriculture biologique gagne en précision. Plutôt que de miser sur l'extraction et la puissance, on a fait le pari du fruit et de la vitalité. Quelle bonne idée! Surtout dans une année plus chaude, comme l'a été 2014. Bouche suffisamment charnue et finale aux accents de fleurs séchées et de cerise noire. Impeccable!

10694376   16,45$ ★★★★ ② ♥

DE MARTINO

Cabernet sauvignon 2012, Legado, Reserva, Valle del Maipo

Un vin de forme très classique, pur, franc de goût et clairement marqué par l'empreinte aromatique du cabernet sauvignon. Bien structuré sans être vraiment puissant; de jolis goûts de menthe en finale laissent une sensation accrue de fraîcheur. Un rapport qualité-prix-plaisir hors pair!

642868   17,85$ ★★★★ ② ♥

ERRAZURIZ

Cabernet sauvignon 2012, Max Reserva, Valle de Aconcagua

Il faudra sans doute attendre le prochain millésime pour mieux saisir le «virage fraîcheur» – pour reprendre les mots de l'œnologue Francisco Baettig – qu'a adopté Errazuriz depuis quelques années. Le nez de ce 2012 est encore passablement marqué par l'élevage, avec des parfums fumés et toastés. Pour le reste, un vin large d'épaules et riche en tanins, qui mérite une bonne note pour son équilibre dans la générosité.

335174   18,95$ ★★★ ②

SANTA RITA

Cabernet sauvignon 2013, Reserva, Valle del Maipo

En 2013, le géant Santa Rita a produit un bon cabernet, très typé de la vallée de Maipo, tant par ses goûts de cassis et de menthe que par son grain tannique mûr et tricoté serré. À boire sans se presser au cours des cinq prochaines années.

224881   15,80$ ★★★ ②

SANTA RITA

Cabernet sauvignon 2011, Medalla Real, Valle del Maipo

Santa Rita a presque échappé au vent d'hypermodernisme qui a gagné les plus importants vignobles chiliens. Très bon cabernet de facture relativement classique, c'est-à-dire mûr, sans excès ni verdeur, encadré de tanins fermes et faisant preuve d'un bon équilibre d'ensemble. Finale rassasiante aux goûts généreux de fruits noirs, de tabac et d'épices. Pour 20$, un bel exemple de cabernet d'envergure qui pourra se bonifier en cave.

217059   20,20$ ★★★ ½ ②

VIÑA ARBOLEDA

Cabernet sauvignon 2013, Valle de Aconcagua

Jamais le plus complet de la gamme Arboleda, mais tout à fait recommandable à moins de 20$, ce cabernet s'inscrit dans le même esprit de modernité que celui d'Errazuriz, sans jouer dans la démesure. Le fruit est bien mûr et les angles ont été soigneusement polis. Malgré cela, le vin conserve son identité chilienne et s'avère assez rassasiant à sa manière. À boire entre 2015 et 2018.

10967434   19,95$ ★★★ ②

CLOS DES FOUS
Pinot noir 2013, Subsollum, Valle de Aconcagua

Le pinot noir donne des résultats probants au Chili. D'abord devenu populaire dans les zones côtières de Casablanca et de Leyda, le cépage bourguignon gagne du terrain et s'étend maintenant plus au nord, vers l'Aconcagua, et beaucoup plus au sud, jusque dans la vallée de Malleco, plus de 600 km au sud de Santiago.

Issu d'un assemblage de raisins de Pucalan (Aconcagua) et d'une petite proportion de raisins du secteur de Traiguén (Malleco), ce vin se situe stylistiquement à mi-chemin entre un bourgogne générique et un pinot de climat plus chaleureux. Imaginez un pinot noir ayant la maturité d'un vin de la côte centrale en Californie, avec un supplément de nerf et juste ce qu'il faut d'aspérités tanniques. Les saveurs sont précises et le vin laisse une impression d'ensemble harmonieuse. Pas très long, mais charnu et fort original. Servir autour de 16 °C.

12304335   24,95$ ★★★★ ② ♥

7 804640 220049

CONO SUR
Pinot noir 2014, Reserva, Valle de Casablanca

Nez discret, mais très net. En bouche, un heureux mariage de suavité, de souplesse et de vitalité; un beau registre aromatique, rien de complexe, mais de riches saveurs de fruits noirs et un bon équilibre. Mérite de respirer pendant 30 minutes avant le service. Impeccable à ce prix.

874891   16,40$ ★★★ ½ ② ♥

7 804320 753300

CONO SUR
Pinot noir 2014, Organic, Valle de Colchagua

On reconnaît le Chili aux parfums de cendre mouillée. La bouche est dodue, presque sucrée tant le fruit est mûr et plutôt rassasiante, à sa manière. Un peu dessiné à gros traits, mais tout à fait recommandable à ce prix.

11386877   16,45$ ★★★ ②

7 804320 227382

ERRAZURIZ

Pinot noir 2012, Aconcagua Costa

Un autre bel exemple de la petite révolution qui a cours au Chili, ce 2012 s'appuie sur un grain fin, poli et serré, tout en déployant des saveurs vibrantes de fruits noirs, mis en valeur par une saine acidité. Bel usage du bois et une saine fraîcheur qui n'est certainement pas étrangère à la proximité de la côte Pacifique.

12611036　25$　★★★ ½ ②

ERRAZURIZ

Pinot noir 2013, Max Reserva, Aconcagua Costa

Provenant maintenant à 100% de la zone côtière de la vallée d'Aconcagua, le pinot de la gamme Max Reserva est plus complet que jamais. Une attaque fruitée franche et savoureuse, souple, suffisamment charnue et empreinte de vitalité. Le tout, à un prix attrayant.

11192095　19,95$　★★★ ②

MONTSECANO

Pinot noir 2014, Refugio, Casablanca

Goûté à deux reprises au cours de l'été 2015, ce pinot noir élaboré par André Ostertag se présentait sous deux jours très différents. En juillet, on notait une présence importante de gaz à l'ouverture, accompagnée de parfums de réduction. La deuxième bouteille, goûtée en septembre, était nettement plus harmonieuse. De jolies saveurs fruitées se dessinaient en bouche, entre la mûre, la cerise et les fleurs blanches, couronnées d'une fine amertume et d'une franche acidité. Excellent pinot, tout en délicatesse, à apprécier jusqu'en 2019.

12184839　25,45$　★★★★ ②

VENTISQUERO

Pinot noir 2013, Grey – Glacier, Las Terrazas Vineyard, Valle de Leyda

Arrivée prévue en succursales lors de la promotion *Cellier* de novembre 2015 pour ce très bon vin qui, sans prétendre à la profondeur ni à la richesse des meilleurs pinots, se signale par sa franchise et son équilibre. Une jolie texture et une franche expression de fruits noirs, soulignée par une acidité vive qui tranche dans la rondeur. Rapport qualité-prix impeccable.

12687461　19,95$　★★★★ ② ♥

CLOS DES FOUS
Cauquenina 2012, Maule

Pedro Parra est un chasseur de terroirs. Épaulé par ses quatre partenaires, il a choisi de miser sur la fraîcheur qu'offrent les vignobles d'altitude plutôt que de s'installer dans les vallées fertiles et baignées de soleil. Les quatre vins disponibles à la SAQ sont autant de témoins de l'esprit vigneron qui gagne peu à peu le pays.

Le nez cendré et animal donne d'emblée le ton : on a affaire à un vin singulier. Issu de vieilles vignes de carignan, de malbec, de syrah, de país, de cinsault et de carmenère, âgées de 80 ans en moyenne, ce vin est aussi proche de la terre que du fruit. Tant par ses parfums qui évoquent le terreau et les feuilles mortes que par ses tanins un peu granuleux, accentués par une acidité franche. À des lieues des cuvées modernes qui sont devenues les références chiliennes depuis une vingtaine d'années, un vrai vin de terroir, singulier, racé et on ne peut plus digeste.

12496082   24,85$ ★★★★ ② ♥

DE MARTINO
Syrah 2012, Legado, Reserva, Valle del Choapa

Sur les sols rocheux de la vallée de Choapa – située à l'endroit le plus étroit du Chili, là où les Andes et la cordillère littorale se confondent –, les vignes de syrah donnent des vins à l'acidité plus élevée que la moyenne nationale. Accessible dès maintenant, ce 2012 laisse en bouche une impression très franche, en raison notamment de sa densité tannique. Bons goûts de framboise et d'épices.

11998494   18,05$ ★★★ ½ ②

ERRAZURIZ
Syrah 2012, Max Reserva, Valle de Aconcagua

Juteux, avec une légère pointe animale qui évoque le cuir et la viande fumée, sur un fond fruité généreux et explicite. Mûr au point de paraître quasi sucré, il regorge de saveurs de fruits noirs confits, de réglisse et de poivre. Généreux et séduisant dans un style pansu. À boire d'ici 2018.

864678   18,95$ ★★★ ②

POLKURA
Syrah 2011, Valle de Colchagua

Produit dans le secteur de Marchigue, une zone plus fraîche de la vallée de Colchagua, située près de la côte, le Syrah 2011 s'avère très rassasiant. Un peu plus ouvert et à point que lorsque goûté à pareille date l'an dernier, le vin est un heureux mariage de charpente tannique, de formes sphériques et de saveurs fruitées gourmandes ponctuées de notes délicatement fumées. Un très bel exemple du potentiel de la syrah au Chili.

12186471 24,05$ ★★★ ½ ②

SAN PEDRO
Syrah 2013, 1865 Single Vineyard, Valle de Cachapoal

Moins d'affinité pour ce vin à mon avis trop poli par la technologie pour être vraiment intéressant. Tanins gommeux, usage calculé du bois, saveurs confites et finale capiteuse. Aucun défaut réel, mais peu de plaisir aussi. Encore jeune, il pourrait toujours réserver des surprises jusqu'en 2018.

11386869 22,25$ ★★ ½ →? ③

VENTISQUERO
Syrah 2013, Kalfu Sumpai, Valle de Leyda

Le climat frais du secteur de Leyda, situé en bordure de mer, lui permet de produire des vins équilibrés, comme cet excellente syrah au nez très pur de poivre noir et de cerise. En bouche, une trame tannique fine et serrée procure une sensation à la fois stricte et élégante. Pas très complexe, mais assez persistant; une belle expression variétale de la syrah en climat frais. On peut le boire dès maintenant ou le laisser reposer en cave jusqu'en 2020.

12540821 25,50$ ★★★★ ② ♥

VIÑA CHOCALÁN
Syrah 2014, Reserve, Valle de Maipo

Plutôt facile cette année. Est-ce l'effet du millésime 2014, une année particulièrement chaleureuse? Un peu fermé à l'ouverture, le vin manque de nerf, de relief et d'éclat fruité. Après une longue aération, le vin s'ouvre et le fruit fait surface, tandis que le bois joue en sourdine. Si vous aimez le caractère animal d'une syrah de climat chaud, vous serez servi.

11530795 19$ ★★ ½ ②

CARMEN
Fumé blanc 2014, Gran Reserva, Valle de Leyda

Pionnier de l'agriculture biologique, ce domaine fondé il y a 160 ans excelle dans la production de vins blancs secs abordables et d'une constance exemplaire. L'œnologue Sebastián Labbe dit avoir accompli d'importants progrès à la vigne au cours des dernières années.

Ce vin blanc provient d'un vignoble situé à 14 km de la côte Pacifique. Le sauvignon blanc est vieilli en fûts de chêne. Vif et nerveux, comme le commande le cépage, enrobé d'une texture juste assez vineuse et agrémenté de goûts de citron et de pamplemousse. À moins de 15$, les amateurs de sauvignon peuvent en faire provision à la caisse.

11767856   14,95$ ☆☆☆ ② ♥

CALITERRA
Sauvignon blanc 2014, Tributo, Valle de Leyda

Le nez fleure les asperges vertes. Un peu évident en bouche et dessiné à gros traits, mais désaltérant et de bonne tenue. Les saveurs d'agrumes sont soulignées d'une saine amertume.

11905788   16,95$ ☆☆☆ ②

CARMEN
Chardonnay 2014, Valle de Casablanca

Poire, fruit très pur. Bel usage du bois. Du gras, mais surtout une agréable vitalité. À ce prix, vraiment rien à redire.

522771   13,95$ ☆☆☆ ② ♥

CLOS DES FOUS
Chardonnay 2013, Locura I, Valle de Cachapoal

Sans atteindre un sommet de complexité, ce chardonnay se distingue tout de même par son équilibre et sa fraîcheur. Suffisamment sec, relevé et savoureux, aux accents minéraux et délicatement boisés. L'un des bons chardonnays chiliens sur le marché. On peut le boire maintenant et au cours des quatre prochaines années.

11927805 20,15 $ ☆☆☆☆ ② ♥

DE MARTINO
Chardonnay 2012, Legado, Reserve, Valle de Limari

Bon chardonnay auquel l'élevage apporte un supplément de gras et des notes de caramel, sans verser dans les excès crémeux. Très digeste, avec de franches tonalités minérales qui accroissent le plaisir en bouche. À près de 18 $, on en ferait volontiers son vin blanc quotidien!

11948649 17,80 $ ☆☆☆ ½ ② ♥

ERRAZURIZ
Chardonnay 2013, Wild Ferment, Aconcagua Costa

Bon vin blanc gras, généreux et passablement expressif, qui sent la mangue et le caramel au beurre et le maïs. Pas très original, mais équilibré et techniquement au point. Il trouvera sa place à table, en accompagnement d'un filet de saumon grillé.

12531394 23 $ ☆☆☆ ②

ERRAZURIZ
Fumé blanc 2014, Valle de Aconcagua

Très sec et soutenu par une franche acidité qui apporte une certaine structure au vin, laissant en bouche une sensation presque tannique. Saveurs caractéristiques de jalapeño, d'asperge, d'écorce d'agrumes. Bon achat à moins de 15 $.

541250 14,95 $ ☆☆☆ ② ♥

CATENA
Malbec 2013, Mendoza

Nicolas Catena a été un pionnier de la révolution viticole argentine. Très inspiré par la philosophie californienne, il a introduit, dans Mendoza, des méthodes visant à obtenir des vins modernes et structurés qui ont vite fait d'attirer l'attention internationale.

Le nez poivré, empreint d'une certaine fraîcheur, annonce un malbec de facture plutôt classique – dans le contexte argentin, s'entend. En bouche, on est vite séduit par ce mariage de richesse et de vitalité, de droiture et de suavité. Harmonieux dans l'opulence et bien agréable à boire, surtout si vous aimez les vins de cette région du monde.

478727 21,95$ ★★★★ ② ♥

7 794450 008053

ALMA NEGRA
M Blend 2013, Mendoza

Domaine appartenant au fils de Nicolas Catena, Ernesto. Un soupçon de bonarda (15%) apporte au malbec un supplément de fruit et de vitalité. Pour le reste, un vin bien en chair et assez musclé, relevé de notes de poivre et de cuir. À boire d'ici 2018.

11156895 19,95$ ★★★ ②

0 890464 460034

CLOS DE LOS SIETE
Clos de los Siete 2012, Mendoza

L'oasis argentin de Michel Rolland. Un vin robuste, porté par des tanins appuyés, mais enrobés d'une chair nourrie et généreuse, manifestement issue de raisins bien mûrs et gorgés de soleil. Techniquement irréprochable.

10394664 27,60$ ★★★ ②

3 258691 254579

NORTON
Malbec 2013, Barrel Select, Mendoza

Le malbec dans sa forme généreuse et gourmande. Assez charnu, ses tanins ronds et sa présence en bouche capiteuse témoignent de raisins très mûrs, sans verser dans la lourdeur. Finale séduisante aux tonalités florales.

860429 14,95$ ★★★ ②

7 792319 968944

TINTONEGRO
Malbec 2012, Limestone Block, Mendoza

Produit par d'anciens employés de Nicolas Catena, ce malbec provient d'un vignoble situé à 1200 m d'altitude sur des sols rocailleux de nature calcaire, d'où le nom. Bien que puissant, riche en goûts confits et appuyé sur des tanins très mûrs, ce vin ne manque pas de tonus. Un beau registre de saveurs de fruits, de cuir, de fleurs et d'épices qui persistent en bouche et le rendent particulièrement rassasiant pour le prix.

12450720 19,85$ ★★★ ½ ②

TRAPICHE
Malbec 2011, Gran Medalla, Mendoza

Encore très jeune, bien qu'il soit déjà âgé de quatre ans; le fruit est masqué par des parfums de cèdre et de fumée, attribuables à l'élevage en fûts. Bon vin costaud et large d'épaules, s'appuyant sur des tanins un peu carrés, sans excès. À boire entre 2017 et 2020.

12178623 25,25$ ★★★ ②

TRAPICHE
Broquel, Malbec 2012, Mendoza

Plus complet que les malbecs d'entrée de gamme de Trapiche. L'élevage en fûts de chêne – probablement américain, le site Internet du producteur n'en fait pas mention – lui donne de petits airs de rioja espagnol. Pour le reste, une charpente appréciable et de bons goûts de fruits noirs et d'épices sur un fond de notes florales. Tout à fait correct à ce prix.

10318160 16,95$ ★★★ ② ♥

SEPTIMA
Malbec 2014, Mendoza

Le domaine argentin de la famille catalane Raventós, propriétaire de Codorníu. Bon malbec courant, riche en saveurs de fruits noirs et de violette, sur un fond légèrement animal. Pas très corsé, mais chaleureux et rassasiant à sa manière.

12207252 13,95$ ★★★ ②

COLONIA LAS LIEBRES
Bonarda 2013, Clasica, Mendoza

Implanté en Amérique du Sud depuis quelques siècles déjà, le bonarda argentin n'a, en réalité, rien à voir avec son homologue du Piémont italien, aujourd'hui pratiquement éteint. Des analyses d'ADN ont récemment permis de prouver que la variété argentine, nommée à tort bonarda, serait en fait la douce noire, originaire de Savoie.

À l'ouverture, le nez présente des notes animales. Après une brève aération d'une demi-heure en carafe, le vin se révèle sous un jour tout autre, débordant de fruit, avec une présence en bouche souple, juteuse, gourmande. Pas de bois, quasi sucré tant le fruit est mûr; volumineux, mais digeste. Facile à boire, abordable et simplement savoureux.

10893421   16,20$ ★★★★ ② ♥

CATENA
Cabernet franc 2012, San Carlos

Un vin très jeune qui gagne à respirer en carafe et à être servi frais. Les tanins sont souples, ronds et polis; le fruit est mûr, très ample et quasi sucré. Autant j'aime l'idée du cabernet franc en Argentine, autant j'ai du mal à m'enthousiasmer pour ce vin qui me semble un peu décousu pour l'heure. Cela dit, l'équilibre est assez réussi et le vin fait preuve d'une longueur appréciable en bouche. On peut espérer que quelques mois de repos arrangent les choses.

12577237   22$ ★★★ ③

LUCA
Syrah 2012, Double Select, Laborde, Mendoza

Plus harmonieux que le 2011 dégusté l'an dernier. Le bois est mieux intégré et le vin s'ouvre sur des parfums assez expressifs de fruits noirs et d'épices. La bouche, quoique volumineuse, n'accuse aucune lourdeur, grâce à une trame tannique ferme, accentuée par une juste dose d'acidité. Finale florale, mise en valeur par une saine amertume. À boire avec un rôti d'agneau, au cours des cinq prochaines années.

10893877   22$ ★★★ ½ ②

MASI TUPUNGATO

Malbec – Corvina 2013, Passo Doble, Valle de Uco

Plus sauvage cette année, sans doute en raison d'un peu de réduction, puisque les odeurs animales s'estompent avec l'aération. L'attaque en bouche est franche et le grain tannique, serré. Degré d'alcool à 13,5% et une saine fraîcheur. Cette année encore, on achète les yeux fermés.

10395309   16,95$ ★★★ ½ ② △

NORTON

Privada 2011, Mendoza

Malbec, merlot, cabernet sauvignon. Une profusion de saveurs de fruits mûrs, presque confits, repose sur une solide charpente, constituée de tanins ronds et à parfaite maturité. Bien sûr, on ne joue ni dans la subtilité ni dans la légèreté, mais le vin est élaboré avec un souci manifeste d'équilibre. Finale persistante; très recommandable.

860411   23,50$ ★★★ ½ ②

SANTA ANA

Cabernet sauvignon 2013, La Mascota, Mendoza

Cette vieille propriété familiale de Mendoza élabore un bon cabernet misant à fond sur les fruits noirs et sur la vigueur tannique propre à ce cépage. Charnu, mûr et juteux. À boire au cours des deux prochaines années pour profiter de son charme juvénile.

10895565   17,95$ ★★★ ②

ZOLO

Cabernet sauvignon 2014, Mendoza

Issu de l'agriculture biologique, ce cabernet m'a semblé plus digeste et mieux équilibré que par le passé, le dernier millésime goûté étant arrondi par un léger reste de sucre. Les tanins sont à la fois fermes et soyeux, et portent des saveurs généreuses de fruits noirs. Un bon achat à moins de 20$.

11373232   17,65$ ★★★ ② ♥

HÉMISPHÈRE SUD
AUSTRALIE

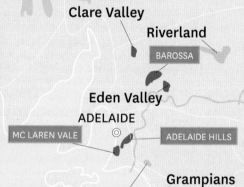

BAROSSA

La vallée de Barossa jouit d'une grande variété de sols et de climats qui sont certes la source d'une marée de shiraz riches et opulents, mais également de vins fins et élégants, dont d'excellents rieslings.

MCLAREN VALE

Région viticole historique, densément plantée et connue pour ses vins costauds, souvent très riches en alcool (15% et plus).

ADELAIDE HILLS

Les vins de cette région située en altitude (environ 500 m) ont la cote depuis quelques années. Plus fraîche que Barossa, elle donne par conséquent des shiraz plus fins et plus subtils. Aussi de bons vins mousseux de pinot noir et de chardonnay.

Clare Valley

Riverland

BAROSSA

Eden Valley

ADELAIDE

MC LAREN VALE

ADELAIDE HILLS

Grampians & Pyrenees

Langhorne Creek

Coonawarra

AUSTRALIE-OCCIDENTALE

◎ Perth

MARGARET RIVER

En Australie-Occidentale, les meilleurs cabernets et assemblages bordelais de Margaret River ont déjà prouvé leur aptitude au vieillissement.

Encore trop souvent abordée comme un seul bloc, sans distinction régionale, l'Australie couvre trois fuseaux horaires et un peu plus de 30 parallèles. Vous imaginez la diversité de climats et microclimats?

Entre les rieslings vifs et tranchants de Clare et d'Eden Valley, les somptueux sémillons de la Hunter Valley, les shiraz aussi intenses que plantureux de la vallée de Barossa, les pinots noirs frais et délicats de la Tasmanie, les cabernets racés de Coonawarra, les syrahs pures, vibrantes et parfumées de Geelong et de Yarra et les assemblages bordelais de facture classique et élégante de Margaret River, l'Australie a une foule de possibilités à offrir.

Bien que limitée, l'offre à la SAQ comporte quelques belles bouteilles, dont plusieurs dotées d'un excellent potentiel de garde.

HUNTER VALLEY

Le héros méconnu du pays est toutefois le sémillon de la vallée de Hunter. Un vin à nul autre pareil, qui pèse rarement plus de 11% d'alcool et qui acquiert avec l'âge une texture grasse et des arômes d'une complexité étonnante. Unique et incontestablement australien.

HUNTER VALLEY

Mudgee

SYDNEY

ÉTAT DE VICTORIA

◉ CANBERRA

Heathcote

Rutherglen & NE Victoria

Macedon Ranges

MELBOURNE

Yarra Valley

Geelong

Mornington Peninsula

ÉTAT DE VICTORIA

L'État de Victoria, tout autour de la baie de Port Phillip, produit de superbes vins de pinot noir dans les appellations Geelong, Sunbury, Yarra et Mornington Peninsula, ainsi que dans les hauteurs des Macedon Ranges.

TASMANIE

Beaucoup d'espoirs sont fondés sur la Tasmanie et son climat frais. Les vignes sont encore jeunes, mais il semble y avoir un très bon potentiel pour le pinot noir. On y élabore d'ailleurs déjà d'excellents vins mousseux.

LAUNCESTON

TASMANIE

HOBART

CLONAKILLA

Shiraz – Viognier 2011, Canberra District

Illustre domaine installé dans les collines qui surplombent la capitale australienne, Canberra, Clonakilla a été la première *winery* du pays à reprendre la célèbre recette de la Côte Rôtie : syrah et viognier – ici coplantés et cofermentés.

Le nez est généreux, mais la bouche est d'une fraîcheur impressionnante et animée d'une acidité on ne peut plus harmonieuse. Accents d'herbes et de menthe fraîche, sur un fond de cerise noire, le tout porté par des tanins mûrs et serrés comme il se doit, qui ajoutent à son relief et à son tonus. Le vin continue d'évoluer une fois la bouteille ouverte. Soyez patient, savourez-le longuement. Pas donné, mais dans une classe à part. Je me souviens que lors de la dégustation, l'un de mes collègues avait souligné, à juste titre, la ressemblance avec les vins d'un certain Jamet, à Côte Rôtie... À boire jusqu'en 2018, au moins.

10944304   99,50$ ★★★★→★ ③ Ⓢ

D'ARENBERG

Shiraz 2010, The Dead Arm, McLaren Vale

Au nez, les parfums de viande fumée se mêlent aux fruits noirs. La bouche suit, agrémentée de notes animales sur un généreux fond de bleuet et reposant sur un tissu tannique ferme, serré et bien en chair. Dessiné à gros traits pour le moment, mais son équilibre d'ensemble laisse présager un bel avenir.

728170   51,50$ ★★★ ③

D'ARENBERG

Shiraz – Grenache 2011, D'Arry's Original, McLaren Vale

Cette cuvée doit son nom à d'Arry Osborn, le père de Chester – actuel propriétaire de d'Arenberg – et pionnier de la viticulture de McLaren Vale. Loin de donner dans la dentelle, comme la plupart des vins du domaine, ce vin présente les saveurs habituelles d'une syrah gorgée de soleil. Passablement réduit à l'ouverture, il gagne à être aéré une bonne heure en carafe. Il s'ouvre alors sur des notions de fruits confits, de menthol et d'eucalyptus; les tanins sont tendres, veloutés et soutenus pas une acidité digne de mention. À boire d'ici 2019.

10346371   21,95$ ★★ ½ →★ ③ ⚱

PENFOLDS

RWT 2010, Shiraz, Barossa Valley

Depuis sa mise en marché en 2000, le RWT est couronné de succès. Tout aussi complet que le succulent 2008 dégusté il y a quelques années, ce shiraz profite d'un long élevage en fûts de chêne français, essentiellement neufs. Dans la lignée des meilleurs vins élaborés par l'œnologue Peter Gago, le RWT s'impose par sa puissance contenue et par son vaste spectre de saveurs – fruits noirs confits, poivre, tabac, menthe séchée – qui persistent en bouche. Amateurs de Grange, en ces temps d'austérité économique, vous trouverez votre bonheur avec ce vin somptueux qui n'a presque rien à lui envier. À laisser reposer en cave jusqu'à la fin de la décennie, au moins.

564278 140,50$ ★★★★ ½ ④

WYNNS

Shiraz 2012, Coonawarra

En plus de cabernets mémorables, la grande dame de Coonawarra, Sue Hodder, élabore ce très bon shiraz généreux, mais dont l'intensité mesurée distille un charme certain. Fruit d'un millésime relativement frais, ce 2012 s'ouvre sur des parfums attrayants de réglisse noire au nez. La bouche est mûre, gourmande et généreuse, mais aussi dotée d'une certaine puissance contenue, ce qui le rend encore plus séduisant. À boire entre 2016 et 2020.

433060 22,50$ ★★★★ ② ▼

YANGARRA

Shiraz 2012, McLaren Vale

Yangarra appartient à des intérêts californiens depuis 2001. Racheté par Jess Jackson et Barbara Banke (Jackson Family Wines), ce domaine de McLaren Vale est maintenant conduit en biodynamie et donne ici un vin d'un équilibre exemplaire. Tanins serrés, pureté et un registre aromatique complexe, que les Anglais décriraient comme «savory» et les Japonais, «umami». Un vin de grande envergure, d'abord par sa trame tannique serrée, qui donne à l'ensemble un caractère hautement digeste, mais aussi par sa pureté et par la complexité de son registre aromatique. Des saveurs compactes et persistantes de fruits noirs, de fleurs et de cacao, sur un fond de noyau de cerise et de graphite, le tout couronné d'une saine amertume. Déjà excellent, à boire jusqu'en 2020.

12125679 33,50$ ★★★★ ② ▼

TYRRELL'S
Shiraz 2011, Brokenback, Hunter Valley

Située à environ 160 km au nord de Sydney, dans la vallée de Hunter, la vénérable maison Tyrrell's est avant tout réputée pour ses vins blancs secs de sémillon, au potentiel de garde inouï.

Ce shiraz s'avère étonnamment digeste avec ses 13 % d'alcool et une acidité bien dosée qui rehausse ses goûts de cerise et d'herbes séchées. La texture est soyeuse, mais dépourvue de la sucrosité qui afflige tant de shiraz australiens, et le vin sent bon la menthe fraîche et les petits fruits rouges bien mûrs, sans être confits. Longueur appréciable pour le prix. À boire d'ici 2017.

12517584   25,40 $ ★★★★ ② ♥

D'ARENBERG
The Stump Jump Rouge 2011, McLaren Vale

Cocktail de grenache, shiraz et mourvèdre. Le 2012 déploie les arômes poivrés caractéristiques de la syrah et la bouche n'accuse aucune fatigue, contrairement à la bouteille goûtée l'an dernier à pareille date, pourtant coiffée d'une capsule à vis. S'agit-il d'une nouvelle mise en bouteille ? Qu'importe, le vin est impeccable. Un très bon achat à 17 $.

10748418   17,35 $ ★★★ ½ ② ♥

DE BORTOLI
Durif 2012, Deen Vat Series Vat 1, South Australia

Au nez, on perçoit le caractère singulier de cette variété connue sous le nom de petite sirah en Californie. Attaque en bouche à la fois vive et charnue, mêlant les aspérités tanniques du durif à ceux du bois de chêne; correctement fruité, avec les parfums fumés et rôtis de la barrique. Un peu rustique, mais bien fait dans son genre.

903419   18,55 $ ★★★ ② ▼

DE BORTOLI
Shiraz 2013, Windy Peak, Heathcote

Bel exemple de shiraz australien. Beaucoup de fruit et de tonus, des tanins ronds et un bon sens des proportions. Expressif, vigoureux et encore très jeune; tout à fait satisfaisant dans son genre.

12512345 23,55$ ★★★ ②

LEHMANN, PETER
Layers Red 2012, Barossa

Shiraz, tempranillo, mourvèdre et grenache donnent un vin rouge ample, débordant de fruit et mis en valeur par un usage adéquat de la barrique. Dodu et coulant, des fruits confits à profusion et des saveurs légèrement vanillées. Tout à fait recommandable à ce prix. À servir autour de 16 °C.

11676461 16,95$ ★★★ ② ♥

YALUMBA
Grenache 2014, Old Bush Vine, Barossa

Un classique australien à la SAQ depuis plusieurs années. On trouve dans chaque millésime cette même présence en bouche charnue, gourmande, tout en rondeur et gorgée de saveurs de kirsch et de cacao. Un grenache séduisant, encore meilleur s'il est servi frais autour de 15 °C. Quatre étoiles pour sa constance et son excellent rapport qualité-prix.

902353 20,25$ ★★★ ½ ② ♥

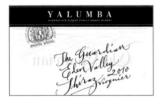

YALUMBA
Shiraz – Viognier 2010, The Guardian, Eden Valley

Très typé de Barossa, au bon sens du terme. La syrah se montre sous un jour plantureux, mais non dépourvu de fraîcheur. Notes de cuir, de fleurs, de fumée; riche, mais doté d'une fine amertume et d'une saine acidité qui donne envie d'un second verre, ce qui n'est pas le cas de tous les shiraz de la région. Très bien tourné. À boire entre 2016 et 2019.

524926 21,95$ ★★★ ½ ② ♥

WYNNS
Cabernet sauvignon 2012, Coonawarra

Produit depuis 1954, ce vin est certainement le plus célèbre des cabernets de Coonawarra. Œuvre de Sue Hodder, une des œnologues les plus talentueuses et les plus respectées du pays, le 2012 ne titre pas plus de 13,5 % d'alcool, mais s'impose avec beaucoup d'autorité en bouche.

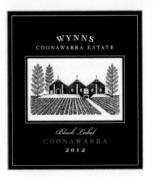

Le nez est très expressif, entre les herbes séchées, la menthe fraîche et l'eucalyptus. La bouche est tendue, droite, très franche ; les tanins sont fermes, mais polis et élégants. Tout y est, mais rien ne dépasse. Long en bouche, beaucoup de grain et de relief, il fait preuve d'un potentiel de vieillissement indéniable. Tous horizons confondus, peu de cabernets offrent un tel rapport qualité-prix.

12268565   35,25$ ★★★★→? ③ ♥

HENSCHKE
Keyneton Euphonium 2009

Syrah complétée de cabernet sauvignon, merlot et cabernet franc. Intense et puissant, mais surtout doté d'une grande fraîcheur ; les notes florales côtoient le fruit acidulé, la cannelle et le poivre. Un de mes collègues mélomanes l'a défini comme un croisement entre un tuba et une trompette… Une image intéressante pour décrire ce vin intense et costaud, mais surtout très serré et doté d'une grande fraîcheur. Encore jeune, vigoureux et structuré, il mériterait de reposer encore au moins cinq à dix ans en cave.

12314816   69$ ★★★→★ ③ ⓢ

HOWARD PARK
Cabernet sauvignon 2012, Miamup, Margaret River

En plus d'une gamme éponyme (Marchand and Burch), développée en colla-boration avec le Québécois Pascal Marchand, Amy et Jeff Burch veillent sur ce domaine d'Australie-Occidentale où ils produisent entre autres ce très bon cabernet, élevé en fûts de chêne français pendant 15 mois. Un vin d'envergure, cousu de tanins fermes, mais enrobés d'une chair généreuse. Finale chaleu-reuse au goût de fruits confits, sur un fond de poivron, de menthe et de vanille. À boire au cours des quatre pro-chaines années.

12512433   25,65$ ★★★ ②

LEHMANN, PETER
Clancy's 2011, Shiraz – Cabernet – Merlot

Bon cabernet assez bien tourné dans un style commercial. Le nez confit évoque la crème de cassis ; la bouche est ample et capiteuse, avec des goûts de confiture de fruits qui se marient à des parfums de menthol. À boire au cours de la prochaine année.

10345707   17,95$ ★★ ½ ②

PENFOLDS
Bin 389, Cabernet – Shiraz 2012, South Australia

Souvent nommé le «Grange du pauvre» par les gens de l'industrie, le Bin 389 n'a pourtant rien d'un prix de conso-lation. Le 2012 présente un équilibre impeccable entre les éléments. Issu de raisins à parfaite maturité comme en témoignent ses parfums confits et son tissu tannique mûr et velouté, il fait aussi preuve de fermeté et n'accuse aucune lourdeur. L'harmonie dans l'opulence. À laisser reposer aisément jusqu'en 2020.

12056976   50,25$ ★★★★ ②

WOLF BLASS
Cabernet sauvignon 2013, Yellow Label, Langhorne Creek, McLaren Vale

Bon cabernet assez fidèle à ses origines. Saveurs de cassis et de fruits noirs confits sur un fond légèrement boisé, une charpente assez solide tissée de tanins mûrs et ronds et un bon équilibre. Même servi un peu trop chaud (autour de 19 °C), il n'accusait aucune lourdeur.

251876   18$ ★★★ ②

WOLF BLASS
Chardonnay 2012, Gold Label, Adelaide Hills

Ce chardonnay a été une très agréable surprise pour moi car, comme nombre de gens de ma génération, le nom Wolf Blass évoque davantage les souvenirs d'un vin rouge vaguement doucereux que ceux d'un vin blanc à la fois gras, vif et serré. Comme quoi, les idées reçues…

Un parfait exemple de l'évolution qu'ont connu les vins blancs australiens – les chardonnays en particulier – depuis une dizaine d'années. Boisé, certes, mais sans excès, le vin est un heureux mariage de vinosité, de minéralité et de fruit, avec une pointe d'amertume qui contribue à sa longueur. Très bon rapport qualité-prix.

12455029   25,25$ ☆☆☆☆ ② ♥

BROKENWOOD
Sémillon 2010, Hunter Valley

Un vin singulier, qui ne pèse pas plus de 11 % d'alcool et qui séduit immanquablement avec ses accents de miel et de safran, sa tenue en bouche et sa vinosité doublée d'élégance. D'autant plus recommandable que les sémillons ont la réputation de se bonifier avec l'âge.

10342741   25 50$ ☆☆☆ ½ →? ③

D'ARENBERG
The Olive Grove 2012, Chardonnay, McLaren Vale

Autant les vins rouges de Chester Osbone peuvent être costauds et puissants, autant ses vins blancs peuvent être harmonieux et équilibrés. À défaut de profondeur, on trouvera dans celui-ci une expression variétale assez séduisante du chardonnay. Du gras, une juste dose d'acidité qui apporte de la texture et du relief et une fin de bouche rassasiante. Bon prix.

11950360   19,90$ ☆☆☆ ②

D'ARENBERG

The Stump Jump blanc 2013, McLaren Vale

Riesling, sauvignon blanc, marsanne et roussanne. Archétype du bon vin blanc australien moderne : pas de bois, mais une bouche vive, soutenue par une acidité tranchante qui met en appétit. Le 2014 est animé par un léger reste de gaz et fait preuve d'une tenue en bouche remarquable pour le prix.

10748400   17,65$ ☆☆☆ ½ ② ♥

LEHMANN, PETER

Layers blanc 2014, Adelaide

Malgré la présence de deux cépages reconnus pour être très aromatiques (muscat et gewurztraminer), ce vin blanc ne tombe pas dans les excès pommadés. Une saine acidité et une texture assez grasse, attribuable au sémillon et au pinot gris. Bon vin blanc d'apéritif à prix attrayant.

11905841   16,95$ ☆☆☆ ②

WOLF BLASS

Chardonnay 2014, Yellow Label, Padthaway, Adelaide Hills

Même le « petit chardonnay » de Wolf Blass est exemplaire et témoigne du changement de cap qu'effectue l'entreprise depuis quelques années sur ses chardonnays. Moins de bois, moins de bâtonnage sur lies et, conséquemment, moins de sensation de sucrosité. Un très bel exemple du genre et un achat du tonnerre si vous êtes un fan de chardonnay élevé en fûts de chêne.

226860   16,45$ ☆☆☆ ② ♥

YALUMBA

Viognier 2013, The Y Series, South Australia

Chez Yalumba, on semble être devenu maître dans l'art de façonner de bons viogniers. Bon vin d'entrée de gamme qui met en valeur le caractère variétal du cépage. Très aromatique, sec et peu acide, ce qui laisse en bouche une impression pleine et chaleureuse, sans mollesse. Toutes origines confondues, il demeure parmi les meilleurs viogniers que l'on puisse trouver à moins de 20 $.

11133811   16,95$ ☆☆☆ ② ♥

Kumeu River
WAIHEKE ISLAND
AUCKLAND
BAY OF PLENTY
Waikato
Gisborne
Hawke's Bay
HAWKES BAY
Nelson
WELLINGTON
Wairarapa (Martinborough)
WAIRARAPA
MER DE TASMAN
Marlborough
MARLBOROUGH
Waipara
CHRISTCHURCH
CANTERBURY - WAIPARA
Canterbury
QUEENSTOWN
CROMWELL
CENTRAL OTAGO

Le riesling et le pinot gris semblent aussi promis à un bel avenir dans Central Otago.

CENTRAL OTAGO

OCÉAN PACIFIQUE

La Nouvelle-Zélande pourrait servir de modèle de développement à plusieurs régions émergentes, tant par son dynamisme que par la qualité générale de ses vins.

Le sauvignon blanc demeure le moteur économique du vignoble néo-zélandais. Ce cépage qui a fait connaître la vocation viticole du pays dans les années 1980 est si populaire qu'il occulte presque le reste de la production nationale. Dommage, car le pays a beaucoup plus à offrir que des vins blancs nerveux, parfumés, parfois édulcorés et presque toujours issus du même moule.

La plupart des vignobles de la première vague ont atteint leur maturité et l'industrie s'est considérablement développée depuis une trentaine d'années. Rien n'est parfait, mais les pinots noirs de Central Otago font preuve d'un peu plus de profondeur qu'il y a dix ans et les chardonnays dégustés en cours d'année n'avaient rien à envier à leurs pendants australiens.

HAWKES BAY

La région d'Hawkes Bay est surtout plantée de cépages bordelais, mais la syrah y gagne de plus en plus de terrain et donne de fort beaux résultats.

WAIRARAPA

Martinborough, à l'extrémité sud de l'île du Nord, est la source de bons pinots noirs.

CANTERBURY - WAIPARA

Autour de Christchurch, la région de Canterbury – Waipara peut donner des pinots noirs riches et veloutés, des chardonnays tendus et racés, ainsi que de très bons rieslings.

LE SAVIEZ-VOUS?

Bien qu'il n'existe aucune législation pour définir les cépages appropriés à chaque région viticole, le vignoble néo-zélandais est assez bien segmenté, et les wineries d'un même secteur concentrent généralement leurs efforts sur les mêmes cépages.

AND CO
Sauvignon blanc 2014, The Supernatural, Hawke's Bay

À force de goûter, chaque année, des sauvignons blancs néo-zélandais similaires, j'avais presque perdu espoir de trouver, un jour, un vin qui sorte du moule. La nouveauté s'est présentée dans une bouteille coiffée d'une capsule métallique – pareille à celles des bouteilles de bière. Le nom de la cuvée donnait le ton : The Supernatural.

Le nez surprend d'entrée de jeu par l'absence de ces parfums exubérants de pamplemousse, caractéristiques des sauvignons de Marlborough. Il faut dire que ce vin est produit quelques centaines de kilomètres plus au nord, dans la région de Hawke's Bay. Rien d'exubérant, plutôt des notes discrètes de fruits blancs et d'écorce de citron. La bouche est franche et nette, l'acidité apporte de la structure à l'ensemble et une grande « buvabilité ». L'un des meilleurs sauvignons blancs néo-zélandais que j'aie jamais goûté. Un deuxième arrivage du 2014 est prévu pour janvier 2016.

12594521   26,95$ ☆☆☆☆ ② ♥

CHURTON
Sauvignon blanc 2012, Marlborough

Cet excellent vin blanc sec se distingue une fois de plus du lot. Le nez est pur et invitant, avec des tonalités végétales qui rappellent le céleri et le cerfeuil. La bouche est franche, nette, à la fois vive et dotée d'un beau gras ; très sec, le vin termine sa prestation sur une note saline, presque salée, qui, en plus de donner soif, lui confère un caractère singulier. Déjà excellent, il le sera jusqu'en 2019.

10750091   22,90$ ☆☆☆☆ ② ♥

CLOS HENRI
Sauvignon blanc 2014, Petit Clos, Marlborough

Depuis quelques années, j'avoue être agréablement surprise par l'élégance et la retenue dont font preuve les sauvignons néo-zélandais d'Henri Bourgeois. Ce 2014 séduit par son vaste registre de saveurs, mariant le melon et le pomelo aux fleurs blanches. L'attaque en bouche est vive et nerveuse et le vin est parfaitement sec, désaltérant, presque minéral. Beaucoup de plaisir à moins de 20$.

11459896   19,65$ ☆☆☆ ½ ② ♥

CRAWFORD, KIM

Sauvignon blanc 2014, Marlborough

Jadis ultra caricatural, ce vin qui a servi de modèle à une foule de sauvignons blancs aromatiques dans le monde semble adopter un style un peu plus contenu et subtil depuis un an ou deux. Cela dit, à 21$, ce n'est pas une aubaine.

10327701   20,95$ ☆☆ ½ ②

SAINT CLAIR

Sauvignon blanc 2014, Marlborough

Vif et tranchant, légèrement doucereux, sans être racoleur. Un reste de gaz apporte beaucoup de vitalité et rehausse les goûts d'agrumes du sauvignon blanc. Rien de bien profond, mais plus complet que la moyenne régionale.

10382639   21,35$ ☆☆☆ ②

TOHU

Sauvignon blanc 2012, Marlborough

D'un domaine appartenant à des Maoris, ce vin de belle facture est un heureux mariage de légèreté (12,5% d'alcool) et de générosité aromatique. Plus achevé et comportant plus de nuances que la plupart des sauvignons blancs courants.

10826156   20,75$ ☆☆☆ ②

TOHU

Chardonnay 2014, Marlborough

Pas de bois, mais une interprétation non moins généreuse du cépage chardonnay. Les parfums de fruits blancs et d'ananas se mêlent à des notes de caramel au beurre, attribuables à la fermentation malolactique. Bon équilibre entre le gras et l'acidité.

11213520   22,25$ ☆☆☆ ②

VILLA MARIA

Sauvignon blanc 2014, Private Bin, Marlborough

Même s'il donne davantage dans la subtilité que la plupart des sauvignons néo-zélandais, celui de Villa Maria comporte tout de même une bonne dose de sucre résiduel (5,4 g/l). Un peu facile, vif et animé d'un reste de gaz carbonique.

11974951   18,50$ ☆☆ ½ ②

SAINT CLAIR
Pinot noir 2012, Pioneer Block 16, Awatere Valley

Dans la vallée d'Awatere – une sous-région de Marlborough – cette importante entreprise familiale produit aussi ce vin sérieux, qui n'est pas sans rappeler certains pinots noirs de Californie vendus beaucoup plus cher.

Manifestement issu de raisins mûrs, le vin est généreusement parfumé et repose sur une texture souple, tissée de tanins tendres et ronds. Une certaine salinité en fin de bouche permet de compenser la profusion de fruit et ajoute un degré de complexité. Déjà assez ouvert, mais il pourrait encore révéler d'heureuses surprises d'ici 2019.

12570553   30,25$ ★★★→★ ③

CHURTON
Pinot noir 2010, Marlborough

L'année dernière, j'avais été très enthousiaste pour ce 2010, qui avait été décoré d'ailleurs d'une Grappe d'or. Or, le vin mérite tout autant d'éloges cette année, sinon plus, puisqu'il étonne par sa jeunesse et ne me semble pas près d'atteindre son apogée. Un nez compact, un peu sauvage, annonce un pinot nettement moins exubérant que d'autres, aux antipodes de tant de vins flatteurs produits un peu partout. La trame tannique est serrée, presque austère et riche en goûts de fruits noirs et de noyau de cerise, auquel il emprunte la même amertume, d'ailleurs. Loin d'être un défaut, cela met le fruit en relief et ajoute à sa profondeur. Un pinot étoffé qui saura bien mûrir en bouteille.

10383447   33,25$ ★★★★ ③

CLOS HENRI
Pinot noir 2012, Marlborough

Encore jeune et sur la réserve lorsque goûté en juillet 2015 ce pinot noir est plus volubile en bouche qu'au nez. Les arômes fruités jouent en sourdine, mais la texture est veloutée, ample et caressante. Déjà agréable à sa manière, mais il gagnerait à reposer en cave jusqu'en 2017.

10916493 39,75$ ★★★→? ③

3 365910 007264

SAINT CLAIR
Pinot noir 2013, Marlborough

Dans la lignée des derniers millésimes, un bon pinot noir misant à fond sur le naturel fruité et la souplesse qui caractérisent les vins de ce cépage à Marlborough. Une pointe d'amertume en finale rehausse les goûts de griotte et de framboise.

10826543 24,10$ ★★★ ②

9 418076 000564

SERESIN
Pinot noir 2013, Momo, Marlborough

Issu de l'agriculture biologique et fermenté avec les levures indigènes. Un vin d'emblée séduisant avec ses goûts de fruits rouges, mis en relief par une franche acidité, ainsi que par un léger reste de gaz qui se dissipe après une aération en carafe. D'abord souple, le vin se resserre en finale pour laisser une sensation fort rafraîchissante en bouche. Très bon rapport qualité-prix.

11584638 22,55$ ★★★ ½ ② ♥ △

9 419106 110581

HÉMISPHÈRE SUD
AFRIQUE DU SUD

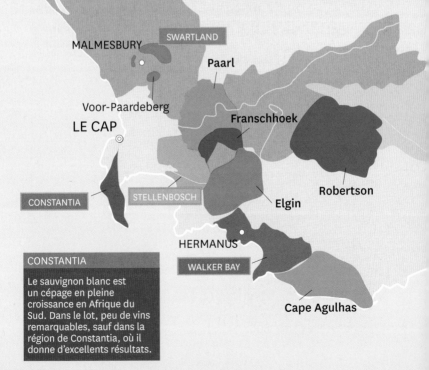

SWARTLAND

Dans la partie ouest du Cap, le secteur de Swartland dénombre encore plusieurs vieux ceps de cinsault, de syrah et de chenin blanc, qui donnent des vins complexes et substantiels.

MALMESBURY

SWARTLAND

Paarl

Voor-Paardeberg

Franschhoek

LE CAP

Robertson

CONSTANTIA

STELLENBOSCH

Elgin

HERMANUS

WALKER BAY

Cape Agulhas

CONSTANTIA

Le sauvignon blanc est un cépage en pleine croissance en Afrique du Sud. Dans le lot, peu de vins remarquables, sauf dans la région de Constantia, où il donne d'excellents résultats.

Avec ses deux siècles et demi d'histoire et son dynamisme presque juvénile, le vignoble du Cap a un monde de saveurs à offrir. Tenu à l'écart des innovations technologiques pendant une partie du régime de l'apartheid, il a fait du surplace pendant que ceux d'Europe et du reste du monde entraient dans l'ère moderne. Depuis 1990 cependant, le retard s'est rattrapé à grande vitesse. Dans les chais, on a modernisé les méthodes de vinification et introduit l'élevage en fûts de chêne neufs. Plusieurs vignerons de Paarl et de Stellenbosch ont arraché leurs vieux plants de chenin blanc pour faire place aux cépages à la mode: chardonnay, cabernet sauvignon, syrah, merlot, etc.

Légèrement excentré et considéré trop aride et trop chaud pour planter du cabernet et du chardonnay, Swartland évolue en marge de l'industrie viticole sud-africaine. À leur meilleur, les vins rouges de cette région ressemblent en plusieurs points aux vins rouges du Roussillon: riches, capiteux, exubérants, mais sans la moindre lourdeur. Les pages suivantes présentent quelques très beaux exemples de cette région en plein essor.

STELLENBOSCH

Les deux plus importantes régions productrices sont Stellenbosch et Paarl. Dans l'ensemble, les cépages bordelais y donnent des vins structurés et bien en chair, mais assez équilibrés pour offrir un bon potentiel de garde.

WALKER BAY

Bien qu'il jouisse d'un certain succès commercial – principalement dans le secteur de Walker Bay –, le pinot noir donne rarement des vins distingués en Afrique du Sud. Les exceptions sont rares mais elles existent. Un bon exemple est commenté dans les pages qui suivent.

OCÉAN INDIEN

BOEKENHOUTSKLOOF

The Chocolate Block 2012, Western Cape

L'étiquette indique que le vin provient du « Western Cape », mais on apprend sur le site Internet de Boekenhoutskloof que 88 % des raisins qui entrent dans sa composition – tous sauf le cabernet – proviennent de Swartland, un secteur très prisé pour la culture de cépages méditerrannéens.

Grand succès cette année encore! Loin d'être aussi racoleur et caricatural que son nom pourrait le laisser croire, ce vin d'inspiration méditerranéenne – syrah, grenache, cabernet sauvignon et cinsault – n'est d'ailleurs pas sans rappeler certains châteauneufs, tant par ses parfums de kirsch que par sa mâche tannique bien enrobée. Finale vaporeuse et persistante aux accents d'épices et de fleurs séchées. À laisser reposer en cave idéalement jusqu'en 2018.

10703412   40 $ ★★★★ ②

ANWILKA

Petit Frère 2012, Stellenbosch

Domaine acquis par Klein Constantia en 2012. Les Bordelais Hubert de Boüard (Ch. Angelus) et Bruno Prats (anciennement Cos d'Estournel) sont aussi actionnaires. Second vin du domaine, cet assemblage de syrah (64 %), de cabernet sauvignon et de petit verdot est plus bavard en bouche qu'au nez. Les tanins sont tendres et tapissent la bouche d'une texture veloutée, tout aussi séduisante que ses goûts intenses de fruits noirs, d'épices et de réglisse. Pour le prix, il y a du vin dans le verre.

12540549   20 $ ★★★ ½ ② ♥

BADENHORST, ADI
Red blend 2012, Secateurs, Swartland

Excellent 2012 dont le nez rappelle celui d'un bon vin du Roussillon, avec ses parfums d'herbes séchées qui évoquent la garrigue. Et quelle fraîcheur en bouche! Un degré d'alcool à 13,5%, toute la tenue et la vitalité escomptées dans un bon vin rouge de table. Les vertus conjuguées d'un assemblage hétéroclite de plusieurs cépages – syrah en tête – donnent un vin ample et savoureux, d'un équilibre irréprochable. Beaucoup de plaisir et d'originalité pour moins de 20$.

12132633 19,95$ ★★★★ ② ♥

BOEKENHOUTSKLOOF
The Wolftrap 2014, Western Cape

Sorte de Chocolate Block des jours de semaine, ce très bon vin rouge est majoritairement composé de syrah qui lui confère un registre aromatique tout en nuances, entre les parfums floraux, fruités et épicés, ainsi qu'une trame tannique mûre et serrée. Finale ample aux goûts de réglisse et de bonbons à la violette. À ce prix, un très bon achat!

10678464 16,80$ ★★★ ½ ② ♥

MULLINEUX
Kloof Street Red 2013, Swartland

Chris et Andrea Mullineux ont eu vite fait d'attirer l'attention internationale. En 2014, après seulement quatre années d'existence, le domaine du jeune couple a été nommé Winery of the Year par le guide sud-africain *Platter's*. Surtout composé de syrah, ce 2013 déploie en bouche un tissu velouté, avec quelques aspérités tanniques, mais sans la moindre rusticité. Savoureux, le fruit est présent, mais se montrait un peu discret lorsque goûté en juillet 2015. Quelques mois de repos lui seront certainement bénéfiques.

12483927 19,35$ ★★★ ½ ② ♥

PORCUPINE RIDGE
Syrah 2014, Swartland

Autre bon exemple de l'esprit de Swartland: vraiment délicieux, gorgé de goûts de fruits noirs, sur un fond de viande fumée et d'aromates. Des tanins mûrs et suaves tapissent la bouche et laissent une sensation très rassasiante. Quatre étoiles pour souligner un très bel exemple du genre, vendu à un prix d'aubaine.

10678510 17,85$ ★★★★ ② ♥

NEWTON JOHNSON
Pinot noir 2013, Félicité, Western Cape

Je n'ai jamais été emballée par le pinot noir d'Afrique du Sud, souvent trop tannique et dessiné à gros traits. Tout à l'opposé de ce vin d'entrée de gamme, élaboré par l'un des leaders du vignoble du Cap en matière de cépages bourguignons.

Tout en légèreté et en délicatesse, comme l'annonce sa couleur claire. Aucun excès de concentration, mais un fruit pur et une présence en bouche juteuse et gourmande. À moins de 20 $, on ne peut que se réjouir d'une si belle addition au rayon de l'Afrique du Sud. À boire au cours des deux prochaines années pour savourer pleinement son fruit.

 En primeur

12556321   19,30 $ ★★★★ ② ♥

CATHEDRAL CELLAR (K.M.W.)
Cabernet sauvignon 2012, Western Cape

Le nez riche en parfums confits annonce un vin bien mûr, dont l'attaque en bouche semble presque sucrée. Envergure moyenne ; passablement corsé, mais sans rudesse. À boire d'ici 2017.

328567   18,20 $ ★★★ ②

`0 748294 066110`

DORNIER
The Pirate of Cocoa Hill 2012, Western Cape

Propriété de la famille Dornier, un constructeur aéronautique de renom en Allemagne, ce domaine de Stellenbosch nous offre une autre valeur sûre avec cet assemblage de merlot, de shiraz, de cabernet franc et de cabernet sauvignon. La couleur foncée et le nez volubile annoncent un vin ample, leste, charnu et néanmoins empreint de fraîcheur. Beau registre de saveurs et finale assez persistante, entre les fruits noirs et les herbes séchées, le paprika et le cuir. Amateur de vins sud-africains, vous pouvez acheter les yeux fermés.

10679361   15,45 $ ★★★★ ② ♥

`6 009686 980457`

DOUGLAS GREEN
Cabernet sauvignon 2014, Western Cape

Cabernet de bonne facture, nullement racoleur, mais assez corsé pour soutenir un fruité généreux, issu de raisins bien mûrs. Finale persistante pour un vin de cette gamme de prix ; fruits noirs confits sur un fond de fumée qui rappelle le paprika.

12383248   11,25 $ ★★ ½ ②

LE BONHEUR
Cabernet sauvignon 2011, Simonsberg – Stellenbosch

Chaque année, le même bon vin rouge de facture classique, arborant la droiture et la charpente du cabernet. Bon équilibre d'ensemble et registre aromatique assez typé, entre le fruit et les notes fumées caractéristiques. À boire au cours des trois ou quatre prochaines années.

710731   23,20 $ ★★★ ②

MARIANNE VINEYARD
Selena 2013, Western Cape

Le Bordelais Christian Dauriac (Châteaux Destieux et La Clémence) a acquis cette propriété sur les flancs du Simonsberg, tout près de Stellenbosch ; l'œnologue Michel Rolland agit à titre de consultant. Bon vin de consommation courante composé de cabernet sauvignon, de syrah, de merlot et de pinotage. Ce dernier n'est sans doute pas étranger aux arômes de fumée et de cendre que l'on perçoit dans le verre. Du corps, du fruit, pas de sucrosité, mais une présence en bouche gourmande et rassasiante.

12583119   14,95 $ ★★★ ② ♥

NEDERBURG
Cabernet sauvignon 2012, Manor House, Paarl

L'une des belles additions de l'année dernière au répertoire général de la SAQ. Un très bon vin rouge de la région de Paarl ; franc, droit et sans maquillage superflu. Sec et assez corsé, il offre un volume en bouche appréciable pour le prix.

11676313   16,95 $ ★★★ ②

BADENHORST, ADI
Chenin blanc 2014, Secateurs, Swartland

Implanté dès le XVIIe siècle par les huguenots qui trouvèrent refuge en Afrique du Sud, le chenin – jadis nommé *steen* – représentait 32 % de l'encépagement national en 1990. Il ne couvre aujourd'hui que 18 % du vignoble national, mais les vignerons qui ont décidé de conserver le précieux héritage en prennent un soin jaloux et en tirent des vins uniques.

Dans le même esprit de légèreté et de «buvabilité» que le vin rouge de la gamme Secateurs, ce chenin blanc est tout à fait délicieux. L'un des bons chenins blancs d'Afrique du Sud goûtés depuis un moment. De jolies saveurs de fruits à maturité, entre la poire, la pomme golden russet et la cire d'abeille; juste assez de gras, mais pas trop, et une finale aérienne aux accents de miel. Excellente porte d'entrée pour saisir l'immense potentiel de la région viticole de Swartland.

12135092   18,05$ ☆☆☆☆ ② ♥

CATHEDRAL CELLAR (K.M.W.)
Chenin blanc 2013, Paarl

Un chenin aux parfums typés de pomme et de laine mouillée, qui marie dans de justes proportions la vinosité et la poigne caractéristique du cépage. Finale aux goûts de fumée et de caramel. Bon rapport qualité-prix.

12462827   18,50$ ☆☆☆ ②

FLEUR DU CAP
Chardonnay 2014, Western Cape

À prix juste, un bon chardonnay de facture conventionnelle (boisé, gras, légèrement beurré), sec, désaltérant et pas du tout caricatural. Rien de bien original, mais l'amateur de chardonnay y trouvera son compte à moins de 15$.

340406   14,95$ ☆☆☆ ②

FORRESTER, KEN
Chenin blanc 2014, Petit, Stellenbosch

Bon vin de chenin dont le prix et le style sont très accessibles. Vif, tranchant et très sec en bouche; modérément aromatique, avec des goûts de pomme verte, rehaussés par un léger reste de gaz. Assez représentatif d'un chenin blanc d'Afrique du Sud. Bon achat!
10702997 14,85$ ☆☆☆ ② ♥

KLEIN CONSTANTIA
Sauvignon blanc 2014, Constantia

En plus d'un succulent vin liquoreux, ce domaine élabore un sauvignon blanc sec, vif et croquant qui se distingue des nombreux vins blancs à saveur commerciale. Le 2014 est particulièrement réussi: sec, agrémenté de goûts citronnés, de notes salines et d'une amertume fine qui rappelle la peau blanche qui recouvre le pamplemousse. Du relief en bouche et un très bel équilibre entre les éléments.
504183 20,60$ ☆☆☆☆ ② ♥

MULDERBOSCH
Chenin blanc 2013, Steen Op Hout, Western Cape

Abstraction faite d'odeurs prononcées de soufre, un bon chenin blanc assez typé. Très sec, avec un minimum de gras, et des goûts de fruits blancs, sur un fond de miel et de laine mouillée. Tout à fait recommandable à moins de 20 $.
12576921 18$ ☆☆☆ ②

NEIL ELLIS
Sauvignon blanc 2012, Groenekloof

À seulement une heure de route de la ville du Cap, la zone côtière de Groenekloof bénéficie de la proximité et de l'effet rafraîchissant de l'océan Atlantique, créant un microclimat idéal pour la culture de cépages blancs. Moins distinctif que le 2012 commenté l'année dernière, mais néanmoins digeste et savoureux, avec des parfums d'asperge et d'agrumes. Seul bémol: une sensation de sucrosité en fin de bouche, sans doute attribuable à des bâtonnages sur lies.
12181072 18,55$ ☆☆☆ ½ ② ♥

VINS EFFERVESCENTS
CHAMPAGNE

 Nadia Fournier rencontre
Patrice Demers, de Patrice Pâtissier.

Depuis 10 ans, la production de vins effervescents sur la planète a augmenté de 40 %, comparativement à 7 % pour les vins tranquilles. C'est ce que révèle un rapport de l'Organisation internationale de la vigne et du vin (OIV), publié en début d'année. À elle seule, la Champagne compte pour plus de 15 % des vins effervescents produits dans le monde. Et bien que la région ait souffert de la crise économique de 2008, plusieurs amateurs ayant délaissé le champagne pour se tourner vers les prosecco, cava et autres mousseux abordables, aucune grande maison ne semble près de déposer le bilan.

Longtemps seules dans leur bulle, les grandes marques champenoises doivent désormais jouer du coude à l'exportation avec les vignerons indépendants, dont les vins connaissent une popularité croissante, tant dans la restauration qu'auprès d'une clientèle avisée, moins sensible aux arguments du marketing.

Le rapport de l'OIV permet aussi de confirmer une tendance maintenant facilement observable sur le marché québécois: la consommation de champagne et autres vins effervescents n'est plus réservée exclusivement aux grandes célébrations et se taille désormais une place dans les habitudes régulières des amateurs de vin. Une heureuse nouvelle, puisque aucune boisson ne permet autant d'égayer les papilles et les esprits. Jugez-en par vous-même, faites sauter le bouchon!

LES PLUS RÉCENTS MILLÉSIMES COMMERCIALISÉS

2014

Août sous la pluie et un mois de septembre chaud et sec. Les secteurs de la Côte des Blancs, de l'Aube, de même que la partie nord de la montagne de Reims promettent de meilleurs résultats.

2013

Autre année frappée par des épisodes de grêle dévastateurs dans l'Aube. À l'opposé de 2012, on observe un très beau potentiel pour les vins de chardonnay, mais une qualité hétérogène pour les pinots, à l'exception de ceux d'Aÿ.

2012

Un début d'été très pluvieux et des nuages de grêle ont fortement touché les vignobles du département de l'Aube. Résultat : une récolte réduite de moitié. La qualité s'annonce assez bonne pour les vins de pinot noir et de pinot meunier.

2011

Une année de températures extrêmes. Un printemps et un mois de juin plus chaud que la normale ont fait place à un été relativement frais, même froid par moment. Le choix de la date de la récolte a fait toute la différence. Quelques belles réussites dans les grands crus.

2009

Une année de générosité a engendré des vins amples et savoureux qui devraient s'ouvrir avant les 2008. Le pinot noir de l'Aube a donné d'excellents vins. Il y a des aubaines à saisir...

2008

L'un des bons millésimes de la décennie. Un peu austère en jeunesse, mais doté d'un équilibre classique et promis à un bel avenir.

2006

Beau mois de septembre. Des vins fins, mais aussi riches et généreux.

2005

Année de chaleur ; bon millésime en général, sans la classe des meilleurs.

BARNAUT
Grand cru, Blanc de noirs

Les champagnes non millésimés – aussi nommés «brut sans année» ou BSA – représentent plus de 80 % des ventes annuelles de la Champagne. Créés à la demande des marchands britanniques qui souhaitaient réduire les variations d'une année à l'autre, ces cuvées sont issues d'un assemblage de vins de plusieurs millésimes, cépages et terroirs.

L'amateur de champagne à l'affût d'aubaines sera immanquablement séduit par ce vin issu du terroir de Bouzy, à une vingtaine de kilomètres au sud-est de Reims. Ce domaine conduit avec rigueur par Philippe Secondé compte d'ailleurs parmi les maisons champenoises les plus en vue. Avec raison si j'en juge par la qualité et la constance de ce blanc de noirs. Parfait exemple de champagne composé de pinot noir, le vin présente de belles nuances de fruits rouges et des notes de terre humide. Le tout porté par une texture vineuse et empreinte de fraîcheur. Délicieux.

11152958   47,75$ ☆☆☆☆ ② ♥

BILLECART-SALMON
Brut Réserve

Propriété de la compagnie financière Frey, aussi propriétaire de la maison Jaboulet dans le Rhône. Fruit d'un assemblage de pinot noir, de pinot meunier et de chardonnay, qui proviennent de trois différents millésimes et des meilleurs terroirs de la Marne. Champagne de facture classique, passablement dosé (10 g/l), pas très riche ni vineux, mais la mousse est fine et le bouquet délicatement brioché.

10653347   60,25$ ☆☆☆

BOLLINGER
Special Cuvée, Brut

Marque-culte, Bollinger est aussi propriétaire du domaine Langlois-Chateau, dans la Loire. Toujours impeccable, cette cuvée est un modèle en matière de brut non millésimé. Plus consistant et structuré que la moyenne. Une saine acidité rehausse ses arômes de noisette et ses tonalités crayeuses. Persistant, très stylé et doté belle tenue en bouche.

384529   76,75$ ☆☆☆☆

EGLY-OURIET
Tradition Grand Cru, Brut

Ce vin issu essentiellement de pinot noir est élaboré par Francis Egly, vigneron récoltant-manipulant. Le vin se distingue par l'élégance de sa texture et la délicatesse aérienne de ses bulles. Sec et d'un minéral très racé, sa fin de bouche est pénétrante et dotée de ces multiples couches de saveurs qui sont la marque des grands vins. Quelle exquise pureté!

11538025   84,75$ ☆☆☆☆ ½

ROEDERER
Brut Premier

Cette maison admirablement tenue par la famille Rouzaud fait partie de l'élite de la Champagne. D'une constance exemplaire, le brut non millésimé mise sur une composition de deux tiers de raisins noirs, d'où sa plénitude et son caractère vineux. Saveurs riches et fraîcheur exemplaire.

268771   66,75$ ☆☆☆ ½

POL ROGER
Brut

Entreprise restée familiale, Pol Roger s'est gagné la confiance d'amateurs des cinq continents qui ne jurent que par son style droit et raffiné, l'image même de cette grande marque. Le brut non millésimé représente 70% de toute la production de la maison. «*A very civilised wine*», comme diraient les Anglais. La bulle est à la fois tendre, fine et persistante, les saveurs sont pures et distinguées et le vin a une allure aérienne. Une référence, à juste titre.

051953   61,75$ ☆☆☆☆

PIPER-HEIDSIECK
Brut

On parlait depuis un certain temps du retour en force de Piper-Heidsieck, mais je n'en avais toujours pas été convaincue, jusqu'en septembre dernier. Un nez biscuité, légèrement grillé annonce un vin ample, mettant à contribution quelque 85% de raisins noirs. Ce qui explique sa vinosité et ses saveurs délicates de fruits rouges, sur un fond de beurre et de pâtisserie. Ensemble harmonieux et sans lourdeur, malgré un dosage de 12 g/l.

462432   57,75$ ☆☆☆

HENRIOT
Brut Blanc de blancs

Cette maison fondée en 1808 est également propriétaire de Bouchard Père & Fils et du domaine William-Fèvre en Bourgogne.

Ce brut non millésimé provient essentiellement des terroirs de premiers et grands crus de la Côte des Blancs et a profité d'un élevage de cinq années sur lies. Cette année encore, un vin pur, très précis, dont les saveurs de fruits blancs se dessinent sur un fond délicieusement minéral qui rappelle l'odeur de la craie, le tout souligné d'une amertume noble. Harmonieux, persistant, délicieux.

10796946   71,75$ ☆☆☆☆

DELAMOTTE
Brut Blanc de blancs

Cette petite maison de Champagne située à Le Mesnil appartient à la firme Laurent-Perrier. Un vieillissement sur lattes prolongé (de quatre à cinq ans) n'est pas étranger au volume et à la prestance de ce vin de chardonnay. À l'ouverture, on est vite séduit par son nez de levures et de pain brioché ; la bouche est ample, pas très complexe, mais substantielle et assez fidèle à l'idée d'un bon blanc de blancs.

12034321   65,25$ ☆☆☆ ½

DOQUET, PASCAL
Cuvée Horizon, Brut Blanc de blancs

Le vignoble de la famille Doquet est conduit en agriculture biologique. Fruit d'un assemblage des récoltes 2009 et 2010, ce brut non millésimé est issu à 100% de chardonnay et a été dégorgé en septembre 2013. La bouche est ample, peut-être pas aussi pure et précise que par le passé, mais fort charmante, et le fruit est bien présent. Le dosage est perceptible, mais n'ajoute aucune lourdeur et le vin offre un bel équilibre d'ensemble. Toujours parmi les bons achats à moins de 50$.

11528046   48,25$ ☆☆☆☆

GIMONNET, PIERRE
Cuvée Cuis Premier cru Brut

Un champagne qui met en valeur les plus beaux atouts du chardonnay, et qu'il faut déguster lentement, de préférence à table, afin de l'apprécier pleinement. La bouche est fraîche et élancée, puis une richesse sous-jacente se développe avec des notes d'amande et de pain grillé. Complexe, avec des arômes de poire au beurre, de noisettes et de mie de pain, et une finale minérale, agrémentée de notes crayeuses qui ajoutent à sa prestance et à sa profondeur.

11553209   60,75$ ☆☆☆☆

PAUL GOERG
Blanc de blancs Premier cru

Une heureuse surprise cette année pour ce champagne «abordable», produit par la cave coopérative de Vertus, au cœur de la Côte des Blancs. La qualité au cours des dernières années est très constante, mais rarement transcendante. Celui-ci, issu d'une base de 2007, m'a paru plus vineux que d'habitude, avec des saveurs franches de fruits blancs.
Tout à fait recommandable à moins de 50$.

11766597   44,75$ ☆☆☆ ②

LARMANDIER-BERNIER
Terres de Vertus Premier cru 2010

Une autre référence au rayon des Blanc de Blancs. Réputé à juste titre pour l'ampleur et la précision de ses vins, Pierre Larmandier cultive son vignoble en biodynamie. Son 2010 offre une fois de plus une expression mûre et épurée du cépage chardonnay sur le terroir de Vertus, dans la Marne. La finesse à défaut de puissance. Mais quelle finesse! Les amateurs du genre seront comblés.

11528011   73,50$ ☆☆☆☆

LASSAIGNE, JACQUES
Les Vignes de Montgueux, Blanc de blancs

Le viticulteur Emmanuel Lassaigne prouve que le département de l'Aube – souvent considéré comme le parent pauvre de la Champagne – peut donner des vins aussi inspirés que ceux de la Marne. Interprétation très fine du chardonnay, ce champagne est à retenir parmi les meilleurs vins pour accompagner les huîtres. Délicat, tout en fraîcheur et finement iodé, il donne tout son sens au mot «aérien».

12061311   56$ ☆☆☆☆

FLEURY
Rosé de Saignée, Brut

Dans la Côte des Bar, le vignoble de la famille Fleury est cultivé en biodynamie depuis 1989. Le Rosé de Saignée est sans aucun doute l'un des meilleurs champagnes rosés disponibles à la SAQ.

Le terme saignée indique que la couleur du vin relève exclusivement du contact du moût avec les peaux des raisins de pinot noir, plutôt que d'un assemblage de chardonnay «coloré» par l'ajout de vin rouge, une pratique largement répandue en Champagne. La couleur est donc plus soutenue que la moyenne, et le vin comporte une bonne dose d'extraits secs qui laissent une texture quasi tannique en bouche. Dense, avec de savoureux goûts de fruits rouges et un équilibre exemplaire. Racé et élégant. «La classe», comme on dit là-bas!

11010301   62,25$ ★★★★ ½

BILLECART-SALMON
Brut rosé

Pas plus complet ni plus distinctif que le Brut, mais significativement plus cher. Le rosé de Billecart-Salmon compte néanmoins parmi les plus complets sur le marché. On y reconnaît l'esprit de raffinement de la maison à ses saveurs de fruits rouges aussi délicates que précises.

10812942   93,50$ ★★★ ½

BOLLINGER
Brut rosé

La signature Bollinger, adaptée au rosé. Une grande envergure et une tenue en bouche immense, un vaste spectre d'arômes, entre le pain grillé, les levures, la pomme blette et les petits fruits rouges et noirs. Racé, persistant et très long en bouche. Il y a longtemps qu'un champagne rosé ne m'avait donné un tel plaisir. Magnifique!

10955741   89,75$ ★★★★ ½ ②

DOQUET, PASCAL
Rosé Premier cru

Manifestement issu de raisins mûrs et dosé à 6,3 g/l de sucre. Pureté et élégance ; saveurs délicates, mariant des nuances minérales et fruitées aux goûts caractéristiques de levures, rehaussés d'une fine amertume en finale. Équilibre impeccable. Une aubaine !

12024296 55$ ★★★★

HENRIOT
Brut rosé

Le rosé de cette maison fondée en 1808 se classe toujours parmi mes favoris. Frais, vigoureux et délicatement aromatique ; du fruit et de la tenue, dans des proportions harmonieuses. À apprécier à l'apéritif ou encore à table avec des cailles laquées.

10839635 72$ ★★★★

PAILLARD, BRUNO
Brut rosé Première Cuvée

Créée il y a une trentaine d'années, cette maison s'est vite taillé une réputation enviable dans cette région où règnent des institutions centenaires. Tout aussi agréable par son élégance, ce rosé se distingue par la précision de ses saveurs fruitées et florales. La maison Bruno Paillard a d'ailleurs été la première à inscrire systématiquement la date du dégorgement sur l'étiquette. Une mention utile, reprise par de plus en plus de producteurs.

638494 76,75$ ★★★ ½

ROEDERER
Rosé 2008, Brut

Cette année encore, ce rosé se distingue du lot tant par son attaque en bouche franche que par son détail aromatique, mariant les saveurs de cerises, de pomme verte et de roses sauvages. Les bulles sont fines et le vin a beaucoup de caractère.

368415 84,25$ ★★★ ½ ②

ROEDERER
Brut Nature 2006

Jean-Baptiste Lecaillon a commencé à repenser le travail à la vigne dès son arrivée chez Roederer en 1999. Soucieux de maintenir un bon taux d'acidité et un bon équilibre dans ses raisins, il a converti peu à peu les vignobles à l'agriculture biologique et à la biodynamie.

Depuis la Champagne jusqu'à la Californie en passant par le Portugal (Ramos Pinto), tout chez Roederer est impeccable. Ce vin issu de pinot noir et de chardonnay a été élaboré en partenariat avec le designer Philippe Starck, qui a participé à l'assemblage et conçu l'étiquette, évidemment.

Sans surprise, on y trouve le caractère cristallin des meilleurs champagnes non dosés, conjugué à la vinosité d'un élevage de huit années sur lattes. Une bonne tenue en bouche et ce caractère aérien qui fait du champagne l'un des rares vins du monde à allier la légèreté, la profondeur et l'intensité. Encore très jeune, malgré qu'il soit âgé de 9 ans; à la fois citronné et minéral, il se développe admirablement dans le verre et laisse en finale une sensation vibrante. Excellent dès aujourd'hui, mais il ne semble pas près d'atteindre son apogée.

12641850   104$ ☆☆☆☆ ½ ③ ⑤

AGRAPART
Terroirs, Blanc de blancs, Extra Brut

Cette cave familiale possède à peine 10 hectares de vignes, qu'elle soigne scrupuleusement (labour des sols à l'ancienne, emploi de levures indigènes, élevage en fûts). Excellent champagne d'emblée agréable par son attaque en bouche franche, ses bons goûts de pomme verte, de citron et de brioche. Très sec, élégant et désaltérant.

12437007   69,75$ ☆☆☆ ½

DOQUET, PASCAL

Premier cru Blanc de blancs, Extra Brut

En 2004, Pascal Doquet a racheté la totalité des parts de la maison familiale Doquet-Jeanmaire, située à Vertus, au sud de la Côte des Blancs. Son vignoble est conduit en agriculture biologique depuis 2007. Cet extra brut séduira immanquablement les amateurs de champagnes secs, fins et délicats. Moins de 2 g/l de sucre, des saveurs citronnées qui se dessinent sur un fond de mie de pain et de beurre. Comme tant de champagnes, il gagne à être servi frais, mais pas frappé, autour de 8 à 10 °C.

12024253   53,25$ ☆☆☆☆

DRAPPIER

Brut Nature, Pinot noir, Zéro dosage

Aucune liqueur d'expédition n'a été ajoutée à ce vin composé à 100% de pinot noir. L'onctuosité est attribuable seulement à la maturité des raisins. Sec et bien marqué par le caractère du cépage et par une amertume sentie en finale. Très bon rapport qualité-prix; il demeure une valeur sûre dans sa catégorie.

11127234   46,25$ ☆☆☆

FLEURY

Extra Brut 2002

Le nez légèrement rancio fait craindre une oxydation prématurée. En bouche, on retrouve ces mêmes notes évoluées, entre la pomme blette, la cire d'abeille, avec un soupçon de sauce tamari en finale, ce qui accentue le caractère umami. La bulle est fine, discrète et persistante. Excellent champagne de terroir à boire au cours des deux prochaines années.

11856138   73,75$ ☆☆☆☆ ①

TARLANT

Zéro Brut Nature

Dans la commune d'Œuilly, la famille Tarlant exploite 14 hectares de vignoble, dont une parcelle plantée de très vieilles vignes de chardonnay non greffé, qui ont résisté au phylloxéra. Bien que plus modeste, ce brut nature ne manque pas d'attraits, à commencer par son prix. La couleur dorée et le nez marqué de notes oxydatives annoncent un vin à maturité. Très sec, vif et vibrant. Style épuré et digeste, idéal pour l'apéritif.

11902763   50,25$ ☆☆☆ ½ ♥

GIMONNET

Spécial Club
2009, Premier cru
Chardonnay, Brut

Dans la vaste propriété qui appartient à leur famille depuis 1750, Olivier et Didier Gimonnet misent sur des dosages limités qui laissent le fruit s'exprimer dans toute sa subtilité.

SPECIAL CLUB

CHAMPAGNE
Pierre Gimonnet
2009

PRODUIT DE FRANCE
GRANDS TERROIRS DE CHARDONNAY

Le 2009 est aussi complexe au nez qu'en bouche et affiche les parfums caractéristiques du chardonnay. Beaucoup de volume et d'envergure, ce qui n'exclut en rien la finesse et la précision. Onctueux, mais aussi salin et minéral, avec des notes de craie. Le vin se déploie en largeur autant qu'en longueur; avec des couches de saveurs mariant les biscuits et croissants fraîchement sortis du four, le citron et les fleurs blanches, le tout couronné d'une amertume noble qui met le fruit en relief. Du pur bonheur! À garder idéalement en cave encore quatre ans, si vous arrivez à y résister.

10230694   90$ ☆☆☆☆ ½ ③

KRUG

Grande Cuvée

Cette cave mythique s'applique avec beaucoup de rigueur à l'élaboration de sa Grande Cuvée. Fruit d'un assemblage de 12 millésimes et de raisins provenant de plus de 300 parcelles, le vin s'impose par sa vinosité, sa plénitude et son équilibre. Une vinification en fûts de chêne lui confère par ailleurs des notes oxydatives. Hors norme et hors de prix, hélas!

727453   283,25$ ☆☆☆☆

FLEURY

Bolero 2004

Avant-gardistes et biodynamistes de la première heure, les membres de la famille Fleury donnent leurs lettres de noblesse aux terroirs de la Côte des Bar. Cette cuvée déploie toute la sève des meilleurs pinots noirs champenois. Le nez est levuré et marqué par des notions de caramel au beurre. L'attaque en bouche est crémeuse et le vin pourrait sembler un peu lourd, si ce n'était de cette trame minérale affirmée, qui agit comme une colonne vertébrale et apporte beaucoup d'élan et de vitalité à l'ensemble. Finale à la fois onctueuse, saline, ample, florale. Un champagne d'envergure à apprécier dès maintenant ou à laisser reposer en cave jusqu'en 2019.

12592445   94,25$ ☆☆☆☆ ½ ②

LAURENT-PERRIER

Cuvée Grand Siècle

Une expression très délicate des cépages chardonnay et pinot noir sur les terroirs de grands crus de la Côte des Blancs et de la montagne de Reims. Un vin d'une élégance diaphane, aux saveurs précises, mais discrètes, qui ne se révèlent qu'après une longue aération. À près de 200 $, on souhaiterait y trouver plus de profondeur et de complexité. Surtout, ne faites pas l'erreur de le servir trop frais, sans quoi vous risquez de passer à côté.

12545104   195$ ☆☆☆

POL ROGER

Cuvée Sir Winston Churchill 2002, Brut

L'un de mes champagnes favoris. C'est en 1984 – dans le millésime 1975 – qu'a été lancée cette cuvée d'anthologie, portant le nom du plus célèbre buveur de Pol Roger. On raconte que pendant les 10 dernières années de sa vie, l'ancien premier ministre britannique a consommé 500 caisses de sa maison de champagne de prédilection. De mémoire, ce 2002 est l'un des plus achevés des derniers millésimes commercialisés. Un vin immense, aussi large qu'il est long en bouche, qui marie la structure et le fruit du pinot à la somptueuse vinosité du chardonnay. Tout y est, mais rien ne dépasse. Plénitude.

12027016   247,25$ ☆☆☆☆→☆ ③

VINS MOUSSEUX

Le mot «Champagne» sur une étiquette désigne exclusivement un vin produit dans la région du même nom, au nord-est de Paris. Ailleurs, on ne produit pas du champagne, mais du vin mousseux: «cava» en Espagne, «franciacorta» ou «spumante» en Italie, «sekt» en Allemagne, «crémant» en France, «sparkling wine» aux États-Unis, en Australie, en Nouvelle-Zélande et au Canada, etc. Des vins très souvent élaborés selon la méthode champenoise, maintenant nommée méthode traditionnelle.

On s'adonne à la production de vins mousseux dans presque toutes les régions viticoles françaises: Alsace, Bourgogne, Jura, etc. Même dans le Sud, où le chaud climat méditerranéen laisserait planer des doutes, on obtient maintenant des vins étonnamment rafraîchissants. La région de la Loire est particulièrement douée pour l'élaboration de mousseux. Là-bas, pas de chardonnay ni de pinot noir, mais du chenin blanc, un cépage racé et singulier, qui donne des vins nerveux et vigoureux.

Mais la France n'est pas seule dans la course. Voulant rivaliser avec les Français sur tous les fronts, les Italiens produisent depuis quelques années des spumante d'une finesse étonnante. Si les proseccos sont avant tout fruités et guillerets, les meilleurs franciacorta rivaliseraient – selon les Italiens – avec certains champagnes.

En Espagne, au sud de Barcelone, des entreprises colossales se spécialisent dans la production de cava et autres mousseux, dont la qualité est en nette progression. Certaines cuvées haut de gamme font même preuve de beaucoup de race et de profondeur.

Outre-Atlantique, la Californie s'impose par d'excellents vins mousseux très souvent mis au point par des grandes maisons de Champagne venues s'y installer. Depuis 10 ans, la production d'effervescents a progressé de 25%!

On trouve aussi sur le marché quelques très bons vins effervescents d'Océanie, d'Amérique du Sud et... du Québec! Quelques belles trouvailles sont commentées dans cette section.

BENJAMIN BRIDGE
Brut Réserve 2008

Depuis 2008, le Québécois Jean-Benoît Deslauriers agit à titre d'œnologue pour ce domaine développé il y a une quinzaine d'années sur les rives de la baie de Fundy. Peu friand des goûts dominants de pâtisserie, Jean-Benoît Deslauriers recherche le juste équilibre entre les arômes de réduction et d'autolyse, tous deux attribuables au travail des levures.

Et à en juger par la précision, la race et l'élégance de ce brut réserve goûté il y a quelques semaines, Deslauriers maîtrise très bien son art. Le 2008 déploie au nez des parfums intenses et complexes, avec des notes presque animales. La bouche est à l'avenant, très complète, tant en attaque qu'en milieu de bouche. La bulle est persistante, mais pas agressive, et met en relief le goût de fruits rouges du pinot noir, en parfait équilibre avec le gras du chardonnay. Dégorgé en mars 2015, il pourra vivre aisément jusqu'en 2020.

12647590   78$ ☆☆☆☆ ③ ⑤

0 695555 000119

ROEDERER ESTATE
Brut, Anderson Valley

À son arrivée en Californie au début des années 1980, Roederer fut parmi les premières maisons à s'établir dans Anderson Valley. Chaque année, lorsque dégustée à l'aveugle aux côtés de grandes cuvées de Champagne, il n'est pas rare que cette cuvée se taille une place de choix parmi les favoris. Dégusté à plusieurs reprises au cours de la dernière année, il s'imposait toujours par sa vinosité, sa finesse et son harmonie d'ensemble. Toutes catégories confondues, c'est l'un des meilleurs mousseux sur le marché. On peut acheter les yeux fermés.

294181   31$ ☆☆☆☆ ♥

0 097546 102008

ZYMĒ
Dosaggio Zero 2010, Pinot noir, Methodo Classico

Arrivée prévue dans le *Courrier vinicole* de novembre 2015 pour cet excellent effervescent qui met à contribution le cépage pinot noir. Malgré qu'il soit non dosé, le 2010 fait preuve d'une certaine sucrosité, mais sans lourdeur. Beaucoup de volume et d'ampleur en bouche, des saveurs de fruits rouges et de brioche, une fine amertume et de la salinité. Riche et exubérant, mais précis et équilibré. Belle bouteille!

En primeur

12624339   53,75$ ☆☆☆☆ ②

BAUD

Brut Blanc de blancs

Les meilleurs crémants de Bourgogne et du Jura sont sans doute ceux qui se rapprochent le plus des vins de Champagne. Cela s'explique par l'emprunt des mêmes cépages – chardonnay et pinot noir, essentiellement.

Dans la commune de Le Vernois, les Baud étaient déjà vignerons de père en fils avant la Révolution française. Ils produisent une foule de vins de table, mais aussi deux excellents crémants vendus à la SAQ. Celui-ci, issu de chardonnay à 100%, est attrayant avec son nez qui évoque les scones fraîchement sortis du four. Délicieux, long en bouche, une bonne tenue, des saveurs nettes de pomme et de citron, une bonne consistance et une finale minérale et persistante. À ce prix, on peut l'acheter à la caisse! Arrivée prévue au début décembre.

12397501   19,50$ ☆☆☆☆ ②

BAUD

Brut Sauvage, Crémant du Jura

Excellent crémant composé de chardonnay (70%) et de pinot noir, et dosé à hauteur d'à peine 3,5 g/l. L'onctuosité et le gras de ce vin sont plutôt attribuables à un long élevage sur lattes (24 mois). Un vin ample, nourri de saveurs de pomme blette, de massepain, de noisettes rôties. À moins de 25$, il est rare de trouver un vin effervescent qui offre autant de plaisir.

12100316   23,25$ ☆☆☆☆ ② ♥

CARÊME, VINCENT

Vouvray Brut 2013

La pureté cristalline, signature de Vincent Carême, se manifeste aussi dans cet excellent chenin effervescent. Jamais le plus ample ni le plus vineux des crémants sur le marché, mais il faut souligner la précision et la pureté de ses saveurs et son immense fraîcheur. Des arômes francs de pomme golden, sur un fond minéral. Savoureux et d'une vivacité qui appelle la soif et met en appétit. Servir frais, mais pas froid, autour de 10 °C.

11633591   25,05$ ☆☆☆☆ ② ♥

MOULIN DES VERNY

Crémant de Bourgogne, Cuvée Excellence

Élaboré exclusivement avec le cépage chardonnay, ce crémant fait preuve d'élégance et de raffinement. Fruité et nerveux, avec des goûts de pomme blette au nez et en bouche, sans trop verser dans le caractère oxydatif. Bon équilibre, bulle fine, et finale aux accents crayeux qui lui donne des petits airs de son illustre voisin du Nord. Bon rapport qualité-prix.

12399645   19,10$ ☆☆☆ ½ ♥

TISSOT, ANDRÉ ET MIREILLE

Crémant du Jura, Brut

La famille Tissot est l'une des forces de la viticulture jurassienne. Il y a plusieurs années, André et Mireille ont transmis les rênes à leur fils Stéphane qui s'inscrit parmi les vignerons les plus talentueux de sa génération. Très bon crémant, à la fois net, mûr, ample et très expressif, avec des saveurs franches de pâte d'amande et de pain grillé. Savoureux et assez consistant; une belle amertume se dessine en finale et met le fruit en relief. Digeste et harmonieux.

11456492   24,60$ ☆☆☆☆ ②

LOUIS BOUILLOT

Crémant de Bourgogne 2011, Perle Rare

Plus complet que par le passé, il me semble. Moins de dosage et une impression de raisins plus mûrs, ce qui laisse en bouche une sensation à la fois plus consistante et harmonieuse. Des notes de pâtisserie et de pain grillé et une agréable vinosité, doublée d'une saine amertume. Bon achat!

884379   22,95$ ☆☆☆ ½ ②

LAURENS

Clos des Demoiselles 2012, Tête de Cuvée, Brut

Un incontournable depuis des années. Goûts de pomme verte, avec de délicates notes briochées et une finale minérale. Le dosage est notable, mais harmonieux et le chenin blanc apporte une touche originale aux arômes du chardonnay. Toujours un bon achat au rayon des crémants.

10498973   22,25$ ☆☆☆☆ ② ♥

RAVENTÓS I BLANC
De la Finca 2011, Conca del Riu Anoia

En 1986, Josep Maria Raventós et son fils Manuel ont vendu leurs parts dans Codorniu et ont créé un domaine d'une centaine d'hectares, juste en face des installations ancestrales. La famille Raventós a aussi décidé de quitter l'appellation Cava, jugeant la qualité des vins trop hétérogène. Leurs vins sont désormais commercialisés sous la dénomination Conca del Riu Anoia.

Beaucoup plus vineux que la moyenne, ce 2011 se distingue par ses saveurs persistantes de pâtisserie et de pain grillé, de pâte d'amande et de biscuit au gingembre. Le caractère authentique du cava (même sans le nom) est bien présent, mais avec une touche d'élégance qui le porte dans le peloton de tête. À ce prix, un achat avantageux pour l'amateur de vins mousseux étoffés.

12178834   31,25$ ☆☆☆☆ ②

CODORNÍU
Codorníu, Brut Classico Cava

Le plus connu des cavas espagnols est de qualité constante. Moins sucré (11 g/l) et rustique que dans mes souvenirs et plutôt agréable par sa légèreté et ses saveurs franches.

503490   15,05$ ☆☆ ½

JUVÉ Y CAMPS
Reserva de la Familia 2010, Cava

Un cava de première qualité, au nez mûr, relevé de parfums rôtis. Beaucoup de vivacité et de style, une bulle assez fine et une bonne ampleur en bouche. Moins fruité que d'autres, il compense par sa trame minérale et sa finale persistante, couronnée d'une agréable amertume. Dégusté par une chaude soirée d'été, avec des palourdes au chorizo et à l'ail, c'était un pur bonheur !

10654948   21,45$ ☆☆☆☆ ② ♥

PARÉS BALTÀ
Cava Brut

Le domaine historique de Parés Baltà a énormément progressé au cours des 20 dernières années. Ce cava est issu des cépages parellada, maccabeu et xarel-lo, cultivés de manière biologique. Friand et relevé de bons goûts de fruits mûrs, tout en conservant une fraîcheur rassasiante, il possède une personnalité affirmée et un rapport qualité-prix remarquable.

10896365   16,95$ ☆☆☆ ② ♥

PARÉS BALTÀ
Cava 2009, Blanca Cusiné

Plutôt que les traditionnels cépages blancs catalans, la famille Cusiné a choisi de miser sur le chardonnay et le pinot noir pour son cava haut de gamme. Le vin est fermenté en fûts de chêne français et les bouteilles profitent d'un vieillissement de 30 mois sur lattes avant le dégorgement. Il en résulte un excellent vin mousseux au caractère «rancio», mais pas dépourvu de fruit; vineux, porté par une bulle tendre et persistante. Bonne longueur en bouche.

12591021   35$ ☆☆☆☆ ② ⑤

RAVENTÓS I BLANC
De Nit 2013, Rosé, Conca del Riu Anoia

Bien que je sois rarement enthousiaste quant aux vins effervescents rosés, c'est toujours avec plaisir que je redécouvre celui de la famille Raventós. La couleur rosée repose sur une petite proportion de monastrell (mourvèdre) et le vin se signale une fois de plus par son attaque en bouche fraîche et franche, agrémentée de saveurs fruitées nettes et d'une amertume fine qui met les saveurs en relief. Toujours un très bon achat.

12097954   26,50$ ☆☆☆☆ ② ♥

RAVENTÓS I BLANC
L'Hereu 2012, Brut, Conca del Riu Anoia

Un cava assez typé et d'excellente facture, très sec et très droit en bouche; aux goûts de pomme verte et de scone, soutenus par une franche acidité. De style frais et nerveux, un bon cava authentique, à prix attrayant.

11140615   20,65$ ☆☆☆ ½ ①

DOMAINE BERGEVILLE
Blanc 2013, Brut

Ève Rainville et Marc Théberge croient au potentiel des vins issus de la méthode traditionnelle au Québec. Ce couple a donc choisi de s'y consacrer exclusivement dans son domaine de North Hatley, dans les Cantons-de-l'Est. Élaborés selon les règles de l'art, leurs trois vins mousseux – un blanc, un rosé et un rouge – de leur premier millésime laissent entrevoir un avenir plus que florissant pour leur vignoble.

Issu des cépages hybrides frontenac blanc, saint-pépin et acadie, cultivés selon les principes de la biodynamie, et élaboré selon la méthode traditionnelle, le vin est élevé sur lies pendant plusieurs mois, ce qui lui confère une bonne ampleur, sans trop de sucrosité (à peine 4 g/l). La mousse est fine et porte de délicats parfums de fleurs blanches, de poires et de grillé. Délicieux! Un deuxième millésime couronné de succès. Allez, une Grappe d'or cette année encore, pour souligner le talent et le sérieux des vignerons.
(À la propriété) 30$ ☆☆☆☆ ②

Disponible à la propriété

CHÂTEAU DE CARTES
Brut rosé 2014

Le cépage sainte-croix est ici vinifié selon la méthode traditionnelle par Stéphane Lamarre, à Dunham. Le vin est délicatement brioché et relevé de notes sauvages au nez; un léger reste de sucre (6 g/l) aide à tempérer la sensation d'acidité et le vin présente un bon équilibre d'ensemble. Bien fait et original: on n'a pas essayé de gommer le caractère rustique du cépage hybride et c'est tant mieux. Belle réussite!
12357453 30$ ★★★ ½

0 799705 518209

COURVILLE
Brut

Produit au Domaine Les Brome, le Courville séduit d'emblée par son nez aux accents de noix de grenoble qui annoncent un vin fort original. Issu exclusivement de seyval, vinifié selon la méthode traditionnelle, sans ajout d'une liqueur de dosage, le vin offre une attaque en bouche nourrie, vineuse et pourtant tonique et désaltérante. L'une des heureuses découvertes de l'année au rayon des vins québécois!

(À la propriété)   27$ ☆☆☆ ½

Disponible à la propriété

DOMAINE BERGEVILLE
Rouge 2013, Brut

Lors de leur séjour en Australie, les propriétaires du Domaine Bergeville sont tombés sous le charme des quelques shiraz effervescents. Bien qu'un peu déconcertant au premier contact, leur mousseux rouge est fort bien tourné, vigoureux, agrémenté de bons goûts de fruits acidulés et harmonieux. Tellement singulier en 2013 qu'on peut difficilement le comparer à d'autres vins produits sur la planète. Unique en son genre!

(À la propriété)   32$ ★★★ ½ ①

Disponible à la propriété

ORPAILLEUR
Brut

Premier domaine viticole d'importance au Québec, l'Orpailleur élabore une vaste gamme de vins secs et liquoreux, ainsi qu'un très bon vin effervescent issu de seyval et élaboré selon la méthode traditionnelle. Une belle occasion de constater le potentiel du terroir québécois pour l'élaboration de vins mousseux de qualité. Toujours aussi vif et vibrant; de bons goûts de pommes vertes, de lime, de citron. Juste assez dosé pour tempérer la vigueur du seyval.

(À la propriété)   25$ ☆☆☆

Disponible à la propriété

VIGNOBLE DE LA RIVIÈRE DU CHÊNE
Monde Les Bulles

Un vin onctueux et gras, dont on appréciera l'originalité des parfums de miel et de pâte d'amande ainsi que la fraîcheur aromatique. Délicatement parfumé, passablement dosé et bien équilibré. Jolie finale aux accents de pain grillé qui lui confère un supplément de caractère.

12359871   32$ ☆☆☆

0 827924 036256

VIGNOBLE STE-PÉTRONILLE
Brut nature

Le cépage vandal-cliche donne à ce vin effervescent des tonalités fort originales de melon et de fleurs blanches. Non dosé – c'est-à-dire qu'aucun sucre n'a été ajouté après le dégorgement – le vin est ample et assez volumineux en bouche, tout en demeurant désaltérant. Finale aromatique aux accents de sucre d'orge et d'écorce de citron.

(À la propriété)   28$ ☆☆☆

Disponible à la propriété

MEDICI ERMETE E FIGLI
Lambrusco 2014, Concerto, Reggiano, Italie

Produit emblématique du terroir d'Émilie-Romagne – bien qu'un cran moins célèbre que les reggiano et vinaigre de Modène –, le lambrusco se situe à l'opposé des vins « grand public » et issus d'un moule commercial. Longtemps snobé, ce vin rouge mousseux a séduit une toute nouvelle génération de sommeliers, qui croient en ses vertus gastronomiques au point même de le servir au verre !

Lambrusco est à la fois le nom de l'appellation et celui du cépage, qui compte une foule de sous-variétés. Cette cuvée de la maison Medici Ermete mise sur le lambrusco salamino, nommé ainsi en raison de la forme cylindrique de ses grappes, qui ressemblent à de petits salamis. Un vin substantiel, d'emblée attrayant par son nez compact de fruits noirs et de poivre. En bouche, l'appui tannique est assez ferme, souligné par une acidité vive, ainsi que par une fine amertume qui le rend d'autant plus polyvalent à table. J'ai beaucoup aimé sa finale fraîche et franche, aux goûts d'herbes séchées qui rappelle de bons amaros. Ne reste plus qu'à sortir les charcuteries et à fermer les yeux pour se transporter dans le nord de l'Italie. *Salute!*

733261   18,50$ ★★★★ ② ♥

BENJAMIN BRIDGE
Nova 7 2013, Canada

Cet effervescent produit dans la baie de Fundy est issu d'acadie blanc, de muscat de New York, de vidal et d'ortega. Je n'ai pu m'empêcher de sursauter le taux de sucre de ce vin : 120 grammes par litre ! Pourtant, rien n'y paraît. Bien sur, on dénote une certaine sucrosité, mais absolument aucune lourdeur. Tout léger, frais comme un jus de fruits, le vin regorge de délicates saveurs de melon miel et de cantaloup, de menthe et d'agrumes, le tout, bien sûr, couronné par les délicieux parfums du muscat. Un excellent vin mousseux à boire à la fin du repas ou à apprécier en soi, simplement, par un bel après-midi d'hiver.

12133986   26,25$ ☆☆☆ ½ ①

BRUN, JEAN-PAUL
FRV100, France

Produit dans le Beaujolais, ce vin issu de raisins de gamay est élaboré selon la méthode ancestrale, comme le cerdon du Bugey. Léger en alcool (9,8%) et arrondi d'un reste de sucre (30 g/l), mais plein de vitalité et gorgé de saveurs fruitées, il donne l'impression de mordre à pleines dents dans une grappe de gamay.

12113993   22,15$ ★★★ ½ ① ▼

CHIARLO, MICHELE
Moscato d'Asti 2014, Nivole, Italie

Bonne effervescence, nez typé, bouche très fruitée, au moelleux appuyé et au goût de muscat prononcé. Tout léger avec ses 5% d'alcool. Idéal au dessert ou en fin de repas. Aussi disponible en demi-bouteille.

11791848   19,50$ ☆☆ ½

UNION DES PRODUCTEURS DE DIE
Clairette de Die, Cuvée Titus, France

Pour faire changement, une clairette traditionnelle principalement issue de muscat et ne titrant que 7% d'alcool. Le vin est moelleux, léger, parfumé et savoureux, il rappelle l'asti spumante. À servir très frais, au dessert ou après le repas.

333575   18,70$ ☆☆☆

VIGNALTA
Fior d'Arancio 2013, Spumante, Colli Euganei, Italie

Élaboré par un producteur phare des Colli Euganei, au sud-ouest de Padoue, cette curiosité est issue de muscat fleur d'oranger, une variété très peu connue, née d'un croisement entre le muscat à petits grains et le chasselas. Avec sa légèreté alcoolique à 5,5%, on peut difficilement imaginer un meilleur vin pour accompagner le brunch. Un cran plus expressif cette année, il me semble, avec un nez affriolant qui mêle les parfums d'abricot, de nectarine et – il n'y a pas de hasard – de fleur d'oranger. La bulle est délicate et enrobée d'un reste notable de sucre, en parfait équilibre avec l'acidité. Bravo!

726976   20,15$ ☆☆☆☆ ① ♥

VINS FORTIFIÉS

Les pages suivantes regroupent tous les vins auxquels de l'alcool a été ajouté à une étape de leur élaboration. En France, on utilise, selon le cas, les expressions «vin muté», «vin doux naturel», «vin de liqueur» ou encore «mistelle». Nous avons plutôt opté pour le terme «vin fortifié» (*fortified wine en anglais*), qui paraît ici plus approprié.

Capiteux et souvent doux, ces vins sont enrichis d'une certaine quantité d'alcool. Le principe consiste à ajouter de l'eau-de-vie avant, pendant ou après la fermentation. Avant et pendant, elle permet de préserver le sucre naturel du raisin; après, elle contribue à hausser le taux d'alcool final du produit.

Les vins moelleux n'ont pas vraiment leur place à l'apéritif – c'est un peu comme manger des gâteaux en guise de hors-d'œuvre. En revanche, ils couronnent le repas avec une note de chaleur et de réconfort. Peu de vins offrent une si belle répartie aux saveurs puissantes et à la texture grasse de fromages goûteux, comme le bleu, par exemple.

Les ventes de porto au Québec ont sensiblement ralenti depuis 10 ans. La qualité des vins n'a pourtant pas fléchi, et les meilleurs vintages figurent encore parmi les vins les plus racés du monde, mais les habitudes de consommation ont changé dans les marchés traditionnels et le porto n'a plus la cote d'autrefois. Devant ce constat, et alarmées par la hausse du prix des spiritueux qui servent à muter les vins, plusieurs maisons tentent de se réinventer et orientent plus que jamais leurs efforts vers la production de vins de table.

Après des décennies de déclin, la popularité des xérès connaît un regain auprès d'une jeune clientèle curieuse de saveurs nouvelles. Le succès touche surtout les vins secs (fino, manzanilla et oloroso), mais on observe aussi une croissance du côté des amontillados. Une excellente nouvelle puisque l'authentique xérès est sans aucun doute le plus mésestimé des grands vins du monde.

LES DERNIERS MILLÉSIMES

2014

Une année hétérogène.
Les vignobles du Douro qui
ont échappé aux pluies de
septembre porteront de beaux
fruits.

2013

Année très ordinaire pour
le porto. Peu ou pas de
déclaration en vue.

2012

Plusieurs déclarations de ce que
les Anglais appellent un *single
quinta vintage*. C'est-à-dire un
vin commercialisé sous le nom
du cru, dans les millésimes non
déclarés officiellement.

2011

Les températures élevées du
mois de juin ont brûlé quelques
grappes. Très bonne année
pour le porto, avec de faibles
rendements, des tanins fermes
et une acidité notable. Plusieurs
déclarations en perspective.

2010

Autre année de sécheresse
dans le Douro. Qualité
jugée satisfaisante, mais les
déclarations semblent peu
probables.

2009

Mois d'août cuisant et sec, et
vendanges commencées 15 jours
plus tôt qu'en 2008. Qualité
variable. Les vignobles en
altitude ont donné les meilleurs
vins.

2008

Récolte déficitaire, jusqu'à
30 %. Qualité hétérogène,
parfois très satisfaisante.
Quelques déclarations de *single
quinta vintage*.

2007

Récolte inférieure à la moyenne ;
un été sec et des raisins de
grande qualité. Plusieurs
professionnels considèrent
que 2007 est l'un des meilleurs
millésimes des dernières
décennies, à l'instar des 2000,
1994, 1977 et 1970. Déclarations
généralisées.

2006

Des conditions difficiles aux
vendanges et des vins de
qualité moyenne, avec quelques
bons succès. Très peu de
déclarations.

2005

Troisième année de sécheresse,
été torride. Des rendements
de 10 à 40 % inférieurs à la
moyenne et des vins colorés
et charpentés. Peu de
déclarations, mais plusieurs
single quinta vintage.

BARBADILLO
Solear en Rama 2014, Manzanilla, Saca de Invierno

La manzanilla est en fait un xérès absolument sec provenant de Sanlucar de Barrameda, en bordure de l'Atlantique. Les fino et manzanilla dits « *en rama* » sont prélevés directement depuis le *butt* – le tonneau de 600 litres traditionnel – et mis en bouteille sans filtration ni stabilisation à froid.

Chez Barbadillo, chaque saison a son embouteillage de *en rama*. Celui d'hiver est hautement savoureux et révèle tout le caractère du vrai bon xérès. Onctueux, volumineux et multidimensionnel, avec ces senteurs caractéristiques de pain frais sortant du four, attribuables, dit-on, à la présence d'une flore plus importante sur la surface du vin en tonneau. Finale très persistante qui égraine les saveurs de noix, d'amande, d'olive, de tamari, de fumée. Un modèle du genre!

12614641   21$ ☆☆☆☆☆ ⑤

BARBADILLO
Solear, Manzanilla

La manzanilla est réputée pour sa légèreté. Le plus délicat des xérès, dit-on. Celui-ci, dont l'arrivée est prévue en février 2016, en est un très bel exemple. Ample et merveilleusement rafraîchissant, malgré ses 15% d'alcool, très sec et ponctué des saveurs caractéristiques de pomme verte et d'olive, avec des accents salins qui rappellent le bord de mer. Excellent!

12591071   11,70$ (375 ml)   ☆☆☆☆ ♥

GONZALEZ BYASS
Tio Pepe

Entreprise familiale de première importance en Andalousie et connue mondialement pour son Tio Pepe, Gonzalez Byass commercialise une gamme complète de xérès.Le fino le plus connu au monde est toujours aussi bon. Un xérès jeune et frais en bouche, étonnamment facile à boire en dépit de son taux d'alcool de 14,5%.

242669   19,20$ ☆☆☆

LUSTAU
Fino del Puerto, Almacenista José Luis González Obregón

Un *almacenista* est un petit producteur, qui élève des moûts ou des vins, propres ou achetés auprès d'autres vignerons. Lustau rend hommage à ces artisans et embouteille les meilleurs de ces vins sous leur nom, plutôt que de les assembler, comme le veut la tradition. Fruit d'une *solera* de 143 barriques, comme le mentionne l'étiquette, ce xérès se dessine avec complexité et profondeur, offrant en bouche une explosion de saveurs classiques de noix et d'amande, mais aussi de poire et d'orange. La bouche est suave, élégante et saline. Longueur impressionnante.

12340150   21,95$ ☆☆☆☆☆ ♥

LUSTAU
Puerto Fino

L'archétype du fino : vivifiant et tonique, à la texture ample et aux arômes caractéristiques d'olive verte. Très sec, désaltérant et d'une complexité aromatique incomparable, que met en relief une acidité tranchante. Il sera à son meilleur à l'apéro, par une chaude journée d'été.

11568347   18,80$ ☆☆☆☆

LUSTAU
Manzanilla Papirusa

Plus délicat que le Puerto Fino, mais aussi plus salin, et marqué par des notes iodées, typiques des xérès élevés à Sanlucar de Barrameda, en bordure de l'Atlantique. Archi sec et appétissant, avec des arômes d'amande et d'olive verte ; c'est un vin hors norme qui n'a pas son pareil pour accompagner des bouchées salées à l'apéritif.

11767565   12,70$ (375 ml)   ☆☆☆☆ ♥

LUSTAU
Manzanilla Pasada Almacenista Manuel Cuevas Jurado

Plus en retenue, cette manzanilla qui a perdu sa *flor* et subi un plus long élevage a commencé à développer des arômes de fruits secs et de noix grillée. Plus puissante, aussi un peu moins complexe. Longue finale qui va crescendo.

12340248   33,75$ ☆☆☆ ½

TAYLOR FLADGATE
Late Bottled Vintage
2010

Taylor a d'abord bâti sa
réputation grâce à ses
vintages. Puis, en 1969, les
héritiers de cette firme
restée familiale ont eu
l'idée de proposer à leur clientèle une version moderne du
vintage. Un vin millésimé robuste et fruité, élevé plus longtemps
en barriques, puis filtré, qui n'aurait pas besoin de reposer en
cave 20 ans avant d'atteindre son apogée.

Le late bottled vintage (LBV) était né. Près d'un demi-siècle plus tard,
le LBV de Taylor demeure une référence. Encore très jeune, tannique et
vigoureux, comme l'annonce sa couleur sombre et son nez compact de
fruits confits et de poivre, le 2010 est fidèle au style
de la maison. Un excellent vintage de consommation courante. Le prix est aussi doux que le vin.

12490078   13,15$ (375 ml)   ★★★★ ② ♥

DOMAINE LA TOUR VIEILLE
Banyuls Rimage 2013

Beaucoup plus riche en couleur et en tanins que le Reserva du même domaine (qui est issu d'un élevage oxydatif), le Banyuls Rimage est élevé à l'abri
de l'oxygène. Le 2013 révèle tout le fruit du grenache: des arômes de confiture
de fruits rouges et noirs, ponctués de notes florales et épicées. Ample, intense et doté d'une certaine puissance contenue et d'un
équilibre exemplaire. Excellent potentiel de garde.

884908   24,85$ (500 ml)   ★★★★

FONSECA
Vintage 2000

Fonseca, une entreprise associée à Taylor Fladgate, produit des portos vintage à faire rêver. À plus forte raison celui-ci, considéré comme l'un des
triomphes du millésime. Un vin somptueux et encore jeune, qui témoigne
d'une subtilité et d'une race incomparables. Multidimensionnel, profond et
pénétrant. Coloré, une trame tricotée serrée, une structure impressionnante et un large spectre aromatique. On peut très bien le goûter dès maintenant, mais rien ne sert de se presser puisqu'il restera
au sommet jusqu'en 2025, au moins.

708990   120,50$ ★★★★→★ ④

MAS AMIEL
Vintage 2012, Maury

Le magnat de l'industrie alimentaire, Olivier Decelle, a acheté cette belle propriété du Roussillon où il produit une gamme exemplaire de vins de Maury. Le 2012 repose sur une étoffe tannique tout aussi dense que le délicieux 2011 commenté l'an dernier, avec un fruit encore plus exubérant et expressif, il me semble. Une profusion de goûts de confiture de petits fruits, sur un fond de réglisse et de garrigue. Belle complexité et équilibre hors pair. À boire sans se presser au courant de la prochaine décennie.

733808   19,70 (375 ml)   ★★★★ ② ♥

OFFLEY
Late Bottled Vintage 2010

LBV de style traditionnel, c'est-à-dire sans filtration ni stabilisation par le froid, commercialisé dans le même type de bouteille qu'un vintage et coiffé d'un long bouchon permettant au vin de continuer à se développer en bouteille. Sans atteindre le degré de concentration du 2009 commenté l'an dernier, ce 2010 fait preuve d'une solide assise tannique qui soutient le fruit et laisse une impression à la fois fraîche et rassasiante en bouche. Bonne longueur ; un LBV sérieux, à boire au cours des cinq à sept prochaines années.

483024   19,95$ ★★★★ ③ ♥

TAYLOR FLADGATE
Vintage 2000

Plus de trois siècles après sa création en 1692, Taylor Fladgate trône toujours au royaume du porto. Cette grande maison doit son immense prestige à ses somptueux vintages, profonds et indestructibles. Le 2000 est un vin multidimensionnel dont le fruit mûr et doux est entouré de tanins serrés. Puissant et pourtant frais en bouche. Sa longueur et sa race impressionnantes confirment que le potentiel de ce vin est monumental.

708966   129$ ★★★★ ③

MAS AMIEL
Maury, 30 ans d'Âge

Cette spécialité catalane puise sa sève dans un îlot rocheux composé de schiste et ceinturé de collines calcaires. Comme ceux de Banyuls, les vins de Maury sont composés principalement de grenache noir et peuvent donner des vins pourpres et corsés en jeunesse, qui deviennent plus souples et ambrés avec l'élevage.

Le 30 ans d'âge est un régal de douceur et de suavité. Ni puissant ni trop concentré, mais tellement complexe, avec un registre de saveurs qui s'étend bien au-delà du fruit. Riche, complexe et multidimensionnel; les couches de saveurs de champignons porcini séchés, d'espresso, de tabac et de figues se succèdent et persistent en bouche. Très «umami» et vraiment délicieux! Arrivée prévue à la mi-décembre.

12646600   67,50 $ ★★★★ ½ ❸   En primeur

DOMAINE LA TOUR VIEILLE
Banyuls Reserva

Un excellent rapport qualité-prix pour ce banyuls aux arômes de fruits secs et de noix caramélisées. La bouche, à la texture onctueuse, égraine des saveurs riches et complexes, tout en faisant preuve d'une grande fraîcheur. Peu de tanins et presque sec en finale, un équilibre remarquable et tout indiqué pour la table, avec des fromages (particulièrement les bleus) ou des desserts sucrés-salés, aux fruits secs ou aux noix. Se garde très bien pendant plusieurs jours une fois ouvert.

884916   26,95$ ★★★★

FONSECA
Tawny 10 ans

Le 10 ans d'âge offre une texture suave et caressante, marquée d'un goût de fruits secs très relevé. Une belle finale sucrée et vaporeuse. Impeccable!

344101   35$ ★★★★

GRAHAM'S
Tawny 20 ans

Ce remarquable tawny illustre avec éclat que 20 ans est sans doute l'âge idéal pour ce type de vin. Plus complexe et plus raffiné que le 10 ans, plus doux et plus charnu, et surtout beaucoup moins cher que le 30 ans et le 40 ans. À la fois puissant et velouté, très onctueux, vaporeux, et offrant cette finale typique teintée de vanille et de crème brûlée. Sensationnel!

12299610 60$ ★★★★★

RAMOS PINTO
Tawny 10 ans, Quinta da Ervamoira

Cette maison appartenant au groupe champenois Roederer est avant tout reconnue pour ses délicieux vins des *quintas* Bom Retiro et Ervamoira. Des références en matière de tawny. Le 10 ans est remarquable tant par son équilibre que par sa vigueur et par la plénitude de ses saveurs. Excellent comme toujours.

133751 42,25$ ★★★★

TAYLOR FLADGATE
Tawny 20 ans

Taylor Fladgate n'excelle pas seulement dans les *full port*, elle commercialise aussi une gamme de brillants tawnys. Splendide vin onctueux et subtilement parfumé de notes affriolantes de vanille et de cacao. La quintessence du tawny.

149047 70$ ★★★★★

WARRE'S
Otima Tawny 10 ans

Soyeux, velouté et d'une tendreté alléchante. Warre's recommande de servir ce vin rafraîchi pour profiter, selon ses mots, de cette boisson idéale pour les journées plus chaudes. Entièrement d'accord!

11869457 23,95$ (500 ml) ★★★★

BARBEITO
Boal, Madeira

Le vin de Madère profite d'un second souffle depuis quelques années. Jadis surtout fréquentée par des retraités, l'île de Madère, située à environ 600 km au large de l'Afrique, à la hauteur de Casablanca, est devenue le nouveau paradis des amateurs de *kitesurf*. Il semblerait que cette nouvelle clientèle se soit aussi prise d'affection pour ce vin unique, chauffé à 50 °C pendant trois mois avant d'être fortifié, ce qui lui confère un goût de caramel et de fruits séchés.

Disponible depuis peu à la SAQ, ce boal – c'est le nom du cépage – est élaboré par une maison de très bonne réputation. Riche, moelleux et profond, le vin déploie en bouche de bons goûts de fruits secs et de noisettes rôties. Pas très complexe, mais sa longue finale vaporeuse aux accents fumés et son ampleur exercent un charme certain.

12389375   17,25$ (500 ml)   ☆☆☆☆ ♥

DOMAINE LA TOUR VIEILLE
Banyuls blanc doux 2014

Bien qu'un peu moins complexe que les banyuls rouges du même domaine, cette curiosité locale exerce un certain charme par sa douceur et ses notes d'orange amère et de laine mouillée, qui rappellent certains vins de chenin blanc. À boire d'ici 2018.

11544222   22,70$ ☆☆☆ ½

DOMAINE DE MONTBOURGEAU
Macvin du Jura

Nicole Deriaux élabore cette curiosité jurassienne, dont les origines remontent au XIVe siècle. Composé surtout de chardonnay et fortifié avant même le début des fermentations alcooliques, à la manière d'un pineau des charentes ou d'un floc de gascogne. L'amateur de vin du Jura retrouvera dans ce macvin le même petit «goût de jaune» qui fait toute l'originalité du célèbre vin jaune, avec en prime une finale persistante aux accents d'aneth. Belle occasion pour sortir des sentiers battus. Servir frais, et de grâce, sans glaçons!

11785624   40$ ☆☆☆☆

JOSE MARIA DA FONSECA
Alambre 2008, Moscatel de Setúbal

Spécialité de la maison da Fonseca – aucun rapport avec les portos Fonseca –, cet excellent vin moelleux aromatique est une tradition de la péninsule de Setúbal, au sud de Lisbonne. Muscat, boal et malvoisie donnent un vin passablement parfumé, au bon goût de pêche mûre et de caramel. Fort plaisant, original et vendu à prix d'aubaine.

357996   15,70$ ☆☆☆ ♥

FERREIRA
Porto blanc

Propriété du groupe portugais Sogrape, Ferreira produit aussi un excellent porto blanc. Doré et très doux, à la texture tendre et onctueuse. Ne pas confondre avec le type de porto extra dry. On peut le servir très frais, à l'apéritif ou à la fin du repas, en guise de vin de dessert.

571604   15,70$ ☆☆☆☆ ♥

MADEIRA WINE COMPANY
Leacock's Rainwater

Fondée au début du XXe siècle, cette compagnie est née d'un regroupement de 26 marques qui ont assuré leur survie en partageant les coûts de production et de promotion. Elle appartient aujourd'hui à la famille Blandy, qui a multiplié les investissements pour rénover les installations. Délicieux vin léger, semi-doux et très frais en bouche. Son acidité naturelle met en relief son goût, si particulier, de noisette et d'écorce d'orange. Très bon vin à servir frais à l'apéritif.

245530   19,25$ ☆☆☆☆

OFFLEY
Porto blanc Cachucha

Issu de vignes blanches portugaises (malvasia, codega, rabigato, etc.) plantées dans la *quinta* de Cachucha, et mûri pendant six ans en fûts de chêne. Riche et onctueux, et pourtant frais en bouche et facile à boire, doté d'une dimension aromatique remarquablement intense et persistante. Quatre étoiles bien méritées, car il domine dans la catégorie du porto blanc. Idéal en apéritif, servi sur glace et coupé de soda tonique.

582064   19,85$ ☆☆☆☆ ♥

▶ Autour du vin avec
Véronique Rivest.

LES
BONNES
ADRESSES

AU PIED DE COCHON
536, avenue Duluth Est, Montréal, 514-281-1114

Dans ce bistro très médiatisé, le chef Martin Picard prépare une cuisine généreuse et goûteuse. Le porc est présent sous toutes ses formes et accompagné d'une excellente carte des vins qui comprend de nombreuses raretés.

BOUILLON BILK
1595, boulevard Saint-Laurent, Montréal, 514-845-1595

Mélanie Blanchette et François Nadon, anciennement au Leméac, donnent un souffle nouveau à ce segment peu fréquenté du quartier des Spectacles. Dans un décor épuré, on sert une cuisine créative, qui témoigne d'un souci du détail. La carte des vins est composée avec beaucoup de goût.

BRASSERIE T!
1425, rue Jeanne-Mance, Montréal, 514-282-0808

Le célèbre restaurant de Normand Laprise a maintenant son antenne sur la place des Spectacles. On y sert une cuisine bistro sans prétention, qui mise néanmoins sur des produits de première qualité. La carte des vins est, en quelque sorte, un modèle réduit de celle du Toqué!

BUVETTE CHEZ SIMONE
4869, avenue du Parc, Montréal, 514-750-6577

La Buvette est un lieu chaleureux où il fait bon s'attabler entre amis. Simple et sans prétention, le menu propose quelques entrées et des plats copieux de poulet rôti. Belle sélection de vins au verre.

CUL-SEC
29, rue Beaubien Est, Montréal, 514-439-8747

Non loin du boulevard Saint-Laurent, la cantine de Martin Juneau fait aussi office de caviste de quartier. Une belle variété de petits plats simples et délicieux comme les *chopped liver* et une belle offre de vins d'importation privée, à consommer sur place ou à emporter, à l'achat d'un repas.

FERREIRA CAFÉ
1446, rue Peel, Montréal, 514-848-0988

Premier restaurant portugais moderne de Montréal, le restaurant de Carlos Ferreira est toujours parmi les très bonnes tables. Le grand choix de vins portugais met en valeur la cuisine et fait apprécier les progrès accomplis dans ce pays. Service professionnel.

GRAZIELLA
116, rue McGill, Vieux-Montréal, 514-876-0116

Grand restaurant dans tous les sens du terme: salle étendue et beauté des murs. La réputée chef Graziella Battista prépare une cuisine italienne précise et sans ostentation. Grand choix de vins, principalement d'Italie.

H4C
538, Place Saint-Henri, Montréal, 514-316-7234

Dans le décor d'une ancienne banque, ce restaurant apporte un vent de fraîcheur dans ce quartier en pleine revitalisation. La cuisine du chef Dany Bolduc est goûteuse, témoigne d'un grand sens du détail et s'accompagne d'une carte des vins on ne peut plus digne. L'amateur curieux sera comblé!

HAMBAR
355, rue McGill, Montréal, 514-879-1234

Au rez-de-chaussée de l'Hôtel Saint-Paul, le Hambar fait davantage office de bar à vin que de restaurant. L'établissement se spécialise dans les charcuteries et propose, entre autres, du jambon *pata negra* à prix fort. Carte des vins étoffée, avec quelques grandes bouteilles de Bourgogne et de Bordeaux.

HÔTEL HERMAN
5171, boulevard Saint-Laurent, Montréal, 514-278-7000

Le vin est à l'honneur dans ce restaurant du Mile End, dont l'espace est en partie occupé par un vaste bar en forme de fer à cheval. L'ambiance est feutrée, la cuisine aussi copieuse que savoureuse et la carte des vins regorge de belles trouvailles, dont d'excellents crus allemands. Service professionnel et décontracté.

IL PAGLIACCIO
365, avenue Laurier Ouest, Montréal, 514-276-6999

Manuel Silva a officié pendant une vingtaine d'années au restaurant Le Latini avant d'ouvrir cet établissement à l'angle des avenues Parc et Laurier. Pas étonnant donc que l'on y trouve la même cuisine italienne classique et sans chichi, mais élaborée avec des produits de première qualité. La carte des vins, quoique concise, propose quelques raretés en importation privée.

JOE BEEF/LIVERPOOL HOUSE
2491 et 2501, rue Notre-Dame Ouest, Montréal, 514-935-6504 et 514-313-6049

Au cœur de la Petite-Bourgogne, ces deux établissements voisins admirablement tenus par les chefs David McMillan et Frédéric Morin ont valeur de référence tant par l'originalité des lieux que par la créativité dans la cuisine. L'une des meilleures adresses montréalaises où manger des huîtres. Les vins sont choisis avec soin et la carte est très diversifiée.

JUNI
156, avenue Laurier Ouest, Montréal, 514-276-5864

Dans un cadre simple et dépouillé, une cuisine asiatique aussi exquise que raffinée. Une belle carte des vins présentée soigneusement et riche de plusieurs vins et sakés d'importation privée.

LA CHRONIQUE
104, avenue Laurier Ouest, Montréal, 514-271-3095

L'une des tables les plus réputées de Montréal. Une cuisine moderne et une carte des vins élaborée, avec un très bon choix de vins au verre.

LALOUX/POP!
250, avenue des Pins Est, Montréal, 514-287-9127

Contre vents et marées, Laloux demeure l'une des institutions de la restauration montréalaise. Cuisine bistro bien présentée et service efficace, sans prétention. La carte des vins est un peu plus ténue que par le passé, mais tout aussi pointue.

LA SALLE À MANGER
1302, avenue du Mont-Royal Est, Montréal, 514-522-0777

Une partie de l'équipe du Réservoir officie à cette sympathique adresse que l'on visite et revisite avec plaisir. Dans une ambiance décontractée, on savoure une cuisine à la fois originale et réconfortante accompagnée d'une vaste sélection de vins d'horizons diversifiés.

LE CLUB CHASSE ET PÊCHE
423, rue Saint-Claude, Vieux-Montréal, 514-861-1112

Le restaurant du chef Claude Pelletier et de son associé Hubert Marsolais ne connaît aucun fléchissement et est toujours une des meilleures tables de la métropole. Cuisine inventive et exquise, aussi impeccable que la sélection des vins. L'une des bonnes adresses montréalaises pour savourer de grands crus de Bourgogne.

LE COMPTOIR
4807, boulevard Saint-Laurent, Montréal, 514-844-8467

Ce bar à vin déjà très bien fréquenté ne manque pas de vie ni d'ambiance. Ségué Lepage se spécialise dans l'élaboration de charcuteries maison et propose aussi une belle sélection de tapas. Plusieurs vins «nature» servis au verre et proposés à bons prix. Une très bonne adresse pour prolonger l'apéro entre amis. Également ouvert le midi du mardi au vendredi.

LE FILET
219, avenue du Mont-Royal Ouest, Montréal, 514-360-6060

Les propriétaires du Club Chasse et Pêche et le sommelier Patrick St-Vincent tiennent le fort à cette adresse bien fréquentée, située en face du parc Jeanne-Mance. Le poisson et les crustacés sont à l'honneur, servis en petites portions – façon tapas – et assortis d'une carte des vins concise, très soignée et renouvelée fréquemment.

LEMÉAC
1045, avenue Laurier Ouest, Montréal, 514-270-0999

Le bistro outremontois à la mode, agrémenté d'une jolie terrasse à l'année. Décor clair et dépouillé, très bonne cuisine moderne, d'une constance exemplaire et service efficace. Très belle carte des vins, avec une sélection considérable de vins au verre.

LE ST-URBAIN
96, rue Fleury Ouest, Montréal, 514-504-7700

Un sympathique bistro nouvelle vague, une grande salle lumineuse et simple. Très bonne cuisine présentée par le chef Marc-André Royal et une liste de vins bien constituée.

LES CONS SERVENT
5064, avenue Papineau, Montréal, 514-523-8999
Ce très bon restaurant de quartier propose une cuisine simple, mais toujours bien exécutée, assortie d'une carte de boissons passablement diversifiée, qui mise essentiellement sur les vins «nature». Ouvert sept soirs sur sept.

LE SERPENT
257, rue Prince, Montréal, 514-316-4666
Nouveau-né des propriétaires du Club Chasse et Pêche. Cuisine italienne impeccable et service avenant; le lieu est chic, stylé et on peut y tenir une conversation sans y perdre la voix. La carte des vins, courte et minutieusement choisie, témoigne d'une politique de prix terrestre. On peut y voir une marque de respect pour le client.

LES FILLETTES
1226, avenue Van Horne, Montréal, 514-271-7502
Une jeune équipe de restaurateurs a donné une seconde vie à ce célèbre local de l'avenue Van Horne qui a hébergé le Paris-Beurre pendant une trentaine d'années. Look revampé et mis au goût du jour – on a enlevé les nappes et éclairci le décor – et cuisine toujours aussi savoureuse. Carte des vins concise, mais variée; service courtois et professionnel. En prime: une terrasse verdoyante.

L'EXPRESS
3927, rue Saint-Denis, Montréal, 514-845-5333
Avec raison, L'Express demeure l'une des véritables institutions montréalaises. Depuis une trentaine d'années déjà, une bonne adresse toujours animée, où savourer de bons plats typiques de la cuisine bistro française, avec un vaste choix de vins européens, dont quelques raretés vendues à prix tout à fait correct.

MAISON BOULUD
1228, rue Sherbrooke Ouest, 514-842-4224
Tout nouvellement rénové, le restaurant du chic Ritz-Carlton porte l'enseigne prestigieuse du chef étoilé Daniel Boulud. Fine cuisine du marché et carte des vins tout à fait à la hauteur de l'établissement, ponctuée de quelques curiosités. Superbe terrasse en été et verrière pour les saisons fraîches.

MAJESTIQUE
4105, boulevard Saint-Laurent, Montréal, 514-439-1850
Au cœur de la Main, un restaurant tout petit, mais chaleureux, au décor d'inspiration rétro. Le menu a été concocté par Charles-Antoine Crête, ex-chef du Toqué! La carte des vins n'est pas très vaste, mais on y trouve toujours son bonheur, le plus souvent à prix doux.

MILOS
5357, avenue du Parc, Montréal, 514-272-3522
La célèbre table hellénique est réputée depuis longtemps pour ses spécialités de poissons. Excellente cuisine et service impeccable. Une carte des vins assez diversifiée et un vaste choix de crus grecs rappelant l'origine des propriétaires.

MONTRÉAL PLAZA
6230, rue Saint-Hubert, Montréal, 514-903-6230
La nouvelle maison de Charles-Antoine Crête – le petit génie qui a tenu la barre des cuisines du Toqué! pendant près de 10 ans – et de Cheryl Johnson. Samuel Chevalier (jadis sommelier chez Toqué! et Le Filet) veille sur la carte des vins et spiritueux. Ouvert sept soirs sur sept.

NORA GRAY
1391, rue Saint-Jacques, 514-419-6672
Deux anciens de chez Joe Beef ont ouvert récemment cet excellente table dans un segment peu fréquenté de la rue Saint-Jacques. On y sert une cuisine italienne aussi savoureuse que réconfortante, assortie d'une sélection pointue de vins de tous horizons. Ambiance animée et service courtois.

PASTAGA
6389, boulevard Saint-Laurent, 438-381-6389
Sur ce segment moins achalandé du boulevard Saint-Laurent, entre le Mile End et la Petite Italie, le chef Martin Juneau poursuit avec l'esprit de créativité qui a jadis fait le succès de la Montée de Lait. On y sert des plats de taille moyenne que l'on partage volontiers afin de pouvoir goûter à tout. Penchant affiché pour les vins «nature», sans ajout de soufre.

PETIT ALEP
191, rue Jean-Talon Est, Montréal, 514-270-9361
Voisin du restaurant Alep, cette petite table animée et fort sympathique, ouverte le midi et le soir, propose dans un cadre décontracté une cuisine syrienne savoureuse, mise en valeur par une très vaste sélection de vins «nature».

PORTUS CALLE
4281, rue Saint-Laurent, Montréal, 514-849-2070
La savoureuse cuisine portugaise d'Helena Loureiro est servie dans une grande salle très affairée. Une belle carte de vins portugais, un service courtois et efficace.

PULLMAN
3424, avenue du Parc, Montréal, 514-288-7779
Cet établissement moderne du centre-ville est un incontournable pour tout amateur de vin de Montréal. La carte propose de nombreuses petites bouchées inventives et savoureuses. Le service très courtois et professionnel fait honneur à un choix de vins de très grande qualité.

ROUGE-GORGE
1234, avenue du Mont-Royal Est, Montréal, 514-303-3822

Le bar à vin d'Alain Rochard et Laurent Farre – anciens propriétaires du restaurant Le Continental – s'est vite imposé comme un incontournable pour les amateurs de vins du Plateau. L'établissement possède un permis de bar, il n'est donc pas nécessaire d'y manger. Cela dit, le Rouge-Gorge propose aussi une belle brochette de petits plats pour apaiser la faim, tout en explorant la carte des vins.

SATAY BROTHERS
3721, rue Notre-Dame Ouest, Montréal, 514-933-3507

Après avoir longtemps oscillé entre une adresse estivale (au marché Atwater) et une adresse hivernale dans la rue Saint-Jacques, les frères Winnicki ont finalement élu domicile rue Notre-Dame, dans le quartier Saint-Henri. La carte des vins est concise mais recherchée et se marie à ravir à une cuisine singapourienne, aussi exotique que délicieuse.

TOQUÉ!
900, Place Jean-Paul-Riopelle, Montréal, 514-499-2084

Servie dans le cadre moderne du quartier International de Montréal, la cuisine de Normand Laprise et de sa brigade mérite largement sa place au sein de l'élite gastronomique nord-américaine. Inspirée, savoureuse et mettant toujours en valeur les produits d'artisans locaux. Carte des vins aussi éclectique que recherchée, dont plusieurs raretés. En semaine, menu du midi à prix attrayant.

TRIPES ET CAVIAR
3725, rue Wellington, Verdun, 514-819-1791

L'une des adresses qui a confirmé le renouveau de ce quartier jadis plutôt morne et sans vie. Le chef Jean-Michel Leblond met avant tout l'accent sur les abats, comme l'annonce le nom du restaurant, mais le menu compte aussi quelques plats plus «grand public». Peu de vins sur la carte, mais une carte de cocktails originaux qui se marient assez bien aux plats.

LE VIN PAPILLON
2519, rue Notre-Dame Ouest, Montréal

Nouveau-né de la famille Joe Beef, un bar à vin lui aussi situé au cœur de la Petite-Bourgogne, juste à côté du célèbre établissement de David McMillan et Fred Morin. La sommelière Vania Filipovic tient le fort et propose une sélection aussi inspirée qu'inspirante des meilleurs crus de la planète, le plus souvent «nature», sinon biologiques. Pour les accompagner, la cuisine savoureuse du chef Marc-André Frappier. Plaisir garanti! Aucune réservation.

LE MITOYEN
652, rue de la Place-Publique, Laval, 450-689-2977

Dans sa belle maison ancestrale du quartier Sainte-Dorothée, Richard Bastien prépare une cuisine classique raffinée, mise en valeur par une carte des vins diversifiée dont plusieurs belles bouteilles. Bon choix de vins au verre.

LE SAINT-CHRISTOPHE
94, boulevard Sainte-Rose, Laval, 450-622-7963

Dans une ancienne demeure agrémentée d'une terrasse, une excellente cuisine inspirée des traditions du sud de la France. Carte de vins exclusivement français, présentée de façon professionnelle.

RIVE SUD DE MONTRÉAL, CANTONS-DE-L'EST ET MONTÉRÉGIE

AUBERGE WEST BROME
128, route 139 Sud, West Brome, 450-266-7552

À mi-chemin entre Cowansville et Sutton, cette auberge bicentenaire abrite aussi l'une des bonnes tables de la région de Missisquoi. Menu bistro le midi et cuisine plus élaborée en soirée, tous deux essentiellement composés de produits locaux. Le carte des vins compte plusieurs belles surprises.

AUGUSTE
82, rue Wellington Nord, Sherbrooke, 819-565-9559

Sympathique bistro situé au centre-ville de Sherbrooke. Le décor est épuré et la cuisine s'accompagne d'une belle carte des vins, dont plusieurs options intéressantes au verre.

BISTRO BEAUX LIEUX
19, rue Principale Nord, Sutton, 450-538-1444

Depuis quelques années, le chef Christian Beaulieu apporte un vent de fraîcheur à ce joli village des Cantons-de-l'Est. Le menu évolue selon les saisons et s'accompagne d'une carte des vins courte, mais bien choisie.

CAFÉ MASSAWIPPI
3050, chemin Capelton, North Hatley, 819-842-4528

La cuisine de Dominic Tremblay est servie entre les murs d'une coquette maison de campagne. Service courtois et attentif; carte des vins bien garnie, mais classique.

MANOIR HOVEY
575, chemin Hovey, North Hatley, 819-842-2421

Au bord du lac Massawippi, cette belle demeure d'influence sudiste est un haut lieu de l'hôtellerie dans les Cantons-de-l'Est. Cuisine sophistiquée, concoctée par le chef Francis Wolf. Peu d'aubaines, mais des crus choisis avec soin.

LE PIED BLEU
179, rue Saint-Vallier Ouest, Québec, 418-914-3554

Dans un décor tout droit sorti d'une autre époque, cet établissement de la vieille capitale se définit comme un «bouchon lyonnais». C'est-à-dire inspiré de la cuisine de la ville de Lyon, en France, célèbre pour ses charcuteries, ses plats copieux à base de viande de porc et d'abats. Service sympathique, professionnel et carte des vins axée sur les régions voisines de Lyon : Rhône, Beaujolais, Bourgogne et Jura.

LE MOINE ÉCHANSON
585, rue Saint-Jean, Québec, 418-524-7832

Le concept : restaurant et boîte à vin. Un lieu minuscule, mais chaleureux et convivial. Le menu, comme la carte des vins, évolue au rythme des saisons. Plus léger l'été, plus rassasiant l'hiver.

LE CLOCHER PENCHÉ
203, rue Saint-Joseph Est, Québec 418-640-0597

Au menu, des classiques de la cuisine bistro française : boudin, tartares, etc. Expérience tout aussi agréable en soirée que pour le brunch. Belle carte des vins, essentiellement européenne. Service sympathique, sans compromis sur le professionnalisme.

INITIALE
54, rue Saint-Pierre, Québec, 418-694-1818

Membre de la chaîne Relais & Châteaux, récemment décoré de la mention cinq Diamants, ce restaurant gastronomique situé au cœur du Vieux-Québec est un incontournable de la Vieille Capitale. Une cuisine fine et sophistiquée, servie dans un cadre tout aussi distingué, accompagnée d'une belle sélection de vins, dont plusieurs grands crus bordelais. Le menu du midi est une véritable aubaine.

CHEZ BOULAY - BISTRO BORÉAL
1110, rue Saint-Jean, Québec, 418-380-8166

Le chef-propriétaire du restaurant Le Saint-Amour a développé un nouveau restaurant voué à la mise en valeur des produits du terroir boréal, comme le désormais très médiatisé NOMA, de Copenhague. Omble de l'arctique et caribou parfumé au thé du Labrador sont assortis d'une carte des vins truffée d'importations privées.

LÉGENDE
255, rue Saint-Paul, Québec, 418-614-2555

L'antenne du restaurant La Tanière dans le Vieux-Québec. Une cuisine boréale très bien exécutée, à la hauteur des standards de la maison-mère. Le sommelier Jean-Sébastien Delisle dresse une carte étoffée, résolument axée sur les vins de terroir.

PANACHE
10, rue Saint-Antoine, Vieux-Québec, 418-692-1022

Dans les murs de l'Auberge Saint-Antoine, ce restaurant séduit par la beauté historique des lieux, l'excellente cuisine sans confusion, le service pondéré et la belle carte des vins. Membre de la chaîne Relais & Châteaux.

LE SAINT-AMOUR
48, rue Sainte-Ursule, Vieux-Québec, 418-694-0667

Campé sur une rue en pente près de la porte Saint-Louis. La carte des vins a l'allure d'un annuaire téléphonique. Toutes les régions de France y sont, particulièrement les vins de Bourgogne et de Bordeaux. Une gamme impressionnante de vins liquoreux et un très bon choix de demi-bouteilles.

LAURIE RAPHAËL
117, rue Dalhousie, Vieux-Québec, 418-692-4555

Une table innovatrice et très réputée du Vieux-Québec. Daniel Vézina signe une cuisine inventive et savoureuse, mise en valeur par une carte des vins diversifiée.

L'ÉCHAUDÉ
73, rue du Sault-au-Matelot, Vieux-Québec, 418-692-1299

Restaurant niché au cœur de la vieille ville. Cuisine de bistro accompagnée d'un très bon choix de vins français à des prix raisonnables.

CHARLEVOIX, SAGUENAY, CÔTE-NORD

CHEZ SAINT-PIERRE
129, rue du Mont-Saint-Louis, Rimouski, 418-736-5051

Selon l'avis de plusieurs, la meilleure table du Bas-Saint-Laurent. Colombe Saint-Pierre s'applique avec beaucoup de rigueur à la mise en valeur des produits du terroir local et concocte des plats aussi fins que savoureux. Choix de vins tout à fait correct, avec quelques belles trouvailles. Un arrêt obligatoire dans la région.

AUBERGE DU MANGE GRENOUILLE
148, rue Sainte-Cécile, Rimouski, 418-736-5656

Une adresse réputée sur la route du Bas-du-Fleuve. Dans un décor chaleureux, cette auberge de qualité propose une cuisine soignée et une longue carte des vins diversifiée.

AUBERGE DU LAC SAINT-PIERRE
10911, rue Notre-Dame Ouest, Trois-Rivières, 819-377-5971

Sur les rives du Saint-Laurent, une sympathique halte où l'on sert une cuisine réconfortante. Sur la carte, environ 150 vins bien choisis. Pour les grands soirs, quelques grands crus de Bordeaux.

LE CARLITO
361, rue des Forges, Trois-Rivières, 819-378-9111

On ne s'arrête pas dans ce restaurant trifluvien pour sa cuisine. En revanche, la carte des vins vaut vraiment le détour! Une foule de bonnes bouteilles de garde des régions de Bordeaux, de Bourgogne et du Rhône.

PLAY
1, York Street, Ottawa, 613-667-9207

Fort du succès de leur premier restaurant (Beckta, sur Nepean Street), le tandem formé de Stephen Beckta et du chef Michael Moffat a ouvert un second établissement, plus décontracté et aussi plus abordable. L'ambiance est animée, la formule est originale, le service est avenant et la carte compte quelques bons vins canadiens proposés au verre.

DOMUS
87, rue Murray, Ottawa, 613-241-6007

Un restaurant simple et agréable qui propose une cuisine moderne agrémentée d'une carte des vins regroupant plusieurs bonnes bouteilles. *Restaurant fermé. Le remplacer?*

L'ORÉE DU BOIS
15, chemin Kingsmere, Chelsea, 819-827-0332

Dans le parc de la Gatineau en Outaouais, un sympathique relais de campagne où le chef-propriétaire, Guy Blain, prépare une généreuse cuisine classique. La carte des vins est très bien garnie et inclut une sélection de vins québécois et canadiens. Un bon choix de vins au verre.

SOIF, BAR À VIN DE VÉRONIQUE RIVEST
88, rue Montcalm, Gatineau, 819-600-7643

Véronique Rivest a enfin pu concrétiser son projet d'ouvrir son bar à vin dans sa ville natale. Au cœur du Vieux-Hull, la vice-championne du monde en sommellerie a opté pour un décor chaleureux où le liège est à l'honneur sous toutes ses formes. La carte des vins est invitante, très éclectique, mais sans ostentation. Tout à l'image de sa créatrice.

Les restaurants où l'on peut apporter son vin sont nombreux dans la région de Montréal. Voici quelques bonnes adresses :

MONTRÉAL

À L'OS
5207, boulevard Saint-Laurent, Montréal, 514-270-7055

Dans un décor dépouillé, ce bistro de quartier propose un menu élaboré et bien présenté. Service professionnel, carafes et verres de qualité impeccable.

BOMBAY MAHAL
1001, rue Jean-Talon Ouest, Montréal, 514-273-3331

Adresse très fréquentée de Parc-Extension, où s'entassent les amateurs de cuisine indienne dans une ambiance un peu bruyante et chaotique, mais néanmoins sympathique. Cuisine savoureuse, plus ou moins relevée, à la demande du client.

KHYBER PASS
506, avenue Duluth Est, Montréal, 514-844-7131

Envie d'exotisme? Davantage parfumée que piquante, la cuisine afghane se prête assez bien aux accords mets et vins. Dans un décor feutré, on savoure de bons plats d'agneau braisé, des grillades et autres spécialités. Par contre, ne cherchez pas les verres en cristal…

LA COLOMBE
554, avenue Duluth Est, 514-849-8844

Une adresse que l'on visite et revisite avec un plaisir toujours renouvelé. Vos meilleures bouteilles seront admirablement bien servies, tant par le personnel en salle que par la cuisine, aussi soignée que gourmande et réconfortante, du chef-propriétaire Mostafa Rougaïbi. Un classique et un incontournable pour l'amateur de vin. Pas étonnant qu'on y croise tant de gens de la profession…

LE MARGAUX
5058, avenue du Parc, Montréal, 514-448-1598

Ce restaurant de l'avenue du Parc, à deux pas de l'avenue Laurier, s'est reconverti en «Apportez votre vin» depuis le début de l'année 2013. La formule fonctionne assez bien si on en juge par l'achalandage. Cuisine sobre et raffinée.

LES CANAILLES
3854, rue Ontario Est, Montréal, 514-526-8186

Dans le quartier Hochelaga-Maisonneuve, pas très loin de la Place Valois. Bonne cuisine bistro, servie dans une ambiance animée et un cadre décontracté.

LES HÉRITIERS
1915, avenue Mont-Royal Est, Montréal, 514-528-4953

La formule est sensiblement la même que dans tous les autres établissements du groupe. Cuisine française.

LES INFIDÈLES
771, rue Rachel Est, Montréal, 514-528-8555

Cuisine d'inspiration française, servie dans un cadre agréable.

MONSIEUR B.
371, rue Villeneuve Est, Montréal, 514-845-6066

«B» pour cuisine bistro; dans les locaux de ce qui fut jadis La Montée de Lait.

O'THYM
1112, boulevard de Maisonneuve Est, Montréal, 514-525-3443

Bistro très fréquenté. Le menu, inscrit à l'ardoise, varie au rythme des arrivages.

QUARTIER GÉNÉRAL
1251, rue Gilford, Montréal, 514-658-1839

Parmi les bons «Apportez votre vin» du Plateau Mont-Royal. On y propose une belle sélection d'entrées et de plats servis à la carte ou en menu composé. Le service est à la fois professionnel, avenant et sympathique. Le mieux est de réserver une semaine à l'avance.

CHRISTOPHE
1187, avenue Van Horne, 514-270-0850

Toujours au four, Christophe Geffrey pratique la même cuisine recherchée qui a fait sa réputation. Service impeccable, verrerie de qualité et ambiance amicale.

QUÉBEC

LA GIROLLE
1384, chemin Sainte-Foy, 418-527-4141

L'un des rares bistros de Québec où l'on peut apporter son vin. On y sert des plats français classiques à des prix très abordables. Les bonnes bouteilles sont de mise. Ouvert midi et soir.

CHEZ SOI LA CHINE
27, rue Sainte-Angèle, Québec, 418-523-8858

Au cœur du Vieux-Québec, à deux pas de la place d'Youville, ce restaurant situé dans les anciens locaux du Café d'Europe propose une cuisine chinoise authentique. Les dumplings vapeur et le canard laqué aux champignons feront certainement honneur à vos bonnes bouteilles. Chaleureux et abordable.

L'IMPORTATION PRIVÉE

OÙ S'ADRESSER ?

Pour obtenir de plus amples renseignements quant aux coordonnées des différentes agences, vous pouvez aussi communiquer avec :

- le service à la clientèle de la SAQ au 514-254-2020 ;
- la RASPIPAV (Regroupement des agences spécialisées dans la promotion de l'importation privée des alcools et des vins) à l'adresse info@raspipav.com ;
- l'AQAVBS (Association québécoise des agences de vins, bières et spiritueux) au 514-722-4510.

DES ADRESSES OÙ S'APPROVISIONNER :

ABVS
Tél. : 514-680-1543
abvs.ca

A.O.C. et Cie
Tél. : 514-931-9645
vinsaoc.ca

Anthocyane
Tél. : 514-237-3902
anthocyane.ca

Authentic Vins et Spiritueux
Tél. : 514-356-5222
awsmqc.ca

Avant-Garde Vins et Spiritueux
Tél. : 514-464-0054
agvs.ca

Balthazard
Tél. : 514-288-9009
vinsbalthazard.com

Benedictus
Tél. : 450-656-6132
benlecavalier@sympatico.ca
benedictus.ca

Cava Spiliadis Canada
Tél. : 514-272-7459
cavaspiliadis.com

Charton-Hobbs
Tél. : 514-353-8955
chartonhobbs.com

Connexion Œnophilia
Tél. : 514-244-2248
oenophilia.ca

Enoteca di Moreno de Marchi
lenoteca.ca

Enotria Internationale
Tél. : 514-955-8466
enotria.ca

Francs-Vins (La Société)
Tél. : 514-270-6123
francs-vins.ca

GLOU
Tél. : 514-978-7216
glou-mtl.com

Importations Dame-Jeanne
vanya@vindamejeanne.com

Importation Épicurienne R.A. Fortin
Tél. : 450-671-0631
importation-epicurienne.com

Importation Le Pot de Vin
Tél. : 418-997-9264
importationlepotdevin.com

Importations Syl-Vins
Tél. : 514-461-3526

Insolite Importation
Tél. 514-808-2648
insoliteimport.com

Isravin
Tél. : 514-991-9463

Labelle Bouteille
martin@labellebouteille.ca

La Céleste Levure
Tél. : 514-948-5050
lacelestelevure.ca

La QV
Tél. : 514-504-5082
laqv.ca

LBV International
Tél. : 514-907-9680
lbvinternational.com

LCC / Clos des Vignes
514-985-0647
lccvins.com

Le Maître de Chai
Tél. : 514-658-9866
lemaitredechai.qc.ca

Le Marchand De Vin
Tél. : 514-481-2046
mdv.ca

Les Sélections Vin-Coeur
Tél. : 450-754-3769
selectionsvincoeur.com

Les Vieux Garçons
Tél. : 418-571-3396
lesvieuxgarcons.ca

Les vins Alain Bélanger
Tél. : 450-538-3782
lesvinsalainbelanger.com

Liquid Art
Tél. : 514-312-5082

Mark Anthony Brands
Tél. : 514-798-5300
markanthony.com

Mon Caviste
Tél. : 514-867-5327
moncaviste@videotron.ca
moncaviste.ca

Mondia Alliance
Tél. : 450-645-9777
mondiaalliance.com

Œnopole
Tél. : 514-276-1818
oenopole.ca

Plan Vin
Tél. : 514-965-4162
info@planvin.com

Primavin
Tél. : 514-868-2228
vinvivant@primavin.com
primavin.com

Raisonnance
Tél. : 450-744-1332
raisonnance.net

RéZin
Tél. : 514-937-5770
rezin.com

Sélection Caviste
Tél. : 450-963-7401
selectioncaviste.com

Sélections UVAS
Tél. : 514-809-2875
jackcoh@videotron.ca

Société Commerciale Clément
Tél. : 450-641-6403
jlfreeman.ca

Société de Vins Fins
Tél. : 450-432-2626
sdvf.ca

Société Roucet
Tél. : 450-582-2882
roucet.com

Symbiose
Tél. : 514-212-6336
symbiose-vins.com

Trialto
Tél : 514-989-9657

trialto.com

Univins
Tél. : 514-522-9339
univins.ca

VinatoVin
Tél. : 819-472-5282 ext 103
vinatovin.com

Vin Conseil
Tél. : 450-628-5639
vinconseil.com

Vinealis
Tél. : 514-895-8835
vinealis.qc.ca

Vini-Vins
Tél. : 514-993-3727
vini-vins.com

Vins etcetera
Tél. : 450-621-5836
robert@vinsetcetera.com
vinsetcetera.com

Vins John Lovett
Tél. : 450- 218-4758
lovettwines.com

Vitis
Tél. : 418-683-5618
vitiscanada.com

INDEX
DES CODES

||||||||||||||||||||||||||||||||||||||||||||||||||||||||||||||||||||||||||||||||||||||||||||||||||||||||||||||||||||||||

Numéro de code de chaque vin, suivi de la page où il apparaît dans le livre.

||||||||||||||||||||||||||||||||||||||||||||||||||||||||||||||||||||||||||||||||||||||||||||||||||||||||||||||||||||||||

Index

896704	161			
896746	173			
897124	313			
897132	309			
898296	221			
898320	310			
898411	227			

102

10217300	200
10217300	200
10217406	153
10218935	193
10230694	366
10230862	110
10237458	259
10249061	271
10252869	194
10254725	213
10255939	123
10257483	149
10258486	42
10259737	144
10259753	125
10259876	112
10264018	251
10264860	45
10268596	201
10268887	150
10269521	53
10270178	201
10270881	231
10272616	93
10272755	138
10272763	185
10272966	75
10273803	152
10276457	222
10282857	141
10282873	103
10293169	288
10295789	210

104

10403410	262
10405010	133
10443091	187
10456440	181
10498973	371

105

10503963	208
10507104	142
10507307	139
10507323	139
10508131	239
10515884	45
10521029	67
10521301	43
10522401	96
10522540	294
10523366	95
10542129	222
10542225	223
10542479	198
10544749	289
10560351	198

10748400	341			
10748418	336			
10750091	344			
10750809	276			
10750841	277			
10752732	47			
10758325	245			
10760492	265			
10768478	280			
10769307	191			
10771407	45			
10783088	121			
10783109	144			
10783491	156			
10788911	214			
10789789	85			
10790317	279			
10796410	242			
10796946	360			

9

902353	337
903419	336
905026	176
908004	193
908954	215
913970	149
914127	153
914267	137
914275	132
914424	83
917096	97
917674	70
917732	116
917823	120
917948	133
919100	154
919324	158
921593	317
921601	312
924977	84
927962	277
928184	243
928218	192
928473	259
952705	119
961185	75
961607	95
962118	44
962316	101
963355	93
963389	203
966804	71
967778	92
968990	179
972380	218
972463	156
973057	51
974667	80
975649	48
977025	98
977256	205
977827	196
978072	50

103

10318160	329
10327701	345
10328587	157
10342741	340
10345707	339
10346371	334
10350750	276
10358671	239
10360261	233
10368221	72
10370267	316
10371438	265
10382639	345
10383447	346
10388088	178
10394664	328
10395309	331

106

10653347	358
10654948	372
10667319	162
10669787	215
10675001	157
10675298	155
10675693	222
10678229	113
10678325	113
10678464	351
10678510	351
10679361	352
10682615	138
10685251	277
10690501	103
10694376	320

107

10701311	273
10702997	355
10703412	350
10705021	187
10705071	186
10705178	189
10710268	188
10744695	313

108

10803051	263
10820090	202
10826156	345
10826543	347
10838616	262
10838982	254
10839635	363
10839694	177
10841161	255
10841170	259
10841188	254
10843327	197
10843466	209
10845074	206
10845074	206
10845091	209
10855889	234
10856101	236
10856241	242
10856873	246
10857729	249
10858086	244
10858123	214
10858131	244
10858182	176
10858262	197
10859855	189
10860928	250
10863660	185
10863774	215
10865227	254
10865294	65

Index

11676461	337		
11680523	299		
11684831	281		
11687688	86		
11694386	190		

117

11726691	117
11741285	237
11766597	361
11767442	263
11767565	381
11767856	326
11785624	386
11791848	377
11792293	47
11793173	220

118

11812071	208
11814368	273
11818300	307
11820629	81
11825067	259
11838415	207
11854749	50
11856040	68
11856138	365
11857085	191
11858897	193
11861199	119
11861771	235
11863021	180
11869457	385
11871231	111
11871240	113
11872541	117
11872761	115
11874264	126
11881940	236
11882176	307
11882272	308
11885377	281
11885457	272
11889474	286
11890900	63
11894370	51
11895321	261
11895330	258
11895364	264
11895663	223
11896113	229

11896148	209
11896519	223
11896560	218
11896615	247
11896869	85
11898848	306

119

11900493	273
11900995	269
11901091	270
11901120	270
11901138	271
11901171	269
11902106	261
11902763	365
11903598	257
11903627	250
11903686	229
11905788	326
11905809	221
11905841	341
11906131	76
11906457	97
11915038	207
11925640	134
11925720	136
11926950	130
11927805	327
11927813	320
11937860	305
11937860	305
11948649	327
11950360	340
11953069	95
11953245	93
11953270	101
11956850	131
11957051	292
11962619	247
11962651	231
11962862	251
11962897	241
11963486	228
11964788	75
11966695	269
11973238	205
11974951	345
11975196	142
11975233	143
11985642	203
11996456	247
11998494	324

120

12008237	172
12024253	364
12024296	363
12024368	173
12027016	367
12029994	299
12030063	294
12034275	114
12034321	360
12052351	183
12056976	339
12057004	182
12061311	361
12068096	122
12068117	130
12073952	74
12088636	279
12097823	248
12097911	150
12097954	373
12098033	256

121

12100316	370
12102389	178
12102629	124
12102821	213
12103411	100
12103728	227
12113993	377
12117513	239
12120843	118
12123921	202
12125679	335
12131340	308
12131964	189
12132035	189
12132633	351
12133986	376
12134145	221
12134170	238
12135092	354
12158420	117
12172221	183
12178623	329
12178834	372
12178981	184
12179028	186
12179036	190
12181072	355
12184687	175

12184839	323
12185663	260
12186455	305
12186471	325
12194463	46
12196979	278

122

12201643	74
12203796	231
12204060	299
12207252	329
12207957	245
12210419	165
12211307	285
12212182	137
12212220	272
12213206	212
12214161	80
12233434	160
12235827	127
12235907	312
12236686	151
12244547	123
12246622	236
12249348	120
12254420	86
12257559	197
12257911	217
12258957	47
12258973	127
12259141	240
12259407	237
12268565	338
12274885	202
12275159	311
12275175	310
12276805	229
12278202	178
12284303	155
12287782	174
12289534	291
12290594	173
12291319	258
12296515	229
12297614	172
12298191	263
12299610	385
12299821	276
12299871	205

Index

INDEX DES PRODUCTEURS

|||||||||||||||||||||||||||||||||||||||||||||||||||||||||||||||||||||||||||||||||||||||||||||||||||||||||||

NOTES DE RÉFÉRENCES

Pour faciliter vos recherches, vous pouvez également télécharger l'index complet du *Guide du vin 2016* sur le site Internet des Éditions de l'Homme à l'adresse suivante :

 edhomme.com/fichiers/Le-guide-du-vin-2016.pdf

|||||||||||||||||||||||||||||||||||||||||||||||||||||||||||||||||||||||||||||||||||||||||||||||||||||||||||

TABLEAU DES MILLÉSIMES

	14	13	12	11	10	09	08	07	06	05	04	03	02	01	00	99	98	97	96	95	94	93	92	91	90	89	88	87	86	85	84	83	82
Médoc - Graves	8	4	6	7	10	10	8	6	7	9	8	8	7	9	9	7	8	7	9	9	7	6	4	5	10	10	8	5	9	8	5	8	10
Pomerol - Saint-Émilion	7	5	7	7	10	10	8	6	8	9	7	8	7	8	9	7	9	7	8	9	7	6	4	4	10	9	6	6	8	8	3	8	10
Sauternes	8	9	7	8	9	9	7	9	8	9	7	10	9	10	8	8	8	8	10	8	5	5	5	4	9	9	10	5	10	8	5	8	5
Côte d'Or rouge	8	9	8	8	10	9	7	7	8	9	7	9	9	8	7	9	7	7	8	8	6	8	6	7	9	8	8	7	5	9	5	7	6
Côte d'Or blanc	8	8	8	7	9	8	8	8	8	8	8	7	10	7	8	7	8	8	9	9	7	5	8	5	8	9	7	6	9	8	6	8	7
Chablis Premiers et Grands crus	9	7	8	8	9	8	9	8	8	9	8	6	10	9	10	8	8	8	9	8	6	7	8	7									
Alsace	7	9	9	7	8	8	8	8	7	8	7	7	8	9	9	7	8	9	8	8	9	8	6	6	9								
Loire blanc (Anjou, Vouvray)	8	7	7	7	7	8	8	7	7	9	8	8	8	8	7	6	6	9	9	9	6	6	6	5	9								
Loire rouge	8	6	6	6	9	9	6	7	8	9	8	7	8	7	8	7	7	9	8	8	7	7	5	7									
Rhône rouge (nord)	7	8	9	8	9	9	7	7	9	9	8	9	6	8	8	9	8	8	7	9	7	4	5	9	9	10	9	7	7	8		9	8
Rhône rouge (sud)	7	8	9	7	10	8	6	8	8	9	9	8	5	9	9	8	10	7	6	9	7	7	5	5	9	10	8	4	7	8		8	5
Piémont : Barolo, Barbaresco	8	7	7	7	8	8	8	9	9	8	9	8	6	10	8	9	9	10	10	9	6	7	5	5	10	10	8	8	6	10	5	7	10
Toscane : Chianti, Brunello	7	7	7	7	8	8	8	9	10	7	9	7	6	10	7	9	8	10	7	9	8	7	4	6	10	5	9	5	7	10	4	8	9
Allemagne (Rheingau et Moselle)	7	9	9	9	7	8	7	9	7	10	8	9	8	10	7	8	7	9	10	7	6	8	6										
Californie-Chardonnay	8	8	9	7	7	9	7	8	7	8	8	8	9	9	8	8	8	10	8	8	8	8	8	8	8								
Californie-Cabernet sauvignon	9	9	10	8	8	7	7	9	7	9	8	7	9	9	7	8	8	10	7	8	9	8	8	10	9	-	6	9	7	9	8	6	8
Porto Vintage	8	7	9	9	7	7	7	8	6	8	7	9	6	n/a	10	5	5	10	7	8	10	-	9	9	7	-	-	7	7	9	-	8	7

Les millésimes sont cotés de 0 (les moins bons) à 10 (les meilleurs). *Les notes attribuées au millésime 2014 ne sont qu'indicatives et provisoires.*

À laisser vieillir.

On peut commencer à les boire, mais les meilleurs continueront de s'améliorer.

Prêts à boire.

À boire sans attendre, il n'y a pas d'intérêt à les conserver plus longtemps.

Peut-être trop vieux.

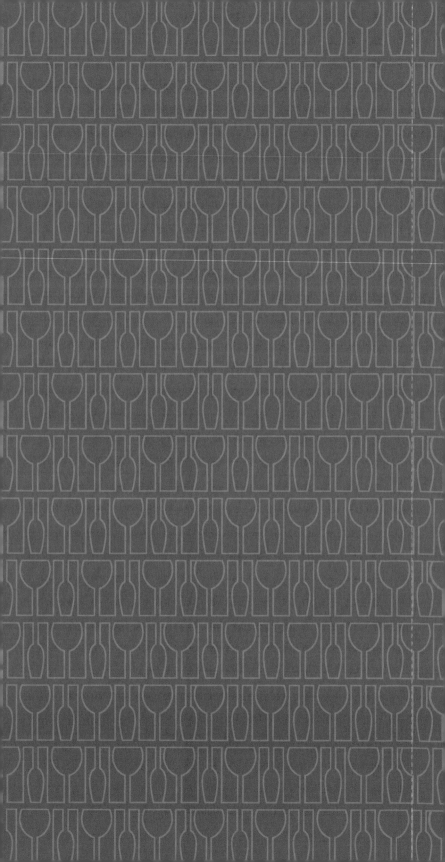

Index

Index

INDEX DES NOMS DE VINS

||||||||||||||||||||||||||||||||||||||||||||||||||||||||||||||||||||||||||||||||||||||||||||||||||||

NOTES DE RÉFÉRENCES

Pour faciliter vos recherches, vous pouvez également télécharger l'index complet du *Guide du vin 2016* sur le site Internet des Éditions de l'Homme à l'adresse suivante :

 edhomme.com/fichiers/Le-guide-du-vin-2016.pdf

||||||||||||||||||||||||||||||||||||||||||||||||||||||||||||||||||||||||||||||||||||||||||||||||||||

D

S